recetas sencillas

para novatos y cocinillas del laboratorio de Arzak

everest

recetas sencillas

para novatos y cocinillas del laboratorio de Arzak

Xabier Gutiérrez

Autor: **Xabier Gutiérrez** Dibujos: **Xabier Gutiérrez** Fotografías cubierta: **Mikel Alonso** Dirección editorial: **Raquel López Varela** Coordinación editorial: **Aizkorri Argitaletxea** y **Ángeles Llamazares** Diseño libro: **Luis Alonso** Tratamiento digital de imágenes: **Andrés Mena** y **Luis Alonso** Maquetación: **Luis Alonso**
Carretera León - La Coruña, km 5 - LEÓN
ISBN: 978-84-241-6645-8 Depósito Legal: LE. 1997-2007 Printed in Spain - Impreso en España
EDITORIAL EVERGRÁFICAS, S. L. Carretera León - La Coruña, km 5 LEÓN (ESPAÑA)
www.everest.es
Atención al cliente: 902 123 400

introducción

Este libro reúne más de 1 000 recetas divididas en los siguientes apartados: ensaladas; sopas y legumbres; entrantes; verduras, arroces y pasta; salsas, aceites y vinagretas; huevos, pizzas y bocadillos; mariscos; pescados; carnes y postres.

Junto a cada receta se indica el grado de dificultad, desde las más simples para novatos en la materia que les asignamos 🍴, a las más complicadas para cocinillas que les asignamos 🍴🍴🍴, y algunas de grado intermedio para pinches que se enumeran con 🍴🍴.

Ninguna de ellas es difícil, puede ser laboriosa pero no difícil. Es una diferencia notable.

Salvo que no se especifique otra cosa, todas las recetas incluidas en este libro están pensadas para un número de cuatro comensales.

Recuerda que siempre que hablamos de hornear algo ese horno tiene que estar precalentado unos 10 o 15 min antes dependiendo de la calidad del mismo.

Este recetario recoge recetas tradicionales, nacionales e internacionales, y nuevas creaciones de cocina rápida y sencilla.

Si no sabes nada de cocina, éste es tu libro; si sabes algo, también lo es, pues te abrirá un montón de campos y si eres un salsero avanzado disfrutarás con muchas de las propuestas aventajadas, pero de fácil ejecución.

Abreviaturas:

cc: cucharadita de café
cs: cucharada sopera
k: kilogramo
g: gramo
dl: decilitro
cl: centilitro
seg: segundo
min: minuto
h: hora
aprox.: aproximadamente

índice

Introducción	5
Ensaladas	9
Sopas, cremas, purés y legumbres	41
Entrantes	77
Arroz y pasta	111
Verduras	141
Salsas, acompañamientos, aceites y vinagretas	239
Huevos, pizzas y bocadillos	283
Mariscos	309
Pescados	363
Carnes	429
Postres	485
Diccionario de términos	569
Índice alfabético de recetas	573
Índice de recetas por dificultad	613
Biografía del autor	654
Agradecimientos	656

índice alfabético de recetas

Aceite de ajo I 274
Aceite de ajo II 274
Aceite de almendras 273
Aceite de atún 276
Aceite de chorizo 276
Aceite de especias 275
Aceite de frambuesas 275
Aceite de perejil I 273
Aceite de perejil II 274
Aceite de pimentón 276
Aceite de remolacha 275
Aceitunas aliñadas 78
Aceitunas negras aliñadas 78
Acelgas (lo verde) 142
Acelgas con bacalao 145
Adobo para lomo de cerdo 432
Aguacate con gambas 148
Aguacate con manzana 148
Aguacate con salmón 148
Ajoblanco 56
Alas de pollo fritas 457
Alas de pollo maceradas 457
Albóndigas 473
Albóndigas de pollo 464
Alcachofas con almejas 154
Alcachofas con berberechos 152
Alcachofas con champiñones 153
Alcachofas con espárragos 155
Alcachofas con jamón 151

Alcachofas con langostinos 152
Alcachofas con salmón ahumado 155
Alcachofas fritas con beicon 151
Alcachofas rebozadas 154
Alcachofas rellenas de txangurro 153
Almejas en salsa verde 310
Almejas al vapor ver *Mejillones al vapor* 342
Almejas fritas ver *Mejillones fritos* 343
Alubias rojas con berza 70
Anchoas a la sal 367
Anchoas asadas 374
Anchoas con cebolletas 372
Anchoas con cítricos 371
Anchoas con fresas 372
Anchoas con mayonesa 366
Anchoas con tomate 373
Anchoas crudas 367
Anchoas en cazuela 375
Anchoas en salazón 369
Anchoas en sal calientes 367
Anchoas en tortilla 287
Anchoas en vinagre I 369
Anchoas en vinagre II 370
Anchoas en vinagre III 370
Anchoas en vinagre IV 371
Anchoas fritas 364
Anchoas fritas rebozadas 364
Anchoas fritas salteadas 365
Anchoas guisadas 375

Anchoas jardinera 372
Anchoas "papillote" I 373
Anchoas "papillote" II 374
Anchoas (raspas) 366
Anchoas saladas 368
Anchoas salteadas con vinagreta 365
Aperitivo de aguacate I 79
Aperitivo de aguacate II 79
Aperitivo de cebollas con atún 81
Aperitivo de cebolletas acarameladas 81
Aperitivo de erizos gratinados 334
Aperitivo de puerros a la plancha 220
Aperitivo de puerros rellenos 221
Arroz blanco 112
Arroz caldoso 121
Arroz con almejas I 113
Arroz con almejas II 113
Arroz con bacalao 122
Arroz con codornices 122
Arroz con conejo 120
Arroz con hongos 114
Arroz con huevo (o a la cubana) 112
Arroz con *kokotxas* 123
Arroz con leche 523
Arroz con soja 120
Arroz con verduras 112
Arroz crujiente 118
Arroz de los domingos 115
Arroz de pescado 116

Arroz en paella 117
Arroz meloso con pesto 123
Arroz meloso 119
Arroz negro 116
Atún con tomate 379
Atún crudo 375
Atún en ensalada 14
Atún en *marmitako* 379
Bacalao al pilpil 380
Bacalao con aceitunas 383
Bacalao con caldo de guisantes 384
Bacalao confitado 382
Bacalao con pimientos 383
Bacalao con pimientos verdes 381
Bacalao desmigado con vinagreta 384
Bacalao en salsa de tomate 382
Bacalao fresco 385
Bacalao ¿fresco o salado? 386
Batido de melocotones 509
Batido de plátano 519
Berberechos al vapor ver *Mejillones al vapor* 342
Berberechos en salsa verde ver *Almejas en salsa verde* 310
Berberechos fritos ver *Mejillones fritos* 343
Berenjenas a la plancha 159
Berenjenas asadas 159
Berenjenas asadas con anchoas en salazón 156
Berenjenas asadas en el microondas 155
Berenjenas en compañía 160
Berenjenas rellenas 159

Berza cocida 156
Berza con patatas 158
Berza enrollada 158
Berza fermentada (*chucrut*) 157
Berza salteada 157
Besugo a la sal 390
Besugo al horno I 388
Besugo al horno II 389
Besugo con frutos secos 388
Besugo guisado 389
Bizcocho de yogur 552
Bizcocho I 549
Bizcocho II 551
Bocadillo de anchoas y pimientos verdes 305
Bocadillo de atún con guindillas 304
Bocadillo de bacalao con tomate 306
Bocadillo de higaditos de pollo 306
Bocadillo de lomo con pimientos 304
Bocadillo de merluza frita 303
Bocadillo de pechugas de pollo 305
Bocadillo de solomillo con *foie* 303
Bocadillo de tortilla con tomate 304
Bocadillo de verduras asadas 307
Bogavante a la americana 312
Bogavante cocido 311
Bogavante con cebolletas 311
Bogavante con mantequilla de cebollino 310
Bogavante templado 314
Brazo gitano de nata 553

Brocheta de coles de Bruselas 173
Brocheta de cordero especiado 452
Brocheta de riñones de cordero 450
Brócoli con carabineros 161
Brócoli con mejillones 161
Brócoli con salmón ahumado 162
Buey marino ver Centollo cocido 315
Buñuelos de viento 549
Caballa al horno ver *Besugo al horno I y II* 389
Caballa en escabeche ver *Chicharro en escabeche* 394
Caballa ver *Chicharro* 393
Cabeza de cordero 448
Cabracho al horno 392
Calabacín con queso y jamón 80
Calabacines con queso 164
Calabacines con verduras 165
Calabacines rellenos de ajoarriero 164
Calabacines rellenos de *txangurro* 162
Calabacines salteados 162
Calabaza frita 165
Caldo de carne 42
Caldo de pollo 42
Caldo de pollo asado 458
Caldo de verduras 43
Callos con uvas 480
Callos y morros 480
Canelones 133
Canelones rellenos de espinacas y setas 135
Cangrejos de río a la plancha ver *Gambas a la plancha* 335

Carabineros a la plancha ver *Gambas a la plancha* 335
Carabineros al horno ver *Gambas al horno* 338
Carabineros cocidos ver *Gambas cocidas* 337
Canutillos 537
Caracoles en su salsa 430
Carrilleras con cogollos 482
Carrilleras en salsa 481
Castañas, naranja y cuajada 488
Castañas asadas 488
Castañas con Coca-cola 489
Castañas en chip 81
Cebollas a la plancha 169
Cebollas asadas I 167
Cebollas asadas II 167
Cebollas crudas en ensalada 14
Cebollas en puré 272
Cebollas en vinagre 168
Cebollas frescas (cebolletas) 167
Cebollas fritas 170
Cebollas pochadas 168
Cebolletas agridulces 170
Cebolletas a la brasa (o *calcots* con salsa Romesco) 170
Centollo cocido 315
Cerezas con "hueso comestible" 486
Cerezas con aguacate 22
Cerezas con cacao 487
Cerezas con pato 82
Cerezas con plátano 487
Cerezas en almíbar 486

Cerezas salteadas 82
Ceviche (versión libre) 320
Champiñones con verduritas 172
Champiñones rellenos 172
Chicharro 393
Chicharro en escabeche 394
Chicharro al horno ver *Besugo al horno I y II* 388
Chipirón a la plancha 321
Chipirones como en Asturias o en Gerona 328
Chipirones con pochas 327
Chipirones con vinagreta 328
Chipirones encebollados 325
Chipirones en crudo I 327
Chipirones en crudo II 327
Chipirones en sopa de cebolla 325
Chipirones en su tinta rellenos I 323
Chipirones en su tinta rellenos II 324
Chipirones en su tinta sin rellenar 325
Chipirones en tiras 329
Chipirones fritos 326
Chipirón grande con cebolletas 330
Chuleta de vaca al grill 468
Chuletillas de cordero 444
Churros 566
Chutney de mango 255
Cigalas a la brasa eléctrica 332
Cigalas en maíz 331
Cigalas rebozadas o Cigalas Lola 330
Cigalas y aguacate 331

Ciruelas al *Armagnac* 491
Ciruelas asadas 491
Ciruelas con arenque 83
Ciruelas con ciruelas 490
Ciruelas rellenas 489
Cochinillo asado 431
Cocido de garbanzos I 73
Cocido de garbanzos II 73
Cocinar callos 479
Coco rallado para rebozar dulce 492
Coco rallado para rebozar salado 273
Codornices al grill 437
Codornices con alubias blancas 438
Codornices con cerezas 439
Codornices con uvas 439
Codornices en salsa 437
Codornices escabechadas 438
Cogollos de Tudela con pimientos del piquillo 33
Coles de Bruselas fritas 173
Coliflor cocida salteada 175
Coliflor con gambas 177
Coliflor con piñones 176
Coliflor con salsa de soja 175
Coliflor gratinada 176
Coliflor rebozada 177
Coliflor salteada 175
Cómo abrir un melocotón 506
Cómo asar las patatas 198
Cómo cocer alcachofas I 149

Cómo cocer alcachofas II 150
Cómo cocer callos 479
Cómo cocer caracoles 430
Cómo cocer la coliflor 174
Cómo cocer la remolacha 224
Cómo cocer las espinacas 187
Como cocinar las habas 194
Cómo conservar las patatas 198
Cómo desalar el bacalao 380
Cómo deshuesar las cerezas 486
Cómo deshuesar las manitas 434
Cómo freír alcachofas 150
Cómo freír la coliflor 174
Cómo fundir chocolate 556
Cómo hacer croquetas 83
Cómo hacer pasta fresca 136
Cómo hacer raviolis 137
Cómo hacer tomates secos 227
Cómo limpiar alcachofas 149
Cómo limpiar el aguacate 147
Cómo limpiar la berza 156
Cómo limpiar la coliflor 173
Cómo limpiar las acelgas 142
Cómo limpiar las cebollas 166
Cómo limpiar las habas 193
Cómo limpiar las manitas de cerdo 434
Cómo limpiar las manitas de cordero 448
Cómo limpiar los ajos 146
Cómo limpiar los callos 478

Cómo limpiar los guisantes	188
Cómo limpiar los pimientos choriceros secos	219
Cómo limpiar los riñones de cordero	450
Cómo limpiar puerros	219
Cómo limpiar y cocer el brócoli	160
Cómo limpiar y cocer morros de ternera	476
Cómo pelar espárragos	179
Cómo pelar piña fresca	516
Cómo pelar un tomate	225
Cómo picar cebolla sin llorar	166
Cómo purgar los caracoles	430
Cómo quitarles el amargor a los pepinos	209
Cómo vaciar los tomates para rellenarlos	226
Compota de manzana	503
Conejo con caracoles	442
Conejo despiezado I	440
Conejo despiezado II	440
Conejo despiezado III	440
Conejo despiezado IV	441
Conejo despiezado V	441
Conejo despiezado VI	442
Conejo guisado	439
Cordero (*carré*)	451
Cordero asado	443
Cordero chilindrón	443
Cordero con dátiles	446
Cordero en cuscús	444
Crema catalana	524
Crema de acelgas I	59

Crema de acelgas II	60
Crema de alubias	60
Crema de brócoli	61
Crema de calabacines	62
Crema de calabaza I	61
Crema de calabaza II	61
Crema de coliflor	62
Crema de espinacas	63
Crema de guisantes I	64
Crema de guisantes II	64
Crema de lentejas	65
Crema de marisco	52
Crema de pepino	65
Crema de puerros	66
Crema de remolacha	66
Crema de vainas o judías verdes	67
Crema fría de espárragos blancos	63
Crema frita	534
Crema frita con salsa de chocolate	535
Crema pastelera	532
Crema pastelera a la piña	533
Crepes de fresas y naranjas	565
Croquetas con ½ huevo	90
Croquetas con langostinos	89
Croquetas de bacalao	85
Croquetas de chorizo	86
Croquetas de gambas I	88
Croquetas de gambas II	88
Croquetas de huevo	86

Croquetas de jamón 85
Croquetas de patata 90
Croquetas de pollo 87
Croquetas de queso 87
Cuajada 528
Cucurucho de patatas 200
Dados de pollo frito 467
Dátiles rellenos 492
Endibias agridulces 179
Endibias a la plancha 178
Endibias con queso caliente 178
Endibias con queso en frío 178
Ensalada con escarola y endibias 17
Ensalada con setas 36
Ensalada de aguacate 23
Ensalada de apio con jamón cocido y manzana 32
Ensalada de bacalao I 37
Ensalada de bacalao II 37
Ensalada de berros (*lepidium sativum*) 29
Ensalada de berza con tomate 30
Ensalada de calabacín 34
Ensalada de canónigos (*valerianella locusta*) 34
Ensalada de cerezas 22
Ensalada de champiñones y tomate 36
Ensalada de ciruelas 26
Ensalada de ciruelas y dátiles 25
Ensalada de codornices 38
Ensalada de cogollos de Tudela con anchoas 32
Ensalada de col 34

Ensalada de endibias con salmón ahumado 31
Ensalada de endibias con salsa Roquefort 31
Ensalada de endibias con tomate y queso fresco 300
Ensalada de escarola con ajo 16
Ensalada de escarola con granada 16
Ensalada de escarola con mejillones 17
Ensalada de escarola y beicon 17
Ensalada de espinacas 27
Ensalada de frambuesas 27
Ensalada de fresas 22
Ensalada de grosellas 27
Ensalada de gulas 12
Ensalada de higos 24
Ensalada de lechuga, tomate y cebolla 10
Ensalada de lechuga con naranja 11
Ensalada de lechuga con queso de cabra gratinado 10
Ensalada de lengua 38
Ensalada de maíz 33
Ensalada de mandarinas 20
Ensalada de mango 26
Ensalada de manzana I 21
Ensalada de manzanas II 21
Ensalada de morros 39
Ensalada de naranjas I 18
Ensalada de naranjas II 19
Ensalada de naranjas III 19
Ensalada de naranjas IV 20
Ensalada de otoño (endibias y manzana) 32
Ensalada de patata, tomate y aguacate 15

Ensalada de pimientos rojos 30
Ensalada de piña 23
Ensalada de plátano con anchoas (como pincho) 103
Ensalada de rúcula 28
Ensalada de rúcula con pomelo y salmón 35
Ensalada de salmón con espinacas 28
Ensalada de sandía 24
Ensalada de tomate I 12
Ensalada de tomate II 13
Ensalada de tomate III 13
Ensalada de tomate IV 14
Ensalada de tomate con atún en conserva 15
Ensalada de *txangurro* 319
Ensalada de uvas 24
Ensalada de zanahoria 29
Ensalada de zanahoria rallada 29
Ensalada templada de escarola 18
Ensalada tibia con salmón 36
Ensalada tibia con setas 35
Ensalada verde 11
Entrecotte a la plancha 470
Entrecotte al Roquefort 471
Entrecotte en frío 471
Erizos al vapor 332
Erizos en caldo como aperitivo 333
Erizos y alcachofas 334
Escalopines de ternera 472
Espaguetis a la marinera 126
Espárragos blancos cocidos y fritos 183

Espárragos blancos crudos 180
Espárragos blancos fritos I 181
Espárragos blancos fritos II 182
Espárragos blancos fritos III 182
Espárragos blancos rebozados 184
Espárragos cocidos (blancos) 179
Espárragos gratinados (verdes o blancos) 186
Espárragos trigueros en salsa 186
Espárragos verdes cocidos 184
Espárragos verdes cocidos y fritos 185
Espárragos verdes crudos 185
Espárragos verdes fritos 184
Espinacas con queso 187
Espinacas fritas 188
Espinacas salteadas 187
Fabada asturiana 71
Filete de lomo con patatas 433
Filetes de ternera a la plancha (o lomo fresco o adobado) 468
Flan de huevo 525
Flan de naranja 526
Foie-gras a la plancha 452
Frambuesas calientes (acompañamiento) 273
Frambuesas congeladas para granizado 493
Frambuesas congeladas para un batido 493
Frambuesas con miel 494
Frambuesas con queso 91
Fresas, cerezas y almendras 496
Fresas con chocolate 494
Fresas congeladas 497

Fresas con nata 494
Fresas con queso 91
Fresas con riñones de cordero 92
Fresas en vinagre 495
Frutas en chocolate amargo 563
Gallo al horno ver *Lenguado al horno* 397
Gambas agridulces 341
Gambas a la gabardina 339
Gambas a la gamba 339
Gambas al ajillo I 335
Gambas al ajillo II 336
Gambas a la plancha 335
Gambas al horno 338
Gambas cocidas 337
Gambas con ajos tiernos 336
Gambas con su propio jugo 340
Gambas dos texturas 342
Gambas en brocheta 341
Gambas en cóctel 340
Gambas en vinagreta o salpicón 337
Gambas fritas 337
Garbanzos con bacalao y acelgas 74
Gazpacho 53
Gazpacho asado I 55
Gazpacho asado II 55
Gazpacho con fresas 54
Gazpacho con plátano 55
Gazpacho de melocotón 54
Gazpacho de sandía 53

Gazpacho verde	54
Gazpachuelo o sopa malagueña	57
Guacamole	80
Guarnición de dátiles	270
Guarnición de puerros crudos	223
Guisado de patatas con bacalao	205
Guisado de patatas con chorizo	205
Guisantes congelados	191
Guisantes con huevo I	192
Guisantes con huevo II	192
Guisantes con jamón	189
Guisantes con vaina (tirabeques o bisaltos)	189
Guisantes en conserva	191
Guisantes frescos I	189
Guisantes frescos II	190
Guisantes salteados con morcilla	191
Habas con butifarra	194
Habas con corazones de pollo	195
Habas con jamón	195
Habas con queso	196
Hamburguesas de ternera	472
Hígado encebollado al Jerez	481
Hígado o corazón encebollado	480
Higos a la plancha	497
Higos con champán	498
Higos o brevas	497
Higos rellenos	92
Higos secos con escarola	25
Hojaldre de manzanas	504

Hongos 196
Huevo frito 284
Huevos a la plancha 286
Huevos cocidos 285
Huevos escalfados 286
Huevos rotos con patatas 285
Interiores de pollo frito 458
Jugo de zanahoria con ajoarriero 236
Jugo helado de puerros 58
Jurel al horno ver *Besugo al horno I y II* 388
Jurel en escabeche ver *Chicharro en escabeche* 394
Jurel ver *Chicharro* 393
Ketchup casero 253
Kiwi a la plancha 499
Kiwi con coco I 499
Kiwi con coco II 499
Kokotxas de bacalao al pil-pil 386
Kokotxas de bacalao I 387
Kokotxas de bacalao II 387
Kokotxas de merluza al pilpil ver *Kokotxas de bacalao al pilpil* *386*
Kokotxas de merluza I ver *Kokotxas de bacalao I* *387*
Kokotxas de merluza II ver *Kokotxas de bacalao II* *387*
Kokotxas rebozadas 388
Láminas crujientes de plátano 104
Langostinos a la plancha ver *Gambas a la plancha* 335
Langostinos al horno ver *Gambas al horno* 338
Langostinos cocidos ver *Gambas cocidas* 337
Langostinos fritos ver *Gambas fritas* 337
Lasaña de setas 132

Lasaña de txangurro 131
La segunda piel del melón (o de la sandía) 511
Leche de coco 522
Leche merengada 565
Lengua con gambas 475
Lengua con hongos 475
Lengua de ternera 474
Lengua de ternera con alubias blancas 476
Lenguado al horno 397
Lenguado con hongos 396
Lenguado con salsa de garbanzos 395
Lenguado en disección 394
Lenguado en ensalada de rúcula 397
Lentejas guisadas 75
Licuado de calabaza con carabineros 67
Lomo de cerdo con pimientos 431
Lomo de cerdo con puré de manzana 433
Lomo de cerdo con queso 432
Lomo de cerdo con uvas 433
Lomos de rodaballo 419
Los palos del puerro 219
Lubina al horno ver *Besugo al horno I y II* 388
Lubina con algas 400
Lubina con espárragos de lata 398
Lubina con vainas 398
Lubina fría 399
Lubina *Iñude* 399
Maíz con manzana y tomates 197
Maíz tostado 197

Mandarinas a la plancha 93
Mandarinas con beicon 93
Mango a la plancha 502
Mango licuado 500
Mango y arroz con leche 501
Manitas de cerdo con pimientos del piquillo 436
Manitas de cerdo en salsa 435
Manitas de cerdo fritas 434
Manitas de cordero en salsa 449
Manitas de cordero fritas 449
Manzana con morcilla 95
Manzana con pimientos 94
Manzana con requesón 96
Manzana con salmón ahumado 94
Manzana licuada 94
Manzanas a la plancha con helado 505
Manzanas a la plancha 502
Manzanas al microondas 501
Manzanas asadas 501
Manzanas con Coca-Cola 505
Manzanas con queso de Cabrales 95
Manzanas crujientes 503
Masa para las pizzas 295
Mejillones (tigres) 344
Mejillones al vapor 342
Mejillones en salsa verde ver *Almejas en salsa verde* 310
Mejillones con tomate 343
Mejillones con verduras 345
Mejillones fritos 343

Melocotones a la plancha con cecina 98
Melocotones al cava 507
Melocotones al vino 507
Melocotones asados 506
Melocotones con arroz con leche 508
Melocotones con lomo de cerdo 98
Melocotones encebollados 97
Melocotones en sangría 509
Melocotones rellenos 508
Melón a la plancha con salmón 99
Melón con chorizo 99
Melón con helado de limón 511
Melón con melón 510
Melón integral 509
Membrillo con chorizo 100
Membrillo con helado de queso 513
Membrillo con queso 513
Menestra de cordero 447
Merengue para rellenar 564
Merluza al grill 407
Merluza al vapor 413
Merluza cebollino 403
Merluza con alcachofas 409
Merluza con caldo de puerros 410
Merluza con ensalada 410
Merluza con espárragos 406
Merluza con frutos secos 406
Merluza con gambas 410
Merluza con guisantes 404

Merluza con hongos 411
Merluza con jugo de aceitunas 412
Merluza con *kokotxas* 403
Merluza con patatas 405
Merluza con pimientos 409
Merluza con refrito de ajo 404
Merluza con *txangurro* 412
Merluza con verduras fritas 402
Merluza con verduras 405
Merluza con vinagreta 402
Merluza con yema 403
Merluza encebollada 408
Merluza en salsa verde 400
Merluza en salsa verde con almejas 401
Merluza frita 408
Mermelada de albaricoque 530
Mermelada de ciruelas 491
Mermelada de fresas 531
"Mermelada" de fresas 496
Mermelada de ruibarbo 532
Mermelada rápida de frambuesas 493
Migas 301
Migas con huevo frito 302
Milhojas 554
Mi pesto preferido 253
Mojo-mole de aceitunas 268
Mojo-mole de champiñones 268
Mojo mole de anchoas 268
Mojos moles blancos 267

Mole mojo de maíz 267
Mollejas de cordero 450
Morros de ternera con bacalao 477
Morros de ternera guisados 477
Morros fritos 477
Mousse de chocolate blanco 560
Mousse de chocolate I 556
Mousse de chocolate II 557
Mousse de chocolate III 557
Mousse de chocolate IV 558
Mousse de chocolate V 559
Mousse de chocolate VI 559
Muslos de pollo asados con piña 456
Naranjas con champán 514
Naranjas con chocolate 513
Naranjas con mandarinas 514
Nata montada 533
Natillas 523
Navajas al limón 345
Navajas en salsa verde ver *Almejas en salsa verde* 310
Navajas con gazpacho 346
Navajas y beicon 346
Nécora ver *Centollo cocido* 315
Nécoras a la plancha 346
Ostras a la plancha 352
Ostras al champán I 350
Ostras al champán II 350
Ostras al natural 347
Ostras con garbanzos 352

Ostras con tocino 351
Ostras en caldo de patata 349
Ostras fritas 349
Ostras gratinadas 349
Ostras y espinacas 351
Paletillas o pierna de cordero 447
Panchineta 555
Pan con aceite y ajo 301
Pan con aceite y azúcar 301
Pan con aceite 300
Pan con tomate 300
Papas arrugadas 205
Pasta a la boloñesa 124
Pasta al horno tipo lasaña 130
Pasta carbonara 125
Pasta *choux* 546
Pasta con aceitunas 127
Pasta con ajo y perejil 124
Pasta con frutos secos y frutas 129
Pasta con gambas 127
Pasta con mejillones 126
Pasta con quesos 129
Pasta con tomates 128
Pasta con yemas 128
Pasta fresca 130
Pasta quebrada I 540
Pasta quebrada II 541
Pastel de cabracho (*kabrarroka*) 391
Pastel vasco 544

Patatas a la marinera	203
Patatas a la riojana	204
Patatas asadas en horno I	201
Patatas asadas en horno II	201
Patatas al microondas	199
Patatas a lo pobre	202
Patatas bravas	202
Patatas cocidas	199
Patatas con bacalao	203
Patatas con beicon	206
Patatas con trufa	208
Patatas fritas	199
Patatas rellenas	206
Patatas rellenas de hongos o setas	208
Patatas rellenas de trufas	207
Patatucas	200
Paté de aceitunas negras (*Tapenade*)	78
Pechuga de pollo (o restos de un asado) con sémola	467
Pechugas de pollo rebozadas	466
Pechugas fritas de pollo	456
Pencas de acelga rellenas	144
Pencas rebozadas	145
Pencas	143
Pepino a la plancha	209
Pepino con cuajada	515
Pepino y cuajada (como entrante)	100
Peras cocidas en cacao	515
Perdices al grill ver *Codornices al grill*	437
Percebes cocidos	353

Percebes con tocino 354
Percebes fritos 354
Petit-choux 547
Pez San Pedro (en entero) 414
Pez San Pedro (o *Muxumartin*) 413
Pichones al grill ver *Codornices al grill* 437
Pimientos de Gernika fritos 218
Pimientos del piquillo 210
Pimientos del piquillo fritos o a la plancha 210
Pimientos del piquillo rellenos I 210
Pimientos del piquillo rellenos II 211
Pimientos del piquillo rellenos III 211
Pimientos del piquillo rellenos IV 212
Pimientos del piquillo rellenos V 212
Pimientos de Padrón fritos 217
Pimientos entreverados 218
Pimientos morrones con atún 215
Pimientos morrones rellenos 215
Pimientos rojos morrones asados 213
Pimientos verdes fritos 215
Pimientos verdes rellenos de manitas de cordero 216
Pinchos de cabezas de salmonetes 105
Pincho de mejillones con corteza de cerdo 96
Pincho de morros de ternera con langostinos 97
Pincho de tomatitos con anchoas 108
Piña al horno 517
Piña con pimientos asados 101
Piña con sardinas 102
Piña con sesos 102

Piña rellena 517
Piperrada 250
Pizza de pimientos 296
Pizza de quesos 296
Pizza de sardinas 297
Pizza de tomate 297
Pizza de verduras 298
Pizza envuelta 298
Plátano (como entrante) 103
Plátano con chocolate 519
Plátano con pomelo 103
Plátano flambeado 518
Plátano macho 104
Platija al horno ver Lenguado al horno 409
Plum-cake 538
Pochas 72
Pollo agridulce 466
Pollo a la cerveza I 455
Pollo a la cerveza II 461
Pollo al *curry* 459
Pollo a los 40 ajos del *aita* 454
Pollo asado con frutas 454
Pollo asado I 453
Pollo asado II 453
Pollo borracho 460
Pollo con champiñones 461
Pollo con langostinos 462
Pollo con pimientos 466
Pollo con yogur 463

Pollo despiezado 455
Pollo en escabeche 465
Pollo en pepitoria 459
Pollo en terrina 464
Pollo frío I 462
Pollo frío II 463
Pollo *Tandoori* 460
Porrusalda 45
Porrusalda con bacalao 46
Pudín de manzana 530
Puerros 219
Puerros en vinagreta (con la parte blanca) 222
Puerros fritos 222
Puerros gratinados 223
Pulpo a la brasa 356
Pulpo a la gallega 355
Pulpo a la plancha 357
Pulpo con patatas 356
Pulpo frío 357
Puré de brócoli 272
Puré de calabaza (o algo así...) 68
Puré de calabaza con queso de cabra 69
Puré de castañas 271
Puré de dátiles 271
Puré de manzana 269
Puré de patatas I 68
Puré de patatas II 68
Puré de *txistorra* y dátil 270
Puré-guisado de calabaza 69

¿Qué podemos hacer con las cortezas de naranja de la receta anterior? 19
Quisquilla cocida ver *Gambas cocidas* 337
Quisquillones a la plancha ver *Gambas a la plancha* 335
Rabo de buey en salsa 483
Ralladura de naranja 269
Rape al horno 415
Rape deshuesado 417
Rape en lomos con aceitunas 416
Rape frito 416
Rape guisado 418
Rape salteado con brécol 417
Raviolis con champiñones 139
Raviolis de queso 138
Raviolis en sopa 139
Remolacha frita 225
Remolacha roja con patata 224
Revuelto de calabacines 294
Revuelto de espárragos trigueros 294
Revuelto de espárragos y gambas 295
Rodaballo al horno ver *Besugo al horno I y II* 419
Rosquillas 537
Salmón ahumado 105
Salmón con champán 422
Salmón con espárragos verdes 421
Salmón en crudo 423
Salmón en dados con cogollos de Tudela 422
Salmón en sal 424
Salmón fresco en rodajas 421
Salmón para untar 423

Salmonetes a la parrilla	427
Salmonetes al horno	426
Salmonetes con ajos tiernos	425
Salmonetes con brécol	425
Salmonetes con espárragos I	426
Salmonetes con espárragos II	426
Salmonetes fritos I	424
Salmonetes fritos II	424
Salmorejo	56
Salsa ali-oli	247
Salsa amarilla con mostaza	245
Salsa anaranjada rojiza	246
Salsa bearnesa	248
Salsa bechamel I	240
Salsa bechamel II	240
Salsa bechamel II	241
Salsa bechamel IV	241
Salsa blanca	246
Salsa de Armagnac	261
Salsa de berza	257
Salsa de caza con chocolate	262
Salsa de cebolla	251
Salsa de champiñones	252
Salsa de chocolate I	262
Salsa de chocolate II	262
Salsa de codornices triturada	259
Salsa de cordero sin triturar	257
Salsa de frambuesas	261
Salsa de maíz	254

Salsa de mango y cebolla	255
Salsa de naranjas	255
Salsa de oporto	260
Salsa de pichón sin triturar	259
Salsa de pimienta blanca	252
Salsa de pimientos verdes I	256
Salsa de pimientos verdes II	256
Salsa de piquillos	254
Salsa de roquefort I	251
Salsa de roquefort II	252
Salsa de tomate	249
Salsa especiada	249
Salsa gris oscura	246
Salsa *harissa*	263
Salsa holandesa	247
Salsa más que rosa	245
Salsa mayonesa I	241
Salsa mayonesa II	242
Salsa mayonesa III	243
Salsa mayonesa IV	243
Salsa mayonesa (o falso alioli)	247
Salsa mojo-base I	263
Salsa mojo-base II	263
Salsa mojo-base III	264
Salsa mojo-base IV	264
Salsa mojo-base V	265
Salsa mojo-base VI	265
Salsa mojo-base VII	265
Salsa mojo-base VIII	266

Salsa o jugo de asados 260
Salsa rosa I 243
Salsa rosa II 244
Salsa tártara 244
Salsa verde con perejil 245
Salsa vizcaína 250
Sandía al champán 520
Sandía confitada con melva 106
Sandía con morcilla 107
Sandía con pasta fresca 108
Sandía de noche 520
Sandía levemente amarga 520
Sandía y jamón de pato 106
Setas guisadas 225
Solomillo asado 470
Solomillo asado y frío 470
Solomillo de atún 376
Solomillo de ternera o vaca 469
Solomillos al vapor 473
Sopa de ajo I 48
Sopa de ajo II 48
Sopa de ajo con pimentón 49
Sopa de arroz 43
Sopa de calabaza y cigalas 50
Sopa de cebolla I 44
Sopa de cebolla II 45
Sopa de champiñones 45
Sopa de chocolate con melón 564
Sopa de espárragos en conserva 47

Sopa del agua de cocer las vainas o judías 44
Sopa del verde del puerro 47
Sopa de maíz con salmón 49
Sopa de melón y sardinas 58
Sopa de pescado 51
Sopa de piña 518
Sopa de *txangurro* 52
Sopa de verduras 43
Sopa de zanahoria (aperitivo) 58
Sopa Viña Æ 50
Steak tartare 472
Tarta de cebollas 171
Tarta de limón 541
Tarta de manzana I 529
Tarta de manzana II 542
Tarta de puerros 223
Tarta de queso 545
Tarta Saint-Honoré 548
Tarta Selva Negra 552
Tarta Tatín 543
Tomate rallado 233
Tomates "cereza" en ensalada 233
Tomates "cereza" salteados 232
Tomates al pesto 231
Tomates aromáticos asados 231
Tomates asados I 226
Tomates asados II 227
Tomates confitados 230
Tomates con pan 232

Tomates rellenos (en caliente)	229
Tomates rellenos (en frío)	229
Tomates secos con codornices	228
Tomates secos con queso	228
Torrijas	536
Torrijas de chocolate	536
Tortilla baja en calorías	288
Tortilla de alcachofas	287
Tortilla de camarones o gambas	288
Tortilla de champiñones	288
Tortilla de chorizo	290
Tortilla de espárragos	291
Tortilla de espinacas	291
Tortilla de morcilla	292
Tortilla de patata	292
Tortilla de queso	293
Tortilla enriquecida de jamón	291
Tortilla francesa	286
Tortillas mexicanas	299
Triavellanas	560
Trucha en sal ver Salmón en sal	413
Trufas de chocolate	561
Trufas de chocolate al brandy	562
Trufa sencilla	562
Tulipas	527
Txangurro a la donostiarra	317
Txangurro con coliflor	319
Txangurro con lechugas	320
Uvas con helado	522

Uvas con pollo 109
Uvas con queso (y con cariño) 521
Uvas con queso (y con prisa) 521
Uvas maceradas 522
Uvas sin pepitas 109
Vainas (judías verdes) con jamón 234
Vainas (judías verdes) con patatas 233
Vainas (judías verdes) fritas 235
Vainas o judías verdes salteadas 234
Ventresca al horno con verduras 378
Ventresca de salmón 420
Ventresca o ijada de atún 376
Verdel al horno ver *Besugo al horno I y II* 388
Verdel en escabeche ver *Chicharro en escabeche* 394
Verdel ver *Chicharro* 393
Vieiras al ajillo 359
Vieiras a la plancha 357
Vieiras al horno 360
Vieiras con vainas I 360
Vieiras con vainas II 361
Vinagre balsámico reducido 277
Vinagreta base I 277
Vinagreta base II 277
Vinagreta base III 278
Vinagreta de cítricos 279
Vinagreta de comino 278
Vinagreta de frutas secas 279
Vinagreta de frutos secos 279
Vinagreta de grosellas 281

Vinagreta de perejil 278
Vinagreta de puerros 281
Vinagreta de remolacha I 280
Vinagreta de remolacha II 281
Vinagreta de soja 278
Vinagreta de yema 280
Vinagreta dulce agria 280
Vinagreta especiada 280
Yogur 527
Zamburiñas a la plancha ver *Vieiras a la plancha* 357
Zamburiñas al ajillo ver *Vieiras al ajillo* 359
Zamburiñas al horno ver *Vieiras al horno* 360
Zamburiñas con vainas I ver *Vieiras con vainas I* 360
Zamburiñas con vainas II ver *Vieiras con vainas II* 361
Zanahoria con coco 235
Zanahoria rallada 235
Zanahorias con frutas 236
Zanahorias con naranjas 236
Zumo de frambuesas con naranjas 492
Zumo de fresas 496
Zumo de fresas con tropiezos 567
Zumo de mandarina 93
Zumo de naranja con fresas 495
Zumo de naranja 100
Zumo de peras 515

índice de recetas por dificultad

ensaladas

para novatos

Ensalada de lechuga, tomate y cebolla 10
Ensalada de lechuga con naranja 11
Ensalada verde 11
Ensalada de gulas 12
Ensalada de tomate I 12
Ensalada de tomate II 13
Ensalada de tomate III 13
Cebollas crudas en ensalada 14
Ensalada de patata, tomate y aguacate 15
Ensalada de tomate con atún en conserva 15
Ensalada de escarola con granada 16
Ensalada de escarola con ajo 16
Ensalada de escarola con mejillones 17
Ensalada de escarola y beicon 17
Ensalada con escarola y endibias 17
Ensalada templada de escarola 18
Ensalada de naranjas I 18
Ensalada de naranjas II 19
Ensalada de naranjas III 19
Naranjas en ensalada IV 20
Ensalada de mandarinas 20
Ensalada de manzanas II 21
Ensalada de fresas 22
Ensalada de cerezas 22
Cerezas con aguacate 22

Ensalada de aguacate	23
Ensalada de piña	23
Ensalada de uvas	24
Ensalada de higos	24
Higos secos con escarola	25
Ensalada de ciruelas y dátiles	25
Ensalada de ciruelas	26
Ensalada de mango	26
Ensalada de frambuesas	27
Ensalada de grosellas	27
Ensalada de espinacas	27
Ensalada de salmón con espinacas	28
Ensalada de rúcula	28
Ensalada de berros (*lepidium sativum*)	29
Ensalada de zanahoria rallada	29
Ensalada de zanahoria	29
Ensalada de berza con tomate	30
Ensalada de endibias con tomate y queso fresco	30
Ensalada de endibias con salsa Roquefort	31
Ensalada de endibias con salmón ahumado	31
Ensalada de otoño (endibias y manzana)	32
Ensalada de apio con jamón cocido y manzana	32
Ensalada de cogollos de Tudela con anchoas	32
Cogollos de Tudela con pimientos del piquillo	33
Ensalada de maíz	33
Ensalada de calabacín	34
Ensalada de col	34
Ensalada de champiñones y tomate	36
Ensalada de codornices	38

para pinches 🍴🍴

Ensalada de lechuga con queso de cabra gratinado 10
Ensalada de tomate IV 14
Atún en ensalada 14
¿Qué podemos hacer con las cortezas de naranja de la receta anterior? 19
Ensalada de manzana I 21
Ensalada de sandía 24
Ensalada de pimientos rojos 30
Ensalada de canónigos (valerianella locusta) 34
Ensalada de rúcula con pomelo y salmón 35
Ensalada tibia con setas 35
Ensalada tibia con salmón 36
Ensalada con setas 36
Ensalada de bacalao I 37
Ensalada de lengua 38

para cocinillas 🍴🍴🍴

Ensalada de bacalao II 37
Ensalada de morros 39

sopas, cremas, pures y legumbres

para novatos 🍴

Sopa de arroz 43
Sopa del agua de cocer las vainas o judías verdes 44

Sopa de cebolla I 44
Sopa de cebolla II 45
Crema fría de espárragos blancos 63
Crema de guisantes I 64

para pinches 🍴🍴

Caldo de carne 42
Caldo de pollo 42
Sopa de verduras 43
Sopa de champiñones 45
Porrusalda 45
Porrusalda con bacalao 46
Sopa de espárragos en conserva 47
Sopa del verde del puerro 47
Sopa de ajo I 48
Sopa de ajo II 48
Sopa de ajo con pimentón 49
Sopa de maíz con salmón 49
Gazpacho 53
Gazpacho de sandía 53
Gazpacho de melocotón 54
Gazpacho con fresas 54
Gazpacho verde 54
Sopa de melón y sardinas 58
Sopa de zanahoria (aperitivo) 58
Jugo helado de puerros 58
Crema de acelgas I 59
Crema de acelgas II 60

Crema de alubias 60
Crema de brócoli 61
Crema de calabaza I 61
Crema de calabaza II 61
Crema de calabacines 62
Crema de coliflor 62
Crema de espinacas 63
Crema de guisantes II 64
Crema de lentejas 65
Crema de pepino 65
Crema de puerros 66
Crema de remolacha 66
Crema de vainas o judías verdes 67
Puré de patatas I 68
Puré de patatas II 68
Puré de calabaza (o algo así...) 68
Puré de calabaza con queso de cabra 69
Puré-guisado de calabaza 69
Alubias rojas con berza 70
Fabada asturiana 71
Cocido de garbanzos I 73
Cocido de garbanzos II 73
Lentejas guisadas 75

para cocinillas 🍴🍴🍴

Sopa de calabaza 50
Sopa Viña Æ 50
Sopa de pescado 51

Crema de marisco 52
Sopa de *txangurro* 52
Gazpacho asado I 55
Gazpacho asado II 55
Gazpacho con plátano 55
Salmorejo 56
Ajoblanco 56
Gazpachuelo o sopa malagueña 57
Licuado de calabaza con carabineros 67
Pochas 72
Garbanzos con bacalao y acelgas 74

entrantes

para novatos

Aperitivo de aguacate I 79
Aperitivo de aguacate II 79
Guacamole 80
Ciruelas con arenque 83
Frambuesas con queso 91
Fresas con queso 91
Zumo de mandarina 93
Mandarinas a la plancha 93
Mandarinas con beicon 93
Membrillo con chorizo 100
Zumo de naranja 100
Pepino y cuajada (como entrante) 100

Piña con sardinas 102
Ensalada de plátano con anchoas (como pincho) 103
Plátano (como entrante) 103
Plátano con pomelo 103
Salmón ahumado 105
Uvas sin pepitas 109

para pinches

Aceitunas aliñadas 78
Aceitunas negras aliñadas 78
Paté de aceitunas negras (*Tapenade*) 78
Calabacín con queso y jamón 80
Aperitivo de cebollas con atún 81
Aperitivo de cebolletas acarameladas 81
Cerezas salteadas 82
Cerezas con pato 82
Fresas con riñones de cordero 92
Manzana con pimientos 94
Manzana licuada 94
Manzana con salmón ahumado 94
Manzanas con queso de Cabrales 95
Manzana con morcilla 95
Manzana con requesón 96
Pincho de mejillones con corteza de cerdo 96
Melocotones encebollados 97
Melocotones a la plancha con cecina 98
Melocotones con lomo de cerdo 98
Melón a la plancha con salmón 99

Melón con chorizo 99
Piña con pimientos asados 101
Plátano macho 104
Láminas crujientes de plátano 104
Pinchos de cabezas de salmonetes 105
Sandía y jamón de pato 106
Sandía confitada con melva 106
Sandía con pasta fresca 108
Pincho de tomatitos con anchoas 108
Uvas con pollo 109

para cocinillas

Castañas en chip 81
Cómo hacer croquetas 83
Croquetas de bacalao 85
Croquetas de jamón 85
Croquetas de huevo 86
Croquetas de chorizo 86
Croquetas de pollo 87
Croquetas de queso 87
Croquetas de gambas I 88
Croquetas de gambas II 88
Croquetas con langostinos 89
Croquetas con ½ huevo 90
Croquetas de patata 90
Higos rellenos 92
Pincho de morros de ternera con langostinos 97
Piña con sesos 102
Sandía con morcilla 107

arroz y pasta

para novatos 🍴

Arroz blanco 112
Pasta con ajo y perejil 124
Pasta con gambas 127

para pinches 🍴🍴

Arroz con verduras 112
Arroz con huevo (o a la cubana) 112
Arroz con almejas I 113
Arroz con almejas II 113
Arroz con hongos 114
Arroz de los domingos 115
Arroz de pescado 116
Arroz meloso 119
Arroz con conejo 119
Arroz meloso con pesto 123
Pasta a la boloñesa 124
Pasta carbonara 125
Espaguetis a la marinera 126
Pasta con mejillones 126
Pasta con aceitunas 127
Pasta con yemas 128
Pasta con tomates 128
Pasta con quesos 129
Pasta con frutos secos y frutas 129
Pasta fresca 130

para cocinillas 🍴🍴🍴

Arroz negro 116
Arroz en paella 117
Arroz crujiente 118
Arroz con soja 120
Arroz caldoso 121
Arroz con codornices 122
Arroz con bacalao 122
Arroz con *kokotxas* 123
Pasta al horno tipo lasaña 130
Lasaña de txangurro 131
Lasaña de setas 132
Canelones 133
Canelones rellenos de espinacas y setas 135
Cómo hacer pasta fresca 136
Cómo hacer raviolis 137
Raviolis de queso 138
Raviolis en sopa 139
Raviolis con champiñones 139

verduras

para novatos 🍴

Cómo limpiar las acelgas 142
Cómo limpiar los ajos 146
Cómo limpiar el aguacate 147
Aguacate con manzana 148

Berenjenas asadas en el microondas 155
Berenjenas a la plancha 156
Cómo limpiar la berza 158
Berza cocida 158
Berza salteada 159
Cómo limpiar y cocer la brócoli 160
Cómo limpiar las cebollas 166
Cómo picar cebolla sin llorar 166
Cebollas asadas I 167
Cebollas asadas II 167
Cebollas frescas (cebolletas) 167
Cebollas a la plancha 169
Coles de Bruselas fritas 173
Cómo limpiar la coliflor 173
Cómo cocer la coliflor 174
Cómo freír la coliflor 174
Coliflor salteada 175
Endibias a la plancha 178
Espárragos verdes fritos 184
Cómo cocer las espinacas 187
Espinacas con queso 187
Cómo limpiar los guisantes 188
Cómo limpiar las habas 193
Maíz tostado 197
Maíz con manzana y tomates 197
Cómo conservar las patatas 198
Cómo asar las patatas 198
Patatas cocidas 199
Patatas al microondas 199

Patatas fritas 199
Patatucas 200
Cómo quitarles el amargor a los pepinos 209
Pepino a la plancha 209
Pimientos del piquillo 210
Pimientos del piquillo fritos o a la plancha 210
Pimientos verdes fritos 215
Pimientos de Padrón fritos 217
Pimientos de Gernika fritos 218
Pimientos entreverados 218
Cómo limpiarlos pimientos choriceros secos 219
Los palos del puerro 219
Cómo limpiar los puerros 219
Aperitivo de puerros a la plancha 220
Guarnición de puerros crudos 223
Cómo cocer la remolacha 224
Remolacha roja con patata 224
Cómo pelar un tomate un tomate 225
Tomates con pan 232
Zanahorias con naranjas 236
Zanahorias con frutas 236

para pinches

Acelgas (lo verde) 142
Pencas 143
Pencas rebozadas 145
Acelgas con bacalao 145
Aguacate con gambas 148
Aguacate con salmón 148

Cómo limpiar alcachofas 149
Cómo cocer alcachofas I 149
Cómo cocer alcachofas II 150
Cómo freír alcachofas 150
Alcachofas con jamón 151
Alcachofas fritas con beicon 151
Alcachofas con langostinos 152
Alcachofas con berberechos 152
Alcachofas con champiñones 153
Alcachofas rebozadas 154
Alcachofas con almejas 154
Alcachofas con salmón ahumado 155
Alcachofas con espárragos 155
Berenjenas asadas con anchoas en salazón 156
Berenjenas asadas 156
Berenjenas en compañía 157
Berza con patatas 159
Brócoli con carabineros 161
Brócoli con mejillones 161
Brócoli con salmón ahumado 162
Calabacines salteados 162
Calabacines con queso 164
Calabacines con verduras 165
Calabaza frita 165
Cebollas pochadas 168
Cebollas en vinagre 168
Cebollas fritas 170
Cebolletas agridulces 170
Champiñones rellenos 172

Champiñones con verduritas 172
Brocheta de coles de Bruselas 173
Coliflor con salsa de soja 175
Coliflor cocida salteada 175
Coliflor con piñones 176
Coliflor rebozada 177
Coliflor con gambas 177
Endibias con queso en frío 178
Endibias con queso caliente 178
Endibias agridulces 179
Cómo pelar espárragos 179
Espárragos blancos crudos 180
Espárragos blancos fritos I 181
Espárragos blancos fritos II 182
Espárragos blancos fritos III 182
Espárragos blancos rebozados 184
Espárragos verdes cocidos y fritos 185
Espárragos verdes crudos 185
Espinacas salteadas 187
Espinacas fritas 188
Guisantes con vaina (tirabeques o bisaltos) 189
Guisantes con jamón 189
Guisantes frescos I 189
Guisantes frescos II 190
Guisantes congelados 191
Guisantes en conserva 191
Guisantes salteados con morcilla 191
Guisantes con huevo I 192
Guisantes con huevo II 192

Como cocinar las habas 194
Habas con butifarra 194
Habas con jamón 195
Habas con corazones de pollo 195
Habas con queso 196
Hongos 196
Cucurucho de patatas 200
Patatas asadas en horno I 201
Patatas asadas en horno II 201
Patatas a lo pobre 202
Patatas bravas 202
Patatas a la marinera 203
Patatas con bacalao 203
Patatas a la riojana 204
Guisado de patatas con bacalao 205
Guisado de patatas con chorizo 205
Patatas con beicon 206
Pimientos del piquillo rellenos 210
Pimientos rojos morrones asados 213
Pimientos morrones con atún 215
Pimientos morrones rellenos 215
Aperitivo de puerros rellenos 221
Puerros fritos 222
Puerros en vinagreta (con la parte blanca) 222
Remolacha frita 225
Setas guisadas 225
Cómo vaciar los tomates para rellenarlos 226
Tomates asados I 226
Tomates asados II 227

Tomates secos con codornices 228
Tomates secos con queso 228
Tomates rellenos (en frío) 229
Tomates al pesto 231
Tomates aromáticos asados 231
Tomates "cereza" salteados 232
Tomates "cereza" en ensalada 233
Tomate rallado 233
Vainas (judías verdes) con patatas 233
Vainas (judías verdes) con jamón 234
Vainas o judías verdes salteadas 234
Vainas (judías verdes) fritas 235
Zanahoria rallada 235
Zanahoria con coco 235

para cocinillas

Pencas de acelga rellenas 144
Alcachofas rellenas de *txangurro* 153
Berenjenas rellenas 157
Berza fermentada (*chucrut*) 159
Berza enrollada 160
Calabacines rellenos de txangurro 162
Calabacines rellenos de ajoarriero 164
Cebolletas a la brasa (o *calcots* con salsa Romesco) 170
Tarta de cebollas 171
Coliflor gratinada 176
Espárragos cocidos (blancos) 179
Espárragos blancos cocidos y fritos 183
Espárragos verdes cocidos 184

Espárragos gratinados (verdes o blancos) 186
Espárragos trigueros en salsa 186
Papas arrugadas 205
Patatas rellenas 206
Patatas rellenas de trufas 207
Patatas con trufa 208
Patatas rellenas de hongos o setas 208
Pimientos del piquillo rellenos II 211
Pimientos del piquillo rellenos III 211
Pimientos del piquillo rellenos IV 212
Pimientos del piquillo rellenos V 212
Pimientos verdes rellenos de manitas de cordero 216
Tarta de puerros 223
Puerros gratinados 223
Cómo hacer tomates secos 227
Tomates rellenos (en caliente) 229
Tomates confitados 230
Jugo de zanahoria con ajoarriero 237

salsas, acompañamientos, aceites y vinagretas

para novatos

Ralladura de naranja 269
Coco rallado para rebozar salado 273
Frambuesas calientes (acompañamiento) 273

Aceite de almendras 273
Aceite de perejil I 273
Aceite de ajo I 274
Aceite de ajo II 274
Aceite de frambuesas 275
Aceite de especias 275
Aceite de pimentón 276
Aceite de atún 276
Aceite de chorizo 276
Vinagreta base 277
Vinagreta de grosellas 281
Vinagreta de puerros 281

para pinches

Salsa de tomate 249
Piperrada 250
Salsa de cebolla 251
Salsa de roquefort I 251
Salsa de roquefort II 252
Salsa de pimienta blanca 252
Salsa de champiñones 252
Ketchup casero 253
Salsa de piquillos 254
Salsa de maíz 254
Salsa de naranjas 255
Salsa de mango y cebolla 255
Salsa de berza 257
Puré de manzana 269
Guarnición de dátiles 270

Puré de dátiles 271
Puré de castañas 271
Cebollas en puré 272
Puré de brócoli 272
Aceite de perejil II 274
Aceite de remolacha 275
Vinagreta base II 277
Vinagreta base III 278
Vinagreta de comino 278
Vinagreta de perejil 278
Vinagreta de soja 278
Vinagreta de frutos secos 279
Vinagreta de cítricos 279
Vinagreta de frutas secas 279
Vinagreta especiada 280
Vinagreta de yema 280
Vinagreta dulce agria 280
Vinagreta de remolacha I 280
Vinagreta de remolacha II 281

para cocinillas

Salsa bechamel I 240
Salsa bechamel II 240
Salsa bechamel II 241
Salsa bechamel IV 241
Salsa mayonesa I 241
Salsa mayonesa II 242
Salsa mayonesa III 243
Salsa mayonesa IV 243

Salsa rosa I 243
Salsa rosa II 244
Salsa tártara 244
Salsa amarilla con mostaza 245
Salsa verde con perejil 245
Salsa más que rosa 245
Salsa gris oscura 246
Salsa anaranjada rojiza 246
Salsa blanca 246
Salsa mayonesa (o falso alioli) 247
Salsa ali-oli 247
Salsa holandesa 247
Salsa bearnesa 248
Salsa especiada 249
Salsa vizcaína 250
Mi pesto preferido 253
Chutney de mango 255
Salsa de pimientos verdes I 256
Salsa de pimientos verdes II 256
Salsa de cordero sin triturar 257
Salsa de pichón sin triturar 259
Salsa de codornices triturada 259
Salsa de oporto 260
Salsa o jugo de asados 260
Salsa de *Armagnac* 261
Salsa de frambuesas 261
Salsa de chocolate I 262
Salsa de chocolate II 262
Salsa de caza con chocolate 262

Salsa *harissa* 263
Salsa mojo-base I 263
Salsa mojo-base II 263
Salsa mojo-base III 264
Salsa mojo-base IV 264
Salsa mojo-base V 265
Salsa mojo-base VI 265
Salsa mojo-base VII 265
Salsa mojo-base VIII 266
Mojos moles blancos 267
Mole mojo de maíz 267
Mojo-mole de aceitunas 268
Mojo-mole de champiñones 268
Mojo mole de anchoas 268
Puré de *txistorra* y dátil 270
Vinagre balsámico reducido 277

huevos, pizzas y bocadillos

para novatos

Huevos cocidos 285
Tortilla francesa 287
Tortilla de camarones o gambas 288
Tortilla de champiñones 288
Tortilla de chorizo 290
Tortilla enriquecida de jamón 291
Tortilla de morcilla 292
Tortilla de queso 293

Revuelto de espárragos y gambas 294
Pan con tomate 300
Pan con aceite 300
Pan con aceite y azúcar 301
Pan con aceite y ajo 301
Bocadillo de atún con guindillas 304

para pinches 🍴🍴

Huevo frito 284
Huevos rotos con patatas 285
Huevos a la plancha 286
Huevos escalfados 286
Anchoas en tortilla 287
Tortilla de alcachofas 287
Tortilla baja en calorías 288
Tortilla de espárragos 291
Tortilla de espinacas 291
Tortilla de patata 292
Revuelto de calabacines 294
Revuelto de espárragos trigueros 294
Bocadillo de merluza frita 303
Bocadillo de tortilla con tomate 304
Bocadillo de lomo con pimientos 304
Bocadillo de anchoas y pimientos verdes 305
Bocadillo de pechugas de pollo 305
Bocadillo de bacalao con tomate 306

para cocinillas 🍴🍴🍴

Masa para las pizzas 295

Pizza de pimientos 296
Pizza de quesos 296
Pizza de sardinas 297
Pizza de tomate 297
Pizza de verduras 298
Pizza envuelta 298
Tortillas mexicanas 299
Migas 301
Migas con huevo frito 302
Bocadillo de solomillo con foie 306
Bocadillo de higaditos de pollo 306
Bocadillo de verduras asadas 307

mariscos

para pinches

Almejas en salsa verde 310
Bogavante cocido 311
Bogavante con cebolletas 311
Centollo cocido 315
Chipirón a la plancha 321
Chipirones fritos 326
Chipirones en crudo I 327
Chipirones en crudo II 327
Chipirones con vinagreta 328
Chipirones como en Asturias o en Gerona 328
Chipirones en tiras 329
Chipirón grande con cebolletas 330
Cigalas y aguacate 331

Cigalas a la brasa eléctrica 332
Erizos al vapor 332
Erizos y alcachofas 334
Gambas a la plancha 335
Gambas al ajillo I 335
Gambas al ajillo II 336
Gambas con ajos tiernos 336
Gambas cocidas 337
Gambas fritas 337
Gambas al horno 338
Gambas a la gamba 339
Gambas en cóctel 340
Gambas en brocheta 341
Mejillones al vapor 342
Mejillones fritos 343
Mejillones con tomate 343
Mejillones con verduras 345
Navajas al limón 345
Navajas y beicon 346
Navajas con gazpacho 346
Nécoras a la plancha 346
Ostras al natural 347
Ostras al champán I 350
Ostras al champán II 350
Ostras con tocino 351
Ostras y espinacas 351
Ostras a la plancha 352
Percebes cocidos 353
Percebes fritos 354

Vieiras a la plancha 357
Vieiras al ajillo 359
Merluza con refrito de ajo 367

para cocinillas 🍴🍴🍴

Bogavante con mantequilla de cebollino 310
Bogavante a la americana 312
Bogavante templado 314
Txangurro a la donostiarra 317
Txangurro con coliflor 319
Ensalada de *txangurro* 319
Txangurro con lechugas 320
Ceviche (versión libre) 320
Chipirones en su tinta rellenos I 323
Chipirones en su tinta rellenos II 324
Chipirones en su tinta sin rellenar 325
Chipirones encebollados 325
Chipirones en sopa de cebolla 325
Chipirones con pochas 327
Cigalas rebozadas o Cigalas Lola 330
Cigalas en maíz 331
Erizos en caldo como aperitivo 333
Aperitivo de erizos gratinados 334
Gambas en vinagreta o salpicón 337
Gambas a la gabardina 339
Gambas con su propio jugo 340
Gambas agridulces 341
Gambas dos texturas 342
Mejillones (tigres) 344

Ostras gratinadas 349
Ostras en caldo de patata 349
Ostras fritas 349
Ostras con garbanzos 352
Percebes con tocino 354
Pulpo a la gallega 355
Pulpo con patatas 356
Pulpo a la brasa 356
Pulpo frío 357
Pulpo a la plancha 357
Vieiras al horno 360
Vieiras con vainas I 360
Vieiras con vainas II 361

pescados

para novatos

Cómo desalar el bacalao 380

para pinches

Anchoas fritas 364
Anchoas fritas rebozadas 364
Anchoas fritas salteadas 365
Anchoas salteadas con vinagreta 365
Anchoas con mayonesa 366
Anchoas crudas 367
Anchoas a la sal 367
Anchoas en sal calientes 367

Anchoas saladas 368
Anchoas en salazón 369
Anchoas en vinagre I 369
Anchoas en vinagre II 370
Anchoas en vinagre III 370
Anchoas en vinagre IV 371
Anchoas con cítricos 371
Anchoas jardinera 372
Anchoas con fresas 372
Anchoas con cebolletas 372
Anchoas con tomate 373
Anchoas asadas 374
Anchoas guisadas 375
Anchoas en cazuela 375
Atún crudo 375
Solomillo de atún 376
Ventresca o ijada de atún 376
Ventresca al horno con verduras 378
Bacalao con pimientos verdes 381
Bacalao con aceitunas 383
Bacalao con pimientos verdes 383
Bacalao con caldo de guisantes 383
Bacalao desmigado con vinagreta 383
Bacalao fresco 385
Kokotxas rebozadas 388
Besugo con frutos secos 390
Lubina con vainas 398
Merluza con refrito de ajo 404
Merluza con patatas 405

Merluza frita 408
Merluza con ensalada 410
Merluza con gambas 410
Merluza al vapor 413
Rape frito 416
Rape salteado con brécol 417
Rape deshuesado 417
Ventresca de salmón 420
Salmón con espárragos verdes 421
Salmón fresco en rodajas 421
Salmón con champán 422
Salmón en dados con cogollos de Tudela 422
Salmón en crudo 423
Salmón en sal 424
Salmonetes fritos 424
Salmonetes fritos II 424
Salmonetes con ajos tiernos 425
Salmonetes con brécol 425
Salmonetes con espárragos I 426
Salmonetes con espárragos II 426
Salmonetes al horno 426
Salmonetes a la parrilla 427

para cocinillas

Anchoas (raspas) 366
Anchoas "papillote" I 373
Anchoas "papillote" II 373
Atún en marmitako 379
Atún con tomate 379

Bacalao al pilpil 380
Bacalao confitado 382
Bacalao en salsa de tomate 382
Bacalao ¿fresco o salado? 386
Kokotxas de bacalao al pil-pil 386
Kokotxas de bacalao II 387
Kokotxas de bacalao III 387
Besugo al horno I 388
Besugo al horno II 389
Besugo guisado 389
Besugo a la sal 390
Pastel de cabracho (kabrarroka) 391
Cabracho al horno 392
Chicharro 393
Chicharro en escabeche 394
Lenguado en disección 394
Lenguado con salsa de garbanzos 395
Lenguado con hongos 396
Lenguado en ensalada de rúcula 397
Lenguado al horno 397
Lubina con espárragos de lata 398
Lubina fría 399
Lubina *Iñude* 399
Lubina con algas 400
Merluza en salsa verde 400
Merluza en salsa verde con almejas 401
Merluza con vinagreta 402
Merluza con verduras fritas 402
Merluza con yema 403

Merluza cebollino 403
Merluza con *kokotxas* 403
Merluza con guisantes 404
Merluza con verduras 405
Merluza con espárragos 406
Merluza con frutos secos 406
Merluza al grill 407
Merluza encebollada 408
Merluza con alcachofas 409
Merluza con pimientos 409
Merluza con hongos 411
Merluza con caldo de puerros 411
Merluza con jugo de aceitunas 412
Merluza con *txangurro* 412
Rape al horno 415
Rape en lomos con aceitunas 416
Rape guisado 418
Lomos de rodaballo 419
Salmón para untar 423

carnes

para novatos

Cómo purgar los caracoles 430
Lomo de cerdo con pimientos 431
Lomo de cerdo con queso 432
Filete de lomo con patatas 433
Lomo de cerdo con uvas 433

Cómo limpiar las manitas de cerdo 434
Cómo limpiar los riñones de cordero 450
Pollo asado I 453
Pollo asado II 453
Alas de pollo fritas 457
Filetes de ternera a la plancha (o lomo fresco o adobado) 468
Solomillo de ternera o vaca 469
Entrecotte a la plancha 470
Entrecotte en frío 471
Cómo limpiar los callos 478

para pinches

Cómo cocer caracoles 430
Adobo para lomo de cerdo 432
Lomo de cerdo con puré de manzana 433
Cómo deshuesar las manitas 434
Manitas de cerdo fritas 434
Codornices al grill 437
Codornices con alubias blancas 438
Codornices escabechadas 438
Codornices con cerezas 439
Conejo despiezado I 440
Conejo despiezado V 441
Conejo despiezado VI 442
Chuletillas de cordero 444
Cómo limpiar las manitas de cordero 448
Brocheta de riñones de cordero 450
Mollejas de cordero 450
Cordero (*carré*) 451

Brocheta de cordero especiado 452
Pollo a los 40 ajos del aita 454
Pollo asado con frutas 454
Pollo a la cerveza 455
Pollo despiezado 455
Pechugas fritas de pollo 456
Muslos de pollo asados con piña 456
Alas de pollo maceradas 457
Interiores de pollo frito 458
Caldo de pollo asado 458
Pollo a la cerveza II 461
Pollo con champiñones 461
Pollo con langostinos 462
Pollo frío 462
Pollo frío II 463
Pollo con yogur 463
Pollo en escabeche 465
Pollo agridulce 466
Pollo con pimientos 466
Pechugas de pollo rebozadas 466
Dados de pollo frito 467
Pechuga de pollo (o restos de un asado) con sémola 467
Solomillo asado 470
Solomillo asado y frío 470
Entrecotte al Roquefort 471
Escalopines de ternera 472
Hamburguesas de ternera 472
Steak tartare 472
Solomillos al vapor 473

Cómo cocer callos 479
Hígado o corazón encebollado 480
Hígado encebollado al Jerez 481

para cocinillas 🍴🍴🍴

Caracoles en su salsa 430
Cochinillo asado 431
Manitas de cerdo en salsa 435
Manitas de cerdo con pimientos del piquillo 436
Codornices en salsa 437
Codornices con uvas 439
Conejo guisado 439
Conejo despiezado II 440
Conejo despiezado III 440
Conejo despiezado IV 441
Conejo con caracoles 442
Cordero asado 443
Cordero chilindrón 443
Cordero en cuscús 444
Cordero con dátiles 446
Menestra de cordero 447
Paletillas o pierna de cordero 447
Cabeza de cordero 448
Manitas de cordero en salsa 449
Manitas de cordero fritas 449
Foie-gras a la plancha 452
Pollo en pepitoria 459
Pollo al *curry* 459
Pollo *Tandoori* 460

Pollo borracho 460
Albóndigas de pollo 464
Pollo en terrina 464
Chuleta de vaca al grill 468
Albóndigas 473
Lengua de ternera 474
Lengua con gambas 475
Lengua con hongos 475
Lengua de ternera con alubias blancas 476
Cómo limpiar y cocer morros de ternera 476
Morros fritos 477
Morros de ternera guisados 477
Morros de ternera con bacalao 477
Cocinar callos 479
Callos y morros 480
Callos con uvas 480
Carrilleras en salsa 481
Carrilleras con cogollos 482
Rabo de buey en salsa 483

postres

para novatos

Cómo deshuesar las cerezas 486
Cerezas con plátano 487
Coco rallado para rebozar dulce 492
Zumo de frambuesas con naranjas 492
Frambuesas con miel 494

Fresas con nata 494
Zumo de naranja con fresas 495
Zumo de fresas 496
Kiwi a la plancha 499
Cómo abrir un melocotón 506
Membrillo con queso 513
Membrillo con helado de queso 513
Naranjas con chocolate 513
Naranjas con champán 514
Naranjas con mandarinas 514
Zumo de peras 515
Cómo pelar piña fresca 516

para pinches

Castañas asadas 488
Castañas, naranja y cuajada 488
Castañas con Coca-cola 489
Ciruelas rellenas 489
Ciruelas con ciruelas 490
Ciruelas asadas 491
Dátiles rellenos 492
Mermelada rápida de frambuesas 493
Frambuesas congeladas para un batido 493
Frambuesas congeladas para granizado 493
Fresas con chocolate 494
Fresas en vinagre 495
"Mermelada" de fresas 496
Fresas, cerezas y almendras 496
Fresas congeladas 497

Higos a la plancha	497
Higos o brevas	497
Higos con champán	498
Kiwi con coco I	499
Kiwi con coco II	499
Mango a la plancha	500
Mango licuado	500
Mango y arroz con leche	501
Manzanas asadas	501
Manzanas al microondas	501
Manzanas a la plancha	502
Compota de manzana	503
Manzanas a la plancha con helado	505
Manzanas con Coca-Cola	505
Melocotones asados	506
Melocotones al vino	507
Melocotones al cava	507
Melocotones en sangría	509
Batido de melocotones	509
Melón integral	509
Melón con melón	510
Melón con helado de limón	511
Peras cocidas en cacao	515
Pepino con cuajada	515
Piña al horno	517
Plátano flambeado	518
Batido de plátano	519
Plátano con chocolate	519
Sandía al champán	520

Sandía levemente amarga	520
Sandía de noche	521
Uvas con queso (y con cariño)	521
Uvas con queso (y con prisa)	521
Uvas maceradas	522
Uvas con helado	522
Leche de coco	523
Arroz con leche	523
Natillas	523
Flan de huevo	525
Yogur	527
Cuajada	528
Tarta de manzana I	529
Pudín de manzana	530
Mermelada de albaricoque	530
Mermelada de fresas	531
Mermelada de ruibarbo	532
Crema pastelera	532
Crema pastelera a la piña	533
Nata montada	533
Crema frita	534
Crema frita con salsa de chocolate	535
Torrijas	536
Torrijas de chocolate	536
Rosquillas	537
Pasta quebrada I	540
Pasta quebrada II	541
Bizcocho I	549
Bizcocho de yogur	552

Cómo fundir chocolate 556
Mousse de chocolate I 556
Mousse de chocolate II 557
Mousse de chocolate IV 558
Triavellanas 560
Trufas de chocolate 561
Trufas de chocolate al brandy 562
Trufa sencilla 562
Frutas en chocolate amargo 563
Sopa de chocolate con melón 564
Merengue para rellenar 564
Leche merengada 565
Zumo de fresas con tropiezos 567

para cocinillas 🍴🍴🍴

Cerezas con "hueso comestible" 486
Cerezas en almíbar 486
Cerezas con cacao 487
Ciruelas al *Armagnac* 491
Mermelada de ciruelas 491
Manzanas crujientes 503
Hojaldre de manzanas 504
Melocotones rellenos 508
Melocotones con arroz con leche 508
La segunda piel del melón (o de la sandía) 511
Piña rellena 517
Crema catalana 524
Flan de naranja 526
Tulipas 527

Canutillos 537
Plum-cake 538
Tarta de limón 541
Tarta de manzana II 542
Tarta Tatín 543
Pastel vasco 544
Tarta de queso 545
Pasta *choux* 546
Petit-choux 547
Tarta Saint-Honoré 548
Buñuelos de viento 549
Bizcocho II 551
Tarta Selva Negra 552
Brazo gitano de nata 553
Milhojas 554
Panchineta 555
Mousse de chocolate III 557
Mousse de chocolate V 559
Mousse de chocolate VI 559
Mousse de chocolate blanco 560
Crepes de fresas y naranjas 565
Churros 566

Xabier Gutiérrez Márquez

Nació hace ya unos cuantos años en San Sebastián, por la época de San Fermín, que es el que protege a los mozos, y está muy cerca de San Cristóbal, que es el único santo que usa casco, ya que es el patrono de los automovilistas, moteros y demás indeseables –según la DGT– que se dedican a circular por las calles pensando que son un circuito. Será por eso, por haber nacido justo ese día y bajo la protección del santo en cuestión, que le molan tanto las dos ruedas con motor en medio.

Además tiene un *hobby* por el cual le pagan... increíble, pero es así, y es salsear en la cocina, ser curioso hasta la extenuación e incordiar hasta el cansancio intentado averiguar cómo se hacen las cosas. Le encanta trasformar los artilugios para poder hacer de ellos maquinaria culinaria.

Desde el laboratorio del restaurante "Arzak" en San Sebastián cocina con cafeteras, con cachivaches de marquetería hace cortes imposibles, utiliza los gases para jugar e impulsar pompas que desbordan vasos e imaginaciones, quema puerros para dar toques imposibles, sopla chocolate intentando que los lugareños de la isla de Murano se queden boquiabiertos, roba esponjas en el baño para dibujar formas retorcidas sobre platos de pescado, sustituye las típicas piedras pómez de limpieza de chapas por piedras que flotan (y además se comen, y encima están ricas).

Liofiliza helados para competir con el menú de los astronautas, le llaman de la Universidad para dar conferencias que casi siempre acepta impartir, porque él fue estudiante y guarda muy buenos recuerdos del ambiente universitario, hace velos comestibles y deja bailarinas de los cuentos de las mil y una noches con apenas seis, su licenciatura de psicólogo le hizo comprender la relación entre la comida y la palabra basadas en la boca, instrumento que comparte ambas cosas, tan importantes como respirar (que también se hace por el mismo sitio).

De un pimiento es capaz de hacer un confeti, de un almidón de maíz un plástico que se come, de una cucharada de leche una lámina tostada, profunda como pocas. También es capaz de mimetizar un lenguado en el plato, de hacer un churro líquido, de utilizar arcilla para profundizar un sabor, de hacer que una arena cambie de color o de fundirse con ella.

Todo esto lo explica en sus libros anteriores, en especial *Asfalto culinario*, que encima recibió un superpremio como el "Nacional de Gastronomía del 2005", sin olvidar las otras siete publicaciones enredadas entre postres, cine, chocolate, bosques culinarios e intentos de cocinar lo menos posible.

Pero no te asustes, este libro era una deuda pendiente con la cocina de todos los días, la real, no la soñada: huevos fritos, patatas fritas, filete a la plancha... y algunas más laboriosas, pero nunca difíciles.

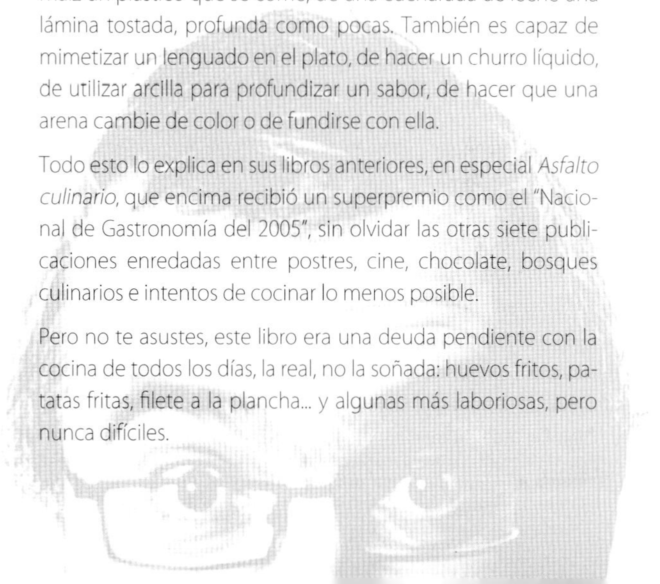

Agradecimientos

La idea original, el buen hacer y la paciencia (de Santo) desarrollada por *Aurelio Erdozain.*

El diseño exterior (tipo cajita de bombones, ideal para regalar) y su interior fueron delicadamente realizados por *Luis Alonso.*

Los apoyos de recetas, más sencillas aún, me los dio mi novia, *Lola Campos...* para la cual no tengo mas que besos, elogios y arrumacos.

La encargada de revisar los palabros y demás giros extraños e ilógicos de lenguaje que perpetrábamos fue *Itziar Beasain.*

Mikel Alonso solo hizo un par de veces "click", pero para este libro fue más que suficiente.

Everest sigue siendo la cima más agradable que he ascendido, sin oxígeno.

Tres o cuatro recetas me las dejaron unos buenos amigos. ¡Venga!, a buscaros entre las páginas de este tocho para encontrar vuestros nombres, majos.

Y a los que se piensan que me han ayudado y yo no me he enterado (que puede ser, no digo que no) les dejo abajo un subrayado para que ellos mismo pongan su nombre y se queden tranquilos.

ensaladas

Ensalada de lechuga, tomate y cebolla

Ingredientes

1 lechuga • 1 tomate rojo y duro • ¼ de cebolla o cebolleta • 1 cs de vinagre • 3 cs de aceite de oliva virgen extra • Sal

Elaboración

Limpiar la lechuga con abundante agua. Trocear con la mano eliminando las partes feas o duras. Meter la lechuga en una ensaladera; encima, poner la cebolla cortada en láminas finas y sobre ella, el tomate cortado en rodajas. A continuación, añadirle la sal, el vinagre y, por último, el aceite. Mezclar y servir.

Una ensalada mixta típica, sería la misma base anterior añadiéndole dos huevos duros, espárragos y atún en conserva; aunque cada cual añade lo que más le gusta y la llama "mixta". Entre lo que se le puede añadir: remolacha cocida, granos de maíz, anchoas en salazón..., en fin, lo que queráis.

Ensalada de lechuga con queso de cabra gratinado

Ingredientes

1 lechuga • 4 rodajas de queso de cabra en rulo (o pequeños individuales) • 3 cs de aceite de oliva • 1 cs de vinagre

Elaboración

Limpiar muy bien la lechuga eliminando toda la arenilla y las hojas duras y feas.

Una vez limpias, extenderlas en una fuente y aliñarlas con la sal, el vinagre y el aceite.

Por otra parte, colocar el queso de cabra en una placa para gratinar: si es un rulo cortarlo trozos de dos dedos de grosor —una

porción por persona— y, si son quesitos pequeños, una porción por persona.
Poner el queso cerca del gratinador, hasta que esté dorado por encima; colocarlo sobre la lechuga y servirlo, antes de que se enfríe.
¡Buen provecho!
Nota: el queso de cabra también se puede dorar en la sartén. Calentar la sartén, echarle unas gotitas de aceite —para que se pegue lo menos posible— y cuando esté dorado, sacarlo con una espátula.

Ensalada de lechuga con naranja

Ingredientes
1 lechuga • 1 naranja • Aceitunas negras • 100 g de avellanas peladas (crudas o tostadas) • 3 cs de aceite de oliva • 1 cs de vinagre • Sal

Elaboración
En una ensaladera extender la lechuga cortada. Pelar y cortar la naranja en rodajas y éstas, a su vez, en dos mitades. Añadírselas a la lechuga junto con las aceitunas negras deshuesadas y partidas por la mitad y las avellanas. Salar y aliñar con la vinagreta que se ha hecho con el aceite y el vinagre.

Ensalada verde

Ingredientes
¼ lechuga • 150 g de rúcula • ¼ lolo rosso • 1/4 escarola • 1 cs de vinagre • 3 cs de aceite

Elaboración
Limpiar todas las verduras por separado.
Poner la misma proporción de hojas en una ensaladera.
Añadirles la sal, el vinagre y el aceite y mezclarlo todo bien.

Nota: en las fruterías venden ya limpias una mezcla de estas lechugas; si nos gusta algún otro tipo de lechuga que no contenga la bolsa, lo único que tenemos que hacer es añadírsela.

Ensalada de gulas

Ingredientes

1 bolsa de mezcla de lechugas (lollo, rúcula, lechuga...) • 1 bandejita de gulas • 3 cs de aceite • 1 cs de vinagre • Sal • Ajos

Elaboración

Colocar la mezcla de lechugas en el fondo del plato y aliñarlas con el aceite, el vinagre y la sal.

Mientras, freír los dientes de ajos en una sartén, añadirle las gulas y hacerlas un poco. Poner ¼ de estas gulas sobre las lechugas y... ¡ya tenéis el plato preparado!

Ensalada de tomate I

Ingredientes

2 tomates rojos • Sal • Azúcar • Pimienta negra molida • 50 g de mayonesa • 2 cs de aceite • ½ cs de vinagre

Elaboración

Utilizar ½ tomate por cada comensal. Intentar que sean grandes, rojos y duritos. Cortarlos por la mitad; echarles por encima sal, azúcar (para quitar la acidez), pimienta molida, un poco de mayonesa, vinagre y el aceite.

Algo tan sencillo de elaborar como rico de comer

Ensalada de tomate II

Ingredientes

4 tomates grandes • 50 g de aceite de oliva • 30 g de vinagre de Módena • Sal • Azúcar • Orégano picado • Romero picado • Pimienta negra • Pimienta blanca

Elaboración

Pelar los tomates (ver pág. 225).
Cortarlos por la mitad y agregarles los restantes ingredientes. Primero, las pimientas y, por último, el vinagre y el aceite.
Es muy importante en esta ensalada el toque de azúcar.

Servir a temperatura ambiente.

Ensalada de tomate III

Ingredientes

4 tomates medianos • 300 g de fresas • 40 g de aceite de oliva • Sal • Azúcar • 1 cebolleta fresca picada • Orégano picado • Vinagre de Jerez (optativo)

Elaboración

Pelar los tomates (ver pág. 225)
Trocearlos y disponerlos en un bol. Agregar las fresas troceadas y la cebolleta picada. Por último, los restantes ingredientes.
Revolverlo todo y servir a temperatura ambiente.

Ensalada de tomate IV

Ingredientes

4 tomates medianos • ½ cebolla • 150 g de queso Roquefort • 10 g de sésamo blanco (opcional) • 1 manzana reineta • 30 g de aceite de oliva • 10 g de vinagre de Jerez • Sal • Azúcar

Elaboración

Pelar los tomates (ver pág. 225)

Trocearlos en cuadrados. Agregar la manzana pelada en cuadraditos, la cebolla y el queso y el resto de los ingredientes.

Revolver con cuidado y servir templado.

Cebollas crudas en ensalada

Ingredientes

1 cebolla • 1 aguacate • Aceite de oliva • Sal • Azúcar

Elaboración

Cortar la cebolla en tiras alargadas muy finas.

Pelar el aguacate y cortarlo en trozos.

Mezclar ambos ingredientes con aceite, sal y un poquito de azúcar.

Servir inmediatamente. Para evitar que el aguacate se oxide,—lo que suele ocurrir con mucha rapidez,— rociarlo con unas gotas de limón.

Atún en ensalada

Ingredientes

150 g de atún en dados (o una lata de atún grande) • 70 g de lechuga • 70 g de escarola • 60 g de zanahoria rallada • 35 g de nueces fritas

Para la vinagreta:
30 g de aceite de oliva • 5 g de aceite de nuez • 15 g de vinagre de Módena • Sal • Azúcar

Elaboración

Freímos los dados de atún levemente en una sartén y los depositamos en el fondo de los platos. Encima, colocamos la mezcla de lechugas dispuestas en trozos y embadurnadas con la vinagreta.

Ensalada de patata, tomate y aguacate

Ingredientes

2 patatas • 1 aguacate • 1 tomate • 2 huevos • 1 cebolleta • Sal • 3 cs de aceite • 1 cs de vinagre

Elaboración

Cocer las patatas y los huevos.
Una vez se hayan enfriado, pelar las patatas, cortarlas en rodajas y colocarlas de base en el plato.
Mezclar el tomate cortado en cuadraditos con la cebolleta y el aguacate; disponer esta mezcla sobre las rodajas de patatas.
Aliñarlo todo con la sal, el aceite y el vinagre y adornarlo con el huevo cocido partido en cuartos.

Ensalada de tomate con atún en conserva

Ingredientes

1 lata de atún • 2 tomates rojos y duros • 1 cebolleta • Sal • 3 cs de aceite de oliva virgen • ½ cs de vinagre

Elaboración

Sacar el atún de la lata o, si es fresco, cocerlo en agua con sal.

Cortar los tomates en rodajas de 2 cm de grosor y echarles sal; encima de ellos colocar el atún y la cebolleta picada.
Aliñarlo todo con el vinagre y el aceite virgen.

Ensalada de escarola con granada

Ingredientes
1 escarola mediana • ½ granada • 3 cs de aceite de oliva • 1 cs de vinagre de Módena • Sal • Azúcar

Elaboración
Limpiar la escarola en abundante agua.
Una vez limpia y escurrida, partir las hojas y ponerlas en un bol.
Quitarle la piel dura a la granada con un cuchillo; abrir y soltar con una mano todos los granos, intentando que salgan enteros (para esta operación es mejor ponerse unos guantes para que los dedos no se queden negros).
En el bol colocar la escarola, los granos de granada, la sal, el vinagre y el aceite. Revolverlo todo y servir.

Ensalada de escarola con ajo

Ingredientes
1 escarola • 1 diente de ajo • 3 cs de aceite de oliva virgen extra • Zumo de limón o vinagre • Sal

Elaboración
Una vez bien limpia y cortada la escarola, ponerla en una ensaladera.
A continuación, picar muy fino el ajo y ponerlo en un bol pequeño junto con el aceite, el zumo de limón —o el vinagre, según lo que os guste más— y la sal.
Mezclarlo todo bien y echarlo sobre la escarola.

Ensalada de escarola con mejillones

Ingredientes

1 escarola • ½ kg de mejillones • 2 cs de aceite de oliva virgen extra • 1 cs de zumo de limón • Sal

Elaboración

Cocer los mejillones al vapor o con muy poco agua, para que no pierdan sabor.

Sacarlos de la concha y extenderlos en un plato. Si no tenemos mejillones naturales, también valen los de lata; sean frescos o en escabeche, que estén bien escurridos.

A continuación, poner la escarola bien limpia y partida en una ensaladera; echarle por encima los mejillones y añadir el aceite, el zumo de limón y la sal bien mezclados, que tenemos en un bol.

Ensalada de escarola y beicon

Ingredientes

1 escarola • 100 g de jamón York (en una loncha gruesa) • 4 lonchas de beicon • 4 tomates cherry • 1 ajo • Sal • Vinagre • Aceite

Elaboración

Freír el beicon, hasta que esté crujiente.

Cortar en tacos el jamón.

Frotar con ajo una ensaladera y meter la escarola limpia y partida.

Colocar encima el jamón de York y los tomates cherry.

Aliñar con la sal, el vinagre y el aceite. Finalmente, colocar el beicon frito de pie.

Ensalada con escarola y endibias

Ingredientes

1 escarola • 2 endibias • 2 huevos cocidos • 50 g de salsa Tartara

Elaboración

Lavar y secar la escarola y las endibias; cortarlas en trozos y colocarlas en una ensaladera.

Aderezar con la salsa tártara y espolvorear con los huevos duros finamente picados.

Ensalada templada de escarola

Ingredientes

1/2 escarola • 1 granada • 4 nueces • 4 ciruelas pasas • 1 diente de ajo • 3 cs de aceite • Sal

Elaboración

Lavar y escurrir la escarola.

Cortar en láminas finas el ajo y echarlo a una sartén con aceite a fuego lento. Mientras se dora el ajo, cascar y extraer las nueces, deshuesar las ciruelas y sacar los granos de la granada.

Echarle sal a la escarola. Cuando el ajo esté dorado, volcarlo con su propio aceite sobre la escarola y, posteriormente, añadir el resto de los ingredientes.

Revolverla bien y servirla a continuación.

Ensalada de naranjas I

Ingredientes

2 naranjas dulces • ½ lechuga • 100 g de atún en lata • Sal • Pimienta

Elaboración

Cortar los gajos de las naranjas. Mezclar con las hojas de la lechuga limpias y troceadas. Por último, el atún en trozos (y el aceite de la lata también).

Esto hace las veces del aceite de la vinagreta y el ácido de la naranja, del correspondiente vinagre.

¡No olvidéis la sal ni la pimienta!

Ensalada de naranjas II

Ingredientes

2 naranjas dulces • 30 g de hojas de espinacas • 50 g de queso manchego • 20 g de aceite de oliva • 1 tomate • Sal

Elaboración

Pelar las naranjas y cortarlas en medios gajos.
Cortar el queso en dados.
Pelar el tomate y cortarlo también en dados.
Mezclar todos los ingredientes y servir la ensalada templada.
Como hemos dicho en la receta anterior, no es necesario echar vinagre: el ácido-dulce de la naranja será suficiente (pero sí debéis echarle sal).

Ensalada de naranjas III

Ingredientes

4 naranjas grandes y dulces • 35 g de aceite de oliva virgen extra • 2 g de perejil picado • Sal • Azúcar

Elaboración

Pelar las naranjas y cortarlas en trozos; agregarles el aceite, el perejil y un toque de sal y de azúcar.
¡Ideal!, para empezar una comida.

¿Qué podemos hacer con las cortezas de naranja de la receta anterior?

Ingredientes

Las cortezas de 4 naranjas • 6 l de agua • 300 g de azúcar

Elaboración

Os diré cómo reciclarlas.

Sumergimos las cortezas en 2 l de agua. Le damos un hervor y tiramos el agua.

Las volvemos a poner en 2 l de agua y les damos un segundo hervor. Desechamos el agua. Por último, preparamos ahora 2 l de agua con 300 g de azúcar y cocemos las cáscaras durante 2 horas a fuego suave (destapado).

Lo dejamos enfriar y los usamos acompañado de nata montada o de yogur o de un flan.

Ideal para acompañar a diferentes postres.

Naranjas en ensalada IV

Ingredientes

4 naranjas grandes • 50 g de azúcar • 2 aguacates medianos • ½ cebolla • 25 g de aceite de oliva • Sal gorda

Elaboración

Pelar y cortar las naranjas en círculos de 1 cm de grosor.

Pasarlas por el azúcar y echarlas con cuidado a una sartén antiadherente con un poco de aceite.

Apenas 20 seg por cada lado serán suficientes.

Disponer en el fondo de cada plato 2 ó 3 rodajas de naranja caliente; encima, los trozos de aguacate cortado en dados grandes y la cebolla cortada en juliana.

Un pelín de aceite y sal gorda, por último.

Una ensalada tibia de naranjas, sencilla y diferente.

Ensalada de mandarinas

Ingredientes

4 mandarinas grandes y dulces • 30 g de aceite de oliva • 3 g de perejil • 1 cebolleta muy joven y tierna

Elaboración

Cortar la cebolleta en aros.
Mezclar todos los ingredientes en frío.
Es una ensalada estupenda para iniciar una comida y... ¡fácil como pocas!

Ensalada de manzana I

Ingredientes

2 manzanas • 12 colas de langostinos cocidos • 20 tomates muy pequeños • 2 cogollos de Tudela

Para la vinagreta:
30 g de almendra en polvo • 100 g de aceite de oliva • 15 de vinagre de sidra

Elaboración

Pelar las manzanas, trocearlas y reservarlas.
Pelar las colas de langostinos y reservarlas también.
Saltear los tomatitos pelados o sin pelar (mejor pelados); agregarles la manzana y los langostinos y dejar ½ min más. Agregar los cogollos troceados y pasados 10 seg, retirar la sartén del fuego.
Añadir al final la vinagreta y servir templado-caliente.

Ensalada de manzanas II

Ingredientes

1 lechuga • 2 manzanas • 100 g de piña • 100 g de queso Manchego

Para la vinagreta:
50 g de pepino rallado • 35 g de aceite de oliva virgen • 15 g de vinagre de sidra • 2 g de perejil picado

Elaboración
Mezclar todos los ingredientes en frío cortados en tamaños similares. Rociar con la vinagreta y servir en frío o a temperatura ambiente.

Ensalada de fresas

Ingredientes
½ k de fresas • 30 g de espinacas • 100 g de beicon en láminas • 1 cebolleta fresca • 6 cs de aceite de oliva • 1 cc de zumo de limón • Menta picada • Sal

Elaboración
Limpiar las fresas y mezclarlas con las hojas de espinacas.
Dorar en una sartén antiadherente sin aceite las láminas de beicon y agregárselas a la mezcla anterior. Por último, la cebolleta fresca cortada muy fina, la menta, la sal, el aceite y el limón.
¡A disfrutar con algo tan sencillo como sabroso!

Ensalada de cerezas

Ingredientes
300 g de cerezas (deshuesadas) • 2 tomates medianos • 1 cebolleta • 100 g de Mozarella en tacos

Para la vinagreta:
5 cs de aceite de oliva • 1 cs de vinagre de cereza o normal • Sal

Elaboración
Pelar y cortar en dados el tomate y mezclarlos con la cebolleta cortada en aros finos. Después añadir los restantes ingredientes y la vinagreta.
Servir a temperatura ambiente.

Cerezas con aguacate

Ingredientes

200 g de picotas • 2 aguacates maduros • 2 cebolletas • 5 cs de aceite oliva • 1 cs de licor de cerezas • Sal

Elaboración

Cortar los aguacates en trozos irregulares.
Juntar con las cebolletas cortadas en aros y las picotas deshuesadas.
Dar un toque de sal, aceite y licor.
No te dejará indiferente, ¡imposible!

Ensalada de aguacate

Ingredientes

2 aguacates • ½ cebolla • ¼ de pimiento verde • Sal • Azúcar • 10 g de vinagre de Jerez • 20 g de aceite de oliva • Perejil picado

Elaboración

Cortar en trocitos el aguacate.
Cortar en juliana gruesa la cebolla y el pimiento verde.
Mezclar todos los ingredientes. Servir frío.

Ensalada de piña

Ingredientes

300 g de piña • 5 cs de aceite de oliva • 1 cebolleta • 50 g de nueces (peladas) • 30 g de cacahuetes (tostados) • Sal

Elaboración

Cortar la piña en trozos medianos y mezclarlos con los demás ingredientes.
Servir fría.
En este caso, el toque ácido de esta ensalada lo da la piña, no necesita ninguno más.

Ensalada de sandía

Ingredientes

1/2 k de sandía • 30 g de aceitunas deshuesadas • 1/2 escarola • 50 g de jamón de York (en dados) • ½ cebolla (cortada en juliana)

Para la vinagreta:
6 cs de aceite de oliva • 1 cs de vinagre de Jerez • Sal

Elaboración

Mezclar todos los ingredientes en frío; rociar con la vinagreta y distribuirlos en los platos.

Ensalada de uvas

Ingredientes

200 g de melón (cortado en trozos) • 200 g de sandía (cortada en trozos) • 100 g de melocotón • 50 g de frambuesas • 300 g de uvas (peladas) • 5 cs de aceite de oliva • Romero picado • Sal gorda • Azúcar

Elaboración

Mezclar todos los ingredientes a temperatura ambiente y servirlos en platos soperos para empezar la comida: de primero, mucho mejor que de postre, ¡sin duda alguna!

Ensalada de higos

Ingredientes

6 higos maduros • 2 naranjas • ½ limón • 1 kiwi • Hojas de menta • 2 cs de aceite de oliva

Elaboración

Cortar los higos en cuartos (pelados o sin pelar).
Pelar los cítricos y cortarlos en medios gajos. Pelar el kiwi en rodajas.

Mezclar todas las frutas con los restantes ingredientes, con cuidado de no romperlas.
Colocarlo todo en los platos y decorarlos con las hojas de menta.
Todas ellas son frutas dulces y ácidas: una excelente combinación.

Higos secos con escarola

Ingredientes
250 g de higos secos • ½ escarola • 2 tomates maduros y pelados • 4 cs de aceite de oliva virgen extra • 1 cs de vinagre de Módena

Elaboración
Cortar los higos en cuadrados pequeños; añadirles los tomates cortados en trozos grandes y la escarola. Agregar el aceite y el vinagre y distribuir en los platos equitativamente.
El dulzor del higo será un buen contraste con el ligero amargor de la escarola.

Ensalada de ciruelas y dátiles

Ingredientes
6 dátiles grandes y deshuesados • 6 ciruelas grandes • 2 tomates grandes • Perejil picado • Sal • Pimienta • Azúcar • 6 cs de aceite de oliva • 2 cs de vinagre de Módena

Elaboración
Cocer las ciruelas 5 min en agua y deshuesarlas.
Pelar y cortar por la mitad cada tomate y poner cada uno en un plato. Espolvorear con sal, pimienta y azúcar. Colocar también los dátiles y las ciruelas cortadas en trozos pequeños. Por último, la vinagreta y un poco de perejil picado.
¡Una ensalada que no te dejará indiferente!

Ensalada de ciruelas

Ingredientes

10 ciruelas secas • 2 patatas cocidas • 400 g de bacalao desalado • Hojas de albahaca • 5 cs de aceite de oliva • 2 cs de vinagre de Jerez • 12 aceitunas negras deshuesadas

Elaboración

Cocer las ciruelas pasas durante 10 min a fuego suave. Sacar, secar y dejar enfriar. Cortarlas después en trozos pequeños.

Pelar las patatas.

Deshilachar el bacalao desalado y crudo sobre un plato.

Aderezar el conjunto con las hojas de albahaca, las ciruelas y las aceitunas y, por supuesto, con aceite y vinagre.

Un plato para repetir y repetir.

Combinación de dulces, salados, grasos...todo aromatizado de albahaca... ¡una locura para los sentidos!

Ensalada de mango

Ingredientes

2 mangos maduros • 1 pimiento morrón asado • 2 tomates pelados • 5 cs de aceite de oliva virgen extra • 2 cs de vinagre de Jerez

Elaboración

Pelar los mangos y trocearlos. Hacer lo mismo con el pimiento asado y el tomate crudo.

Aderezarlo todo con el aceite y el vinagre.

El toque del mango reforzará los demás ingredientes.

Servir a temperatura ambiente.

Ensalada de frambuesas

Ingredientes

300 g de frambuesas • Hojas de albahaca • 3 cs de aceite de oliva virgen extra • 20 g de azúcar • 30 g de jamón (cortado en dados muy pequeños y fritos)

Elaboración

Mezclar todos los ingredientes, con cuidado de no romper ninguna frambuesa: son muy delicadas.

Servir a temperatura ambiente para empezar una comida.

No penséis que me he olvidado del vinagre; la frambuesa es suficientemente ácida por sí sola, así que no será necesario.

Ensalada de grosellas

Ingredientes

200 g de grosellas • 50 g de queso de Burgos • 50 g de queso de Idiazabal • 2 cogollos de Tudela • 4 cs de aceite de oliva • Sal

Elaboración

Cortar en trozos los cogollos y los quesos. Mezclarlo todo y rociarlo con un poco de aceite.

Servir templado.

No necesita vinagre, ya que las grosellas se encargan del toque ácido.

Nota: esta receta se puede hacer también con moras u con otro tipo de bayas silvestres.

Ensalada de espinacas

Ingredientes

150 g de espinacas (crudas y limpias) • 1 tomate • 30 g de piñones • 1 naranja • 30 g de pasas de Corinto • Perejil picado • 30 g de aceite de oliva • ¼ de limón en zumo

Elaboración

Pelar y cortar la naranja en dados. Agregarle el tomate (pelado y troceado), las espinacas y remover el conjunto. Por último, añadir el resto de los ingredientes.

Servir a temperatura ambiente.

La naranja y el limón le darán un toque ácido al conjunto, contrarrestado por el sabor de las pasas y de los piñones.

Ensalada de salmón con espinacas

Ingredientes

100 g de espinacas (limpias y crudas) • 200 g de salmón ahumado • ½ lechuga

Para la vinagreta:

70 g de aceite de oliva • 30 g de mostaza • 10 g de salsa de soja • Sal • Pimienta • Pan tostado

Elaboración

Cortar en juliana fina las espinacas y la lechuga. Extender por encima las lonchas de salmón y rociarlo todo generosamente con la vinagreta.

Acompañar con pan tostado.

Ensalada de rúcula

Ingredientes

400 g de rúcula • 3 cs de aceite • Sal

Elaboración

Limpiar la rúcula en abundante agua, escurrirla y echarla a la ensaladera; echarle la sal y el aceite y removerla bien.

Esta ensalada no lleva vinagre porque la rúcula ya tiene suficiente "personalidad", así que no necesita más. De todas formas, si os gusta el vinagre, le podéis añadir una gotas.

Ensalada de berros (*lepidium sativum*)

Ingredientes

1 manojo de berros • 2 cs de aceite de virgen extra • Sal

Elaboración

Limpiar muy bien los berros, colocarlos en la fuente, añadirle la sal y el aceite, remover bien y...¡ya está!

Aquí no digo nada del vinagre por gusto personal, pero es cosa vuestra.

Ensalada de zanahoria rallada

Ingredientes

2 zanahorias • 3 cs de aceite virgen extra • Vinagre de Módena • Sal

Elaboración

Rallar la zanahoria al grosor que os guste con un rallador y añadirle la sal, el vinagre y el aceite de oliva virgen.

Mezclar bien y comerla a temperatura ambiente.

Ensalada de zanahoria

Ingredientes

2 zanahorias • 1 trozo de queso en trozo (feta o el que prefiráis) • 1 cebolleta • Uvas pasas (sin pepitas) • 3 cs de aceite

Elaboración

Pelar las zanahorias y con un pela patatas cortarlas en láminas finas. Cortar el queso en cuadraditos; picar la cebolla finamente, agregar las pasas y mezclarlo todo aliñándolo con aceite de oliva.

Ensalada de pimientos rojos

Ingredientes

3 pimientos rojos (asados) • 1 ajo • 70 g de aceite de oliva • Sal

Elaboración

Una vez asados los pimientos, quitarles la piel y las semillas; cortarlos en tiras y colocarlos en una ensaladera.
Picar finamente el ajo y añadírselo.
Finalmente, echar el aceite y la sal y mezclarlo todo.

Ensalada de berza con tomate

Ingredientes

¼ berza • 2 tomates medianos • 100 g de queso manchego • 3 cs de aceite • 2 ajos

Elaboración

Aprovechar la parte central de una berza —el resto se puede utilizar cocida para otro plato— y picarla finamente.
Cortar el tomate y el queso en cuadraditos.
Mezclarlo todo y echar la sal.
En una sartén aparte, freír en aceite los dos ajos laminados y cuando el aceite haya perdido un poco de calor, añadirle la mezcla anterior.

Ensalada de endibias con tomate y queso fresco

Ingredientes

2 endibias • 1 tomate rojo y duro • 1 lata de maíz • 40 g de aceitunas sin hueso • 1 yogur natural • Perejil picado • 40 g de nueces peladas • 50 g de queso fresco

Elaboración

Limpiar y sacar las hojas de las endibias.
Cortar en cuadraditos el tomate mezclado con el maíz y las aceitunas negras partidas por la mitad.
En un bol mezclar el yogur natural, las nueces y el queso y reservar.
En un plato poner como base las hojas de la endibia y encima, la mezcla del tomate, el maíz, y las aceitunas negras.
Echar por encima la salsa de yogur con el queso y las nueces y espolvorear con el perejil picado.

Ensalada de endibias con salsa Roquefort

Ingredientes

2 endibias • Salsa Roquefort • Nueces peladas

Elaboración

Limpiar y sacar las hojas de las endibias y colocarlas en una fuente plana.
Poner encima de cada hoja, de forma que la cubra entera, la salsa Roquefort (ver pág. 252) y 1/2 de nuez pelada.

Ensalada de endibias con salmón ahumado

Ingredientes

2 endibias • 100 g de lonchas de salmón ahumado • 30 g de pepinillos en vinagre • 2 cs de aceite virgen extra • 1 limón

Elaboración

Limpiar y sacar las hojas de las endibias y colocarlas en una fuente llana.
Cortar en tiras el salmón y colocarlo sobre las endibias. Encima poner los pepinillos cortados en rodajas.
Aliñar todo con limón y aceite de oliva virgen extra.

Ensalada de otoño (endibias y manzana)

Ingredientes

1 manzana • 4 endibias • 10 nueces peladas • 70 g de queso Roquefort • 3 cs de aceite • 1 cs de vinagre • Sal

Elaboración

En una ensaladera poner las endibias cortadas en láminas anchas, la manzana pelada y cortada en dados, el queso Roquefort cortado en trocitos y las nueces.

Aparte preparar la vinagreta con el aceite, el vinagre y la sal y añadírsela por encima.

Ensalada de apio con jamón cocido y manzana

Ingredientes

1 apio pequeño • 100 g de jamón cocido • 2 manzanas • 2 cs de aceite de oliva virgen

Elaboración

Lavar el apio y cortarlo en trozos pequeños.

Trocear el jamón cocido. Pelar la manzana y cortarla en trocitos.

Mezclar todo y aliñarlo con aceite de oliva virgen.

Ensalada de cogollos de Tudela con anchoas

Ingredientes

2 cogollos de Tudela • 8 anchoas en aceite • 3 cs de oliva virgen extra

Elaboración

Limpiar los cogollos y partirlos a lo largo, cada uno en cuatro partes. Colocarlos en una fuente llana poniendo encima de cada cuarto de cogollo una anchoa. Regarlo con aceite y... ¡listo!

Nota: no le añadimos sal porque la anchoa ya le va a aportar; aunque si los cogollos son grandes, podría ser que necesitaran un poquito. Prueba y tú mismo decides.

Cogollos de Tudela con pimientos del piquillo

Ingredientes

2 cogollos • 8 pimientos del piquillo • 8 filetes de anchoas en salazón • 2 huevos cocidos • 3 cs de aceite virgen

Elaboración

Limpiar los cogollos y partirlos cada uno a lo largo en cuatro partes; colocarlos en una fuente llana.

En una sartén con aceite hacer los pimientos espolvoreados con sal y azúcar.

Encima de cada cuarto de cogollo, poner una anchoa y un pimiento del piquillo caliente.

Adornar con los huevos cocidos partidos en cuartos.

Ensalada de maíz

Ingredientes

1 lata de maíz • 2 tomates • 1 lata de atún • 1 lata de puntas de espárragos • 1 manzana • 3 cs de aceite de oliva virgen extra • 1 cs de vinagre • Sal

Elaboración

Cortar los tomates en trozos no muy grandes y colocarlos en una ensaladera.

Después, añadir el maíz, el atún, las puntas de espárragos y, por último la manzana pelada y troceada.

Salar y añadirle la vinagreta.

Ensalada de calabacín

Ingredientes

1 calabacín • 1 lata de atún en escabeche • 2 pimientos morrones • 100 g de queso fresco • 3 cs de aceite • 1 cs de vinagre de Módena • Sal

Elaboración

Cortar el calabacín en bastoncillos; añadir el atún, los pimientos cortados en tiras, el queso en dados, la sal y la vinagreta.

Ensalada de canónigos (*valerianella locusta*)

Ingredientes

300 g de canónigos • 2 rabanitos • 1 cebolleta • 6 nueces peladas

Para la salsa:

3 cucharadas de queso Parmesano • 1/2 ajo • 4 cs de aceite • 2 cs de vinagre • Sal • Pimienta

Elaboración

Para la salsa: mezclar todos los ingredientes y triturarlos con una batidora.

En una ensaladera poner los canónigos, los rabanitos y la cebolleta cortadas en rodajas. Añadir las nueces encima y servir con la salsa aparte.

Ensalada de col

Ingredientes

¼ de col • 2 tomates • 150 gr de queso manchego curado. • 1 lata pequeña de aceitunas negras sin hueso • Ajos

Elaboración

Cortar la col en juliana fina —utilizar sólo la parte blanca—. Colocarla en un bol y añadirle el tomate, el queso cortados en dados, las aceitunas partidas por la mitad y sal.

En una sartén poner el aceite y dorar el ajo en láminas; cuando el aceite esté templado, echárselo junto con el ajo sobre la ensalada.

Ensalada de rúcula con pomelo y salmón

Ingredientes

300 g de rúcula • 1 pomelo • 100 g de salmón ahumado • 2 cs de aceite de oliva • Sal

Elaboración

Poner la rúcula limpia en una fuente.

Pelar el pomelo y separar los gajos, quitándoles la membrana que los recubre (reservamos el zumo que suelta al pelarlos).

Añadirle el pomelo a la rúcula.

Después, incorporar el salmón ahumado partido en trozos.

Hacer una vinagreta con el aceite, el zumo de pomelo y la sal.

Ensalada tibia con setas

Ingredientes

1 lechuga • 1 escarola • 200 g de setas • 2 láminas de beicon • 3 cs de aceite • Vinagre balsámico reducido • Sal

Elaboración

Saltear las setas y el beicon y reservar.

En una fuente poner la lechuga y la escarola limpias y troceadas y añadirles la sal. Después, incorporar las setas con el beicon y encima, el vinagre de balsámico reducido (ver pág. 277).

Ensalada tibia con salmón

Ingredientes
½ escarola • ½ hoja de roble • 100 g de salmón fresco • 4 pepinillos en vinagre • Limón • 3 cs de aceite • Sal

Elaboración
Saltear (apenas un instante porque sino se nos seca) con el aceite el salmón cortado en dados. Cuando esté hecho y ya fuera del fuego, añadirle los pepinillos en rodajitas y un chorrito de limón.
En una ensaladera, colocar las hojas de escarola y de roble (limpias y cortadas), añadirles sal y, encima, el salmón con los pepinillos que tenemos en la sartén.

Ensalada de champiñones y tomate

Ingredientes
100 g de champiñones • 2 tomates • 3 cs de aceite de oliva virgen extra • Sal

Elaboración
Escoger champiñones blancos, duros y que no estén abiertos, ya que los vamos a comer crudos, sin que cojan mucho agua; después, filetearlos.
El tomate lo partimos en trozos no muy grandes.
Lo ponemos todo en una fuente y añadimos la sal y el aceite de oliva virgen extra.

Ensalada con setas

Ingredientes
1 escarola • 1 tomate • 300 g de setas • 2 lonchas de jamón • 3 cs de aceite • 2 cs de vinagre balsámico reducido

Elaboración

En una sartén con aceite, saltear las setas con el jamón partido en bastoncillos y reservar.

En un plato colocar el tomate partido en medias rodajas; encima, la escarola y, sobre ella, el salteado de setas y jamón.

Aliñarlo todo con el vinagre balsámico reducido.

Ensalada de bacalao I

Ingredientes

1 lomo de bacalao desalado (de 200 g aprox.) • 1 berenjena • 50 g de aceitunas verdes • 1 tomate pelado • Sal • Azúcar • 2 cogollos • Aceite de oliva virgen extra • Vinagre de jerez

Elaboración

Asar la berenjena entera envuelta en plástico durante 6 min al máximo de potencia en un microondas. Pelar y reservar la carne interior.

Trocear los cogollos limpios, el tomate y las aceitunas y mezclarlo todo con la carne de las berenjenas. Aderezar con el aceite, el vinagre, el azúcar y la sal.

Por último, añadir el bacalao troceado, cocinado exclusivamente por la acción de la sal.

Mezclar todo y disponer sobre un plato a temperatura ambiente.

Ensalada de bacalao II

Ingredientes

1 lomo de bacalao desalado (200 g, aprox.) • Leche • 2 patatas medianas • 12 tomates cherry • 1 centollo • 16 aceitunas negras

Para la vinagreta:

6 cs de aceite • 3 cs de vinagre de Modena • Sal

Elaboración

Disponer en una cazuela la leche a fuego medio, cuando empiece a calentarse, introducir el bacalao y cocerlo durante un par de minutos. Sacar y hacer láminas.

Cocer las patatas (ver pág. 199), pelar y laminar. Cocer el centollo y desmigar (ver receta pág. 315).

Disponer en cada plato unas rodajas de patata cocida, encima el bacalao en láminas y sobre esté el centollo desmigado, el tomate cherry lavado y partido en cuartos y las aceitunas negras.

Emulsionar la vinagreta y rociar sobre la ensalada.

Ensalada de codornices

Ingredientes

4 codornices (al grill) • 4 hojas de lechuga • 4 hojas de escarola • 4 láminas de beicon finas • Vinagreta de sésamo

Elaboración

Disponer en un lado de un plato las codornices asadas (ver pág. 437). Enfrente, las hojas de lechuga aliñadas con la vinagreta de comino (ver pág. 270) y el beicon frito en láminas finas.

Ensalada de lengua

Ingredientes

200 g de lengua (cocida en trozos) • ½ lechuga (en trozos) • 1 tomate grande (pelado) • Orégano en polvo • 100 g de garbanzos (cocidos) • 50 g de queso Emmental en dados • 50 g de aceite de oliva virgen • 30 g de vinagre de Módena • Sal • Azúcar

Elaboración

Mezclar todos los ingredientes en frío, menos la lengua y reservarlos.

Saltear la lengua en una sartén antiadherente con un pelín de aceite de oliva durante 2 min.

Colocarla en el fondo de cada plato; encima, la mezcla de las verduras y la legumbre.

El fondo caliente contrastará con los demás ingredientes a temperatura ambiente.

Si no disponemos de garbanzos en ese momento, se pueden utilizar los que vienen ya preparados en tarros de cristal, que no están nada mal.

Ensalada de morros

Ingredientes

200 g de morros (ya fritos) • 150 g de escarola (cortada en hojitas pequeñas) • 20 g de piñones tostados • 50 g de cerezas (deshuesadas) • 4 cs de aceite de oliva • 2 cs de vinagre de Jerez • Sal

Elaboración

Colocar en cada plato un par de filetes de morros fritos calientes (ver pág. 477); encima, la mezcla de escarola, piñones y cerezas.

Mezclar en frío en un vaso los componentes de la vinagreta y echar en la ensalada.

Servir al momento.

sopas

cremas, purés y legumbres

Caldo de carne

Ingredientes

500 g de carne • 1 hueso de caña • 250 g de gallina • 100 g de garbanzos • 1 cebolla • 2 zanahorias • 3 puerros • 3 l de agua • Sal

Elaboración

En un puchero con agua fría, introducir la carne, el hueso y la gallina a fuego vivo; con ayuda de una espumadera, retirar la espumilla que vaya asomando en la superficie, hasta que quede bien limpio. Añadir los garbanzos y las verduras (volver a retirar la espuma, en caso de que sea necesario). Bajar el fuego para que siga cociendo lentamente durante 1 h.

Cuando se haya hecho, colarlo y estará listo para hacer sopas o cualquier otra preparación.

Consejo: la carne empleada para el caldo se puede utilizar y servir con una salsa de tomate. Y los garbanzos, para una ensalada.

Caldo de pollo

Ingredientes

1 carcasa de pollo • 1 puerro • 1 zanahoria • 1 diente de ajo • 2 l de agua • 1 cebolla • Sal

Elaboración

Cocer todos los ingredientes; cuando empiece a hervir, irá saliendo una espumilla en la superficie que, con ayuda de un cazo, debemos retirar tantas veces como sea necesario. Esto es muy importante. También retiraréis parte del líquido; así que convendría echar algo más de agua, para que no reduzca demasiado.

Después de 1 h a fuego suave, colar y añadirle unos fideos y un huevo cocido para una sopa.

Sopa de arroz

Ingredientes

1 l ½ de caldo de verduras o caldo • 1 ajo • 1 ramita de perejil • Azafrán en hebra • 100 g de arroz vaporizado

Elaboración

Hervir en una cazuela el caldo (ver pág. 43). Puede ser caldo de cocido, pero también podéis utilizar agua con una pastilla especial para caldo (en este caso, os aconsejo emplear el doble de agua del que indique el fabricante, para que no nos quede demasiado fuerte).

En un mortero machacar el ajo, el perejil y el azafrán y cuando el caldo empiece a hervir, agregárselo junto con el arroz vaporizado (se utiliza este tipo de arroz porque en la sopa, el arroz normal es muy fácil que se pase). Dejar hervir a fuego suave durante 20 min y servir.

Sopa de verduras - Caldo de verduras

Ingredientes

2 zanahorias • 2 puerros • 1 patata • 50 g de jamón • 1 l ½ de agua o caldo • Sal

Elaboración

Limpiar las verduras y cortarlas muy picaditas (*brunoise*). Picar también el jamón.

Poner una cazuela al fuego con todos los ingredientes, menos la patata, durante ½ h a fuego suave. Añadirles la patata; cuando esté cocida: ya tenemos la sopa hecha.

¡Ojo con la sal!: el jamón al cocerse ya le aportará su punto de sal.

Una vez filtrados los tropiezos, se obtiene el caldo de verduras.

Sopa del agua de cocer las vainas o judías verdes

Ingredientes

1 l del agua (obtenida de cocer vainas) • 1 huevo cocido • 40 g de pasta de sémola

Elaboración

Una vez cocidas las vainas (o las judías verdes), sacarlas y reservarlas para otra preparación.
En esta receta es el agua donde se han cocido lo que vamos a aprovechar.
Ponemos esa agua al fuego y cuando hierva, le añadimos la sémola para sopa y un huevo picadito. Corregir de sal.
Cuando la pasta esté cocida: ya está lista la sopa.
Es una sopa rica en sales minerales y vitaminas (de las vainas o de las judías verdes).

Sopa de cebolla I

Ingredientes

3 cebollas grandes • 30 g de aceite de oliva • 1 l ½ de caldo de carne • Sal

Elaboración

Poner a pochar la cebolla a fuego lento y sin prisas. Cuando esté totalmente caramelizada, agregar el caldo.
Dejar hervir 20 minutos, destapado y a fuego suave.
Triturar el conjunto a fondo y colar.
La sal se la añadimos al final.

Sopa de cebolla II

Ingredientes

1 l de sopa de cebolla • 4 rebanadas de pan duro • 125 g de queso Emmental

Elaboración

Colocar en medio de un plato sopero la rebanada de pan y sobre ésta un puñado de queso Emmental. Después, verter la sopa de cebolla (ver receta anterior) y dejar que el pan se empape bien. Por último, gratinar durante 2 ó 3 min en horno precalentado a 200º. Servir muy caliente y a disfrutar.

Sopa de champiñones

Ingredientes

1 kg de champiñones • 45 g de aceite de oliva • 2 cebollas medianas • 2 l de caldo de carne o agua

Elaboración

Dorar la cebolla a fuego muy lento, hasta que esté caramelizada (sin quemarla) y reservar.

En otra cazuela aparte, dorar los champiñones troceados, hasta que estén bien tostados y reservar. Juntarlos con las cebollas y mojar con el agua o el caldo. Dejar hervir 45 minutos a fuego suave. Triturarlo todo y darle un hervor más (siempre que trituremos salsas, debemos darles un hervor después). Rectificar de sal.

Porrusalda

Ingredientes

300 g de puerros • 300 g de patatas • 1 l ½ de agua • Sal • Aceite de oliva virgen

Elaboración

Picar finamente el puerro y rehogarlo en el aceite. Sin que llegue a tostarse, añadir las patatas mondadas y cascadas (ver el dibujo), y rehogar el conjunto.

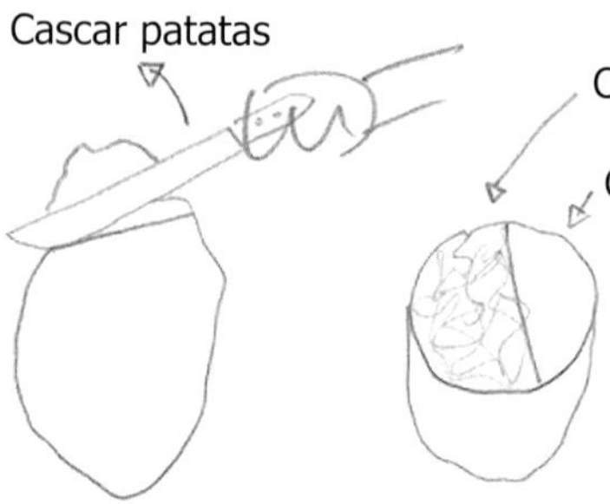

Agregar el agua y dejar cocer a fuego suave tres cuartos de hora. Cuando empiece a estar ligado (por la acción de la fécula de la patata), retirar del fuego, dejar reposar 10 minutos y servir. Rectificar de sal.

Cortar una parte y desplazar el cuchillo, hasta romper el trozo que queda por partir.

Porrusalda con bacalao

Ingredientes

300 g de puerro • 300 g de patata • 1,5 l de agua • 40 g de bacalao desalado • 30 g de aceite de oliva

Elaboración

Quitar la sal al trozo de bacalao bajo el chorro de agua fría durante 15 segundos. ¡Ojo!, no se trata de desalarlo, sino, simplemente, de quitarle el exceso de sal que pueda tener por fuera.

Como será el propio bacalao el que va a salar el conjunto, no echaremos sal.
Añadir el bacalao junto con el agua en la cazuela donde se han rehogado el puerro y la patata (ver receta anterior). Dejar hervir, desmenuzar un poco el bacalao y rectificar de sal, sólo en caso de que sea necesario.

Sopa de espárragos en conserva

Ingredientes
1 lata de espárragos de 1 k • 1 yema

Elaboración
Abrir la lata. Trocear los espárragos en pedazos de 2 cm de largo y reservar.
Poner el agua de la lata en un cazo con la yema y acercarla al fuego batiendo despacio, pero sin cesar. Cuando esté a punto de hervir, colarla rápidamente y pasarla a los platos soperos.
Encima, disponer los trozos de espárrago.
Nota: cuidado con que el caldo no hierva, pues nos cortaría la yema y quedaría un aspecto nada sugerente.

Sopa del verde del puerro

Ingredientes
Lo verde de 2 puerros • 100 g de bacon ahumado • 1 l ½ de consomé o agua • 1 patata muy pequeña • 30 g de mantequilla • Perejil picado • Aceite de oliva • Sal

Elaboración
Picar finamente el verde del puerro y salteado con un poco de aceite. Añadir la patata pelada y troceada y, por último, el consomé. Hervir a fuego medio y tapado durante, por lo menos, 20 min.

Triturar todo a conciencia y agregar la mantequilla. Dar punto de sal y reservar.
Sobre un plato sopero, espolvoreado con perejil picado, extender el bacon (que hemos pasado antes por la plancha y dorado).
Cuando vayamos a presentarlo a nuestros invitados, verter con una jarrita el caldo del verde del puerro.
¡Ojo con la sal!: el bacon ya es de por sí salado y hecho a la plancha se acentúa aún más.

Sopa de ajo I

Ingredientes para 4 personas
3 dientes de ajo • 30 g de pan muy tostado o pan de pistola en trocitos • 1 huevo • 1 l de agua o caldo • 30 g de aceite de oliva

Elaboración
Se doran los ajos fileteados en una cazuela con el aceite bien caliente. Se añade el pan tostado y se deja rehogar un poco, con cuidado de que no se queme. Se vierte el agua y se deja cocer a fuego medio tapado durante media hora.
Al final, se agrega un huevo —sin batirlo— para que cuando hierva y cuaje, conserve sus dos colores: el blanco de la clara y el naranja de la yema. Corregir de sal y... ¡a zampar!

Sopa de ajo II

Ingredientes
2 dientes de ajo • 1 l ½ de agua o caldo • 50 g de pan (del día anterior) • 1 huevo • 2 cs de aceite • Sal

Elaboración
En una olla poner el aceite y cuando esté caliente, echar los ajos picaditos.

Cuando comiencen a dorarse, añadirles el pan para que se tueste un poco y, después, el agua o el caldo. Dejar que hierva durante 15 min.
A continuación, cascar un huevo y romperlo agitándolo dentro de la sopa, antes de que cueza.
Rectificar de sal y hervir 5 min más.

Sopa de ajo con pimentón

Ingredientes

2 dientes de ajo • 1 l ½ de agua o caldo • 50 g de pan (del día anterior) • 1 huevo • 2 cs de aceite • 1 cc de pimentón

Elaboración

Se elabora exactamente igual que la sopa anterior. Pero ahora debéis añadir el pimentón, justo antes del caldo.

Sopa de maíz con salmón

Ingredientes

1 cebolla • 20 g de aceite de oliva • 1 bote de maíz (de 350 g aprox.) • 1/2 l de caldo de verduras o agua • 100 g de salmón ahumado • 50 g de nata líquida

Elaboración

Dorar la cebolla con el aceite. Agregar el bote de maíz con el agua que lleva.
Añadir el caldo de verduras y dejar hervir 30 min a fuego suave.
Finalmente, la nata y dejar hervir 5 min más.
Triturar y filtrar.
Servir en platos soperos con trocitos de salmón ahumado.

Sopa de calabaza y cigalas

Ingredientes

1 k de calabaza naranja • 100 g de aceite de oliva (0,4 ºC) • Sal • Azúcar • 12 colas de cigala • 100 g de polvo de almendra • La ralladura de 1 naranja

Elaboración

Licuar la calabaza. Dar un hervor al caldo resultante de 15 seg. y retirarlo del fuego. Añadir el aceite, la sal y el azúcar y triturarlo todo bien.

Pelar las cigalas y embadurnarlas de ralladura de naranja y de polvo de almendra.

Dorarlas en una sartén a fuego suave para que justo se dore la almendra y se haga la ralladura.

Servir la sopa en un plato sopero acompañada de las colas de cigalas. ¡Y a disfrutar!

Sopa Viña AB

Ingredientes

¼ k de guisantes • ¼ k de pimiento rojo • ¼ k de gambas • ½ k de rosada • 300 g de mayonesa • Vino viña AB (fino) • Sal • Agua o caldo de pescado

Elaboración

Poner una olla con el agua al fuego. Cuando empiece a hervir, añadir los guisantes, el pimiento cortado en cuadraditos, las gambas peladas y la rosada sin piel ni espinas cortada en trocitos.

En vez de agua, se puede hacer en un caldo hecho con las espinas del pescado y las pieles de las gambas.

Dejar que hierva todo durante 25 min a fuego suave. Retirarla del fuego y dejarla enfriar.

Cuando esté templada, añadir la mayonesa, agitándola con una varilla para que se mezcle bien.
¡Ojo!: la sopa tiene que estar templada porque, si está muy caliente, se cortará.
A continuación, añadir un chorretón de vino Viña Æ —o de otro fino— y la sal.
Cuando vayáis a servirla, calentar ligeramente; pero sin que llegue a hervir, para que no se corte.
Nota: esta sopa es una versión un poco libre de un clásico malagueño inventado por el alma mater del Restaurante del Hotel Don Curro, Francisco Alarcón, en pleno centro de Málaga. La auténtica sólo la siguen haciendo allí sus nietos: bonita herencia.
Si podéis, no os la perdáis

Sopa de pescado

Ingredientes

Para el caldo:
1 cabeza de rape pequeña • 1 cebolla • 1 puerro • 1 tomate maduro • 2 l ½ de agua

Para la base de la sopa:
1 cebolla • ½ puerro • 1 diente de ajo • Aceite • 4 cs de salsa de tomate • 3 cs de brandy • 10 g de miga de pan seco (triturada) • 100 g de pescadilla limpia

Elaboración

Poner en una cazuela la cabeza de rape y la verdura troceadas. Sazonar, agregar el agua y poner al fuego a cocer. Cuando empiece a hervir, retirar la espuma que salga a la superficie y dejarlo hervir a fuego muy suave, hasta que reduzca a la mitad. Colar y reservar
En otra cazuela, poner la cebolla muy picada, el ajo y el puerro y rehogarlo con aceite. Cuando se haya dorado, añadir el brandy,

la salsa de tomate y el caldo dejando cocer todo durante unos 10 min.
Por último, agregar el pan, el pescado troceado y la carne de la cabeza de rape. Rectificar de sal y cocer 5 min más.
Consejo: se pueden añadir gambas y surimi como tropiezos.

Crema de marisco

Ingredientes

1 puerro • 2 cebollas • 1 ajo • ½ pimiento verde • 70 g de aceite de oliva • 2 cabezas de bogavante (o ½ kg de langostinos medianos) • 600 g de gambas peladas • 70 g de carabineros • 250 g de salsa de tomate • 50 g de brandy • 2 l ½ de agua • 3 hebras de azafrán • Sal • Azúcar • Pimienta

Elaboración

En una cazuela con aceite pochar la cebolla, el pimiento, el puerro y el ajo. Cuando esté todo pochado, añadirle las cabezas de bogavante troceadas, los carabineros y las gambas; rehogarlo todo bien con la verdura y el azafrán. Flambear con brandy e incorporar la salsa de tomate. Añadir agua y dejar que cueza el conjunto durante 25 min. Retirar de la cazuela el armazón de la cabeza de bogavante y triturar el resto en la thermomix. Colar a fondo. Salpimentar y dar punto de azúcar.
Nota: si no tenemos la suerte de tener cabezas de bogavante, podemos usar langostinos enteros.

Sopa de *txangurro*

Ingredientes

1 kg de txangurro a la donostiarra • 1 l de caldo de verduras • Sal

Elaboración

Se trata simplemente de aligerar este maravilloso guiso, hasta darle la consistencia de una sopa espesa. Mezclamos los dos ingredientes (ver págs. 317-43), les damos un par de hervores y... ¡a volverse loco dándole a la cuchara!

Gazpacho

Ingredientes

1 k ½ de tomates rojos • 60 g de pan duro • 1 diente de ajo • 1 pepino • ½ pimiento verde • ¼ de una cebolla mediana • 90 g de aceite de oliva suave y poco amargo • 40 g de vinagre • Sal • 1,5 l de agua aprox.

Elaboración

Cortarlo todo en trozos y ponerlo a remojo; cuando el pan esté blando, pasarlo todo por la batidora y, después, por el colador para que nos quede más fino y sin pepitas.

Rectificar de sal y vinagre y enfriar.

Se puede servir con trocitos de pepino y tomate como guarnición.

Las proporciones de un gazpacho son en realidad un misterio: difícilmente saldrán dos gazpachos iguales. Lo mejor es ir probando día a día, experimentar con muchos y, al final, te saldrán exactos. Esto, lógicamente, pasa con todas las recetas, pero con el gazpacho ocurre más a menudo. Este gazpacho es para beber. Si se quiere más espeso, reducir la cantidad de agua.

Gazpacho de sandía

Ingredientes

1 l de gazpacho • 100 g de sandía

Elaboración

Elaborar el gazpacho (ver receta anterior). Añadir la sandía y triturar. Servir frío.

Consejos para su presentación: acompañarlo con trozos de queso de cabra o con trocitos de hígado de pollo, muy frito, o simplemente solo.

Gazpacho de melocotón

Ingredientes

1 l de gazpacho • 100 g de melocotón maduro

Elaboración

Elaborar el gazpacho (ver pág. 53). Añadir el melocotón y triturar. Servir frío y acompañar con trocitos de pan tostado frotados con ajo.

Gazpacho con fresas

Ingredientes

1 l de gazpacho • 100 g de fresas muy maduras

Elaboración

Elaborar el gazpacho (ver pág. 53). Añadir las fresas, triturar y colar. Servir frío y acompañar a pescados en vinagre (anchoas, sardinas, verdel...)

Gazpacho verde

Ingredientes

1 l ½ de agua • 100 g de lechuga • Sal • Azúcar • 20 g de pan • ½ kiwi • ½ diente de ajo • 40 g de aceite muy suave tipo 0,4 de acidez • 20 g de vinagre de Jerez

Elaboración

Triturar el conjunto y colar. Dar un punto de sal, un pelín de azúcar y... ¡mucho cuidado con el vinagre!, no vayamos a dejarlo ácido. Consejo: se puede acompañar con láminas de bacalao ahumado.

Gazpacho asado I

Ingredientes

1 k de tomate • ½ pimiento verde • 2 diente de ajo • 1 pizca de orégano • 20 g de pan tostado • 1 l ½ de agua • 35 g de aceite de oliva suave, de 0,4 º de acidez • 25 g de vinagre de vino

Elaboración

Asar el tomate abierto por la mitad en el horno con un poco de sal, aceite y agua. Cuando esté bien asado (mínimo 1 hora a 160ºC), meterlo en un vaso triturador con los demás ingredientes (tratar de aprovechar al máximo todos lo jugos que el tomate haya soltado sobre la bandeja y se hayan quedado medio pegados a ésta: con un poco de agua saldrán con facilidad).

Triturar a fondo y colar. Dar punto de sal, azúcar (muy importante) y de vinagre. Acompañar con trozos de queso Idiazabal ahumado o con trozos de pescado frito o rebozado.

Gazpacho asado II

Ingredientes

1 k de gazpacho asado • 100 g de mayonesa

Elaboración

Mezclar el gazpacho asado (ver receta anterior) con la mayonesa (ver pág. 241).Triturar el conjunto, hasta conseguir un gazpacho levemente más espeso que el anterior, pero con más sabor.

Una versión muy libre del gazpachuelo.

Gazpacho con plátano

Ingredientes

1 l de gazpacho • 1 plátano maduro (pero no pasado)

Elaboración

Elaborar un gazpacho (ver pág. 53).

Servirlo en tazas muy frío y colocar en la superficie trozos de plátano recién pelado y cortado.

¡Qué nadie se asuste! Es muy sabroso para comenzar a comer: ¡pruébalo y verás!

Salmorejo

Ingredientes

1 k de tomates • 125 g de pan duro • 1 diente de ajo • 40 g de aceite de oliva • 30 g de vinagre • Sal

Para la guarnición:

1 huevo cocido • 100 g de jamón serrano

Elaboración

Poner el pan a remojo en una fuente. Cuando esté remojado, escurrirlo e introducirlo en una fuente onda junto con el tomate limpio y troceado, el ajo, el aceite, el vinagre y la sal.

Pasarlo todo por la batidora, hasta obtener un puré ligero; después colarlo por el chino, para que nos quede más fino.

Picar finamente el huevo cocido y el jamón.

Servir el salmorejo a cada comensal y, por encima, espolvorear el huevo y el jamón. Servir muy frío.

Ajoblanco

Ingredientes

200 g de almendras crudas (repeladas y blancas) • 90 g de pan • 1 diente de ajo suave • Aceite • 50 g de vinagre • Sal • 1 l de agua

Para la guarnición:

Uva, melón, manzana... o cualquier otra fruta

Elaboración

En una fuente honda poner el agua, el pan, las almendras, el ajo, el aceite, el vinagre y la sal. Cuando el pan esté bien remojado, pasarlo todo por la batidora, hasta que nos quede todo muy bien triturado. Probar la mezcla, por si acaso hay que rectificar de vinagre o de sal, y meterla en el frigorífico.

Servir de la siguiente manera: poner en cada plato melón —o la fruta que hayáis elegido, pero solo un tipo de fruta— en cuadraditos y echar por encima el ajoblanco. Aunque también va de cine con un buen trozo de salmón ahumado.

Gazpachuelo o sopa malagueña

Ingredientes

Para el caldo de pescado:

½ k de pescado • 1 tomate • 1 cebolla • 1 hoja de laurel • Patatas • Mayonesa • Sal

Elaboración

Preparar el caldo poniendo todos los ingredientes en una olla y dejar que hierva 20 min. El pescado se puede limpiar para añadírselo al final a la sopa.

En este caldo de pescado cocer las patatas cortadas en trozos no muy grandes y salar. Cuando estén cocidas, retirar la olla del fuego y dejarlo enfriar.

Cuando el caldo esté templado, añadir la mayonesa removiendo con una varilla poco a poco. Añadir el pescado troceado y limpio y rectificar de sal.

Mucho cuidado al calentarla: no puede hervir para que no se nos corte.

Sopa de melón y sardinas

Ingredientes

½ cebolla • ½ diente de ajo • 1/4 l de agua • ½ k de melón pelado • Sal • 5 cs de aceite de oliva (0,4 ºC) • 1 cs de vinagre de Módena • 1 lata de sardinas en aceite

Elaboración

Triturar todos los ingredientes (menos las sardinas) y darles punto de sal.

Disponer en un plato sopero la mezcla y, encima, un par de sardinas en aceite.

Más sano y más veraniego... ¡imposible!

Sopa de zanahoria (aperitivo)

Ingredientes

5 zanahorias grandes • 100 g de terrina de foie • 1 vainilla • 30 g de aceite de oliva

Elaboración

Licuar las zanahorias ya peladas y hervirlas con una vainilla durante, por lo menos, 2 min.

Agregar fuera del fuego el aceite y emulsionar el conjunto.

Servir muy fría en vasitos, acompañada de trocitos de foie.

Jugo helado de puerros

Ingredientes

4 puerros (sólo lo verde) • 1 l de consomé • 70 g de nata • ¼ de diente de ajo pequeño • 30 g de pimiento verde • 10 g de pan

• 30 g de aceite de oliva suave • 20 g de vinagre blanco • Sal • Azúcar

Elaboración

Cocer los puerros en agua con sal durante 15 min a fuego medio.
Sacar, secar y agregar a los demás ingredientes.
Triturar a conciencia y colar.
Reservar en la nevera por lo menos 6 horas.
Servir junto con trocitos de sardinas en lata, o con trocitos de almendra, o solo.
Ideal en verano.

Crema de acelgas I

Ingredientes

1 cebolla • 4 pencas de acelga (lo verde) • 1 patata • 1 l ½ de agua • 1 diente de ajo • 30 g de aceite de oliva • 40 g de aceite de oliva • Sal • Azúcar • 30 g de piñones • 30 g de nueces

Elaboración

Ponemos a dorar la cebolla y el ajo en juliana con un poco de aceite. Agregamos la patata cortada en dados y dejamos que se rehogue. Añadimos el agua y las acelgas cortadas en tiras y dejamos que hierva durante 30 min a fuego suave.
Después, lo trituramos a conciencia y lo colamos.
Dar punto de sal y azúcar. Si nos ha quedado espesa, la aligeramos con agua.
La servimos en el plato acompañada de piñones y nueces fritas, mojado todo con un poco de aceite y sal.

Consejo: ideal como salsa para un pescado.

Crema de acelgas II

Ingredientes

3 pencas de acelga (lo verde) • 1 l ½ de agua • 30 g de mantequilla • 30 g de nata • 1 diente ajo • 20 g de aceite de oliva • Sal • Azúcar • Salmón ahumado (opcional) • Atún de lata (opcional)

Elaboración

Sofreír el ajo con el aceite. Añadir lo verde de la acelga cortada en tiras.

A continuación, agregar el agua y dejar cocer a fuego fuerte durante, por lo menos, 10 min.

Triturar a conciencia con la mantequilla y la nata. Colar y dar punto de sal y azúcar.

Servir caliente o fría.

Acompañar con trozos de salmón ahumado o de atún de lata.

Crema de alubias

Ingredientes

250 g de alubias (del día anterior) • 200 g de agua • 100 g de leche • 50 g de nata • 50 g de manzana

Elaboración

Se trata de aprovechar lo que nos haya sobrado del día anterior (ver pág. 70).

La elaboración es bien sencilla: hervir y triturar el conjunto, incluidos los pequeños trozos de chorizo y la carne del cocido de alubias, hasta que se forme una crema.

Si se prefiere más ligera, añadir un poco más de agua y de leche, hasta obtener la consistencia deseada.

Acompañar con trozos de manzana en dados dorados levemente en la sartén.

Crema de brócoli

Ingredientes

300 g de brócoli • ½ l de agua • ½ l de caldo de verduras • 100 g de nata • Sal • Azúcar

Elaboración

Limpiar el brócoli y cortarlo en trozos pequeños. Cocerlo con los demás ingredientes a fuego suave por lo menos 20 minutos. Triturarlo y colar.

Crema de calabaza I

Ingredientes

400 g de calabaza • 1 l ½ de agua o caldo de verduras • 100 g de patata • ½ puerro • 1 diente de ajo

Elaboración

En un cazo poner el aceite con el puerro picado y el ajo. Agregar las patatas peladas y cascadas y la calabaza pelada en trozos. Rehogar el conjunto, ir agregando el agua y dejar cocer a fuego suave 45 min. Triturarlo todo después y salar.

Una crema riquísima acompañada con frutos secos o con trozos de aceitunas negras.

Crema de calabaza II

Ingredientes

½ k de calabaza • 30 g de puerro • 1 diente de ajo • 30 g de aceite de oliva • 1 l ½ de agua • Sal • Azúcar

Elaboración

Cortar en láminas la calabaza. Picar muy fino el puerro y el ajo y dorarlo todo. Cuando esté desecha la calabaza, añadimos el agua

y dejamos reducir a fuego medio unos 20 minutos. Triturar el conjunto a fondo y colarlo.
Sugerencias para el acompañamiento: mejillones al vapor, trozos de salmón ahumado cortados en dados o trozos de pan tostado untados en ajo y tomate.

Crema de calabacines

Ingredientes

1 calabacín grande • 100 g de patatas • ½ cebolla • 20 g de aceite de oliva • Perejil • Sal • 1 l ½ de caldo de verdura o agua • 50 g de nata líquida

Elaboración

Cortar el calabacín en láminas finas. Cortar la cebolla en juliana; pelar y cascar la patata. Poner en una cazuela el aceite con la cebolla. Dejar que se dore levemente y agregar la patata; dejar otro par de minutos y, por último, añadir el calabacín. Dejar que se haga 5 min más sin que tome excesivo color y agregar el caldo. Dejar hervir, por lo menos, 40 min a fuego suave. Triturar el conjunto y colarlo.
Servir caliente para comer solo o con unas gotas de nata líquida en la superficie del plato o con tropiezos (p. ej. de chorizo frito, de mejillones al vapor, etc.).
Va mejor con pescado o con mariscos que con carne; pero todo es posible...

Crema de coliflor

Ingredientes

300 g de coliflor • ½ l de leche • 30 g de patata • ½ l de caldo de verduras o agua • 100 g de nata • Sal • Azúcar

Elaboración
Limpiar la coliflor y cortarla en trozos pequeños. Hacer lo mismo con la patata. Cocer ambos ingredientes (sin la nata) a fuego suave, por lo menos 35 minutos. Triturarlo, añadir la nata y colar en el chino.
Servir como acompañamiento de un pescado o, aligerada un poco con agua, como crema con tropiezos tales como queso en dados, frutos secos fritos, pan tostado, lomo en dados muy frito, etc.

Crema fría de espárragos blancos

Ingredientes
1 lata de espárragos • 20 cl de nata • Pimienta molida • Perejil

Elaboración
En el vaso de una batidora poner los espárragos con su agua, la nata y un pellizco de pimienta molida y triturarlo todo.
Pasar la mezcla por un colador a una fuente onda.
Servir en boles individuales espolvoreados con perejil picado.

Crema de espinacas

Ingredientes
½ k de espinacas • 1 k de bechamel ligera • 30 g de mantequilla • Nuez moscada • 50 g de queso Parmesano

Elaboración
Preparar una bechamel ligera (ver pág. 240). Cuando esté hecha, agregarle las espinacas cocidas y picadas con un cuchillo. Dejar hervir 2 min y extenderla sobre una fuente del horno con dados de mantequilla y de queso por encima.
Introducir al horno a 230 ºC durante el tiempo necesario para que se dore la superficie.
Servir muy caliente.

Nos quedará una crema espesa, pero a la vez ligera.
Para degustar sola (con pan tostado, por ejemplo) o acompañada (con pescado, principalmente).

Crema de guisantes I

Ingredientes

1 l ½ de agua o caldo de verduras • 600 g de guisantes congelados • 40 g de mantequilla • 30 g de nata líquida • Sal • Azúcar

Elaboración

Cocer el caldo o el agua; cuando hierva, verter los guisantes congelados. Dejar hervir 15 min a fuego medio y agregar la mantequilla (fuera del fuego); triturar a conciencia y colar. Dar punto de sal y azúcar.

Degustar solos o acompañados de trozos de anchoa en lata o de salmón ahumado, pipas peladas de girasol, nueces, etc. Servir muy caliente.

Consejo: si queda ligera, hervir un poco más; si queda espesa, aligerarla con agua.

Crema de guisantes II

Ingredientes

1 l ½ de agua o caldo de verduras • 600 g de guisantes congelados • 40 g de mantequilla • 30 g de nata líquida • Sal • Azúcar

Elaboración

La misma elaboración que la receta anterior, pero servida en frío.
En este caso, los tropiezos que mejor le van son:
Trozos de gamba cocida.
Trozos de mejillón en escabeche.
Trozos de almendras fritas (recién fritas y calientes).
Trozos de perdiz escabechada.
Trozos de higaditos de pollo muy fritos.

Trozos de mollejas cocidas y luego fritas.
Trozos de beicon muy frito.
"Gotas" de aceite de oliva de buen tamaño.

Crema de lentejas

Ingredientes

250 g de lentejas • 200 g de agua • 100 g de leche • 50 g de nata

Para los tropiezos:

20 g de jamón • 20 g de cacahuete • 20 g de queso Roquefort • 20 g de aceite de oliva virgen extra

Elaboración

La idea es la misma que para la crema de alubias: aprovechar las sobras del cocido de lentejas (ver pág. 75).

Añadimos los demás ingredientes (no los tropiezos), le damos un hervor, lo trituramos todo y lo colamos.

Servir muy caliente con trozos de jamón, trozos de cacahuete, trozos de queso Roquefort y gotas de aceite de oliva virgen extra

Si la crema nos ha quedado muy espesa, tiene fácil solución: se añade un poco de agua y un poco de leche. Corregir de sal.

Crema de pepino

Ingredientes

1 pepino • 1 diente de ajo • 40 g de mayonesa • 100 g de nata líquida • 100 g de yogur • ½ l de caldo de verduras • Sal • Azúcar • Un melocotón

Elaboración

Poner en sal el pepino troceado para que suelte un poco del agua y nos quede más suave.

Agregar los demás ingredientes —excepto el melocotón— en frío, triturarlos bien y filtrarlos.

Servir frío acompañado de trozos de melocotón recién cortados.

Crema de puerros

Ingredientes

300 g de puerros • 300 g de patatas • 30 g de aceite • 1 l ½ de agua • Sal • 150 g de nata líquida

Elaboración

Elaboramos todo siguiendo los mismos pasos que para la *porrusalda* (ver pág. 45). La diferencia está en que al final, trituraremos todo.

Añadimos la nata líquida y servimos la crema fría, templada o caliente, según el gusto de cada cual.

Consejo: esta crema queda muy bien acompañada con frutos secos en trocitos que dispondremos en el plato donde va a ser servida; o también con trocitos de salmón ahumado, o de jamón de York en daditos y frito, trocitos de sardinas en lata, etc.

Crema de remolacha

Ingredientes

3 remolachas medianas • ½ puerro • 1 cebolla • 1 l ½ de caldo de verduras • 1 diente de ajo • 150 g de nata líquida • 30 g de aceite de oliva

Elaboración

Picar el puerro, la cebolla y el ajo y hacer un sofrito en la sartén.

Cuando esté levemente dorado, añadirle las remolachas. Sofreír el conjunto y agregarle el caldo. Dejar cocer tapado a fuego medio durante, por lo menos, 50 min.

Triturar el conjunto a fondo y colar; añadirle la nata líquida y servir fría o caliente.

Una buena opción para acompañar a mariscos.

Crema de vainas o judías verdes

Ingredientes

½ k de vainas • 1 l de agua • 2 cs de aceite • Sal

Elaboración

En una cazuela cocer las vainas cortadas de cualquier forma —no es necesario quitarles el hilo, porque las vamos a triturar—. Una vez cocidas, triturarlas en una batidora junto con el aceite y la sal. La crema resultante la pasamos por un colador y... ¡ya está lista! Se puede servir fría o caliente.

Licuado de calabaza con carabineros

Ingredientes

550 g de calabaza • 12 carabineros • 50 g de aceite de oliva 0,4 (sabor suave) • 30 g de mantequilla • 60 g de nata • 60 g de almendra granillo cruda • Sal • Azúcar

Elaboración

Licuar en una licuadora la calabaza. Hervir el licuado durante 2 min. Mezclar con el aceite y pasarlo por una trituradora a la máxima velocidad —o por el termomix, si se dispone— durante un par de minutos. Agregar la mantequilla y la nata y volver a triturarlo todo a la máxima potencia.

Dar un toque de sal y azúcar. Servir enseguida muy caliente sin darle tiempo a que decante.

Pelar los carabineros y reservar en el congelador las cabezas para una posible sopa. Embadurnar las colas en almendra granillo y pasarlas por la sartén vuelta y vuelta. Depositar en el fondo del plato los carabineros y alrededor el caldo licuado de color naranja brillante (precioso). Rematar con unas gotas de aceite de oliva y perejil picado. "Alta cocina" de andar por casa.

Puré de patatas I

Ingredientes

4 patatas medianas • 1 l de leche • 100 g de nata • 30 g de mantequilla • Sal • Pimienta

Elaboración

Cocer a fuego lento (con la cazuela destapada) las patatas peladas y cascadas con la leche y la nata. Remover con cierta frecuencia, pues se suelen pegar al fondo.

Pasados 30-35 min aprox., triturar a conciencia, añadiendo la mantequilla (si se dispone de una termomix, mejor).

El puré quedará ligero, pero con un sabor profundo y genial.

Lo recomiendo para acompañar, sobre todo, a carne, morcillas, etc.

Puré de patatas II

Ingredientes

4 patatas medianas • ½ l de agua • ½ l de leche • 30 g de mantequilla • Sal

Elaboración

Poner a cocer las patatas peladas y cascadas con la leche y el agua.

Dejar que hierva suavemente durante, por lo menos, 35 min.

Pasar por un pasapurés, agregar la mantequilla y salar.

Otra textura de puré, más basta que la anterior, pero igual de sabroso.

Puré de calabaza (o algo así...)

Ingredientes

500 g de calabaza • 50 g de nata • 30 g de aceite de oliva • 1 diente de ajo • 1 guindilla cayena

Elaboración

Dorar el ajo en el aceite; agregar la calabaza y la guindilla e ir cociendo y reduciendo todo a fuego suave: la calabaza se irá deshaciendo poco a poco, hasta formar una pasta espesa parecida a un puré gordo (esto llevará, por lo menos, 40 min, según la cantidad de agua que contenga la calabaza). Añadir la nata.
Degustar muy caliente.
Un plato sencillo, sabroso y a la vez barato ...¡un placer!

Puré de calabaza con queso de cabra

Ingredientes

500 g de calabaza • 1 diente de ajo • 30 g de aceite de oliva • 1 guindilla de cayena • 100 g de queso de cabra de rulo

Elaboración

La misma elaboración que la receta anterior.
Cuando tengamos la calabaza ya cocinada y caliente en el plato sopero, le añadimos el queso cortado en dados que, por acción del calor, en apenas un momento, cambiará de textura, volviéndose más blandito y potenciando su sabor.

Puré-guisado de calabaza

Ingredientes

½ k de calabaza • 1 diente de ajo • 1 cayena • 35 g de aceite de oliva virgen extra • Opción: trocitos de queso de cabra.

Elaboración

Limpiar la calabaza y trocearla en pequeños trozos. Cortar el ajo muy finamente, cuando esté dorado, añadir la calabaza y la cayena. Remover con cierta frecuencia a fuego lento, mientras la calabaza va soltando el agua de su interior. Al cabo de ½ hora se habrá formado una calabaza guisada con sus propios restos. No

es necesario triturar la mezcla, porque ya habremos obtenido una especie de puré muy rústico.
Lo servimos muy caliente; aderezado, si se quiere, con trozos de queso de cabra.

Alubias rojas con berza

Ingredientes

½ k de alubias rojas o negras • 150 g de chorizo picante • 1 diente de ajo • 150 g de tocino fresco • 150 g de costilla de cerdo • 1 morcilla de cebolla • 1 cebolla • ½ pimiento verde • ½ puerro • 20 g de aceite • 100 g de guindillas • ½ berza • Sal • Agua para cubrir las alubias tres dedos por encima

Elaboración

Si la alubia es fresca (pochas), no es necesario ponerlas a remojo; sino ponerlas en la cazuela cubiertas de agua fría la noche anterior.
Al día siguiente, picar la verdura finamente, sofreírla levemente en una sartén con el aceite y echarla a la cazuela con las alubias y el agua.
Dar un hervor y agregarle ½ vaso de agua muy fría para cortar la cocción. Repetir la operación otra vez y dejarlas hirviendo a fuego muy bajo. Agregar la costilla, el chorizo cortado en trozos gruesos, el tocino y dejar hervir aprox. 90 min, dependiendo de la clase de alubia.
Debe hervir muy lentamente, apenas para que se vayan haciendo, sin que la alubia se rompa en exceso.
Durante la cocción de las alubias, estar atentos a que no les falte agua.
Si quedan espesas, añadir agua.
Si nos quedan ligeras, triturar 3 cs de alubias con la batidora y agregárselas al caldo para espesarlo.

Aparte, cocer la berza (ver pág. 156).
Aparte también, cocer a fuego suave en agua durante 10 min la morcilla de cebolla, realizando, previamente, unas incisiones con la punta de un cuchillo a lo largo, para que no se revienten a la hora de hervirlas.
Poner las guindillas en vinagre con un poco de sal gorda y un poco de aceite de oliva virgen extra.
Cuando las alubias estén blanditas, pero enteras, el caldo levemente espeso, servirlas en platos soperos y acompañarlas de las guindillas, la morcilla y la berza.
¡Ideal!

Fabada asturiana

Ingredientes

1500 g de alubias asturianas (fabes) • 3 morcillas asturianas • 3 chorizos tiernos • 1 k de lacón (la pata delantera del cerdo) • 6 hebras de azafrán • 100 g de aceite • ½ cebolla • Sal • Pimentón dulce • 1 l de caldo de gallina • Agua

Elaboración

La víspera, ponemos las alubias a remojo con agua fría y, en otro recipiente, el lacón cortado en tres trozos, también cubierto de agua.
A la mañana siguiente echamos las fabes en una cazuela cubiertas de agua fría con la morcilla y el chorizo a fuego medio —como solemos hacemos en otros cocidos, antes de que empiece a hervir, retiramos la espuma que se forma en la superficie—.
Tras el primer hervor, las dejaremos cocer lentamente durante 90 min.
En otra cazuela, hervimos el lacón durante una hora para quitarle parte de su sabor salado. Pasado este tiempo, se lo añadimos a la cazuela de las fabes, con cuidado de que no se rompan; también

hemos de procurar que no se queden al descubierto (pues se les desprendería el pellejo), para eso, les iremos añadiendo un poco de caldo (de pollo o de gallina). Asimismo, agregaremos al principio de la cocción un poco de caldo de gallina frío para cortar el hervor.

Hacia la mitad de la cocción de la fabes, les agregamos un sofrito de cebolla picada, pimentón dulce, y azafrán.

Rectificar de sal, en caso de que sea necesario: el chorizo y el lacón pueden aportarle el grado suficiente a las alubias.

Las dejamos reposar una hora.

Si el caldo nos queda ligero, pasamos unas pocas fabes por el pasapurés y se las agregamos para que engorde.

Probarlas en la casa de Pedro Moran (Casa Gerardo, en Prendes, Gijón) es una experiencia cercana al éxtasis.

Pochas

Ingredientes

500 g de alubia pocha (no seca) • 1 l ½ de agua • 1 tomate pequeño muy maduro • ¼ de pimiento verde • 1 trozo de tocino (70 g) • 1 trozo de chorizo • Aceite de oliva virgen extra

Elaboración

En una cazuela poner todos los ingredientes juntos y hervir a fuego muy suave. Cuando rompa a hervir, eliminamos la espuma de los bordes y dejamos que se haga lentamente.

Como las pochas no están secas, no necesitan ponerse a remojo y tendrán un tiempo de cocción más breve; según su tamaño, apenas necesitarán 40 min para hacerse, o incluso menos pero dependiendo mucho del tipo de pocha.

El caldo debe quedar levemente espeso; en caso de que no lo consigamos, hay un truco: poner 2 cs de pochas en un vaso triturador, triturar a tope y añadir ese "puré" al caldo; nos lo

engordará un poco. La textura de la pocha debe ser blanda y con poco pellejo.
Si se quiere darle un toque rojo, triturar también el tomate y obtendrás un color más alegre.

Cocido de garbanzos I

Ingredientes

350 g de garbanzos • 1 zanahoria • 1 diente de ajo • 1 puerro • 1 patata mediana • 1 trozo de tocino • 1 pollo • 3 l de agua (aprox.)

Elaboración

Poner a remojo en agua muy fría los garbanzos la noche anterior (12 h). Quitarle al pollo las pechugas y reservarlas para otro plato. Disponer en una cazuela todos los ingredientes menos los garbanzos.
Cuando empiece a hervir, retirar la espuma que se forma en los bordes de la cazuela con la ayuda de una espumadera. Añadir los garbanzos, desechando previamente el agua del remojo.
Dejar cocer suavemente a fuego medio durante por lo menos 2 horas, medio tapado. Rectificar de sal. Pasado este tiempo, dejar reposar y repartir en el plato el caldo, los garbanzos, los trozos de tocino y algún que otro trozo de verdura.
Servir muy caliente.

Cocido de garbanzos II

Ingredientes

350 g de garbanzos • 1 zanahoria • 1 diente de ajo • 100 g de calabaza • 1 trozo de tocino • 1 k de zancarrón • 5 l de agua (aprox.) • 1 trozo de chorizo • Sal • Fideos • Salsa de tomate

Elaboración

Poner a remojo los garbanzos la noche anterior. En una cazuela grande poner a cocer todos lo ingredientes menos los garbanzos. Cuando empiece a hervir, eliminar la espuma de las paredes de la cazuela con ayuda de un cucharón o una espumadera. Agregar los garbanzos y volver a espumar.

Dejar cociendo 2 horas a fuego medio y casi tapado del todo (si queremos ahorrar tiempo, en la olla a presión sólo son necesarios 20 minutos). Transcurrido este tiempo, separar 2 l de caldo y cocer en él los fideos para hacer una sopa.

De segundo plato, servir los garbanzos con verduras y algo de caldo.

De tercero, trocear la carne y el chorizo y poner a hervir a fuego suave durante 10 minutos con un poco de salsa de tomate (ver pág. 249).

Del cocido obtenemos un menú completo:

Sopa de cocido

Garbanzos en caldo

Carne con tomate

Garbanzos con bacalao y acelgas

Ingredientes

½ k de garbanzos • 100 g de bacalao sin piel y sin espinas • ½ k de acelgas • 2 rebanadas de pan • 1 cebolla • 1 pimiento verde pequeño • 1 hoja de laurel • Ajo • Perejil • 4 cs de aceite de oliva • 2 cc de carne de pimiento choricero

Elaboración

La noche anterior poner a remojo los garbanzos junto con el bacalao en una olla con agua fría y sal.

Al día siguiente, retirar el agua del remojo, añadir agua limpia y cocerlo todo (también se pueden cocer en una olla a presión).

Una vez cocidos, reservarlos con su caldo.
Limpiar las acelgas, picarlas, cocerlas en una olla aparte y escurrirlas. Desechar el agua (amarga un poco) y juntarlas con los garbanzos.
En una sartén poner el aceite, cuando esté caliente, dorar las 2 rebanadas de pan que se pondrán en un mortero junto el ajo y el perejil. Machacarlo todo y añadírselo a la cazuela de los garbanzos.
En el resto del aceite de la sartén, freír la cebolla, el pimiento verde finamente picado y la hoja de laurel. Cuando esté frito, añadir la carne del pimiento choricero, moverlo con la cuchara y echarlo todo sobre los garbanzos.
Cocer todo junto unos 10 min y rectificar de sal. Si queda espeso, añadir un poco de agua.

Lentejas guisadas

Ingredientes

300 g de lentejas • 1,5 l de agua • 1 diente de ajo • ½ pimiento verde • ½ cebolla • 1 hoja de laurel (opcional) • Sal

Elaboración

Pelar el ajo. Picar muy fino la cebolla y el pimiento. Poner todos los ingredientes en agua y llevar a ebullición (con la hoja de laurel, si se quiere). Dejar cocer a fuego suave durante 40-45 minutos. Cuando las lentejas estén hechas, retirar del fuego. Debe quedar un guiso espeso pero no demasiado.
Servir muy caliente, acompañado de unas gotas de aceite de oliva virgen y guindillas levemente picantes.

entrantes

Aceitunas aliñadas

Ingredientes

¼ de aceitunas verdes (dulces y sin agua) • ¼ de aceitunas negras (dulces y sin agua) • Guindillas verdes en vinagre • 3 cs de aceite de oliva • Un chorrito de vermú

Elaboración

En una fuente onda echar los dos tipos de aceitunas, las guindillas cortadas en rodajas, el aceite y el vermú.
Servir.

Aceitunas negras aliñadas

Ingredientes

½ k de aceitunas negras (dulces y sin agua) • 1 cebolla • 3 cs de aceite de oliva virgen • 1 cc de pimentón • ½ cs de orégano

Elaboración

Colocar las aceitunas en una fuente onda; añadirles la cebolla cortada en trozos, el aceite, el orégano y el pimentón.
Dejar la mezcla, por lo menos, un día entero en el frigorífico y pasado este tiempo, degustarlas.

Paté de aceitunas negras (*Tapenade*)

Ingredientes

250 g de aceitunas negras deshuesadas • 8 filetes de anchoas en salazón • 1 diente de ajo • 1 pizca de orégano • 4 cs de aceite • 150 g de agua

Elaboración

Poner todos los ingredientes en el vaso de la batidora y batirlos, hasta formar una pasta espesa.

Si os queda demasiado espesa, añadirle un poco de agua y de aceite.
Servirlo con pan tostado para untar.

Aperitivo de aguacate I

Ingredientes
4 aguacates maduros • 16 rodajas de pan tostado • Sal • Azúcar • ½ limón

Elaboración
Pelar los aguacates y aplastar el contenido con la sal, el azúcar y el limón exprimido, hasta formar una pasta espesa. Ponerla en un bol acompañada por las rebanadas de pan.
Con ayuda de un cuchillo o cucharilla, los comensales untarán el aguacate con el pan.

Aperitivo de aguacate II

Ingredientes
1 aguacate maduro • ½ limón • Sal • Azúcar • 100 g de bacalao ahumado • 20 g de aceite de oliva virgen • 10 g de almendras tostadas

Elaboración
Pelar el aguacate y machacarlo, hasta formar una pasta muy fina.
Meterlo en un bol pequeño y taparlo con un par de láminas de bacalao, unas gotas de aceite y las almendras.
Degustar en frío.

Guacamole

Ingredientes

4 aguacates maduros • 1 tomate pequeño • 1 cebolla • Cilantro picado • Sal • Azúcar • Pimienta • ½ pimiento verde o 2 chiles • Salsa tabasco • ½ limón • 6 tortillas fritas

Elaboración

Pelar y picar el tomate muy fino.

Picar la cebolla, el pimiento y el cilantro también muy fino.

Exprimir el limón. Mezclar, sin romper demasiado, el aguacate, la cebolla y el tomate.

Añadir el resto de los ingredientes y mezclarlos, hasta formar una pasta espesa, pero con trocitos.

Servir rápidamente, pues, a pesar del limón, se oxida con relativa facilidad.

Servir acompañado de tortillas mexicanas fritas en aceite, ya sean de maíz o de trigo en triángulos, hasta que estén doradas y crujientes (o comprarlas ya hechas).

Calabacín con queso y jamón

Ingredientes

1 calabacín • Sal • 4 lonchas de jamón York • 4 lonchas de queso • 1 huevo • Aceite para freír

Elaboración

Pelar el calabacín y cortarlo en rodajas finas. Disponerlo en una plato, espolvorear algo de sal encima para que sude y esperar ½ h.

Cortar el jamón York y el queso en lonchas en cuadrados del tamaño de las rodajas. Hacer montados de calabacín, jamón York, queso y calabacín. Pinchar por el medio con un palillo.

Batir el huevo, introducir los pinchos para rebozar y freírlos en aceite caliente a fuego medio.

Servir caliente como aperitivo

Castañas en chip

Ingredientes

½ k de castañas crudas • Aceite pare freír

Elaboración

Pelar las castañas y, con mucho cuidado, pasarlas por una mandolina para conseguir láminas muy finas. Freírlas en aceite, hasta que queden doradas y crujientes.

Riquísimas como aperitivo; diferente, si se trata de acompañar a carnes o a pescados.

Aperitivo de cebollas con atún

Ingredientes

2 cebollas • 200 g de atún • 30 g de aceite de oliva • Sal • Perejil picado

Elaboración

Cortar las cebollas en juliana no muy fina (tiras alargadas).

Saltearlas con el aceite en una sartén a fuego fuerte durante medio min. Agregar el atún cortado en dados y dejar 1 min más. Dar punto de sal y espolvorear con perejil picado.

Servir muy caliente. La cebolla estará prácticamente cruda, pero esa textura irá muy bien con el atún.

Aperitivo de cebolletas acarameladas

Ingredientes

30 cebolletas pequeñas • 70 g de azúcar • 20 g de aceite de oliva

Elaboración

Ponemos a saltear las cebolletas en un poco de aceite; cuando estén levemente doradas, añadimos el azúcar y dejamos que el conjunto se caramelice a fuego medio.

Las sacamos y dejamos que se enfríen levemente, para que el azúcar muy caliente no nos queme.
Servir como acompañamiento de unas anchoas en sal o de unos mejillones al vapor.

Cerezas salteadas

Ingredientes
300 g de cerezas picotas • 5 cs de aceite de oliva • 1 cc de azúcar • Sal

Elaboración
Deshuesar las cerezas (ver pág. 486).
Disponerlas en una sartén con un poco de aceite y saltearlas durante 2 min a fuego medio. Espolvorear con azúcar y sal.
Ideal para acompañar a carnes o solas para empezar una buena comida.

Cerezas con pato

Ingredientes
1 magret de pato • 200 g de cerezas (deshuesadas) • 2 cs de aceite de oliva • 100 g de cerveza • 1 cs de azúcar • 1 cs de vinagre de sidra • Sal gorda

Elaboración
Pasar por el fuego el magret en una sartén, hasta que esté dorado por fuera y, por dentro, rojo.
Filetear y espolvorear con sal gorda. Reservar 5 min tapado fuera del fuego.
A la hora de servirlo, darle un golpe rápido de calor en un horno muy caliente o en la misma sartén.

Saltear aparte las cerezas deshuesadas (ver pág. 486) con un poco de aceite; cuando se estén deshaciendo –5 min aprox.–, agregarles la cerveza, el azúcar y el vinagre.
Quedará una salsa con trozos de cerezas y con jugo, rústica pero muy sabrosa.
La combinación con la grasa de pato es, sencillamente, un matrimonio bien avenido.

Ciruelas con arenque

Ingredientes
6 ciruelas frescas • 200 g de arenques en vinagre • Aceite de oliva virgen extra

Elaboración
Disponer los filetes de arenque en un plato. Trocear por encima trozos de ciruela fresca.
Un buen chorro de aceite de oliva y... ¡a disfrutar!
Degustarlo como entrada o aperitivo.

Cómo hacer croquetas

Ingredientes
Para la masa:
130 g de mantequilla • 120 g de harina • 700 g de leche • 300 g de nata • Sal • Nuez moscada (optativo) • 2 huevos • Pan rallado • Harina (opcional) • Aceite de oliva

Elaboración
Seguimos los mismos pasos que se indican en la receta de "Bechamel I" (ver pág. 240). La textura de la masa dependerá del tiempo que la tengamos cociendo: cuanto más tiempo la dejemos hirviendo, más humedad se evapora, la masa se espesa y queda más dura. Esto tiene ventajas e inconvenientes.

Ventajas: para moldear las croquetas con las manos, la masa está muy espesa y se manipula con facilidad.
Inconvenientes: la masa está demasiado recia y nada cremosa.
La solución está en buscar el equilibrio entre poder darle forma a la masa sin excesiva dificultad y que, a la vez, resulte cremosa.

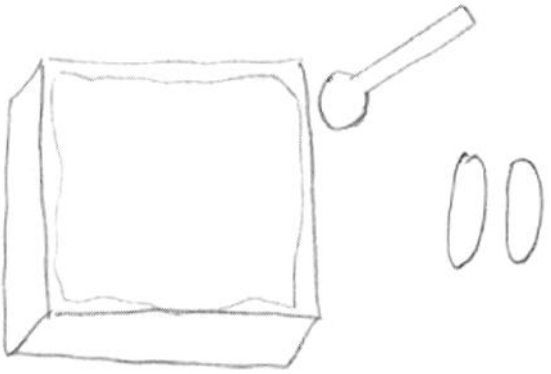

Masa ya fría
Ayudarse con las manos levemente enharinadas. Dar forma.

Huevo batido. Pan rallado. Aceite a 200 ºC.

Cuando las vayáis a freír, echar abundante aceite en la sartén —para que cubra por completo la croqueta y no se nos abra—.y dejar que se caliente bastante. Una vez doradas, sacarlas sobre un papel absorbente.
Nota: el rebozado de huevo y pan rallado debe estar bien hecho; tratar que no os queden partes sin rebozado, porque, sino, se nos abrirán al freírlas. Hay quien, en vez de huevo y pan rallado, las pasa antes por harina; es decir, harina, huevo y pan rallado. Pero yo creo que, si se hace con cuidado, no es necesario añadirle más harina de la que ya llevan las croquetas.
Las porciones de las croquetas pueden variar: desde los 10 g en forma de bolitas pequeñas hasta los casi 50 g, croquetas de respetable tamaño. Éstas últimas habrá que freírlas más tiempo para

que se hagan bien por dentro; pero cuidando de que no se quemen.

Croquetas de bacalao

Ingredientes

1 kg de masa de croquetas • 200 g de bacalao desmigado (ya desalado) • Perejil picado • 2 huevos • Pan rallado • Aceite de oliva

Elaboración

Una vez hecha la masa base, añadir el bacalao desmigado bien seco (si está húmedo nos va a añadir agua a la mezcla y le va a dejar más ligera, lo que nos supondrá un problema a la hora de dar forma a la croqueta).

Tenemos dos opciones para solucionarlo: secar bien el bacalao o dejar hervir la masa un poco más tiempo para que engorde.

Añadir el perejil picado. Dar un par de hervores más y reservar.

Finalizar como en la receta anterior.

Croquetas de jamón

Ingredientes

1 k de masa base • 300 g de jamón cortado en daditos • 2 huevos • Pan rallado • Aceite de oliva

Elaboración

Preparar la masa; cuando hayáis obtenido la textura correcta, añadirle el jamón, darle un par de hervores más y retirar del fuego.

Cuando la masa esté bien fría, darle forma a las croquetas, como indicamos en la receta de "Croquetas" (ver pág. 83).

Aquí no tendremos problemas de textura, porque el jamón no aporta nada de agua, como en el caso del bacalao.

Croquetas de huevo

Ingredientes

1 k de masa base • 3 huevos • 2 huevos • Pan rallado • Aceite de oliva

Elaboración

Cocer los huevos en agua salada durante 10 minutos.

Preparar la masa base, según las indicaciones de la receta de "Croquetas" (ver pág. 83). Antes de sacarla del fuego, añadir los huevos picados en trocitos pequeños y dar dos hervores más revolviendo sin parar.

Dejar enfriar y moldear, como ya se ha explicado en la receta de croquetas.

Freírlas con cuidado de que no se abran.

Éstas me encantan por lo sencillas que son.

Croquetas de chorizo

Ingredientes

1 k de masa de croquetas base • 100 g de chorizo de cocer • 2 huevos • Pan rallado • Aceite de oliva

Elaboración

Cortar el chorizo en daditos y dorar en una sartén antiadherente sin aceite.

Añadir a la masa de croquetas, cuando ésta se esté terminando de hacer.

Dar un par de hervores, dejar enfriar y moldear como en la receta de croquetas.

Nota: la grasilla que suelta el chorizo al hacerse, agregarlo a la masa: se teñirá de un color anaranjado.

Croquetas de pollo

Ingredientes

1 k de masa de croquetas base • 150 g de pollo (recortes que nos hayan sobrado de un pollo asado) • 2 huevos • Pan rallado • Aceite de oliva

Elaboración

Cortar en daditos todos los recortes y sobras del pollo asado y añadírselos a la masa de croquetas; dar un par de vueltas y hervores y dejar enfriar.

Dejar enfriar y darle forma como en la receta de croquetas.

Nota: de todos los jugos y grasillas que haya soltado el pollo al asarse, se podrían incluir 2 ó 3 cs en la masa para reforzar el conjunto.

Croquetas de queso

Ingredientes

1 k de masa base de croquetas • 125 g de queso Idiazabal (o manchego curado) • Harina (opcional) • 2 huevos • Pan rallado • Aceite de oliva

Elaboración

Hacer la masa base de croquetas como en la receta base.

Cuando ya tengáis cocinada la bechamel, la retiráis del fuego y le añadís el queso cortado en daditos o rallado.

Lo mezclamos bien con la masa y la dejamos enfriar.

Darles forma y freírlas empanándolas antes con harina, huevo y pan rallado (aunque ya os he dicho antes que, si podemos evitar la harina, mucho mejor).

Croquetas de gambas I

Ingredientes

1 k de masa base de croquetas • 150 g de gambas crudas muy troceadas (sólo las colas) • 1 diente de ajo picado • 2 huevos • Pan rallado • Aceite de oliva

Elaboración

Elaborar una masa de croquetas siguiendo las indicaciones de la receta base.

Aparte, dorar el ajo con el aceite y añadirle las gambas troceadas; dorarlo todo.

Añadir los ajos con las gambas fritas —sobre la masa de croquetas que tenemos casi acabada incluido el aceitillo. También podría utilizarse ese aceite al principio para hacer la bechamel.

Dar unas vueltas, dejar enfriar y darles forma a las croquetas, como en la receta base.

Croquetas de gambas II

Ingredientes

400 g de leche • ½ l de agua (para el caldo de cabeza de gamba) • 100 g de nata • 120 g de mantequilla • 125 g de harina • 500 g de gamba cruda entera • 1 diente de ajo • 2 huevos • Pan rallado • Aceite de oliva

Elaboración

Pelar las gambas; machacar bien las cabezas para que suelten su jugo y cocer tanto las cáscaras como las cabezas.

Dar un hervor, colar y reservar el caldo.

Aparte, derretir la mantequilla en una cazuela y añadirle la harina. Juntar bien e ir añadiendo la leche y la nata sin dejar de remover. Mejor si la leche y la nata están calientes, aunque no es necesario.

Agregamos el "caldo de gamba" que hemos reservado anteriormente.
Remover a fuego lento. Por último, añadimos las colas de gamba que hemos troceado y salteado aparte con ajo y aceite.
Hervir el conjunto 1 min más y dejar enfriar.
Recoger las croquetas como en la receta de croquetas y freírlas como en las recetas anteriores.

Croquetas con langostinos

Ingredientes

1 k de masa de croquetas base • 20 colas de langostino • Harina (opcional) • 2 huevos • Pan rallado • Aceite de oliva

Elaboración

Cocer en agua con sal levemente los langostinos (congelar las cabezas para otros posibles platos).
Con la masa de croquetas muy caliente —que hemos preparado según la receta base de croquetas—, untar la cola de langostino pelada, justo meter y sacar; pero que quede bien envuelta. Dejar que las colas se enfríen sobre una bandeja engrasada con mantequilla.

Masa de croquetas
muy caliente

Pasar por harina (optativo), huevo y pan rallado.
Freír como si de una croqueta se tratase.
Ideales como aperitivo.

Croquetas con ½ huevo

Ingredientes

8 huevos • 1 k de masa de croquetas base • Aceite de oliva • Sal • Harina (opcional) • 2 huevos • Pan rallado • Aceite de oliva

Elaboración

Cocer los huevos en agua con sal durante 10 minutos, desde que el agua comienza a hervir. Pelarlos y cortarlos por la mitad.
Haremos como en la receta anterior, sólo que esta vez vamos a "bañar" los medios huevos cocidos con ayuda de una cuchara o dos, si nos resulta más cómodo.
Hacemos bolas y las dejamos enfriar.
Las freímos, después de pasarlas por harina (opcional) huevo y pan rallado.

Croquetas de patata

Ingredientes

1 k de patatas • 6 guindillas • 3 pepinillos • Huevo • Pan rallado • Pimienta blanca • 2 huevos • Pan rallado • Aceite de oliva

Elaboración

Opción A: cocer las patatas en abundante agua con sal durante 30 min.
Opción B: cocer las patatas envueltas en film en el microondas durante por lo menos 8 min a máxima potencia.
Pelar las patatas y machacarlas con ayuda de un tenedor. Dar punto de sal. Agregar las guindillas muy picadas y los pepinillos de igual manera.
Revolver y hacer porciones en forma de bola o rectángulo. Pasarlas por huevo y pan rallado.
Freírlas con abundante aceite caliente.

Sacarlas sobre un papel absorbente para que suelten el aceite sobrante.
Comer muy caliente.

Frambuesas con queso

Ingredientes
200 g de frambuesas • 150 g de queso Roquefort o Torta del Casar • Pan tostado

Elaboración
Sobre un pan tostado, disponer un buen trozo del queso que prefiramos. Encima, 1 ó 2 frambuesas.
El ácido de las frambuesas contrastará —de una manera deliciosa— con la grasa del queso.
Una buena manera de empezar una comida, o de terminarla.
Ácido-grasa... se llevan ¡fenomenal!

Fresas con queso

Ingredientes
1/2 k de fresas • 200 g de queso fresco (tipo Philadelfia) • 50 g de azúcar • 50 g de queso manchego

Para la vinagreta:
5 cs de aceite de oliva • 2 cs de vinagre de Módena • 1 cc de azúcar

Elaboración
Mezclar el azúcar con el queso fresco y con el manchego, hasta formar pequeñas bolitas.
Depositarlas en un plato sopero y agregarles las fresas limpias y cortadas por la mitad.
Por último, 2 cc de la vinagreta.
Servir muy frío.

Fresas con riñones de cordero

Ingredientes

300 g de fresas • 2 riñones de cordero • 1 diente de ajo • 40 g de aceite de oliva • Menta • Tomillo

Elaboración

Limpiar bien el riñón con agua y con vinagre. Retirar grasas y telillas diversas y cortarlo en trozos medianos; saltearlos en una sartén con un poco de aceite, hasta que estén dorados. Retirarlos y, en esa misma sartén con un poco más de aceite y con lo que hayan soltado los riñones, saltear 30 seg las fresas cortadas por la mitad.

Incorporarlas a los riñones y... ¡a disfrutar!

Por lo general, la grasa fuerte de productos como riñones, hígados, mollejas, carnes grasas, etc. va que ni pintado con frutas dulces-ácidas como la fresa, cereza, kiwi...

Higos rellenos

Ingredientes

12 higos • 10 láminas finas de beicon

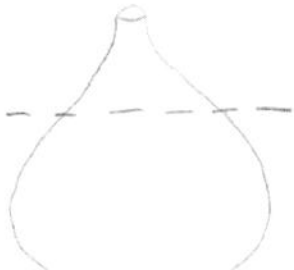

Elaboración

Cortar los higos como se indica.

Con ayuda de una cucharilla pequeña, vaciar su interior, con cuidado de no agujerear la piel. Picarlo groseramente y reservar.

Dorar en una sartén el beicon en dados y, cuando esté hecho, añadirle la carne de los higos.

Rellenar los higos y ponerles la tapita.

Meter al horno 10 min a 180 ºC.

Comer muy calientes.

Exquisito como entrante.

Zumo de mandarina

Elaboración

Es necesario recoger un buen montón de mandarinas para esta sencillísima receta. Cortar las mandarinas por la mitad y exprimirlas sin llegar demasiado a la piel.

Verás qué diferencia de matices, en comparación con el zumo de naranja.

Mandarinas a la plancha

Ingredientes

4 mandarinas • 30 g de aceite de oliva • Azúcar

Elaboración

Una vez peladas, extraerles con cuidado los gajos; agregarles un poco de azúcar y dorarlas levemente en una sartén antiadherente.

Ideales solas o como guarnición de una carne a la plancha.

Mandarinas con beicon

Ingredientes

4 mandarinas grandes y dulces • 150 g de beicon en lonchas • 10 g de aceite de oliva

Elaboración

Cortar las mandarinas en gajos y embadurnarlas con el aceite.

Tostar el beicon en una sartén sin aceite.

Colocar los gajos sobre un plato; encima, las lonchas de beicon.

Buena combinación como entrante: la mandarina fría y el beicon caliente.

Manzana con pimientos

Ingredientes

3 manzanas *Granny-Smith* • 30 g de aceite de oliva • 2 pimientos morrones rojos • 1 diente de ajo picado • Sal

Elaboración

Una vez peladas, cortar en trozos las manzanas.

Saltearlas con un poco de aceite y con ajo tostado previamente, 90 seg en total.

Aparte, asar los pimientos morrones (ver pág. 213).

En un plato colocar un trozo grande y caliente de pimiento morrón; encima, las manzanas salteadas: una combinación excelente.

Manzana licuada

Ingredientes

4 manzanas *Granny-Smith* • 20 g de aceite de oliva

Elaboración

Pelar dos manzanas y trocearlas en un tamaño mediano. Reservar.

Trocear sin pelar las otras dos manzanas y licuarlas.

Depositar en el fondo del plato sopero el licuado de manzana y encima, un buen montón de manzana troceada.

Unas gotas de aceite rematarán un plato refrescante, fácil y con un sabor intenso a manzana.

Aconsejable como entrante; aunque, si se le añaden unos trozos de cuajada, puede convertirse en un buen postre.

Manzana con salmón ahumado

Ingredientes

2 manzanas • 200 g de salmón ahumado • ½ limón en zumo • 30 g de aceite de oliva virgen extra • 30 g de almendras fritas

Elaboración

Rallar la manzana en fideos y depositarlos en forma de montaña en cada plato.

Taparlos con las láminas de salmón ahumado y mojar con el limón y el aceite.

Encima, unas almendras fritas.

Servir a temperatura ambiente.

¡Se me hace la boca agua sólo de pensarlo!

Manzanas con queso de Cabrales

Ingredientes

4 manzanas • 150 g de queso de Cabrales o de Roquefort • 50 g de azúcar • 30 g de aceite de oliva

Elaboración

Pelar las manzanas y cortarlas en octavos.

Dorar los gajos de manzana embadurnados de azúcar, y depositarlos calientes en un plato.

Por encima y alrededor, extender los trozos de queso.

La combinación es simplemente... ¡maravillosa!

Manzana con morcilla

Ingredientes

1 morcilla de arroz de Burgos • 60 g de aceite para freír • 200 g de puré de manzana

Elaboración

Cortar la morcilla en rodajas de 2 cm de grosor y freírla en un poco de aceite.

Apenas un par de minutos por cada lado (con que esté crujiente, servirá).

Depositar encima de cada rodaja 1 cc de puré de manzana (ver pág. 269).
Ideal como aperitivo.

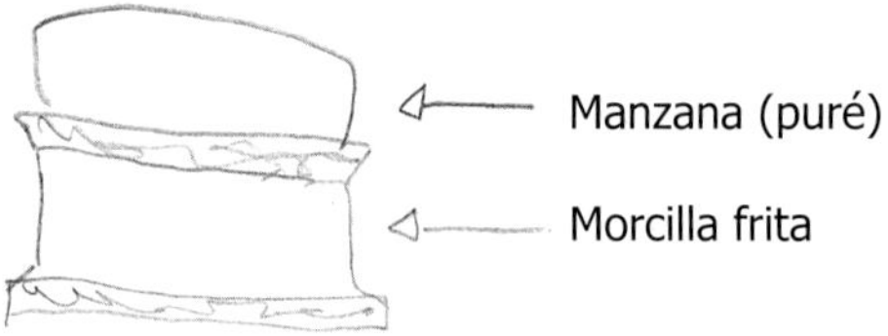

Manzana con requesón

Ingredientes
4 manzanas *Granny-Smith* • 200 g de requesón • 50 g de miel • El zumo de 1 naranja • 30 g de pipas peladas

Elaboración
Pelar y cortar en dados las manzanas.
Cortar el requesón en trozos medianos.
Mezclar las manzanas con el requesón con suavidad y depositar la mezcla en platos soperos. Rociar por encima con los demás ingredientes.
Servir frío.
¡Un placer para los sentidos!

Pincho de mejillones con corteza de cerdo

Ingredientes
1 k de mejillones • 100 g de cortezas de cerdo ya hechas (prepararlas en casa no es difícil, pero sí laborioso)
Para la vinagreta:
100 g de aceite de oliva • 20 g de vinagre de manzana • Pimienta en polvo picante

Elaboración

Cocer los mejillones al vapor o freírlos como en las dos recetas anteriores. Reservar los mejillones sin conchas e introducirlos en la vinagreta.

Lo presentaréis de la siguiente manera: pinchar en una brocheta un mejillón, una corteza de cerdo y otro mejillón. Untar con la vinagreta.

Pincho de morros de ternera con langostinos

Ingredientes

16 langostinos • 400 g de morros (ya cocidos) • 16 rebanadas pequeñas de pan • Aceite de oliva

Elaboración

Pelar los langostinos y guardar las cabezas en el congelador para una futura sopa.

Freír los morros, como se indica en la receta de "Morros fritos" (ver pág. 477).

Saltear con un poco de aceite en una sartén antiadherente las colas de los langostinos peladas y reservarlas.

Disponer los morros sobre una rebanada de pan y, coronando esto, una cola de langostino salteado.

La combinación es realmente melosa y atrevida... Bueno, bueno..., quizá exagere.

Melocotones encebollados

Ingredientes

4 melocotones • 1 cebolla • 40 g de aceite de oliva • Perejil picado • Sal

Elaboración

Poner en una sartén la cebolla cortada en juliana con el aceite y dejar que se poche durante, por lo menos, 20 min a fuego suave.
Añadir el melocotón cortado en rodajas o en trozos irregulares y dejar pochar durante 10 min más.
Espolvorear con perejil picado y sal.
Para comer en caliente o en frío.
Ideal para acompañar a carnes o simplemente para añadir a algún molusco, como calamares o mejillones.

Melocotones a la plancha con cecina

Ingredientes

4 melocotones • 200 g de cecina de León en láminas • 30 g de aceite de oliva

Elaboración

Pelar y abrir los melocotones por la mitad. Cortarlos en láminas de 1 cm de grosor. Dorarlas en una sartén con un poco de aceite; dejar que se enfríen un poco y depositar encima de cada una un trozo de cecina. Disponer cuatro láminas en cada plato o muchas en una bandeja como aperitivo (en este último caso, es mejor enrollar la cecina en el melocotón para que se pueda coger con un palillo o directamente con la mano).

Melocotones con lomo de cerdo

Ingredientes

8 filetes de lomo de cerdo adobado • 2 melocotones pelados • Perejil picado • 5 cs de aceite de oliva

Elaboración

Dorar en una sartén los filetes de lomo por los dos lados.
En ese mismo aceite saltear 2 ó 3 min los melocotones cortados en trozos medianos. Servir en un plato de la siguiente manera: a

un lado los filetes de lomo y, a su vera, los melocotones calientes espolvoreados con perejil picado.
Una combinación que no te dejará indiferente, ¡seguro!

Melón a la plancha con salmón

Ingredientes
150 g de salmón ahumado • ½ melón • Vinagre de Módena

Elaboración
Cortar el melón en rectángulos de 2 cm de grosor y pasarlos por la sartén con un poco de aceite, justo hasta que esté dorado, pero sin que quede "baboso" por dentro (mejor a fuego fuerte).
Sacarlo y poner encima un trozo de salmón, que dará un contraste muy agradable. Rematar con unas gotas de vinagre.

Melón con chorizo

Ingredientes
½ melón • 200 g de chorizo • Vinagre

Elaboración
Pelar y cortar el melón en láminas lo más finas posibles; si lo hacemos con una mandolina, mejor. Reservar.
Cortar el chorizo en láminas de 3 mm de grosor y reservar también.
Montaje

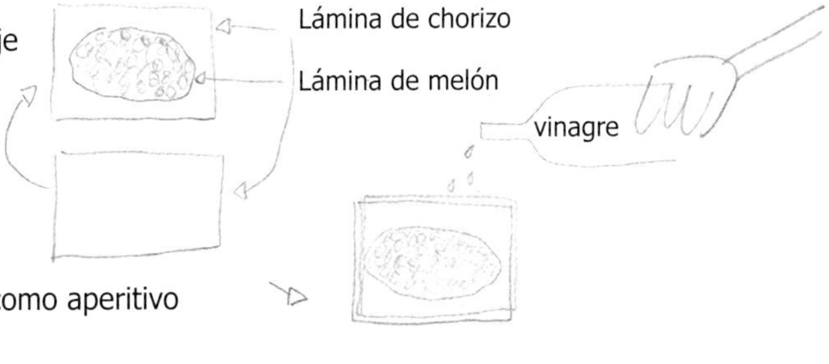

Ideal como aperitivo

Membrillo con chorizo

Ingredientes

300 g de membrillo • 200 g de chorizo de Salamanca (cortado en rodajas finas)

Elaboración

Cortar el membrillo en tacos rectangulares y rodearlos con una rodaja de chorizo. Pincharlo en un palillo y... ¡al buche!

Ideal como aperitivo.

Zumo de naranja

Ingredientes

4 naranjas grandes y dulces • ¼ de limón • ½ pomelo

Elaboración

La mejor proporción para un zumo de naranja.

Exprimir las frutas —con cuidado de no apurar la piel blanca de los cítricos, que nos daría un toque amargo— y ...¡a beber de un trago!

Pero, sin colar, ¡por favor!

No se te ocurra colar un zumo de naranja, ¡Por dios!

Pepino y cuajada (como entrante)

Ingredientes

½ pepino • 4 cuajadas • Hojas de menta • 2 tomates • 3 g de aceite de oliva • 10 g de vinagre de Módena • Perejil picado • Sal • Azúcar

Elaboración

Cortar el pepino pelado en dados pequeños y reservar.
Pelar y cortar el tomate en dados grandes y reservar también.
Colocar sobre cada plato la cuajada en trozos grandes; encima, el pepino y el tomate. Dar punto de sal y de azúcar. Por último, agregar el aceite, el vinagre, el perejil y la menta.

Piña con pimientos asados

Ingredientes

½ piña • 300 g de pimientos asados • Sal gorda • Sésamo blanco

Elaboración

Cortar en rectángulos la piña y pasarla en una sartén con un poquito de aceite, hasta dorarla.

Encima, depositar un pimiento morrón asado (ver pág. 101) de un mismo tamaño.

Por último, la sal y el sésamo.
¡Vaya combinación más potente! ¿Quién ganará?
Te contesto: empatarán, ambos ingredientes son muy potentes.

Piña con sardinas

Ingredientes

½ piña • 2 sardinas en aceite de lata • Sal gorda • Sésamo negro

Elaboración

Dorar la piña cortada en rectángulos en una sartén. Encima, poner las sardinas en aceite y, por último, la sal gorda y el sésamo.
La grasa y el ácido combinan perfectamente.

Piña con sesos

Ingredientes

½ piña cortada en cuadrados • 2 sesos de cordero • 50 g de harina • 1 huevo • Aceite para freír • Vinagre

Elaboración

Cocer los sesos de cordero en agua con sal durante 10 min a fuego suave; una vez limpios en agua fría y en un poco de vinagre, secarlos con un paño y cortarlos en trozos medianos (pero de bocado). Pasarlos por harina y por el huevo batido. Freírlos a fuego medio, hasta que estén dorados.
Dorar levemente los trozos de piña en una plancha (o en una sartén antiadherente) y depositarlos encima de los sesos.
¡Un bocado magistral!, que no necesita nada más.

Ensalada de plátano con anchoas (como pincho)

Ingredientes

2 plátanos • 1 lata de anchoas en sal • Perejil en rama • Aceite de oliva

Elaboración
Dorar en una sartén antiadherente, rodajas de plátano de 2 cm de grosor y dejarlas enfriar un poco; depositar, después, en la parte superior, una anchoa y perejil.

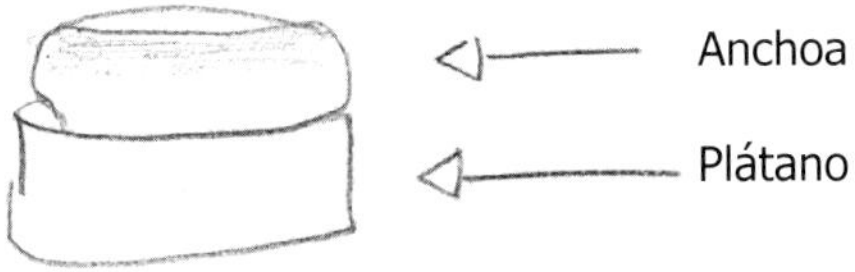

Plátano (como entrante)

Ingredientes
2 plátanos • 30 g de pepinillos • 30 g de guindillas • 2 cs de salsa de soja • 1 cc de azúcar • 5 cs de aceite de oliva

Elaboración
Cortar los plátanos, los pepinillos y las guindillas en rodajas y juntarlo todo.
Agregar los restantes ingredientes.
Servir en tazas pequeñas para empezar la comida.
La combinación es ideal para iniciar un almuerzo.

Plátano con pomelo

Ingredientes
400 g de zumo de pomelo • 50 g de azúcar • 2 plátanos • 100 g de chocolate en trozo

Elaboración

Cortar los plátanos en rodajas y distribuirlos en pequeñas tazas. Cubrir con la mezcla del zumo de pomelo y azúcar.
Rallar el chocolate por encima.
Servir todo muy frío.
Ideal como entrante o postre.

Plátano macho

Ingredientes

2 plátanos machos • Aceite para freír

Elaboración

Pelar y cortar el plátano en rodajas de ½ cm de grosor o en forma alargada de patata (cualquiera de las dos opciones está bien).
Freír en aceite medio-fuerte, hasta dorar la superficie y que el interior esté blandito.
Recomendable para acompañar a filetes a la plancha o a todo tipo de pescados fritos, etc.
Resumiendo: donde podemos poner una patata frita va perfectamente un plátano macho.
Nota: el plátano macho es una variedad que casi, con total regularidad, se encuentra en nuestros mercados. Se utiliza (no exclusivamente) para cocinar; y su mejor opción (no la única) es frito.

Láminas crujientes de plátano

Ingredientes

2 plátanos macho • Aceite para freír

Elaboración

Con ayuda de una mandolina, cortar lo más fino posible el plátano en rodajas.

Dorarlas en aceite medio-fuerte, hasta que estén muy crujientes y se puedan degustar, como si fueran *chips*.
Os lo recomiendo para acompañar a todo lo que os podáis imaginar: carne, pescado, verduras...

Salmón ahumado

Ingredientes
400 g de salmón ahumado • 16 rebanadas finas o gruesas de pan • Zumo de 1 limón grande • 5 cs de aceite de oliva

Elaboración
Tostar el pan en el grill del horno o en una sartén antiadherente y reservar.
Hacer el zumo de limón y colarlo.
En una fuente disponer las láminas de salmón ordenadas "con cierto arte", vamos, que no parezca que se han caído de un sexto piso. Verter el zumo de limón y el aceite por encima esparciéndolo bien por todas las láminas.
Consumir inmediatamente acompañado por el pan recién tostado.

Pinchos de cabezas de salmonetes

Ingredientes
4 cabezas de salmonete • Aceite de oliva • Sal • 2 patatas pequeñas • Vinagre de Jerez

Elaboración
Cocer las patatas, envueltas una por una en film de plástico en el microondas, a la máxima potencia durante 8 min. Pasado este tiempo, se retiran el plástico, la piel del tubérculo y se cortan en rodajas de 2 cm de grosor. Reservar.

Abrir las cabezas de salmonete a lo largo y freírlas en aceite de oliva durante, por lo menos, 10 min a fuego medio. Cuando estén crujientes, las retiramos.
Montar sobre cada rodaja de patata dos mitades de una cabeza de salmonete. Dar por encima un toque de vinagre y de aceite virgen.
Es un pincho divertido y práctico como entrante, pues se aprovecha algo que no se suele utilizar.

Sandía y jamón de pato

Ingredientes
1 k de sandía • 150 g de jamón de pato • 60 g de aceitunas negras deshuesadas • Sal •10 g de aceite de oliva

Elaboración
Pelar la sandía y triturarla a conciencia. Dar punto de sal y depositarla sobre platos soperos; encima de la superficie (que será un poco espesa), unas lonchas de jamón de pato —colocadas artísticamente, si es posible—.
Para finalizar, unas gotas de aceite de oliva y unos trocitos de aceitunas negras distribuidas por todo el plato.
¡Servir fría!

Sandía confitada con melva

Ingredientes
½ k de sandía • 1 lata mediana de "melva canutera" • 200 g de aceite de oliva (para confitar) • 2 cs de vinagre de Jerez • 15 g de pipas de girasol (peladas y saladas)

Elaboración
Poner una cazuela con aceite a fuego mínimo durante 15 min. Cortar en rectángulos de 2 cm de grosor la sandía. Transcurrido

ese tiempo, echar la sandía y dejar que se haga durante 30 min. Sacarla y escurrir el aceite.
Depositar un par de trozos por persona en cada plato; encima, unos trozos de melva y, por encima, unas pipas de girasol.
Para rematar: unas gotas de vinagre.

Sandía con morcilla

Ingredientes
1 k de sandía • ½ k de morcilla (en caldera)

Elaboración
Pelar la sandía, quitarle las semillas y cortarla en cubos de 2 cm.
Calentar la morcilla en caldera y ponerla en el centro de la mesa.
A su lado, los trozos de sandía pinchados con un palillo.
Untar la sandía en la morcilla y a disfrutar con un pincho que no te dejará indiferente.

Nota: en caso de no disponer de morcilla en caldera (sin meter en la tripa), cocer un par de morcillas de cebolla en agua durante 10 min. Triturarla en caliente (sin piel) con ayuda de un poco de agua, para que nos quede un poco ligera (tipo puré medio espeso). Depositarla en un bol y, de esta manera, nos hará las veces de morcilla en caldera.

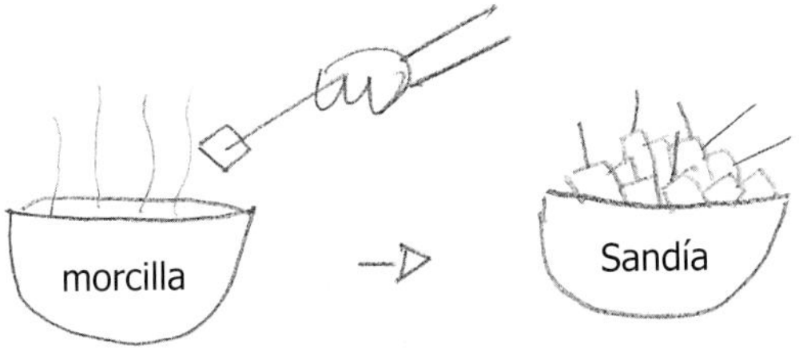

Sandía con pasta fresca

Ingredientes

¼ k de sandía • 350 g de pasta fresca (tipo papardelles) • 100 g de salchichas de Frankfurt • 30 g de jamón • Perejil picado • 5 cs de aceite de oliva • 2 cs de vinagre blanco • Sal

Elaboración

Cortar la sandía en trozos.

Dorar las salchichas en un poco de aceite; hacer lo mismo con el jamón cortado en dados y, por último, con la pasta, ya cocida con anterioridad.

Servir en los platos en caliente aderezado con el aceite, el vinagre, la sal y el perejil.

Pincho de tomatitos con anchoas

Ingredientes

40 tomatitos • 40 anchoas • 100 g de queso Philadelfia • Aceite de oliva • Sal gorda • Perejil picado

Elaboración

Cortar por la mitad el tomate.

Encima, media anchoa enrollada.

Encima, un poco de queso.

Por último, un poco de sal gorda y aceite.
Magnífico de bocado.
Muy espectacular en un una bandeja grande.

Uvas con pollo

Ingredientes
2 pechugas de pollo • 200 g de uva negras • 5 cs de aceite de oliva • Orégano picado • Sal

Elaboración
En una sartén antiadherente, dorar las pechugas de pollo cortadas en tiras y retirarlas a una bandeja. Sobre ese mismo aceite, verter las uvas (peladas o sin pelar) y saltearlas durante 1 min a fuego fuerte.
Servirlas acompañadas de las pechugas con un toque de orégano.
La combinación es sencilla y muy agradable.

Uvas sin pepitas

Ingredientes
300 g de uvas sin pepitas • 1 tomate grande • ½ diente de ajo • Aceite de oliva virgen • Sal • Pimienta • 1 lata de mejillones en escabeche

Elaboración
Partir las uvas por la mitad y mezclarlas con el tomate en dados, el ajo picado y el aceite. Por último, un poco del jugo del escabeche de los mejillones y los mejillones puestos por encima (sin revolverlos porque se rompen con facilidad).
Salpimentar y servir a temperatura ambiente.
Nota: existen algunas variedades de uvas alargadas (que se pueden encontrar en el mercado) que no tienen pepitas. Para ser más exactos, sí las tienen; pero tan pequeñas, que no se notan.

arroz y pasta

Arroz blanco

Ingredientes para 1 persona
100 g de arroz • 200 g de agua • ½ diente de ajo picado • Sal • 20 g de aceite de oliva

Elaboración
Poner en una cazuela el aceite con el ajo picado. Agregar, antes de que llegue a dorarse, el arroz. Revolver y cubrir con el agua. Dar punto de sal. Dejar a fuego suave y destapado durante 20 min.
Este plato sencillo de arroz es ideal como acompañante de unos chipirones en su tinta (ver pág. 323).

Arroz con verduras

Ingredientes
2 cebollas • 40 g de aceite de oliva • 1 pimiento verde • 1 pimiento rojo • ½ puerro • 1 diente de ajo • 1 tomate pelado • 100 g de vainas • 300 g arroz • 700 g de caldo de verduras o agua • Sal

Elaboración
Poner la verdura (cebolla, pimientos, puerro y ajo) a pochar con el aceite, hasta que esté bien dorada. Agregar el tomate y las vainas troceadas. Dejar pochar todo y añadir el arroz, dejando que se empape bien. Agregar el caldo de verduras (ver pág. 43) y dar punto de sal.
Dejar cocer durante 17 min a fuego suave y 3 min más retirado del fuego y tapado.

Arroz con huevo (o a la cubana)

Ingredientes
750 g de arroz con verduras (ver receta anterior) • 4 huevos • 30 g de aceite • 1 plátano • 20 g de mantequilla • Sal

Elaboración

Cortar el plátano en tiras o en trozos gruesos y dorarlo con la mantequilla. Reservar, tratando de que se conserve caliente.

Freír el huevo en una sartén antiadherente y reservar también para el final.

Disponer en un plato el arroz de verduras; encima, el huevo —al que romperemos la yema para que empape el arroz— y, por último, los trozos de plátano.

¡A disfrutar!

Arroz con almejas I

Ingredientes

700 g de almejas • 300 g de arroz • Perejil picado • 1 diente de ajo picado • 700 g de agua • Sal • Aceite de oliva

Elaboración

Limpiar bien las almejas y saltearlas con el aceite de oliva y el ajo, hasta que se abran. Retirarlas y reservarlas. Guardar el caldo o jugo que hayan soltado, porque es ahí donde rehogaremos el arroz.

Agregar el perejil picado y el agua. Dejar hacer durante 18 min aprox. y un par de minutos finales de reposo.

Colocar las almejas calientes encima del arroz y... ¡a la mesa!

Consejo: este misma receta se puede cocinar con chirlas: son más económicas y el plato mantiene el tipo.

Arroz con almejas II

Ingredientes

1 k de almejas • 300 g de arroz • Perejil picado • 1 diente de ajo picado • 700 g de agua • Sal • Aceite de oliva

Elaboración

Saltear las almejas bien limpias con el aceite de oliva y el ajo; agregar el arroz y, por último, el agua. Dar punto de sal. Dejar cocer durante 20 min aprox.

Servir sin demora, caliente (como todos los arroces).

Consejo: como ya os he dicho en la receta anterior, esta receta se puede preparar con chirlas: ganará la economía familiar y el sabor será parecido.

Arroz con hongos

Ingredientes

300 g de hongos • 30 g de aceite de oliva • 1 diente de ajo • 1 l de agua • 100 g de setas de cardo • 300 g de arroz • 100 g de champiñones • Sal • 10 g aceite de oliva (optativo)

Elaboración

Primero, preparamos el caldo de champiñones de la siguiente manera: hacemos un sofrito con ellos cortados en trozos y, cuando estén muy dorados, añadimos el agua. Dejamos hervir durante 1/2 hora aproximadamente, hasta que queden los 600 g que necesitamos; lo colamos y lo reservamos.

En una cazuela, doramos el ajo con el aceite y añadimos todas las setas cortadas en trozos. Dejamos que se haga durante 5 min y añadimos el arroz, rehogándolo bien. Añadimos el caldo y dejar hervir en tres tiempos: 3 min a fuego fuerte, 15 min a fuego suave y 2 min más de reposo tapado ya fuera del fuego.

Servir inmediatamente muy caliente.

Arroz de los domingos

Ingredientes

400 g de gambas o langostinos pequeños • 300 g de arroz • 700 g de agua • 1 cebolla • ½ diente de ajo • 40 g de aceite de oliva • Sal

Elaboración

Pelar las gambas. Apartamos las colas y en un mortero machacamos todo lo demás: las cabezas junto con las peladuras. Echamos esto en una cazuela y añadimos 8 dl de agua. Damos un hervor y lo colamos. Quedarán aproximadamente 700 g de caldo; en caso de que no obtengamos esta cantidad, agregaremos un poquito de agua. Reservar.

Picar la cebolla muy fina y el ajo. Dorar a fuego suave en una paellera con el aceite, hasta que esté muy dorada; insisto una vez más: muy dorada, pero no quemada.

Agregar el arroz y las colas de las gambas troceadas al tamaño de un guisante.

Revolver (1 min) y agregar el caldo de gamba reservado.

La cocción tendrá tres tiempos (como veréis en casi todas las recetas de arroz): primero, a fuego fuerte 3 min y corregir el punto de sal, segundo, a fuego suave 15 min más y, por último, a fuego mínimo 2 min.

Dejar reposar 2 min fuera del fuego y servir muy caliente. ¡Maravilloso!

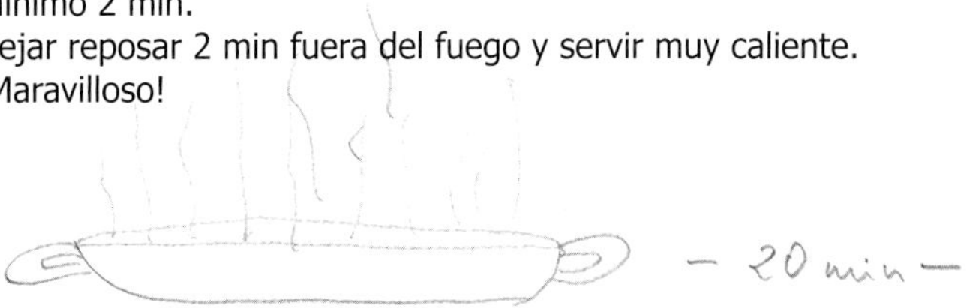

Nota: por regla casi general, todos los arroces llevan doble medida de agua que de arroz: por cada taza de arroz, 2 tazas de agua o caldo.

Arroz negro

Ingredientes

300 g de arroz • 200 g de chipirón grande cortado en dados • 1 cebolla • 40 g de aceite de oliva • 700 g de caldo de verduras • 1 diente de ajo • 100 g de sepia • ½ alcachofa • ½ tomate • 1 tinta de sepia y 2 sobres de tinta de chipirón • 2 hebras de azafrán • Sal

Elaboración

Cortar la cebolla y el ajo en trozos pequeños; en una sartén con un poco de aceite, poner a pochar a fuego suave. Cuando esté todo muy dorado, añadir el tomate y dejar que se haga a fuego bajo. Agregar la alcachofa troceada —que habremos previamente cocido durante 5 min. Después, el chipirón y la sepia en trozos; por último, el arroz y dejar que se rehogue todo bien durante un par de minutos.

Diluir las tintas en el caldo de verduras (ver pág. 43) y colarlo (mejor, cuando esté muy caliente). Dar punto de sal y agregarlo al arroz. Añadir un par de hebras de azafrán y dejar cocer a fuego fuerte durante 3 min. Después, dejar cocer a fuego suave 15 min.

Un par de minutos más al mínimo y estará listo.

En el momento de servir, revolver el arroz con una cucharada (o dos) de aceite de ajo (ver pág. 274)

Nota: si os hubiera sobrado un poco de salsa de chipirón (ver pág. 323), la añadiríamos al final y nos reforzaría el conjunto.

Arroz de pescado

Ingredientes

1 k de pescado (cabezas de rape, shabiron o pez araña, pescado de roca) • 1 cebolla • ½ pimiento verde • 1 diente de ajo • 100

g de salsa de tomate • 300 g de arroz • 50 g de vino blanco • 1 l de caldo de pescado o agua • pimentón • 1 hoja de laurel • Sal • Aceite de oliva

Elaboración

Poner a cocer los trozos de pescado en agua durante al menos 15 min a fuego suave.

Retiramos el pescado —sin espinas ni raspas— por un lado, y reservamos el caldo colado por otro.

Poner a pochar la verdura, hasta que esté dorada. Añadir el tomate, el pimentón, el laurel y el vino blanco. Dejar reducir 1 min y agregar el arroz para que se empape bien (2 min). Dar punto de sal.

Agregar el caldo y dejar cocer por lo menos 18 min a fuego suave. Retirarlo del fuego y dejar que repose 2 min.

Servir el arroz con el pescado en una fuente aparte.

Arroz en paella

Ingredientes

300 g arroz • 200 g langostinos (crudos) • 100 g chipirón • 12 mejillones • 1 muslo de pollo • 1 cebolla • 1 diente de ajo • 1 tomate • 2 hebras de azafrán • 30 g de guisantes • ½ pimiento rojo • ½ pimiento verde • Aceite de oliva (40 g) • 800 g de caldo de pescado o agua • Sal

Elaboración

Picar toda la verdura (cebolla, ajo y pimientos) y ponerla a pochar en una paellera (recipiente cuyo nombre original es exactamente "paella": una "sartén" de hierro, plana y de poco calado con dos asas a los extremos).

Agregar el tomate pelado y los guisantes; después, el chipirón en trozos, los mejillones y la carne del pollo troceada. Por último echar el arroz y el azafrán.

Dejar rehogar unos 3 ó 4 min y agregar el caldo. Dar punto de sal. Cuando empiece a hervir, dejar 3 min a fuego fuerte. Después, añadir los langostinos —dispuestos con cierto arte— y dejar cocer 16 min más.
Dejar reposar un minuto fuera del fuego y servir en el mismo recipiente.

Arroz crujiente

Ingredientes
200 g de arroz • 300 g de aceite de oliva para freír • 2 l de caldo de verduras o carne (salado) • Sal

Elaboración
Cocer el arroz, por lo menos 40 min a fuego suave y sin remover.

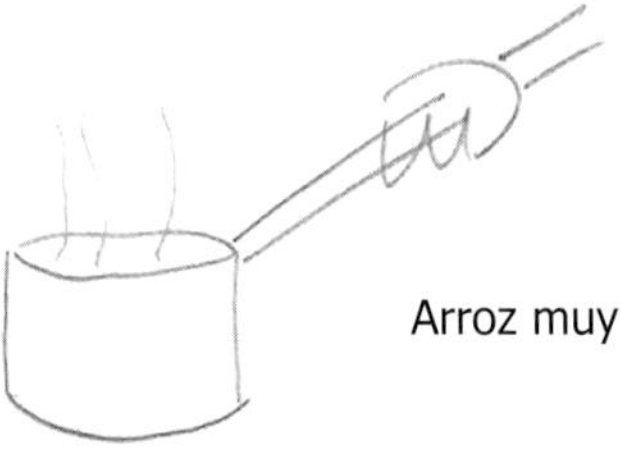

Arroz muy cocido

Colar el caldo y extender el arroz sobre una placa (con papel sulfurizado), separando los granos lo más posible. Si no se quiere tener

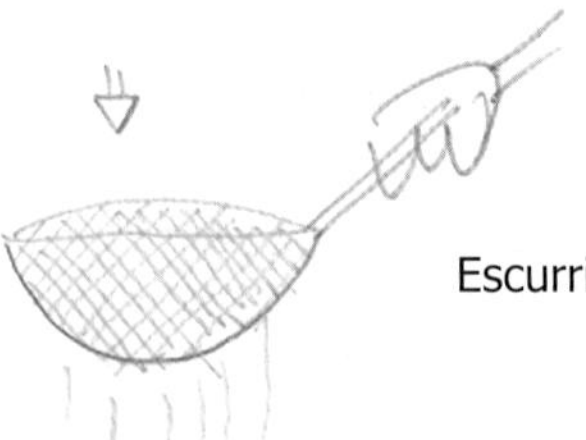

Escurrir arroz

Secar arroz

el horno encendido y no se tiene prisa, se puede dejar secar a temperatura ambiente un par de días (encima de un armario, por ejemplo). Si no se dispone de tanto tiempo, en el horno a 50 ºC se hace antes (8 horas).

Cuando esté bien seco, freírlo en aceite muy caliente durante 15-20 seg.

Con ayuda de un colador, para que no se te escapen los granos de arroz, los colocamos sobre un papel absorbente. Se puede acompañar con sopa de cebolla (ver pág. 44).

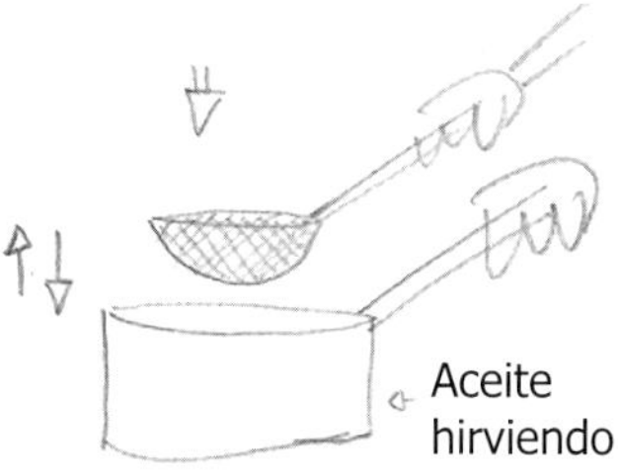

Freír arroz con ayuda del colador apenas 10-15 seg

Nos quedará crujiente

Arroz meloso

Ingredientes

200 g de arroz • 500 g de caldo de verdura o agua • 100 g de nata • 30 g de mantequilla • 50 g de Parmesano rallado • 50 g de hongos (o champiñones) • 1 cebolleta picada • Perejil picado • Sal

Elaboración

Poner en una cazuela a dorar la cebolleta con la mantequilla. Agregar el arroz y los hongos troceados. Verter el caldo de verduras (ver pág. 43) y dejar reservado 100 g aparte, por si luego nos hace

falta. Dejarlo cocer lentamente durante 15 min, removiendo de vez en cuando con suavidad.
Agregar la nata y dejar que se empape durante 2 min más. Agregar el caldo restante, si fuese necesario. En el último momento, añadir el queso, dar punto de sal y, por último, el perejil picado. Remover suavemente.
Servir inmediatamente muy caliente.
Debe quedar ligado y levemente espeso.

Arroz con soja

Ingredientes

400 g de arroz de grano largo • 60 g de jamón de York • 50 g de jamón serrano en daditos • 100 g de gambas cocidas • 60 g de brotes de soja • 60 g de guisantes • 1 huevo en tortilla cortada en dados • Sal • 30 g de aceite de oliva • 30 g de mantequilla • 1 diente de ajo picado • Pimienta negra • Pimienta blanca • 40 g salsa de soja • 20 g vinagre de Jerez

Elaboración

Cocer el arroz en una cazuela con agua y un poco de sal durante 17 min. Escurrirlo, en cuanto esté cocido y pasarlo por agua fría para cortar la cocción. Reservar.
Saltear con el aceite y la mantequilla, el ajo, los dos tipos de jamones, los guisantes, las gambas y los brotes de soja y añadir el arroz. Seguir salteando con la salsa de soja, el vinagre de Jerez y la tortilla. Aderezar con las pimientas dejándolo unos 2 min más y servir inmediatamente.

Arroz con conejo

Ingredientes

1 conejo (de 1 k aprox.) • 1 cebolla • 150 g de champiñones • 1 diente de ajo • 1 tomate pelado • 300 g de arroz SOS • 700 g de agua • 40 g de aceite de oliva • Sal

Elaboración

En una cazuela, dorar el conejo troceado con el ajo picado y el aceite a fuego fuerte. Cuando esté dorado, añadir el arroz. Retirar del fuego y reservar.

Aparte, pochar la cebolla; cuando esté dorara, añadir el tomate y, al final, los champiñones. Cuando esté todo bien hecho, juntarlo con el arroz y el conejo que habíamos reservado.

Dejar que se cueza unos instantes y añadir el agua. Cocer 15 min a fuego suave, y 3 min más bajando el fuego. Por último, dejar reposar 2 min tapado.

Arroz caldoso

Ingredientes

200 g de arroz • 150 g de gambas • 200 g de almejas

Para el sofrito:

½ cebolla • 1 tomate • ½ pimiento verde • Ajo • Perejil • 3 ó 4 hebras de azafrán • Sal • Granos de pimienta • Aceite • Agua

Elaboración

En una olla poner el aceite y sofreír la cebolla, el pimiento y el tomate finamente picados. Cuando esté todo hecho, añadir los calamares cortados en rodajas; dejar que se haga todo junto, con cuidado de que no se queme.

A continuación, añadir el agua y, mientras hierve, poner en un mortero el ajo, el perejil, la pimienta, el azafrán y la sal; machacarlo todo muy bien y cuando el agua que tenemos en la olla hierva, verter la mezcla del mortero.

Después, agregar el arroz; cuando lleve cociendo unos 10 min, echar las almejas y las gambas, hasta que termine de cocerse el arroz.

Si necesita más agua, añadirle agua caliente.

Tiene que quedar un plato para ser saboreado con cuchara.

Arroz con codornices

Ingredientes

4 codornices • 1 cebolla • 150 g de champiñones • 1 diente de ajo • 1 tomate pelado • 300 g de arroz • 700 g de agua • 40 g de aceite de oliva • Sal

Elaboración

En una cazuela, dorar las codornices troceadas con el ajo picado y el aceite a fuego fuerte. Cuando estén doradas, añadir el arroz. Retirar del fuego y reservar.

Aparte, pochar la cebolla; cuando se dore, añadir el tomate y después, los champiñones. Cuando esté todo bien hecho, juntarlo con la anterior preparación del arroz y las codornices.

Dejar que cueza unos pocos min y añadir el agua. Cocer 15 min a fuego suave y 3 min más a fuego más bajo. Por último, retirar del fuego y dejar reposar 2 min tapado.

Arroz con bacalao

Ingredientes

400 g de recortes de bacalao salado • 300 g de arroz • Perejil picado • 1 diente de ajo • Aceite de oliva • Sal • 700 g de caldo de verduras

Elaboración

Desalar el bacalao; como tendremos recortes desmigados, se desalará más rápido que si fueran lomos gruesos (ver pág. 380).

Desmigarlo aún más en trozos o en tiras pequeñas y reservarlo.

Dorar en una sartén el ajo picado con un poco de aceite. Añadir el arroz y rehogar bien para que absorba el aceite. Agregar el bacalao, después, el caldo de verduras (ver pág. 43) y, al final, el perejil picado.

Dejar durante 20 min a fuego suave.
Retirar y servir acompañado de un buen vaso de vino blanco frío.
Dar punto de sal, con cuidado.

Arroz con *kokotxas*

Ingredientes

300 g de *kokotxas* al pilpil • 300 g de arroz blanco

Elaboración

Elaborar unas *kokotxas* al pil-pil, de merluza o de bacalao (ver pág. 386). Intentaremos que el pil-pil esté más bien ligero (añadiendo caldo de verduras o agua, si fuese necesario). Agregar el arroz blanco (ver pág. 112).Dejar hervir el conjunto apenas 1 min. Mover en círculos para ligarlo de nuevo. Espolvorear con perejil picado.
Mucho cuidado con las *kokotxas*; sobre todo si son de merluza, ya que al moverlas, se pueden romper. Esto será más improbable, si se trata de *kokotxas* de bacalao.
Si creéis que el conjunto está demasiado espeso, agregar un poco de caldo de verduras.
Nota: os recomiendo este plato, cuando no tengáis demasiadas *kokotxas*. Lo mismo que pasa cuando hay pocos hongos mejor en revuelto; si hay muchos, mejor solo salteados o al horno.

Arroz meloso con pesto

Ingredientes

40 g de mantequilla • 150 g de pesto • ½ diente de ajo • 30 g de vino blanco • 300 g de arroz • 600 g de caldo de verduras • 100 g de nata espesa • 30 g de leche • 1 chalota • 1 cebolleta • Sal • 100 g de Parmesano rallado • Aceite de oliva

Elaboración
Dorar la chalota, la cebolleta y el ajo muy picados con la mantequilla. Cuando aún no se hayan hecho del todo, agregar el vino blanco. Dejar evaporar y añadir el arroz y, después, el caldo de verduras. Dejar hervir, removiendo con suavidad durante 15 min. Agregar la leche y la nata.
Hervirlo todo 2 min y agregar el pesto (ver pág. 253), dejándolo hervir 3 min más.
Servir en plato sopero y espolvorear con queso Parmesano recién rallado.
¡Para chuparse los dedos!

Pasta con ajo y perejil

Ingredientes
400 g de pasta fresca (o seca) • 2 ajos • 1 cc de perejil picado • 2 cs de aceite

Elaboración
Cocer la pasta según las recomendaciones del fabricante y escurrirla.
En una sartén poner el aceite con los ajos muy picados y cuando empiecen a dorarse, añadirle el perejil picado.
Echar sobre la pasta el contenido de la sartén.

Pasta (espaguetti, tagliatelle, macarroni, fetuchini, etc.) a la boloñesa

Ingredientes
300 g de pasta • 20 g de mantequilla • 100 g de carne picada • 600 g de salsa de tomate • ½ cebolla • ½ puerro • Aceite de oliva • Nuez moscada • Orégano picado • Queso Parmesano • Sal

Elaboración

Cocer la pasta en abundante agua salada: si es fresca, aproximadamente 3 min; si es seca, aproximadamente 7-8 min. Escurrir y reservar.

Preparar la salsa de tomate (ver pág. 249) —si tenéis prisa, comprar salsa de bote —. Poner la cebolla y el puerro a pochar con un poco de aceite y mantequilla. Cuando esté dorado, añadir la carne picada y, por último, la salsa de tomate. Dejar hervir 5 min. Aderezar con sal y orégano. Añadir la pasta y dar un par de vueltas. Espolvorear por encima con nuez moscada y queso parmesano.

Servir inmediatamente.

Pasta (de la clase que sea) carbonara

Ingredientes

300 g de pasta fresca • 150 g de nata líquida • 2 huevos • 100 g de tocino o beicon • 1 cebolleta • 35 g de mantequilla • Sal • Nuez moscada • Orégano picado • 35 g de queso parmesano

Elaboración

Cocer la pasta en abundante agua levemente salada. Escurrir y reservar.

Poner a dorar un poco la cebolleta muy picada. Agregar el tocino y la nata. Dejar hervir apenas un minuto. Espolvorear con nuez moscada. Añadir los huevos batidos y la pasta. Revolver todo a fuego muy bajo apenas unos instantes. Añadir, al final, una pizca de orégano.

Retirar del fuego y servir inmediatamente (con el queso parmesano servido aparte).

Cuidado: si esto se enfría, no hay quien se lo coma (el huevo cuaja y pierde la consistencia líquida).

Espaguetis a la marinera

Ingredientes

300 g de espaguetis • 12 mejillones • 200 g de almejas • 200 g de langostinos • Vino blanco • Ajo • Aceite • Sal • Perejil (opcional)

Elaboración

Poner agua a hervir en una cazuela con sal; cuando comience a hervir, echar los espaguetis. Mientras, limpiar los mejillones y abrirlos al vapor en una sartén tapada con un poco de vino blanco. Una vez bien abiertos, quitar una de las conchas o las dos (según se prefiera) y reservarlos junto al caldo. Hacer la misma operación con las almejas, pero sin quitarles la concha. Pelar los langostinos, reservando las cabezas y colas para una sopa (las podéis conservar en el congelador). Saltear los langostinos en la sartén con un poco de ajo picado y sal. Una vez que los espaguetis estén cocidos al *dente*, cortar el hervor con un poco de agua fría, escurrirlos y calentarlos un poco junto con los mejillones, almejas, langostinos y los jugos para que se impregnen del sabor marinero. Opcional: espolvorear con un poco de perejil, si gusta.

Pasta con mejillones

Ingredientes

700 g de mejillones frescos • 10 g de harina • 15 g de aceite • 50 g de vino blanco • 2 hebras de azafrán • Perejil picado • ½ diente de ajo • 300 g de pasta fresca • Sal

Elaboración

Cocer la pasta en abundante agua levemente salada y con unas gotas de aceite. Escurrir y reservar.

Poner a dorar el ajo con el aceite. Agregar la harina y diluir bien. Agregar los mejillones, el vino blanco y el azafrán. Dejar que se abran los moluscos y espolvorear con el perejil picado.

Agregar la pasta, dar un par de vueltas y servir enseguida.

Pasta con aceitunas

Ingredientes

300 g de pasta • 100 g de mole de aceitunas (ver pág. 268) • Sal • Aceite de oliva

Elaboración

Hervir la pasta seca aproximadamente 8 min y, si es fresca 3-4 min en abundante agua levemente salada con un pelín de aceite. Escurrir. Mientras tanto, elaborar un mole de aceitunas. Mezclar el mole con la pasta.
Servir inmediatamente.

Pasta con gambas

Ingredientes

200 g de pasta • 300 g de gambas • Sal • Aceite de oliva

Elaboración

Realizar las mismas fases de la receta de gambas su propio jugo (ver pág. 340).
Por un lado, tenemos el mojo y, por otro, las colas de gambas cocidas. Reservamos todo.
Cocer la pasta con abundante agua levemente salada y escurrir.
Mezclar la pasta con el mojo que hemos elaborado con las cabezas de las gambas.
Servir en el plato la pasta y por encima las colas de gamba cocidas.
Consejo: en vez de cocer las colas de gamba, también las podemos saltear en una sartén con un poco de aceite, es cuestión de gustos: quedarán muy ricas de las dos maneras.

Pasta con yemas

Ingredientes

300 g de pasta fresca • 3 yemas de huevo • 3 g de perejil picado • 50 g de mojo-base • Sal • Aceite de oliva

Elaboración

Hervir la pasta en abundante agua levemente salada y escurrir.
Mezclar la pasta con las yemas, el perejil y, por último, el mojo base (ver pág. 263).
Servir inmediatamente.

Pasta con tomates

Ingredientes

300 g de pasta tipo papardelle • 2 tomates grandes • 20 g de azúcar • 10 anchoas de lata (en sal) • Orégano seco o fresco • Perejil picado • 50 g de Parmesano • Sal • Aceite de oliva

Elaboración

Cocer la pasta en abundante agua levemente salada. Escurrir, agregar 30 g de aceite de oliva y reservar.
Escaldar los tomates y quitarles la piel.
Asar los tomates con sal y azúcar, cortados en cuatro trozos con el orégano, el perejil y los ajos pelados a fuego muy suave 160 ºC durante aprox. 45 min. Untar todo con un poco de aceite.
Disponer en cada plato una buena porción de pasta caliente y encima, unos trozos de tomates asados. Espolvorear el conjunto con un poco de perejil picado, trozos de anchoa y un poco de queso Parmesano.

Pasta con quesos

Ingredientes

300 g de pasta fresca • 30 g de Parmesano rallado • 30 g de Queso roquefort • 30 g de Emmental rallado • 30 g de Manchego curado rallado • Sal • Aceite de oliva

Elaboración

Cocer la pasta en agua levemente salada con algo de aceite. Escurrir tras 4 min, si es fresca, y 8 min si es seca.

Mezclar (en caliente) los quesos con la pasta y servir rápidamente.

Pasta con frutos secos y frutas

Ingredientes

300 g de pasta • 30 g de nueces peladas • 30 g de almendras peladas • 20 g de ciruelas • 20 g de uvas pasas • 80 g de pechuga de pollo cocida y cortada en cuadraditos • 20 g de aceite de oliva • Sal

Elaboración

Freír en aceite las nueces y las almendras, hasta que estén doradas. Espolvorear con sal y reservar.

Cortar las ciruelas en cuartos y cocer durante 10 min junto con las uvas enteras. Escurrir y reservar.

Cocer la pasta en abundante agua levemente salada. Escurrir y reservar.

Mezclar la pasta con todos los frutos y frutas secas y los trozos de pollo. Darle a todo un poco de brillo con los 20 g de aceite de oliva.

Servir inmediatamente.

Pasta fresca

Ingredientes

300 g de pasta fresca (forma de tagliatelle) • 1 diente de ajo • ½ guindilla • 30 g de aceite de oliva virgen extra • Sal

Elaboración

Cocer apenas 3 min en agua, levemente salada, la pasta fresca; si es seca, necesitará, aproximadamente 8 min. Retirar del fuego y escurrir el agua. Reservar.

En una sartén, dorar el ajo y añadir la pasta y la guindilla. Dar un par de vueltas y servir.

Es un plato ideal por lo sencillo; como si fueran, "angulas al ajillo".

Nota: este plato es conocido como *angulas de pobre*.

Pasta al horno tipo lasaña

Ingredientes

Pasta de lasaña en forma de rectángulos o cuadrados • 500 g de carne picada • Pimienta negra molida • Sal • 1 cebolla • 30 g de aceite de oliva • 300 g de tomate frito • 100 g de queso Emmental rallado • 1 l de bechamel ligera • Nuez moscada

Elaboración

Cocer la pasta en abundante agua salada durante, por lo menos, 6 min.

Sacar y dejar escurrir sobre una tela.

Poner en una cazuela a pochar la cebolla muy cortada; cuando esté dorada, añadir el tomate y, por último, la carne. Dejar hacer durante 15 min a fuego suave. Sazonar con sal y pimienta.

Tener la bechamel caliente (ver pág. 240) para poder incluirla.

En una tartera untada de mantequilla —para evitar que la pasta se pegue— ir poniéndola por capas.

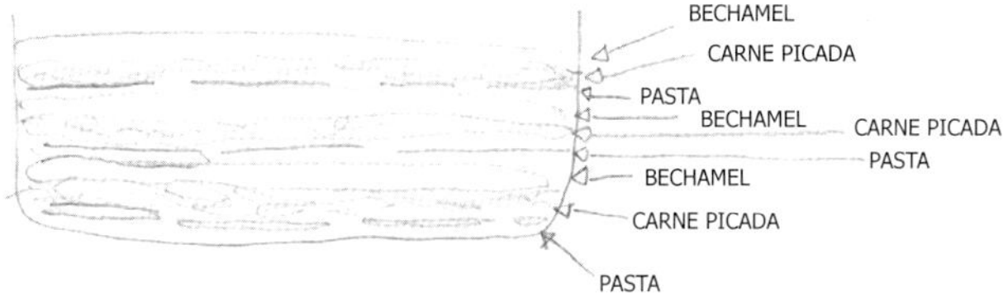

Repetir la operación hasta llenar la tartera. Encima poner la carne, otra capa de lasaña y la última capa de bechamel. Encima de ésta el queso rallado.
Hornear a 200 ºC durante 25 min.
Servir con cuidado y muy caliente.

Lasaña de *txangurro*

Ingredientes

12 láminas de pasta de lasaña (rectangulares aprox. 12 x 4 cm y grandes) o comprarlas hechas. • 500 g de pasta de *txangurro* donostiarra • 150 g de vinagreta de perejil • Sal

Elaboración

Cocer la pasta rectangular de lasaña en abundante agua levemente salada 8-10 min si es seca, y la mitad de tiempo, si nos hemos atrevido nosotros a hacerla. (ver pág. 136) Escurrir en un trapo y reservarla.
Elaborar la pasta de *txangurro* (ver pág. 317). Hacer la vinagreta de perejil (ver pág. 278).
Montar directamente todo en el plato:

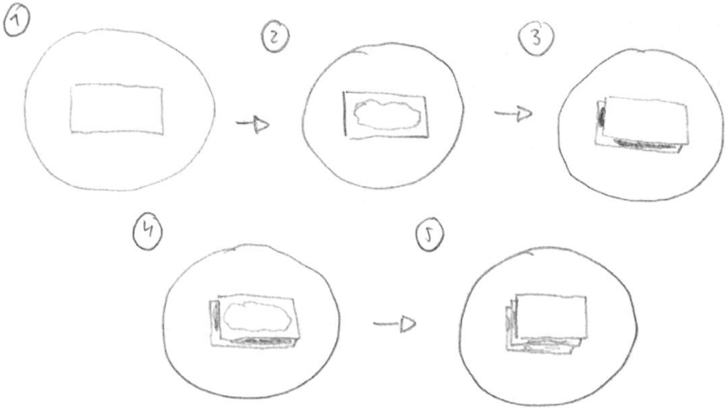

1. Láminas de lasaña (pasta)
2. Cucharada abundante de *txangurro*
   "pisos" de relleno de *txangurro*
3. Otra lámina de lasaña
   "pisos" de lasaña
4. Otra cucharada de *txangurro*
5. Lámina final de lasaña

Todo muy caliente.
Agregar la vinagreta y... ¡a zampar! que estará riquísimo, os lo aseguro.

Lasaña de setas

Ingredientes
400 g de relleno de champiñones • 150 g de hongos troceados • 12 láminas de lasaña • 1 diente de ajo picado • Sal • Aceite de oliva

Elaboración

Cocer la pasta durante 8 min en abundante agua levemente salada y con unas gotas de aceite, para evitar que las láminas se peguen entre ellas. Retirarlas y escurrirlas sobre un trapo. Reservar.

Saltear los hongos troceados, con el ajo, hasta que estén dorados. Reservar.

Montaje sobre el plato: (ver receta anterior)

3 láminas de lasaña

2 capas de relleno de champiñones como en la receta de raviolis con champiñones (ver pág. 139)

Encima del conjunto, ponemos los hongos salteados y una vinagreta (ver pág. 277).

Es un plato ideal y nada caro. Cuando los comensales ven los hongos troceados por fuera, pueden pensar que el relleno también es de hongos; a no ser que sean unos "listillos culinarios" (aprox. el 1%), os aseguro que colará.

Canelones

Ingredientes

1 caja de canelones (20 unidades) • 500 g de carne picada • Pimienta negra molida • Sal • 1 cebolla • 30 g de aceite de oliva • 300 g de tomate frito • 100 g de queso Emmental rallado • 1 l de bechamel ligera • Nuez moscada

Elaboración

Cocer en abundante agua hirviendo con sal y un poco de aceite las placas de canelones removiendo de vez en cuando para que no se peguen, durante 10-12 min. Una vez cocidas, sacar y extenderlas sobre un paño fino de la siguiente manera:

Pochar la cebolla picada, añadir la carne y dejar sofreir 10 min. Agregar la salsa de tomate y la pimienta y dejar que hierva 5 min. Dejar enfriar.

Rellenar con la carne picada con tomate y dar forma de canelón o tubo grueso.

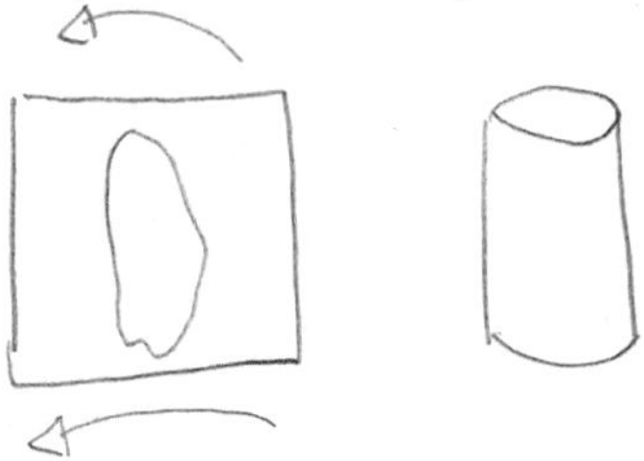

Depositar los canelones en una tartera para horno, untada previamente con mantequilla. Los cubriremos con la bechamel que ya teníamos preparada (ver pág. 240).

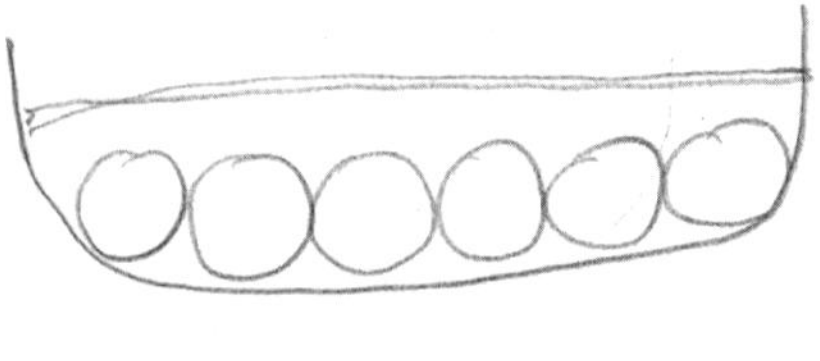

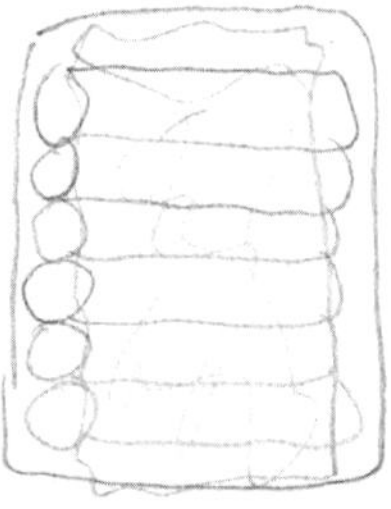

Espolvorear con queso rallado por encima y hornear aproximadamente 20 min a 200 ºC.

Servir muy caliente.

Canelones rellenos de espinacas y setas

Ingredientes

1 caja de canelones (20 unidades) • 750 g de espinacas frescas (o congeladas) • 150 g de setas • Aceite • Ajo • Bechamel • Mantequilla • 200 g de tomate en salsa

Elaboración

Limpiar bien las espinacas y seleccionar las hojas, en caso de que sean frescas. Cocer en agua con sal durante 5 minutos en una cazuela. (Si son congeladas, seguir las instrucciones indicadas). Escurrir y reservar.

Cocer en mucha agua hirviendo con sal y un poco de aceite las placas de canelones, removiendo de vez en cuando para que no se peguen durante unos 10-12 min. Una vez cocidas, sacar y extenderlas sobre un paño fino.

Saltear en una sartén con aceite las setas cortadas en trozos pequeños y un poco de ajo bien picado. Cuando lleven unos 7 minutos, añadir las espinacas, removerlo todo y, después de un par de minutos, escurrir el aceite y añadir la bechamel reservando un poco (ver pág. 240). Remover el conjunto, hasta que esté bien ligado.

Rellenar los canelones y cerrarlos. Disponer en una fuente de horno untada con mantequilla los canelones e introducirla en el horno durante 10 min; mientras tanto, calentar la salsa de tomate a fuego suave mezclada con la bechamel sobrante. Una vez que los canelones estén hechos, sacarlos del horno y verter encima la salsa de tomate con bechamel.

Consejo: al relleno se le pueden añadir unas uvas pasas sin pepitas o ciruelas pasas sin hueso y saltearlas junto con la espinaca. Si os gusta más el bonito que las setas, se puede hacer de la siguiente manera: añadiendo a las espinacas 2 latas de bonito escurrido y salteado levemente en la sartén.

Cómo hacer pasta fresca

Versión A

400 g de harina • 4 huevos • Aceite

Elaboración

Amasar y estirar fino con ayuda de un rodillo, después cortar con un cuchillo afilado y dejar reposar.

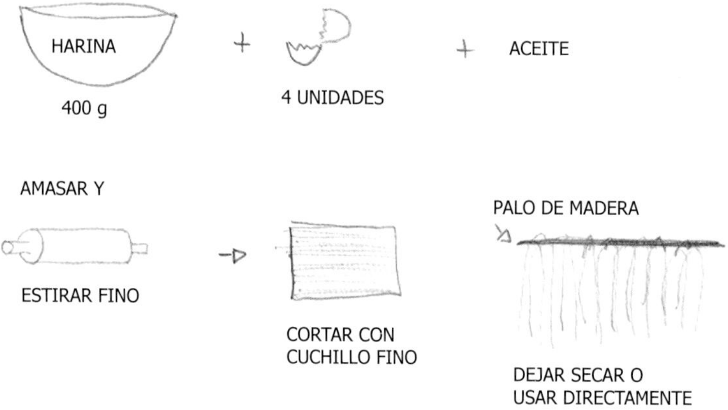

Dejar secar o usar directamente.

Versión B

400 g de harina • 10 yemas de huevo • Aceite de oliva

Elaboración

Misma operación que en la versión A; sólo que esta vez mezclamos la harina solamente con yemas de huevo.

Versión C

400 g de harina • 10 g de perejil muy picado • 2 huevos • 2 yemas • Aceite de oliva • Sal

Elaboración

Cocer en agua levemente salada aproximadamente 2-3 min dependiendo del grosor.

Para hacer lasaña, cortaremos sobre ésta lámina fina, rectángulos de 12 x 4 cm. Reservaremos para otros usos.

Cómo hacer raviolis

Estirar la pasta hasta que la masa quede muy fina (ver receta anterior).

Poner montoncitos de carne picada fría como en "canelones" (ver pág. 133).

Pintar con huevo los bordes del relleno.

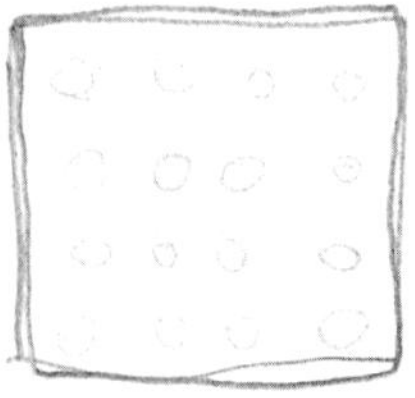

Poner otra capa encima de la pasta fresca.
Apretar con fuerza (el pintado de huevo ayudará a la unión).
Cortar en forma cuadrada (se aprovecha mejor) o en redonda.

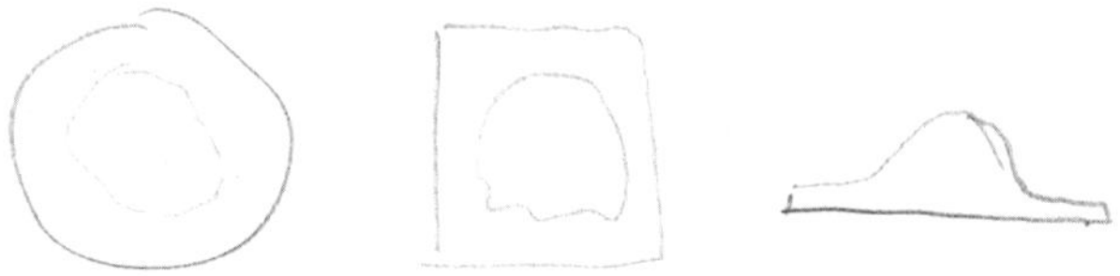

Cocer con mucho cuidado en agua levemente salada con algo de aceite, sacar con cuidado y servir acompañado de salsas o simplemente aceite de oliva virgen extra.

Raviolis de queso

Ingredientes
La misma operación que en la receta anterior. Con una diferencia: el relleno de los raviolis será de queso Philadelfia en pequeños montoncitos del tamaño de una aceituna.

El proceso de cocción en agua es importante hacerlo con cuidado para que no se nos abran los raviolis.

Raviolis en sopa

Ingredientes

Preparar un caldo caldo de verduras (ver pág. 43) • Preparar raviolis (ver pág. 137)

Elaboración

Disponer en un cuenco los raviolis recién cocidos y verter encima el consomé. Todo muy caliente y con cuidado de que no se rompan los raviolis. Espolvorear con perejil picado o menta fresca.

Raviolis con champiñones

Ingredientes

Para el relleno:

1 kg de champiñones • ½ l de nata • 1 diente de ajo • Aceite de oliva • Sal

Elaboración

Saltear el ajo picado en un poco de aceite. Cuando esté dorado, agregar los champiñones troceados y dejar hacer durante 15 min a fuego medio. Añadir la nata y dejar reducir otros 10 min destapado.

Cuando esté muy espeso, retirar del fuego y triturar.

Nos quedará una masa espesa que, cuando enfríe, nos servirá para rellenar los raviolis, como lo hicimos en las recetas anteriores (ver pág. 137).

Servirlos solos, con una vinagreta o, simplemente, con un poco de aceite de oliva virgen.

Los champiñones mantienen uno de los mejores aromas a setas en relación al precio que tienen.

verduras

Cómo limpiar las acelgas

Dos partes muy claramente definidas; la verde y la blanca.

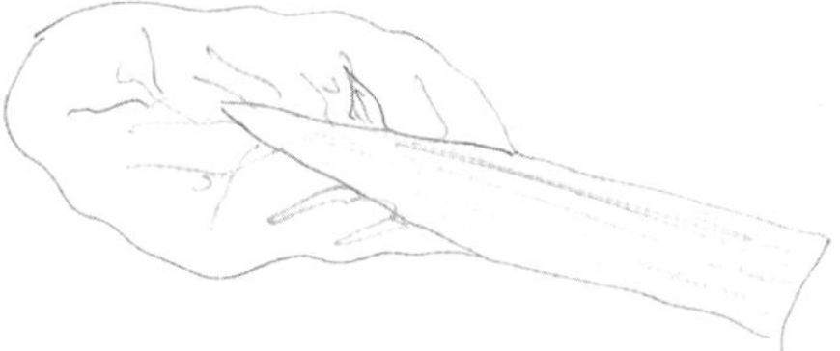

Con ayuda de un cuchillo, separamos ambas partes.

A la parte blanca le quitamos, con ayuda de un cuchillo, los hilos que tienen pegados a la superficie y la utilizaremos en breve porque oscurece rápido.
La parte verde sencillamente la pasamos por agua y la utilizamos entera o partida.

Acelgas (lo verde)

Ingredientes
500 g de acelgas (lo verde) • 1 diente de ajo fileteado • 50 g de jamón cortado en daditos • Nuez moscada • Pimienta molida • Aceite de oliva

Elaboración

Limpiamos bien la parte verde; separamos las hojas de las pencas y cortamos las hojas en tiras finas. Cocer durante 30 seg. Escurrir bien y saltearlas en una sartén donde se hayan dorado los ajos y el jamón.

En apenas 2 min, las tendremos listas.

Pencas

Ingredientes

500 g de acelga (lo blanco: la penca) • 1 diente de ajo • 50 g de jamón en daditos • Aceite de oliva • Sal

Elaboración

Cortar lo blanco de la acelga en trozos pequeños y perpendicularmente a la "penca". Con esta operación evitamos el trabajo de quitarles los hilos, ya que, al cortar, los estamos rompiendo.

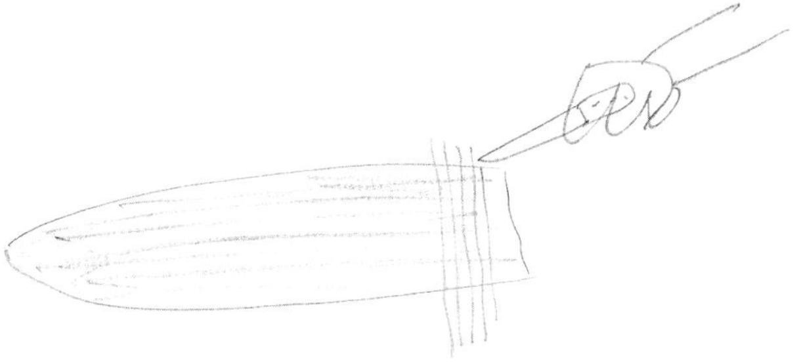

Cocerlas en agua con sal durante 5 min. Secarlas. Hay quien echa al agua limón para mantenerlas más blancas; si quieres hacerlo, adelante; pero en mi opinión, no es necesario.

Saltearlas con el ajo dorado y el jamón.

Pencas de acelga rellenas

Ingredientes

6 pencas (la parte blanca) de acelga • 6 lonchas de jamón York o serrano • 6 lonchas de queso • 2 huevos • 100 g de harina • Aceite de oliva para freír

Elaboración

Limpiar las acelgas retirando los hililllos y cortarlas en trozos de su propia anchura y 6 cm de largo. Cocerlas en abundante agua salada durante, por lo menos, 15 min.

Sacarlas y secarlas con un trapo.

Hacer un "bocadillo" con las pencas dejando en su interior un trozo de jamón y otro de queso.

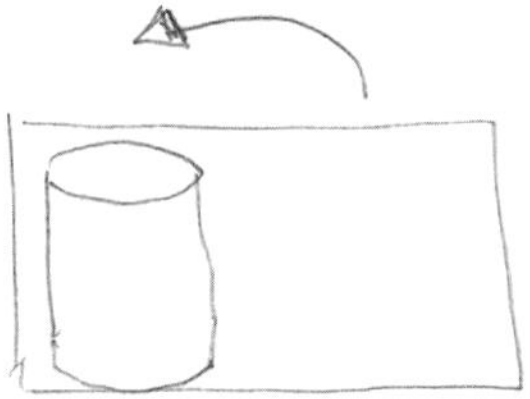

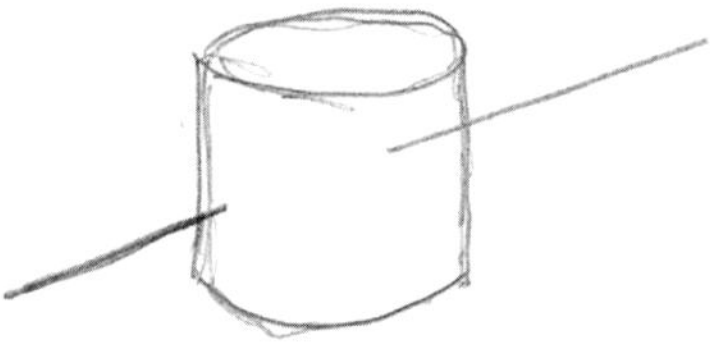

Apretar bien, pasarlas por harina y después por huevo batido.

Freír con cuidado en una sartén, hasta que estén doradas y el queso del interior empiece a fundirse.

Degustar inmediatamente.

Pencas rebozadas

Ingredientes
4 pencas de acelga (parte blanca) • Harina • 2 huevos • Aceite para freír • Sal

Elaboración
Limpiar bien las pencas, retirando los hilos.
Cortarlas en trozos alargados. Tenéis dos opciones:

A. Cocerlas en agua con sal durante 10 min.
Después rebozar en harina y huevo, y freírlas.

B. Rebozar, sin cocer, en crudo, en harina y huevo y freírlas a fuego más suave para que se hagan en su interior.

Cualquiera de las dos es correcta. Más suave la primera; se consigue más textura con la segunda. Tú decides.
Ideal para aperitivo o como parte de una menestra.

Acelgas con bacalao

Ingredientes
2 acelgas enteras • 400 g de bacalao desalado • 100 g de aceite de oliva • 40 g de vinagre de Jerez • 1 diente de ajo • 25 g de aceite de oliva • Sal

Elaboración
Cocer la parte verde de la acelga 1 min en agua hirviendo. Sacar, escurrir un poco y picarla finamente.
Saltearla con un ajo picado y un poco de aceite de oliva durante otro minuto. Dar punto de sal y reservar.

Poner a hacer el bacalao con el aceite a fuego muy suave, apenas 70-80ºC durante 10 min, hasta que se separe en láminas y reservar también.
Con el aceite (los 100 g) que hemos utilizado para hacer el bacalao, haremos una vinagreta añadiéndole el vinagre. Reservar.
Cortar la penca de acelga muy fina en juliana y meterla en agua con hielo. Reservar.

Montaje: En el fondo del plato, la hoja de la acelga caliente.
Las lascas de bacalao caliente.
La juliana de penca cruda.
Bañamos todo levemente con la vinagreta.

Ideal como entrante.

Cómo limpiar los ajos

Con cuidado. Si pelas uno, dos o tres no hay problema, pero si tienes que pelar un saco de ajos, la posibilidad de quemarte la mano que sostiene los ajos es alta.
Los componentes del ajo hacen que se produzca una reacción sulfurosa y, si la cantidad de ajos a pelar es considerable, acabaremos con una ampolla muy parecida a la que se produce con un buen quemazo. De hecho, se utiliza para curar-quemar verrugas.
La cantidad de propiedades que posee el ajo son una auténtica maravilla: desde enfermedades de la piel hasta bactericida, diurético, digestivo, antihelmíntico (lombrices). La aliína y la alicína (unos de sus componentes) son responsables de dar fluidez a la sangre evitando enfermedades derivadas.
Muy efectivo también para ahuyentar a Drácula y demás vampiros. Ideal, vamos.

Cómo limpiar el aguacate

Elaboración

Hacer una incisión a lo largo, como indica el dibujo y rotando sobre sí mismo se accederá a sus dos mitades. Retirar el hueso y sacar con una cucharilla el interior de las dos mitades.

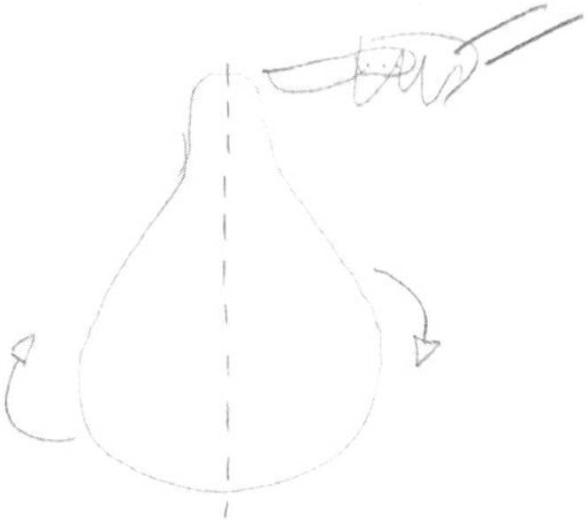

Retirar el hueso
Retirar pulpa con cuchara.

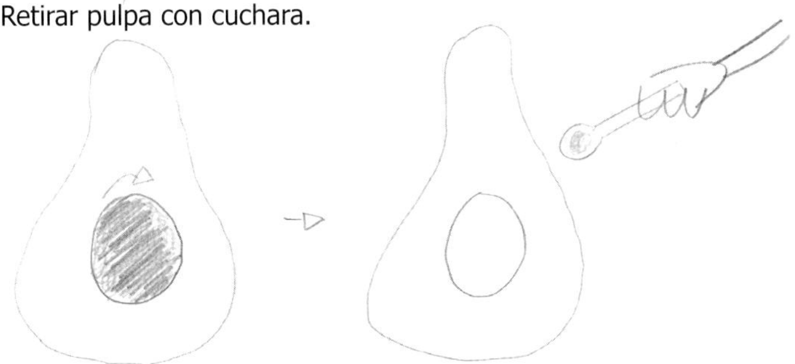

Otra opción, si está maduro, es pelarlo con un cuchillo y luego, trocearlo.

Se detiene su maduración metiéndolo en el frigorífico, pero no aguanta demasiado tiempo.

Se acelera su maduración (en caso de que esté verde y duro al tacto) envolviéndolo en papel de periódico y dejándolo unos días en la alacena de la cocina (pero no en el frigorífico).

Aguacate con gambas

Ingredientes

2 aguacates • 20 colas de gambas • ¼ de naranja • 40 g de salsa rosa • Perejil picado

Elaboración

Pelar los aguacates y cortarlos en trozos no muy pequeños. Agregarles las colas de gambas cocidas y peladas (ver pág. 337), la naranja cortada en trocitos y el perejil picado.
Por último, en forma de gotas, la salsa rosa.
Espolvorear por encima con perejil picado.

Aguacate con manzana

Ingredientes

2 aguacates maduros • 1 manzana reineta • ½ cebolla • 20 g de aceite de oliva • ½ limón • Sal

Elaboración

Cortar los aguacates, la manzana y la cebolla en pedazos de un tamaño similar.
Exprimir el limón. Agregar los demás ingredientes.
Servir muy frío.

Aguacate con salmón

Ingredientes

2 aguacates maduros • 8 lonchas de salmón ahumado • Sal

Para la vinagreta:
30 g de aceite • 3 g de sésamo blanco • 15 g de vinagre

Elaboración

Hacer una masa fina triturando a conciencia los aguacates maduros. Salar levemente, ya que el salmón aportará mucha sal.
Extender el salmón en lonchas. Rellenarlos con 1 cs de aguacate y enrollar la loncha para darle forma de canuto.
Servir en el plato dos rollos de salmón relleno de aguacate. Acompañar con 2 cc de la vinagreta.
Servir todo muy frío.

Cómo limpiar alcachofas

Limpiar las hojas más exteriores.
Cortar el tallo y las puntas.

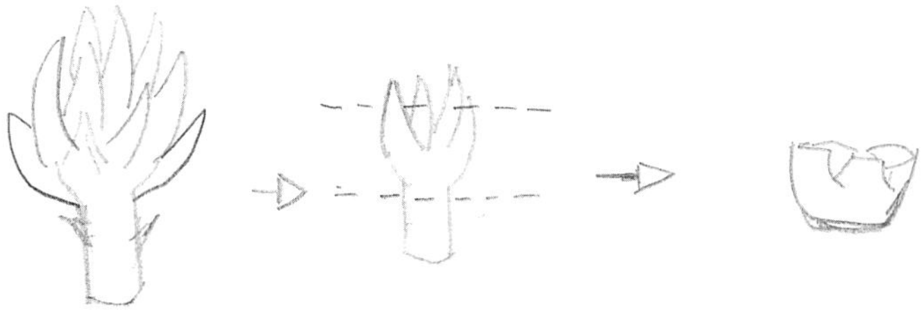

El tallo pelado se puede aprovechar para cocer o freír.
Las hojas más exteriores se pueden mordisquear, pero sólo su base más tierna.
Con el corazón tenéis muchísimas posibilidades; sino, echar un vistazo a las siguientes recetas.

Cómo cocer alcachofas I

Ingredientes

16 alcachofas • 2 l de agua (aprox.) • Sal • Zumo de limón (opcional)

Elaboración

Limpiar las alcachofas (ver receta anterior). Se pueden frotar con un limón para que no se ennegrezcan o bien echar el zumo de ½ limón al agua de cocción.

De todas formas, si no tenemos muchas alcachofas que limpiar, disponemos del agua ya preparada casi hirviendo y lo hacemos con un poquito deprisa, no es necesario. Es decir, limpiamos rapidito la alcachofa entera y la introducimos en el agua hirviendo.

Dejamos que cuezan durante, por lo menos, 15-20 min. Esto dependerá del tamaño y la frescura de la alcachofa. Puede que necesiten más, pero no mucho más.

Comprobar con la punta de un cuchillo si ya están cocidas y blandas. Sacar y consumir, como más nos guste.

Cómo cocer alcachofas II

Ingredientes

16 alcachofas • 2 l de agua aproximadamente • Sal • Zumo de limón (opcional)

Elaboración

Otra manera distinta de cocer las alcachofas es cocerlas sin limpiarlas y, una vez cocidas, limpiarlas.

Ventajas: se oscurecen mucho menos y así no se tiene que dar ese toque de limón.

Inconvenientes: si hay pocos comensales, no habrá problema; pero si son muchos, no se dispondrá de un puchero lo suficientemente grande para cocerlas sin pelar.

Cómo freír alcachofas

Ingredientes

16 alcachofas • 70 g de aceite • Sal

Elaboración

Limpiamos las alcachofas cortadas cada una en 8 pedazos (para freír es más fácil trocearlas en vez de dejarlas enteras, como hacemos en el caso de la cocción).

En una sartén con la mitad del aceite, las freímos.

Vamos añadiendo aceite, si hiciese falta, y a fuego medio o suave, dejamos que se doren.

En apenas 10 min (sin son frescas), se nos habrán hecho. Dar punto de sal.

Alcachofas con jamón

Ingredientes

12 alcachofas cocidas • 70 g de jamón en daditos • 2 dientes de ajo picados • Perejil picado • 10 g de harina • 15 g de aceite de oliva • ½ l de agua • Sal

Elaboración

En una sartén dorar con el aceite, los ajos y el jamón. Añadir la harina, dejar que se disuelva y agregar el agua y el perejil picado.

Por último, las alcachofas cocidas y cortadas en cuatro trozos.

Dejar hervir el conjunto destapado a fuego suave, por lo menos, 10 min, hasta que la salsa esté espesa.

Volver a echar perejil picado. Dar punto de sal.

Servir muy caliente.

Alcachofas fritas con beicon

Ingredientes

12 alcachofas • 8 lonchas de beicon

Elaboración

Freír las alcachofas (ver pág. 150) y reservar.

Dorar con cuidado, en una sartén antiadherente y sin aceite las lonchas de beicon, hasta que estén doradas.
Servir las alcachofas muy calientes con las lonchas de beicon encima.

Alcachofas con langostinos

Ingredientes
8 alcachofas • 12 langostinos grandes • 1 diente de ajo picado • Perejil picado • 30 g de aceite de oliva

Elaboración
Freír las alcachofas (ver pág. 150) y reservar.
Saltear las colas de los langostinos pelados (con la cabeza haremos una crema de marisco y si no podemos hacerlo ahora, muy sencillo. las congelamos para cuando podamos hacerla, nunca tirar nada).
Sobre el ajo dorado con el aceite, apenas ½ min, agregar las alcachofas y dar un par de vueltas (1 min).
Espolvorear con perejil picado y servir.

Alcachofas con berberechos

Ingredientes
8 alcachofas • 500 g de berberechos • Perejil picado • ½ diente de ajo • 30 g de aceite de oliva

Elaboración
Freír las alcachofas (ver pág. 150).
Dorar el ajo con el aceite y verter los berberechos. Esperar a que se abran y apenas lo hayan hecho y hayan soltado sus jugos, añadir las alcachofas. Remover con suavidad el conjunto. Espolvorear con perejil picado.

Alcachofas rellenas de *txangurro*

Ingredientes

8 alcachofas • 500 g de *txangurro* donostiarra (ver pág. 317) • 50 g de queso Emmental

Elaboración

Cocer las alcachofas (ver pág. 149)

Con ayuda de un cuchillo, vaciar los corazones para poder rellenarlos hasta el borde con el txangurro. En frío será más fácil realizar esa operación.

Disponer en una bandeja de horno las alcachofas, espolvorear la superficie de cada una de ellas con queso y hornear a 200 ºC durante 10-15 min (dependiendo del tamaño de la alcachofa y de si están muy frías; en este último caso, es mejor hornear a 170 ºC durante 30 min).

Servir muy caliente.

Alcachofas con champiñones

Ingredientes

8 alcachofas • 700 g de champiñones • 200 g de nata • 1 diente de ajo • 30 g de aceite de oliva • Perejil picado • Sal

Elaboración

Cocer las alcachofas (ver pág. 149) y reservar.

A parte, dorar el ajo y agregar los champiñones limpios y cortados en láminas. Dejar que se hagan (aproximadamente 10 min). Agregar la nata y dejar reducir a fuego medio destapado otros 10 min.

Con ayuda de un cuchillo, vaciar las alcachofas cocidas.

En caliente, triturar el conjunto y rellenar las alcachofas.

Disponer en una bandeja de horno y calentar el conjunto 10 min a 180 ºC.

Servir muy caliente.

Alcachofas rebozadas

Ingredientes

8 alcachofas • 200 g de aceite de oliva para freír

Para rebozar:
2 huevos • 150 g de harina

Elaboración

Cocer las alcachofas (ver pág. 149).
Cortarlas en cuartos. A continuación, pasarlas por harina y por huevo batido.
Freírlas a fuego medio en una sartén con aceite, hasta que estén doradas. Sacar a una bandeja con papel absorbente y servir rápidamente.

Alcachofas con almejas

Ingredientes

8 alcachofas • 700 g de almejas • 30 g de aceite de oliva • ½ diente de ajo picado • 15 g de harina • Perejil picado • 20 g de vino blanco

Elaboración

Cocer las alcachofas (ver pág. 149).
Cortarlas en cuartos y reservarlas.
En una sartén o cazuela de barro, echar el aceite y el ajo. Sin esperar a que se dore, verter la harina y disolverla. Después, añadir el vino blanco y dejar reducir un instante. Agregar las almejas y esperar a que se abran.
Por último, las alcachofas. Dar un hervor al conjunto.
¡Ojo con la sal!: la almeja lleva ya un montón.
Espolvorear con perejil picado.

Alcachofas con salmón ahumado

Ingredientes

8 alcachofas • 200 g de salmón ahumado

Para la vinagreta:

30 g de aceite de oliva • 10 g de vinagre de Módena • ½ zumo de limón • Tomillo muy picado

Elaboración

Cocer las alcachofas o freírlas (vers págs. 149/150), como queramos. Dejar templar y depositar encima de cada cuarto de alcachofa una rodajita de salmón, justo para cubrir.

Una cucharada de la vinagreta al final y... ¡listas para comer!

Alcachofas con espárragos

Ingredientes

8 alcachofas fritas (ver pág. 150) • 8 espárragos fritos (ver pág. 181)

Elaboración

Intercalar en un mismo plato trozos de espárragos y de alcachofas fritas e ir comiéndolo alternativamente.

Plato muy fácil y muy sabroso, con una única pega: no nos dejará degustar un buen vino, dado que sus respectivos sabores son de los que enmascaran las tonalidades de éste.

¡Todo no puede ser!

Berenjenas asadas en el microondas

Partir por la mitad longitudinalmente las berenjenas y enrollar cada mitad en un film transparente de plástico.

Meterlas en el microondas a la máxima potencia durante 8 ó 10 min, según su tamaño.

Una vez cocidas, sacarlas del plástico y retirarles la piel negra: ya las tenéis listas para cualquier plato que queráis cocinar.
Nota: se puede asar envuelta en aluminio durante 1 h a 160 ºC en horno normal. El resultado es distinto.

Berenjenas asadas con anchoas en salazón

Ingredientes
2 berenjenas • 1 lata de anchoas en salazón • 2 cs de aceite de oliva virgen • Sal

Una vez asadas las berenjenas (ver pág. 155), quitarles la piel y cortarlas en tiras; añadirles la sal, las anchoas y el aceite. Mezclarlo todo y servir.

Berenjenas asadas

Ingredientes
2 berenjenas • 30 g de aceite de oliva • Sal gorda

Elaboración
Envolver en papel de aluminio cada una de las berenjenas y asarlas al horno a 180 ºC durante 45 min.
Abrirlas y pelarlas. El interior, levemente salado, es mejor comerlo frío, caliente también se puede, pero yo lo prefiero frío con un buen chorro de aceite de oliva virgen y sal. Muy aconsejable también acompañado por anchoas de lata en sal o con tomates asados o incluso con queso manchego, con bacalao, etc.

Berenjenas a la plancha

Ingredientes
2 berenjenas • Sal • Aceite

Elaboración

Cortar las berenjenas en rodajas y freírlas en una sartén antiadherente con muy poco aceite, pues suelen absorber el aceite como esponjas.
Salarlas y ... ¡listas para comer!

Berenjenas rellenas

Ingredientes

2 berenjenas • 250 g de carne picada • 200 g de salsa de tomate • 200 g de bechamel muy ligera • 100 g de queso Emmental rallado

Elaboración

Abrir a lo largo las berenjenas, de manera que queden 4 partes que vaciaremos con ayuda de una cucharilla hasta dejar prácticamente la piel.
Picar la carne de la berenjena finamente y saltearla en una sartén con algo de aceite. Agregar la carne picada y, por último, la salsa de tomate (ver pág. 249). Dejar hervir 5 min a fuego suave.
Rellenar las berenjenas y naparlas levemente con la bechamel; encima, agregar un poco de queso rallado e introducir al horno a 200 ºC, hasta que se doren por encima.
Servir muy caliente.

Berenjenas en compañía

Ingredientes

1 berenjena • 150 g de atún en lata • 50 g de anchoas en lata • 1 lata de pimientos del piquillo • 1 lata de tomates secos • 1 bote de guindillas • Sal gorda • Aceite de oliva virgen extra

Elaboración

Asar la berenjena (ver pág. 155).

Retirar la carne ya hecha, disponerla en el fondo del plato y añadirle trozos gruesos de atún, de anchoa, de pimientos del piquillo, de tomates secos y de guindillas.
Un chorro de aceite de oliva junto con la sal gorda por encima del conjunto y... ¡listo! Servir a temperatura ambiente.
¿Se puede pedir más?

Cómo limpiar la berza

Simplemente pasarla por el chorro de agua fría. Hay que diferenciar las hojas más verdes y rugosas del exterior de la col con las más amarillentas del interior, más finas.
Generalmente, se suelen rechazar las primeras para hacerlas cocidas o salteadas (sobre todo, como acompañamiento de un potaje de garbanzos); pero en vez de rechazarlas, podemos cortarlas en cuadrados, hervirlas 3 min, darles después un leve toque en la sartén con aceite y sal y usarlas para acompañar a un pescado a la plancha. Os aseguro que así están muy ricas y conseguimos nuestro objetivo más importante: ¡no tirar nada!

Berza cocida

Ingredientes

½ berza • 1 l de agua • Sal gorda • Aceite de oliva virgen

Elaboración

Picar la berza con un cuchillo en forma de juliana fina. Cocerla en agua salada 10-15 min aprox. Escurrirla y servirla con sal gorda y aceite de oliva virgen.
Ideal para comer sola o para acompañar a platos grasos, como chuletas de cordero, morcilla frita, carne guisada y, sobre todo, el cocido de garbanzos. Otra opción fantástica es usarla como acompañante de alubias negras.
Consejo: esta receta sirve también para la col o el repollo.

Berza salteada

Ingredientes

1 berza • 30 g de aceite de oliva • 1 diente de ajo

Elaboración

Cortar la berza en juliana fina. Saltearla junto con el ajo picado y el aceite durante 5-7 min, hasta que se empiece a dorar.

Igualmente adecuada para acompañar a cosas grasas, generalmente carnes, chorizos, etc.; pero tampoco le va nada mal a un buen pescado.

Berza fermentada (*chucrut*)

Ingredientes

600 g de berza fermentada (*chucrut*) • 4 salchichas de Frankfurt • 4 trozos de beicon cocido • 4 trozos de chorizo frito

Elaboración

Calentar el chucrut en una cazuela con un poco de agua. Cuando haya hervido, servirlo en el plato acompañado por las salchichas cocidas en agua —7 min—, los trozos de beicon —dorados en la sartén otros 7 min— y, por último, el chorizo frito, también dorado. Todos estos bocados grasos van de fábula con el toque ácido del *chucrut*.

Ya sabéis, ácido y grasa: un matrimonio bien avenido.

Berza con patatas

Ingredientes

½ berza • 4 patatas pequeñas • 2 dientes de ajo • 100 g de beicon ahumado • 30 g de aceite de oliva virgen extra • Sal

Elaboración

Cocer la berza, como se ha explicado en la receta "Berza cocida" (ver pág. 156) y reservar.

Cocer las patatas, como se ha explicado en la receta correspondiente (ver pág. 199) y reservar también.
Laminar el ajo y dorarlo con el beicon cortado en tiras en una sartén con aceite; agregar la berza y las patatas. Saltear la berza y las patatas durante 3-4 min.
Servir muy caliente.

Berza enrollada

Ingredientes
½ berza • 150 g de gambas peladas • 75 g de queso Idiazabal • 20 g de aceite de oliva • 100 g de brotes de soja • ½ zanahoria rallada • Salsa de soja

Elaboración
Separar de la berza las hojas verdes de las blancas. Cortar las hojas verdes en juliana muy fina y cocerlas 3 min en agua hirviendo.
Saltearlas en una sartén con aceite y agregarles las gambas, los brotes de soja y la zanahoria. Ya fuera del fuego, el queso. Reservar.
Por otro lado, cortar en cuadrados (quitándole los nervios) las hojas blancas y cocerlas 3 min en agua hirviendo. Secarlas, rellenarlas con el preparado anterior y cerrarlo en forma de paquete.
A la hora de servirla a la mesa, dorarla en una sartén antiadherente.
Servirla muy caliente acompañada por la salsa de soja.

Cómo limpiar y cocer el brócoli

Cortar el tallo y el resto en arbolitos (en este caso, tendrán por sí solos esa forma). Limpiar a conciencia bajo el chorro de agua fría.
El tallo se puede aprovechar (igual que en el caso de la coliflor) cortándolo en láminas finas y haciéndolo cocido o salteado.
Las recetas de brócoli son muy parecidas a las de coliflor; se pueden utilizar las mismas, pero teniendo en cuenta que el brócoli necesita la mitad de tiempo de cocción: en agua hirviendo, 10 min

aprox. en entero y 5 min, si está troceado en arbolitos.
Tanto la textura como el sabor son más suaves que el de la coliflor. Su verde intenso alegra cualquier plato.

Brócoli con carabineros

Ingredientes

1 brócoli • 12 carabineros • 1 diente de ajo • 30 g de aceite de oliva • Sal

Elaboración

Cocer el brócoli cortado en trozos en agua hirviendo con sal 2 min solamente y reservar.

A continuación, dorar en una sartén a fuego fuerte el ajo y añadir las colas de carabinero durante apenas 30 seg; agregar, por último, el brócoli.

Remover durante otros 30 seg. y...¡listo para comer!

Brócoli con mejillones

Ingredientes

1 brócoli • 750 g de mejillones • 1 diente de ajo • 30 g de aceite de oliva • Vinagre (opcional) • Mayonesa (opcional)

Elaboración

Cocer el brócoli en agua con sal durante 10 min y reservar.

En una cazuela con aceite, dorar el ajo y verter los mejillones limpios, hasta que se abran.

Retirar la concha y extenderlos en una fuente acompañados por los trozos de brócoli.

Se pueden acompañar con una vinagreta o con una mayonesa, pero lo mejor es aprovechar un poco del caldo que han soltado los mejillones al hacerse (mezcla del mejillón con el aceite), agregarle un poco de vinagre (sal no, ya que el jugo será de por sí un poco salado) y punto.

Brócoli con salmón ahumado

Ingredientes
1 brócoli • 200 g de salmón ahumado
Para la vinagreta:
40 g de aceite de oliva virgen • ½ limón en zumo • Perejil picado

Elaboración
Hacer el brócoli frito, como se indica en la receta de coliflor frita (ver pág. 174).
Disponer en un plato los trozos templados de brócoli e intercalarlos con tiras de salmón ahumado.
Darle un toque de brillo y acidez con la vinagreta.

Calabacines salteados

Ingredientes
2 calabacines medianos • 30 g de aceite de oliva • 1 diente de ajo • Sal

Elaboración
Dorar el ajo picado con el aceite en una sartén.
Cortar los calabacines en láminas muy finas con la piel y añadírselos a la sartén.
Rehogar durante 3 min a fuego fuerte sin dejar de mover. Dar punto de sal.
Ideal para comer solos o acompañando a carnes.

Calabacines rellenos de *txangurro*

Ingredientes
2 calabacines medianos • 400 g de txangurro a la donostiarra • 20 g de queso Parmesano • 15 de mantequilla

Para la vinagreta:
100 g de aceite • 25 g de vinagre de Módena • Sal • Pimienta

Elaboración

Cortar los calabacines en esta forma de una altura aproximada de 5 cm.

Asar en el horno a 180 ºC durante 20 min con un poco de sal y aceite.

Cuando estén levemente dorados, retirar y con ayuda de una cucharilla vaciar su interior.

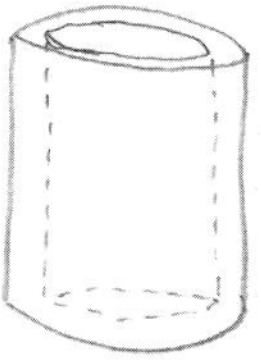

Picar el interior finamente y añadir aceite y vinagre de Módena para hacer la vinagreta.

Rellenar el interior con la masa de *txangurro* (ver pág. 317) caliente y disponerlos en una bandeja de horno. Dos trozos por persona serán suficientes.

Poner en la superficie de los calabacines un poco de mantequilla y queso. Dorar en horno muy fuerte o en gratinadora, hasta que la superficie esté dorada.

Acompañar con la vinagreta.

Consejo: si se hacen para comer al momento, el relleno de los calabacines puede hacerse en caliente. Si se va a guardar para el día siguiente, se rellena obligatoriamente en frío.

Calabacines rellenos de ajoarriero

Ingredientes

2 calabacines medianos • 400 g de ajoarriero • 20 g de queso Parmesano • 15 g de mantequilla

Elaboración

La misma operación que en la receta anterior, sustituyendo el *txangurro* por bacalao ajoarriero (ver pág. 237).

La melosidad del bacalao va muy bien con la textura del calabacín asado.

La vinagreta para acompañar puede ser la misma que la de la receta anterior.

Calabacines con queso

Ingredientes

2 calabacines medianos • 200 g de Mozarella rallada • 30 g de aceite de oliva • Sal

Elaboración

Cortar el calabacín a lo largo en trozos de 1 cm de grosor.

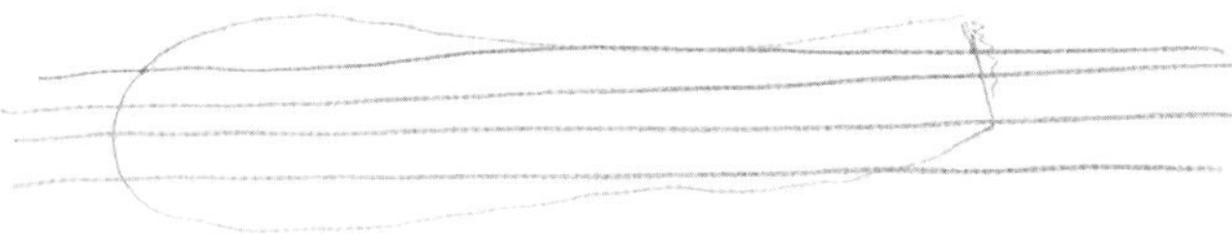

Dorarlos a la plancha con un poco de aceite durante apenas 1 min por cada lado. Dar punto de sal.

Disponerlos en una bandeja de horno. Encima de cada trozo, poner el queso y gratinar en el horno a 250º, hasta que el queso se funda.

Comer muy caliente.

Calabacines con verduras

Ingredientes

2 calabacines medianos • 1 tomate mediano • 1 cebolla mediana • 4 dientes de ajo sin pelar • 1 berenjena • 30 g de aceite de oliva • Sal • Azúcar

Elaboración

Cortar los calabacines y la berenjena en rodajas de 3 cm de grosor.

Pelar el tomate y la cebolla y cortarlo todo por la mitad.

Disponer en una placa de horno todas las verduras con el aceite.

Hornear a fuego suave (170 ºC) durante, por lo menos, 40-50 min.

Dar punto de sal y azúcar.

Repartir equitativamente en los platos y servir muy caliente.

Calabaza frita

Ingredientes

1 k de calabaza • 2 dientes de ajo • ½ pimiento • ½ cebolla • 1 guindilla (cayena) • 4 cs de aceite de oliva virgen • Sal

Elaboración

Después de quitarle la piel y las pepitas a la calabaza, cortarla en láminas finas.

En una cazuela poner el aceite y freír los ajos, el pimiento y la cebolla finamente picados. Cuando empiecen a dorarse, añadirles la calabaza y, a fuego medio, ir removiéndola para que no se pegue y se vaya deshaciendo (pronto veréis que la calabaza empieza a sacar su jugo). Estará hecha, cuando se haya consumido todo su jugo. Nos quedará una especie de ralladura o puré de fantástica textura levemente espesa. Agregarle sal y cayena —si os gusta el picante.

Cómo limpiar las cebollas

Cortes por la mitad.
Pelar las capas que estén secas. Estas zonas luego son muy complicadas de pochar: quedan duras.
Después dos cortes 1 y 2

El corte 2 debemos obligatoriamente realizarlo porque queda muy duro.

Cómo picar cebolla sin llorar

A. Picando mucha, acabas acostumbrándote.
B. Con gafas de bucear.
C. Con gafas de piscina, aunque por la nariz termina llegándote.
D. Que la pique otro.
E. Sumergirla en agua caliente hace que la humedad retenga el líquido de la cebolla que "ataca" nuestros ojos. Éste es un compuesto sulfuroso que al cortar se libera en aire en forma de moléculas volátiles. Éstas, en contacto con los ojos, forman ácido sulfúrico irritándolos sobremanera.

Cebollas asadas I

Ingredientes

4 cebollas • Aceite de oliva • Sal

Elaboración

Cortar por la mitad las cebollas y dorar la superficie cortada en una sartén con un poquito de aceite de oliva.
Terminar de cocinarlas en el horno a 180 ºC durante 25-30 min.
Un aperitivo ideal.
Acompañar con una mayonesa (ver pág. 241)

Cebollas asadas II

Ingredientes

4 cebollas • 150 g de jamón (cortado en dados pequeños) • Aceite de oliva • Sal

Elaboración

Dorar y asar las cebollas, como en la receta anterior.
Vaciar la cebolla con una cuchara y con cuidado de no quemarse, ni romperla.
Picarla finamente y agregar el jamón. Éste será el relleno que reintroduciremos en la cebolla.
Servir inmediatamente.

Cebollas frescas (cebolletas)

Ingredientes

12 cebolletas • Aceite de oliva • Sal

Elaboración

Cortamos longitudinalmente las cebollas y las pasamos por una sartén. Cuando estén doradas por el lado cortado, les damos la vuelta y terminamos de hacerlas por el otro.

Sal gorda y alguna salsa tipo mojo (ver pág. 263) serán un acompañamiento perfecto.

Cebollas pochadas

Ingredientes

4 cebollas • 1 diente de ajo • 8 rebanadas de pan tostado • 40 g de aceite de oliva • Sal

Elaboración

Pelar las cebollas y el ajo, y picarlo todo finamente. Ponerlo a pochar en una sartén y dejar que se dore muy suavemente.

Cuando esté bien dorado —con un color tirando a oscuro—, pasarlo por un colador y retirar el aceite (que aprovecharemos para otros platos; por ejemplo, para freír o pochar patatas). Reservar.

Tostar el pan en un grill o en una sartén.

Poner en cada una de las tostadas un par de cucharadas de esta cebolla y... ¡listo!

Contigo pan y cebolla. Mejor imposible.

Cebollas en vinagre

Ingredientes

30 cebolletas pequeñas • 600 g de vinagre blanco • 1 l de agua • Sal

Elaboración

Limpiamos bien las cebolletas y las dejamos enteras. Salamos el conjunto y lo metemos en frascos. Rellenamos con el vinagre y cerramos herméticamente.

Esterilizamos los botes al baño María por lo menos 20 min, cubiertos de agua 3 o 4 cm. por encima de la tapa.
Pasado este tiempo, dejarlo enfriar en su propia agua.
Consejo: Podemos degustar las cebolletas en vinagre sin necesidad de embotarlas, es decir, calentamos el vinagre en un cazo, añadimos las cebolletas y dejamos que hierva a fuego suave durante 5 min.
Dejamos enfriar y pasadas 24 horas, podemos degustarlas dejándolas en el frigorífico a lo largo de una semana como máximo.

Cebollas a la plancha

Elaboración

3 cebollas grandes • 150 g de mojo (elegir uno de la pág. 263) • Aceite de oliva • Sal

Elaboración

Cortar la cebolla en trozos de 1´5 cm de grosor.

Ponerla a la plancha con un poco de aceite y sal, hasta que se dore (aprox. 3 min por cada lado).,
Cuando esté hecha, disponer en cada plato dos o tres rodajas y encima de cada una, una cucharada abundante del mojo que hayamos elegido.

Cebollas fritas

Ingredientes

2 cebollas • 50 g de harina • 330 g de cerveza • 150 g de harina • Sal • Aceite para freír

Elaboración

Cortar la cebolla en rodajas de 1´5 cm de grosor aprox.
Pasarlas por un poco de harina y reservarlas.
Aparte mezclar suavemente la cerveza con la harina y la sal, hasta formar una mezcla espesa. Untar ahí los aros de cebolla y freír en aceite caliente, hasta que estén dorados.
Ideal como aperitivo o guarnición.

Cebolletas agridulces

Ingredientes

30 cebolletas • 20 g de aceite de oliva • 70 g de azúcar • 30 g de vinagre blanco

Elaboración

Saltear las cebolletas peladas con un poco de aceite, hasta que estén levemente doradas. Añadir el azúcar y dejar dorar un rato más.
Agregar el vinagre blanco y dejar reducir apenas unos instantes.
Servir como acompañamiento de cualquier alimento, sobre todo de carnes.

Cebolletas a la brasa (o *calcots* con salsa Romesco)

Ingredientes

30 cebollas blancas alargadas o brotes de cebolla blanca (calcots, en Cataluña) • 300 g de mojo

Elaboración

Si tenemos la suerte de tener parrilla, las haremos a la brasa; sino, en el grill del horno puesto a tope, que tampoco va mal.
Las ponemos sobre las brasas, hasta que estén negras y nos comemos su interior, que estará jugoso, acompañado por una salsa tipo romesco o por un mojo espeso (ver sección de mojos pág. 263) del aroma que queramos.

Tarta de cebollas

Ingredientes

350 g de pasta quebrada • 6 cebollas • 5 yemas • 80 g de nata • 1 huevo • Aceite de oliva

Elaboración

Poner a pochar las cebollas cortadas en juliana con un poco de aceite, hasta que estén doradas en tres tiempos de cocción: primero, a fuego fuerte durante, por lo menos, 5 min; después, a fuego medio unos 15 min y, por ultimo, a fuego bajo otros 15 min.
Escurrir todo el aceite y mezclar las cebollas con las 5 yemas (en frío). Añadir la nata. Reservar.
Estirar la pasta quebrada (ver pág. 540 o comprarla ya hecha) con un rodillo, hasta dejarla fina.
Enfondar el molde (si éste es de fondo desmontable, mejor) con la pasta y pincharla con ayuda de un tenedor —para que no nos suba y no se hinche—.
A continuación, taparla con una lámina de papel de aluminio.
Poner encima un peso cualquiera (por ejemplo, unos garbanzos).
Hornear a 180 ºC durante, por lo menos, 10 min.
Retirar los garbanzos y el papel de aluminio.
Rellenar el hueco con la mezcla de cebollas y yemas. Meter al horno de nuevo durante 10-15 min a 170 ºC.
Dejar templar y comer, caliente o fría. La primera opción, mejor.

Champiñones rellenos

Ingredientes

½ k de champiñones • 100 g de jamón • 3 cs de aceite de oliva • Sal • Perejil

Elaboración

Limpiar los champiñones —preferiblemente grandes— y separar el tallo del sombrero. Reservar los tallos en una fuente aparte.

Picar finamente los tallos que hemos reservado y el jamón.

En una sartén poner el aceite y cuando esté caliente, añadir los tallos picados y el jamón y dejar que se hagan.

Rellenar los sombreros de los champiñones con la mezcla anterior ya pochada y perejil picado por encima.

Poner en una fuente de horno untada con un poco de aceite y meterla 10 min a 180 ºC.

Champiñones con verduritas

Ingredientes

½ k de champiñones • 1 pimiento rojo • 1 pimiento verde • 1 cebolla • 1 zanahoria • 1 calabacín • Aceite de oliva • Sal • Pimienta

Elaboración

Limpiar los champiñones separando el tallo del sombrero.

Partir en tiras no muy anchas todas las verduras y también los tallos del champiñón.

En una fuente de horno poner las verduras y los tallos; echarles un poquito de sal y, encima, colocar los sombreros de los champiñones, salpimentar y regar con el aceite.

Meter en el horno unos 12 min a 180 ºC.

Coles de Bruselas fritas

Ingredientes

1 k de coles de Bruselas • 50 g de aceite de oliva • Sal

Elaboración

Abrir por la mitad las coles de Bruselas y dorarlas en una sartén con un poco de aceite durante, por lo menos, 10 min a fuego suave.

Brocheta de coles de Bruselas

Ingredientes

12 coles de Bruselas • 6 lonchas de jamón • 50 g de almendra picada

Elaboración

Preparar las coles como en la receta anterior.
Una vez hechas, envolver las mitades con lonchas de jamón, ensartarlas en un palillo y espolvorear con almendra picada.

Cómo limpiar la coliflor

Cortar con ayuda de un cuchillo el tallo y retirar las hojas verdes que la rodean.

Nos quedará el núcleo blanco que iremos separando en forma de arbolitos.

Los pasamos por abundante agua fría y raspamos las ramas que estén algo negras, si es que las hubiera (la coliflor suele venir bastante limpia y aguanta bien el transporte).
Ya la tenemos preparada para hacer lo que queramos con ella.

Cómo cocer la coliflor

Tenemos dos opciones:
Una vez limpia (ver anterior) podemos cocerla en agua salada:

A. Entera. Nos tardará 40 min aproximadamente, según el tamaño.
B. En forma de arbolitos del tamaño de una pelota de ping-pong aproximadamente. En este caso, la cocción será de 20 min aproximadamente o menos, si queremos que esté más *al dente*.

En ambos casos, cuando el agua hierva, agregaremos la coliflor.

Cómo freír la coliflor

En este caso partimos de los "arbolitos" de coliflor ya limpios. Los cortamos en cuatro trozos, de manera que nos facilite el sofrito.
Ponemos en una sartén un poco de aceite y echamos los trozos de coliflor. Dejamos que se doren los trozos a fuego medio.
Añadimos un par de cucharadas de agua a media "fritura". Dejamos que se terminen de hacer. Damos punto de sal. La operación tardará 15 min o menos.
Yo prefiero esta versión a la cocida (mucho más insulsa).

Coliflor salteada

Ingredientes

1 coliflor (de 800 g aprox.) • 1 diente de ajo picado • 40 g de aceite de oliva • Sal • Perejil picado

Elaboración

Limpiar la coliflor a conciencia (ver pág. 173) y triturarla en un vaso triturador. Nos quedará una especie de polvo o de "pelotitas" del tamaño de un guisante.

Doramos el ajo con el aceite y le añadimos la coliflor. La salteamos a fuego fuerte durante 3-4 min.

Agregamos la sal y el perejil picado.

Ideal así mismo o como acompañamiento a un pescado a la plancha.

Coliflor con salsa de soja

Ingredientes

1 coliflor (de 800 g aprox.) • 100 g de salsa de soja

Elaboración

Cocer la coliflor (ver pág. 174 opción B).

Servirla caliente en una fuente con una taza de la salsa de soja.

Pinchamos con el tenedor un trozo de coliflor y la untamos levemente en la salsa de soja.

Sencillo y resultón.

Coliflor cocida salteada

Ingredientes

1 coliflor (de 800 g aprox.) • 1 diente de ajo • 50 g de jamón (cortado en daditos) • 30 g de almendras fritas • 35 g aceite de oliva • Sal

Elaboración

Cocer la coliflor (ver pág. 174 opción B en forma de arbolito; pero reduciendo el tiempo de cocción a 6 min) y reservar.
Doramos los ajos en una sartén con el aceite y agregamos el jamón y las almendras para que se doren; agregamos la coliflor y salteamos el conjunto durante 5 min (e incluso un poco más, en caso de que los trozos de coliflor sean grandes).
Trataremos de revolver con cuidado los trozos para que no se nos rompan.
Para mí, ésta es la mejor manera de degustar la coliflor.

Coliflor con piñones

Ingredientes

1 coliflor (de 800 g aprox.) • 1 diente de ajo • 150 g de piñones • 35 g aceite de oliva • Sal

Elaboración

La misma operación que la receta anterior, pero sustituyendo el jamón y las almendras por los piñones.
Igual de sabroso, aunque algo más caro.

Coliflor gratinada

Ingredientes

1 coliflor (de 800 g aprox.) • 500 g de bechamel muy ligera • 150 g de queso Parmesano o Emmental

Elaboración

Cocer la coliflor entera o en trozos (ver pág. 174).
Disponerla en una bandeja de horno o en una fuente y naparla con la bechamel que acabamos de elaborar (ver pág. 240).
Espolvorear con el queso rallado toda la superficie. Hornear a 210 ºC durante 10 minutos, hasta que se dore la parte superior.
Comer muy caliente.

Coliflor rebozada

Ingredientes

1 coliflor (de 800 g aprox.) • 2 huevos • Harina • 150 g de aceite para freír

Elaboración

Cocer la coliflor como en la receta en trozos (ver pág. 174) y escurrirla bien.

Pasar los trozos por harina primero y por los huevos batidos, después.

Seguidamente, freírlos en abundante aceite caliente a fuego medio.

Dejar que se dore el conjunto y sacarlo a un papel absorbente.

Degustar al momento.

Coliflor con gambas

Ingredientes

1 coliflor (de 800 g aprox.) • 250 g de gambas • 1 diente de ajo • 30 g de aceite de oliva • 30 g de jamón serrano en daditos • Perejil picado

Elaboración

Saltear las gambas peladas con el ajo y el jamón. Agregar la coliflor cocida (ver pág. 174) y cortada en arbolitos. Dejar que el conjunto se haga durante 2 minutos. Espolvorear perejil y... ¡a zampar!

Consejo: nunca nos cansaremos de decir que las cabezas de las gambas las utilizaremos para hacer sopa o crema y que, si en ese momento no podemos, las congelaremos y las utilizaremos más adelante. Cualquier cosa antes de tirarla.

Endibias con queso en frío

Ingredientes

4 endibias deshojadas • 50 g de queso Roquefort • 50 g de nata líquida • 25 g de leche • 30 g de nueces tostadas

Elaboración

Triturar la leche, la nata y el queso y colocar la mezcla sobre las hojas de endibias. Decorar con las nueces troceadas.

Endibias con queso caliente

Ingredientes

4 endibias deshojadas • 50 g de queso Roquefort • 150 g de bechamel • 30 g de nueces o almendras

Elaboración

Elaborar la bechamel (ver pág. 240) y añadirle el queso, hasta que se deshaga. Servir la salsa aparte con las endibias espolvoreadas con las nueces.

Endibias a la plancha

Ingredientes

4 endibias abiertas por la mitad

Para la vinagreta

100 g de aceite de oliva • 20 g de vinagre de Módena • 25 g de azúcar

Elaboración

Abrir las endibias en dos mitades y dorarlas por ambos lados (apenas 5 min a fuego suave por cada lado) en una sartén con una pizca de aceite.

Servir acompañadas con la vinagreta levemente dulce.

Si os gusta el sabor amargo, con las endibias lo disfrutaréis.

Endibias agridulces

Ingredientes

4 endibias deshojadas • 200 g de trozos de pollo • 30 g de aceite de oliva

Para la salsa agridulce:

100 g aceite de oliva • 30 g de vinagre de Módena • 30 g de azúcar • 30 g de salsa de soja

Elaboración

Cortar el pollo en trozos muy menudos y saltearlos en una sartén con un poco de aceite. Rellenar con ellos las hojas de endibias y napar con la vinagreta —que se ha elaborado, simplemente, mezclando los ingredientes indicados en frío—.

Cómo pelar espárragos

Con un cuchillo, o mejor con un pela patatas, quitarle la piel al espárrago desde la punta hacia el tallo. Nos quedará una viruta fibrosa: apartarla, teniendo cuidado de no romper la punta.

Espárragos cocidos (blancos)

Ingredientes

1 k de espárragos blancos • 2 l de agua • Sal • Azúcar

Elaboración

Para pelarlos utilizar un pelador de patata, como el que aparece en el dibujo: es el mejor. Con el clásico también se pueden pelar, pero éste es más cómodo.
Para cocerlos: emplear una cazuela donde quepan los espárragos holgados; echar agua con sal y un poco de azúcar. Cuando comience a hervir, introducir los espárragos; mantener el fuego vivo, hasta que comience a hervir y luego bajarlo (tardarán unos 15 min, en función del grosor).
Una vez cocidos, servirlos aderezados con aceite de oliva virgen, con aceites aromatizados, con una vinagreta, con mayonesa o con la salsa que más nos apetezca en ese momento.

Espárragos blancos crudos

Ingredientes
500 g de espárragos blancos • 50 g de aceite de oliva • 30 g de vinagre de Módena • 30 g de nueces fritas en trocitos pequeños • Perejil picado

Elaboración
Pelar los espárragos y retirar las peladuras. Seguir pelando, hasta que nos quedemos sin espárrago; es decir, una vez retirada la primera capa, continuar pelándolos y sacando barritas finas de espárrago.
Disponer en un bol, agregar los demás ingredientes y degustar a temperatura ambiente.
Ideal como plato en sí, pero también como un ingrediente más de una ensalada de lechuga y tomate, o como nos dé la gana.
Los primeros 4-5 cm del espárrago (la yema) no se pelan. Se empieza un poco más abajo y se retira (reciclándolo, como hacemos siempre) los 2-3 cm de la base de textura bastante leñosa.

Espárragos blancos fritos I

Ingredientes

1 k de espárragos blancos • 1 diente de ajo • Perejil picado • 3 cs de aceite de oliva

Elaboración

Pelar los espárragos (ver pág. 179)

Cortarlos a la juliana (en forma de cerilla), como explico a continuación:

Dar dos cortes, quedando tres partes; después, cortar cada una de éstas a lo largo.

Por último, un corte más en el mismo sentido (a lo largo), para convertirlo en cerilla.

Pasarlo por la sartén con el ajo ya dorado y el aceite; apenas 6 min a fuego medio, hasta que estén levemente blanditos. Agregar perejil picado.

Servir caliente como primer plato principal o como acompañamiento (principalmente de pescados).

Espárragos blancos fritos II

Ingredientes

1 k de espárragos blancos • 1 diente de ajo • Perejil picado • 3 cs de aceite de oliva

Elaboración

(Ver receta anterior, pero cambiando la forma del corte).
En rodajas finas, como si se tratase de un chorizo.

Saltearlos con ajo y perejil apenas un par de minutos y servirlos acompañando a algún pescado o como plato principal.
La forma despistará a más de un comensal, os lo aseguro.

Espárragos blancos fritos III

Ingredientes

1 k de espárragos blancos • 4 cs de aceite de oliva

Elaboración

Pelar el espárrago (ver pág. 179)
Cortarlos en tres trozos.

Y a su vez cada uno, en cuatro.

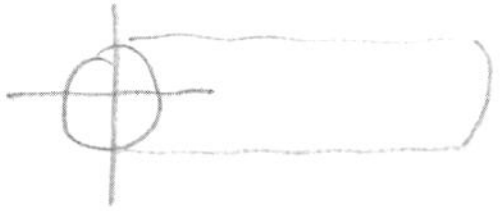

Nos quedarán trozos así.

Ponerlos a freír en una sartén antiadherente a fuego suave (importante), hasta que estén levemente dorados. Tardarán por lo menos 15 min.
Un poco de sal y... ¡a saborearlos muy calientes!

Espárragos blancos cocidos y fritos

Ingredientes
1 k de espárragos blancos • 30 g de aceite de oliva

Elaboración
Pelar los espárragos y cocerlos (ver pág. 179), pero reduciendo su cocción a 15 min. A continuación, pasarlos por una sartén con un poco de aceite, hasta que estén dorados.

Comerlos bien calientes acompañados con una mayonesa (siempre más recomendable, la casera).
Una de las mejores y más sencillas maneras de consumir espárragos frescos.

Espárragos blancos rebozados

Ingredientes

1 lata de espárragos • Harina • Huevo • Aceite

Elaboración

Escurrir el agua de la lata de espárragos (recuerda que con esa agua se puede hacer un consomé muy majo: no la tires nunca).

Rebozar cada espárrago con la harina, después, pasarlo por el huevo batido y, a continuación, echarlos a la sartén con abundante aceite caliente para freírlos.

Dorar apenas unos instantes y sacarlos sobre un papel absorbente.

Espárragos verdes fritos

Ingredientes

1 manojo de espárragos verdes • Aceite de oliva virgen • Sal

Elaboración

Cortar los espárragos en trozos utilizando solo las partes blandas. Calentar el aceite en una sartén, echar los espárragos y freírlos: si son finos, apenas un par de minutos será suficiente. Sacarlos y corregir de sal.

Espárragos verdes cocidos

Ingredientes

800 g de espárragos verdes • 1 l ½ de agua • Sal

Elaboración

Pelar los espárragos (ver pág. 179). Si son muy frescos, no es necesario pelarlos.

Hervirlos en agua con sal durante 5 min, si son pelados, y 8 min, si son sin pelar.

Sacar, escurrir y servir con aceite de oliva o con mayonesa.
El sabor es muy distinto al del blanco, más herbáceo, pero no por eso peor.

Espárragos verdes cocidos y fritos

Ingredientes

800 g de espárragos verdes • 1 l ½ de agua • Sal • Aceite de oliva

Elaboración

Cocer los espárragos (ver pág. 184) pelados o no, pero con un tiempo de cocción aún menor: apenas un escaldado de 2 min.
Después, secarlos y pasarlos por la sartén con un poco de aceite, hasta que estén levemente dorados (2-3 min).
¡Estupendos!
Nota: Los espárragos verdes se pueden pelar o no, pero en ambos casos se desecharán (para cocinar otros platos) los 3 cm finales por su textura leñosa y difícil de digerir.
Los espárragos blancos, por lo general, se suelen pelar; pero, a veces, muy pocas, si se sacan directamente de la tierra a la cazuela, no es necesario pelarlos. —Esto por desgracia, no está a la alcance de la mayoría—.

Espárragos verdes crudos

Ingredientes

500 g de espárragos verdes • 40 g de aceite de oliva • 30 g de vinagre de Módena • 30 g de pipas de girasol peladas • Perejil picado

Elaboración

No cambia nada con respecto a la receta "espárragos blancos crudos" (ver pág. 180); sólo que en ésta tenemos espárragos verdes, en vez de blancos, y pipas de girasol, en vez de nueces.

Nota: el corte para esta "ensalada" de espárrago crudo a lo largo es bueno, pero puede variar de forma, siempre que se mantenga un corte fino para que no sea molesto a la hora de masticar.

Espárragos gratinados (verdes o blancos)

Ingredientes

500 g de espárragos (blancos o verdes) • 6 láminas de queso Emmental

Elaboración

Cocer los espárragos (ver págs. 179-184)

Extenderlos en una bandeja de horno cubiertos por las lonchas de queso.

Hornear en el grill o en el horno normal muy caliente, hasta que la superficie del queso esté dorada.

Servir muy caliente.

Espárragos trigueros en salsa

Ingredientes

2 manojos de espárragos verdes • 60 g de almendras peladas • 3 dientes de ajo • 2 rebanadas de pan seco • 3 cs de aceite

Elaboración

Cortar los espárragos en trozos. Utilizar sólo las partes blandas: las partes duras reservar para el caldo. El caldo de las partes duras se elaborará de la siguiente manera: meter esas partes duras en una cazuela pequeña con agua y un poco de sal y dejar que hierva unos pocos minutos. Triturar y colar.

En una sartén verter el aceite y cuando esté templado, echar la parte blanda de los espárragos. Una vez fritos, sacarlos y ponerlos en una cazuela. En ese mismo aceite freír también los ajos, las almendras y el pan. Machacarlo todo después en el mortero o pasarlo por la batidora. La mezcla se la echamos por encima a los espárragos junto con el caldo de las partes duras que hemos reservado antes. Dejar cocer un par de minutos.

Cómo cocer las espinacas

¡Es sencillísimo!

Se lavan bien y se sumergen enteras en agua hirviendo durante 2-3 min.

Se sacan del agua y se escurren concienzudamente.

Se pueden utilizar para lo que se quiera.

Espinacas salteadas

Ingredientes

1 k de espinacas • 100 g de jamón serrano • 35 g de piñones • 1 diente de ajo • 50 g de beicon • 30 g de aceite de oliva • Sal

Elaboración

Dorar el ajo picado en una sartén con el aceite. Agregar el jamón y el beicon, cortado todo en daditos.

Cocer las espinacas, como en la receta anterior y picarlas no demasiado finas.

Añadir a la primera sartén los piñones y las espinacas, saltearlo todo durante 2-3 min y sazonarlo con tiento.

¡A zampar solas!, aunque acompañadas también van muy bien, sobre todo de unos buenos percebes.

Espinacas con queso

Ingredientes

150 g de espinacas crudas • 100 g de queso manchego • 100 g de queso Roquefort • 100 g de queso Idiazabal ahumado • 40 g de aceite de oliva • Perejil • Orégano • 100 g de tomate seco en aceite

Elaboración

Lavar bien las espinacas, secarlas y mezclarlas con los quesos y el tomate en trozos. Picar bien el orégano y el perejil, mezclarlo con el aceite y echarlo sobre el conjunto anterior.
Servir a temperatura ambiente.

Espinacas fritas

Ingredientes

300 g de espinacas • Aceite para freír

Elaboración

Lavar, secar bien y freír las espinacas enteras en aceite caliente a fuego medio-fuerte. Cuando estén transparentes, bonitas y crujientes, sacarlas sobre un papel absorbente.
Una buena opción para acompañar a cualquier pescado o incluso a carnes o a postres.
Alubia

Cómo limpiar los guisantes

Si tenemos la suerte de tener guisantes frescos, no tendremos más que quitarles la cáscara y sacar los pequeños por un lado y, por el otro, la vaina: operación fácil y sencilla en la que no se desecha ni la vaina, ni, lógicamente, el guisante.

Guisantes con vaina (tirabeques o bisaltos)

Ingredientes

1 k de guisantes con vaina (tirabeques o bisaltos) muy frescos • 1 l ½ de agua • Sal • 30 g de mantequilla

Elaboración

Cocer en agua con poca sal los tirabeques durante 2 min. Sacar del agua y dar un hervor en una sartén con mantequilla durante apenas 1 min a fuego muy suave.

Degustar solos o acompañando, preferentemente, a pescados.

Guisantes con jamón

Ingredientes

500 g de guisantes pelados • 1 l de agua con sal • 60 g de jamón (cortado en dados) • ½ cebolla muy picada • 20 g de aceite de oliva

Elaboración

Cocer el guisante en agua salada. Si son pequeños, en un min estarán hechos; si son grandes, necesitaremos de 10 a 15 min. Escurrir y reservar.

Pochar en una sartén la cebolla con el aceite; agregar el jamón y, por último, los guisantes: en 2 min estarán listos.

Consejo: si quisiéramos hacer más espesa la salsa, antes de agregar los guisantes, echaríamos ½ cc de harina disolviéndola bien y después, echaríamos los guisantes con 1/2 vaso de agua de cocción de los mismos.

Guisantes frescos I

Ingredientes

2 k de guisantes frescos con vaina • 50 g de tocino blanco muy picado • 1 cebolla • Sal • Azúcar • 20 g de aceite • 1 l ½ de agua

Elaboración

Pelar con paciencia los guisantes. Reservar las cáscaras, por un lado, y los guisantes, por otro.
Poner a cocer la mitad de las cáscaras del guisante con el agua durante 20 min. Triturar el conjunto y colar por un colador fino. Reservar.
En este caldo que hemos obtenido, cocemos los guisantes durante apenas 5 min.
Mientras, picamos la cebolla y el tocino finamente; lo salteamos todo en una sartén junto con los guisantes (con un poco del caldo de la cocción de las cáscaras) sin que el tocino y la cebolla tomen color. Hervir suave entre 5 y 10 min. El conjunto debe quedar caldoso y levemente ligado.
Dar un toque de sal y azúcar; esto último, muy importante.

Guisantes frescos II

Ingredientes

2 k de guisantes frescos con vaina • 50 g de tocino blanco. • 10 g de harina • Sal • Azúcar • 15 g de aceite • 1 l ½ de agua

Elaboración

La misma elaboración que la receta anterior.
Una vez que los guisantes se han cocido en el caldo de las cáscaras (como se ha explicado antes), los echamos en una sartén donde se ha fundido por completo el tocino.
Es decir, poner en una sartén el aceite y el tocino y disolver la harina bien. Añadir los guisantes con una buena dosis de su caldo. Corregir de sal y azúcar. Dejar que hierva el conjunto 2 min máximo.
Debe quedar jugoso y caldoso. Guisante en estado puro.
Nota: el guisante fresco apenas dura dos meses al año. Fuera de temporada, usaremos los de lata o los congelados. Y bien buenos que están; ¡no lo dudes!; pero no tanto como los frescos...

Guisantes congelados

Ingredientes

500 g de guisantes congelados • 100 g de jamón en daditos • 1 diente de ajo • Sal • Azúcar • 30 g de aceite de oliva • 2 hojas de menta

Elaboración

Dorar en una sartén el ajo con el aceite. Agregar el jamón, dorar levemente y, por último, los guisantes —sin descongelar— con la menta picada. Dejar pochar suavemente entre 7 y 10 min. Dar punto de sal y azúcar.

Ideal para comer solos o acompañados de un pescado.

Guisantes en conserva

Ingredientes

500 g de guisantes en conserva • 30 g de aceite de oliva • 15 g de harina • 600 g de caldo de verduras (o agua) • Sal • Azúcar • 2 hojas de menta • 1 diente de ajo picado • 100 g de jamón en dados.

Elaboración

En una sartén dorar el ajo con el jamón y el aceite. Agregar la harina y después, los guisantes y la menta. Dejar que se hagan durante 3 min. Agregar el caldo y dejar 10 min a fuego suave.

Nos quedará un plato más caldoso y profundo que el de los guisantes salteados.

Guisantes salteados con morcilla

Ingredientes

1 morcilla de Burgos (de arroz) • 300 g de guisantes frescos o de lata. • Aceite para freír • 40 g de jamón picado • 1 diente de ajo picado • 30 g de aceite de oliva • 100 g de agua

Elaboración

Dorar el ajo y el jamón en una sartén con aceite. Agregar los guisantes y dejar que se haga todo. Agregar el agua y hervir 10 min a fuego suave.

Aparte, freír las rodajas de morcilla de 2-3 cm de grosor en una sartén con un dedo de aceite apenas 2 min por cada lado, hasta que se doren (¡cuidado!: el arroz al freírse, con la humedad que todavía tiene, saltará).

Servir los guisantes en un plato con tres buenas rodajas de morcilla recién fritas.

Buena combinación la de morcilla con los guisantes, ¡ni lo dudes!

Guisantes con huevo I

Ingredientes

½ k de guisantes desgranados (frescos o congelados) • 4 huevos • 1 cebolla • 3 cs de aceite • 80 g de jamón • Sal • Agua

Poner en una cazuela el aceite y la cebolla finamente picada; cuando esté dorada, añadirle el jamón cortado en trocitos y sofreírlo todo junto unos segundos. A continuación, añadirle los guisantes, darles unas vueltecitas con la cuchara y añadir el agua justo hasta que los cubra. Dejar que se cuezan a fuego lento durante 20 min y, casi al final, corregir de sal.

Cuando vayamos a servirlos, les ponemos por encima los huevos cascados y los mantenemos al fuego, hasta que la clara se haya cuajado—pero no la yema.

Servir inmediatamente.

Guisantes con huevo II

Ingredientes

500 g de guisantes congelados • 50 g de jamón picado • 1 diente de ajo picado • 30 g de aceite de oliva • 20 g de harina • Sal

• Azúcar • 1 l de caldo de verdura • 40 g de vino blanco • 4 huevos

Elaboración
Dorar en una sartén con aceite el ajo y el jamón. Agregar la harina. Por último, los guisantes y el vino blanco. Dejar hervir 3 minutos y agregar el caldo; dejar 10 min más a fuego suave (destapado).
Escalfar los cuatro huevos, como explicamos en la receta correspondiente (ver pág. 286). En el fondo de cada plato sopero, servir los guisantes caldosos y, en medio, un huevo recién escalfado.
Una buena mezcla la de la yema sin hacer sobre los guisantes, ¡de verdad!

Cómo limpiar las habas

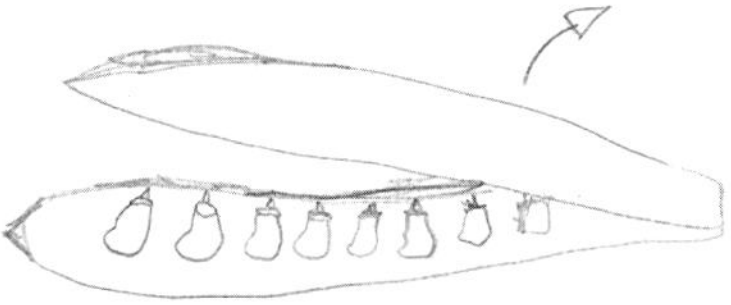

Abrir las vainas y desgranar las habas. (Hay recetas que se sirven con las vainas, pero sólo si son muy tiernas y recién cogidas.)
Ya estarán listas para cocinar, pero se va a hacer una separación:

las pequeñas 

las grandes 

Las pequeñas como están.

Las grandes es mejor repelarlas, si tenemos paciencia.
Meterlas en agua hirviendo durante 15 seg. Sacarlas en agua con hielo y, con cariño, ir pelándolas. Ganaremos en color (de un verde intenso frente al gris de las habas sin pelar), en textura (mucho más suaves) y, por supuesto, en sabor (totalmente diferente al de las habas con piel).
Apenas una pequeña incisión con un cuchillo o con la mano misma.

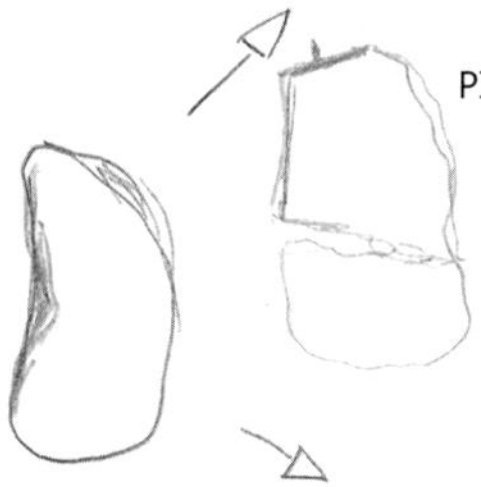

Merece la pena este trabajo, pero sólo si son grandes.

Como cocinar las habas

Elaboración
Es muy sencillo.
En agua hirviendo con algo de sal, apenas 2 ó 3 min.
Se pueden consumir así o fritas directamente sobre un poco de aceite de oliva. También con una combinación de las dos anteriores: un leve hervor (1 min) y después, saltearlas con un poco de aceite.

Habas con butifarra

Ingredientes
1 k de habas limpias • 1 butifarra negra • 1 cebolla • 1 tomate pequeño • 1 diente de ajo • 100 g de panceta en tiras • 250 g de

caldo de carne • Sal • Azúcar • Pimentón dulce • 30 g de aceite de oliva • 20 g de piñones

Elaboración

Sofreír la panceta en el aceite y ahí mismo echar la cebolla y el ajo. Dejar dorar levemente e introducir el tomate; dejar hacer 10 min. Agregar las habas y el caldo y dejar hervir 1 min; añadir la butifarra en trozos y dejar cocer 10 min. Agregar los piñones levemente tostados en el horno. Dar punto de sal, azúcar y pimentón.
Servir muy caliente.

Habas con jamón

Ingredientes

500 g de habas • 100 g de jamón en lonchas muy finas • 30 g de jamón en dados pequeños • 40 g de aceite de oliva

Elaboración

Freír en el aceite el jamón en daditos. Agregar las habas peladas y sofreírlas durante 2 min. Servirlas en un plato sopero sin apenas aceite y tapadas por un par de lonchas de jamón que al, depositarlas sobre las habas calientes, se volverán casi transparentes.

Habas con corazones de pollo

Ingredientes

400 g de habas • 20 corazones de pollo • 30 g de aceite de oliva • Sal • 40 g de aceite de oliva • 2 hojas de menta • 1 cebolla mediana.

Elaboración

Dorar la cebolla en el aceite, hasta que esté muy oscura. Agregar las habas y la menta y dejar hacer 5 minutos.

Limpiar los corazones de pollo y cortarlos en cuatro trozos; después, tostarlos en una sartén, hasta que estén crujientillos. Agregárselos a la preparación anterior.
Servir muy caliente.

Habas con queso

Ingredientes
400 g de habas grandes repeladas • 200 g de queso manchego en dados • ½ cebolla (o cebolleta) • 20 g de aceite de oliva virgen extra • 15 g de vinagre de Módena • 20 g de avellanas tostadas • Sal • Azúcar • 2 hojas de menta

Elaboración
Cocer las habas durante 3 min en agua hirviendo. Pasarlas por agua fría y repelarlas (recordad que, si son pequeñas, no vale la pena pelarlas). Reservar.
En un bol mezclar los ingredientes restantes y, por último, añadir las habas.
Servir frío-templado.

Hongos

Si tenemos la suerte de conseguirlos, hay dos maneras fundamentales de prepararlos que sirven para casi todas las setas.

a) Asados.
   Extendemos los sombreros de los hongos en una bandeja de horno con abundante aceite de oliva y un poco de sal; la introducimos al horno a 160 ºC durante 40 min.
   Los escurrimos del aceite (que nos servirá para los siguientes hongos y acentuarán su sabor) y los pasamos por una sartén antiadherente sin nada de aceite durante un minuto por cada lado.

Finalmente, los colocamos sobre un plato con un pelín de sal gorda por encima.
De esta manera, apreciaréis, verdaderamente, el aroma de los hongos.

b) A la sartén.
Dorar en una sartén con un poco de aceite de oliva un diente de ajo muy picado. Agregar los hongos fileteados: primero los tallos y al cabo de 5 min, los sombreros. Dejar hacer a fuego suave durante 10 min más.
Servir sobre un plato con un poco de perejil picado y espolvoreado sobre la superficie.
Consejo: si hubiese pocos hongos, podemos añadir un par de huevos batidos y "aumentaremos" el volumen del plato.

Maíz tostado

Ingredientes
2 mazorcas de maíz • 20 g de aceite de oliva • 100 g de mayonesa • Sal

Elaboración
Cortar las mazorcas en troncos de 3 cm de grosor.
Dorarlas en una sartén con un poco de aceite de oliva girándolas con ayuda de un tenedor, para que se doren por todos los lados.
Servirlas acompañadas de una mayonesa casera (ver pág. 241) y un poco de sal.

Maíz con manzana y tomates

Ingredientes
1 bote de maíz • 1 manzana reineta • 20 tomates pequeños (*cherry*) • 30 g de aceite de oliva • 15 g de vinagre de Módena • Sal • Azúcar

Elaboración

Retirar el agua del bote de maíz.

Mezclar el maíz con la manzana cortada en dados y los tomates abiertos por la mitad. Aderezarlo todo con aceite, vinagre, sal y un pelín de azúcar.

Un plato muy resultón, ¡os lo aseguro!

Cómo conservar las patatas

Con piel: por ejemplo, en un cesto (necesitan respirar), al abrigo de la luz y de la humedad. Las que tengan partes verdes —como diría mi buen amigo químico Yanko Iruin— rechazarlas por su componente tóxico (la solanina).

No es mal sitio el cajón de abajo del frigorífico destinado a la fruta y verdura.

Peladas: deben mantenerse en agua fría. Luego, no hay más que secarlas un poco con un trapo y utilizarlas para lo que se haya decidido.

Cómo asar las patatas

a) En el horno:
   Envolver cada patata en papel de aluminio.
   Colocarlas en la bandeja del horno precalentado: estarán listas entre 1 h 15 min y 1 h ½ min a 180 ºC (dependiendo de su grosor). En ese tiempo, darles vueltas para que se asen uniformemente.

b) En el microondas:
   envolver cada patata en film transparente y mantenerlas a la máxima potencia durante 10 min aproximadamente, dependiendo del tamaño.

Patatas cocidas

Ingredientes
4 patatas medianas • 2 l de agua • Sal

Elaboración
Introducir las patatas sin pelar en el agua a fuego suave durante, por lo menos, 45 min (si son grandes, necesitarán algo más de tiempo).
Sacarlas, pelarlas y cortarlas en rodajas.
Utilizarlas para acompañar, principalmente, a pescados (también a cualquier otro plato).

Patatas al microondas

Ingredientes
4 patatas medianas

Elaboración
Envolver bien cada patata en film transparente.
Colocarlas a la máxima potencia durante 8 minutos aprox. en el microondas (según el tipo y el tamaño, pueden necesitar más o menos tiempo).
Sacarlas con cuidado de su envoltorio (estarán muy calientes), pelarlas y disponerlas en un plato con sal.
Ideal para acompañar con algún mojo, mayonesa, etc.
Esta forma de cocinar patatas tiene todas las ventajas:
No ensuciamos la vajilla.
Mantenemos el sabor de patata pleno.
Se preparan muy rápido.

Patatas fritas

Ingredientes
2 patatas grandes • 300 g de aceite de oliva

Elaboración

Pelar las patatas y cortarlas en bastones de 1 cm de grosor más o menos.
Echarlas al aceite que no debe estar demasiado caliente (si lo estuviera, se nos quemarían por fuera y quedarían crudas por dentro).
Dejar que se vayan haciendo durante 8-10 min dándoles vueltas de vez en cuando.
Subir un poco el fuego para que se terminen de dorar por fuera.
Sacar a un papel absorbente.
Comer calientes con mayonesa, alioli, etc. Acompañan a todo lo que os apetezca.

Patatucas

Elaboración

Las patatucas son como las patatas fritas, pero en vez de tener forma de bastón fino, tienen forma de bastón grueso.
La preparación, como con las patatas fritas: se sumergen en aceite no muy caliente; se dejan hacer por dentro más tiempo; al final, se sube el fuego para que terminen de hacerse y dorarse por fuera.
Distintas; y una delicia para acompañar a cualquier cosa.
(Le encantaban a mi padre y, eso, es ya una garantía de calidad).

Cucurucho de patatas

Ingredientes

2 patatas • 300 g de aceite de oliva • Sal

Elaboración

Con ayuda de una mandolina cortar la patata ya pelada en rodajas muy finas y echarlas directamente sobre el aceite a fuego medio (no echar muchas para que no se peguen y no baje la temperatura del aceite drásticamente).

Dejar que se hagan, hasta que estén doradas y crujientes.
Sacar a un papel absorbente y echarles sal.
Servir rápidamente en un... cucurucho de papel; fundamental que lo hagáis en cucurucho, ¡os lo aseguro!
Mi madre me las preparaba recién hechas en un cucurucho de papel que, con mucha destreza y cariño, hacía delante de mis atónitos ojos. Me gustaba más verla hacer el cucurucho que comerme las patatas.
Ahora, eso sí: las patatas estaban de ¡chuparse los dedos!

Patatas asadas en horno I

Ingredientes
4 patatas medianas • Sal • 10 g de aceite de oliva

Elaboración
Disponer las patatas sin pelar envueltas por completo en papel de aluminio (que previamente hemos untado con algo de aceite de oliva).
Meter al horno durante 1 hora a 180 ºC. Si la patata es muy grande, quizás necesite más tiempo.
Retirar el papel de aluminio, abrirlas por la mitad y salar.
Acompañar con una mayonesa o con una vinagreta.

Patatas al horno II

Ingredientes
4 patatas medianas • 400 g de nata • 150 g de leche • Sal • 50 g de mantequilla • 100 g de queso rallado • Perejil picado

Elaboración
Pelar las patatas, cortarlas en rodajas finas y salarlas.
Colocarlas en una bandeja de horno y cubrirlas con la nata, la leche y la mantequilla derretida.

Tapar con papel de aluminio y meter al horno durante 40 min a 180 ºC.
Destapar, cubrir la superficie con queso rallado y gratinar, hasta que se doren por encima (en la parte de gratinar o subiendo el horno a 230 ºC).
Espolvorear con perejil picado.
Servir muy calientes solas o para acompañar a cualquier cosa.

Patatas a lo pobre

Ingredientes

4 patatas grandes • 1 pimiento verde • 1 cebolla • 4 dientes de ajo enteros • Sal • 200 g de aceite de oliva

Elaboración

Pelar y cortar las patatas en rodajas de ½ cm de grosor.
Cortar en juliana el pimiento y la cebolla.
Disponer todos los ingredientes ya salados en una sartén cubiertos por el aceite a fuego suave durante 35 minutos.
En vez de una sartén, se puede utilizar el horno; en este caso serán 40 min a 170 ºC.
Escurrir las verduras y disponerlas en cada plato para comerlas solas o como acompañante de todo lo que queráis: ¡una auténtica delicia!

Patatas bravas

Ingredientes

2 patatas grandes • 150 g de mayonesa • 30 g de tabasco • 30 g de puré de pimientos picantes • 300 g de aceite de oliva

Elaboración

Pelar y cortar las patatas en forma irregular, como si se estuviesen cascando para un guiso.

Freírlas como las patatas fritas (ver pág. 199).
Escurrirlas sobre un papel absorbente y acompañarlas con la mayonesa salpicada de tabasco y salsa de pimientos picantes.
Muy demandadas como aperitivo.

Patatas a la marinera

Ingredientes
3 patatas medianas • ½ k de mejillones • 100 g de almejas • Perejil picado • 100 g de vino blanco • 1 ajo • 20 g de aceite de oliva • Sal

Elaboración
Disponer en una sartén el ajo picado con el aceite. Cuando se dore, añadir las patatas peladas, cortadas en rodajas finas y levemente saladas.
Agregar el vino blanco y dejar hervir, por lo menos, 5 min a fuego suave. Añadir, después, las almejas y los mejillones. Dejar que se haga el conjunto tapado durante 5 min más (las almejas y los mejillones se abrirán).
Dar punto de sal (¡Ojo con la sal!, almejas y mejillones la tienen en cantidad.) y de perejil picado.

Patatas con bacalao

Ingredientes
2 patatas grandes • 50 g de bacalao (seco y sin desalar) • 1 l de agua • ½ cebolla • Perejil • 1 diente de ajo • ½ pimiento verde • 20 g de aceite

Elaboración
Picar muy finamente la cebolla, el pimiento, el ajo y el perejil.
En una cazuela con aceite echar las verduras; rehogar el conjunto y añadirle las patatas peladas y cascadas.

Agregar el bacalao desmigado en trozos irregulares (no lo hemos desalado, simplemente lo hemos pasado por el chorro de agua fría 5 segundos para quitarle la sal sobrante).
Por último, añadir el agua.
Dejar cocer a fuego medio 45 min aprox.
Nos quedará un guiso sencillo; pero el bacalao salado nos aportará mucho sabor y un punto de sal exacto. En caso de que no fuera así, tenéis dos opciones:
Si está soso, muy fácil: añadir sal.
Si está salado, entonces no es tan fácil: añadir otra patata cocida en agua sin sal y un poco más de agua.

Patatas a la riojana

Ingredientes

4 patatas medianas • 150 g de chorizo en trozos gruesos • 5 g de pimentón picante o dulce • 1 cebolla • 2 dientes de ajo • 1 pimiento choricero • 1 l de agua • ½ pimiento verde • 20 g de aceite de oliva

Elaboración

Picar finamente la cebolla, el pimiento verde y el ajo y sofreírlo todo en el aceite. Cuando esté levemente dorado, agregarle el chorizo, a continuación, las patatas y, por último, el agua con el pimentón y el pimiento choricero.
Dejar hervir a fuego medio 15 min. Rescatar el pimiento choricero y pelarlo; extraer su carne y devolverla al guiso.
Dejar hervir otros 15 min largos. Nos quedará un guiso caldoso.
En caso de que se os seque, echarle un poco de agua. Si nos queda ligero, remover un poco con una cuchara de palo para romper algo la patata que soltará la fécula necesaria para ligar el conjunto.
La carne de pimiento choricero se comercializa en pulpa: nos evita la operación de limpiarlo y el resultado es similar.

Guisado de patatas con bacalao

Ingredientes

800 g de patatas • 150 g de bacalao desalado • 1 cebolla • 1 pimiento • 1 ajo • 3 cs de aceite • Sal • Agua

Elaboración

Picar finamente la cebolla, el pimiento y el ajo y disponerlo en una cazuela con el aceite. Cuando esté pochado, añadir el bacalao desmigado y, a continuación, agregar agua. Cuando empiece a hervir, añadir las patatas peladas y troceadas. Una vez cocidas, rectificar de sal.

Guisado de patatas con chorizo

Ingredientes

800 g de patatas • 4 chorizos • 1 cebolla • 2 pimientos choriceros • 1 ajo • 1 cs de aceite • Sal • Agua

Elaboración

En una cazuela poner el aceite y la cebolla finamente picada, sofreír levemente y añadir los chorizos cortados en trozos; después, agregar el agua y los pimientos choriceros, que se habrán limpiado bien, abierto con una tijera y despepitado.

Cuando el agua empiece a hervir, añadir las patatas cortadas en trozos. Pasados 5 min, sacar los pimientos y, con ayuda de un cuchillo, extraerles la carne y tirar la piel. Agregar esta carne a las patatas. En el mercado se puede encontrar la carne de los choriceros ya preparada en bote: si elegís esta opción, añadir 1 cc de pimientos choriceros.

Papas arrugadas

Ingredientes

1 k de patatas arrugadas • 300 g de mojo picón

Elaboración

Para esta receta necesitamos las papas arrugadas típicas de la zona canaria (pequeñas y arrugadas después de la cocción). Su elaboración es sencilla, pero conseguirlas, no tanto.

Poner a cocer en abundante agua las patatas enteras con sal; dejar cocer 35-40 min (más o menos, siempre en función del tamaño).

Retirar el agua y dejarlas en la misma cazuela a fuego mínimo, para que se sequen y se arruguen (lo que ocurre en apenas 5 min); por supuesto, moviéndolas levemente y con cariño, para que no se peguen.

Servir calientes con el mojo que más te guste (ver pág. 263).

Patatas con beicon

Ingredientes

4 patatas medianas • 6 lonchas de beicon • 3 dientes de ajo • 20 g de aceite de oliva • Sal

Elaboración

Cocer las patatas como en la receta de "Patatas cocidas" (ver pág. 199).

Pelarlas y cortarlas en rodajas de 1 cm de grosor. Salarlas levemente y colocarlas en una fuente.

Aparte, dorar los ajos con el aceite y verterlo sobre las patatas.

En esa misma sartén, dorar las lonchas de beicon y disponerlas sobre las patatas.

Servir todo muy caliente.

Patatas rellenas

Ingredientes

4 patatas pequeñas • 150 g de *mousse* de *foie* • 40 g de champiñones • 50 g de nata líquida • 200 g de leche • Sal • Perejil • 1 diente de ajo • 20 g de aceite

Elaboración

Pelar las patatas y darles forma de cilindro. A continuación, y con ayuda de un descorazonador de manzanas, hacerles un agujero de lado a lado.

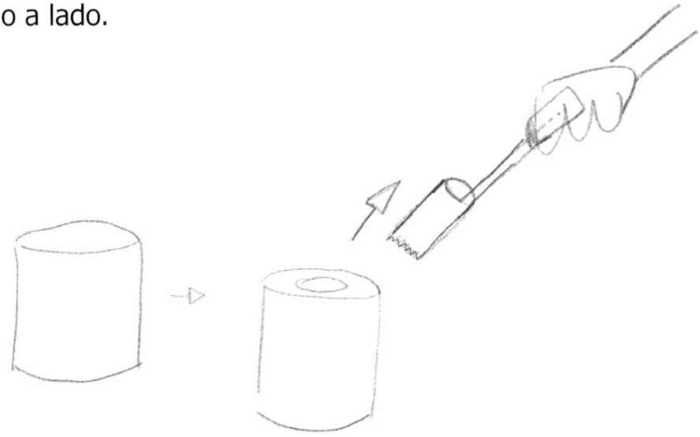

Cocer las patata en agua levemente salada durante 20-25 min a fuego suave y con cuidado de que no se rompan —al vapor también es una buena opción—. Sacar, secar con un trapo y rellenar con la *mousse* de *foie*.

Servir con la salsa de champiñones que se explica a continuación:

Dorar en una sartén el ajo bien picado con los champiñones troceados.

Añadir la nata y dejar reducir. Por último, la leche y el perejil. Dejar hervir 2 min y triturar a conciencia. Dar punto de sal.

Patatas rellenas de trufas

Ingredientes

4 patatas grandes asadas • 2 cs de trufa rallada fresca (si es de bote, aprovechar también el caldito) • 200 ml de nata líquida • Sal

Elaboración

Partir por la mitad las patatas asadas (ver pág. 201); con ayuda de una cucharilla, vaciar el interior, triturarlo y reservar.

En una cazuela poner a hervir la nata con la trufa (junto con su caldito, si son de bote); cuando esté cremosa, retirarla del fuego. Añadirle sal y mezclarla con el interior de la patata triturada. Rellenarlas con esta mezcla.

Servir muy caliente.

Patatas con trufa

Ingredientes

4 patatas asadas • 4 cs de trufa rallada • 4 cs de aceite de oliva • Sal • Pimienta

Elaboración

Una vez asadas las patatas (ver pág. 201), pelarlas y cortarlas en rodajas de 2 cm de grosor.

Dorarlas en el aceite, salpimentar y añadirles abundante ralladura de la trufa.

Patatas rellenas de hongos o setas

Ingredientes

4 patatas grandes • 250 g de hongos • Perejil picado • 200 ml de nata líquida • Aceite • Sal

Elaboración

Asar las patatas en el horno envueltas en papel de aluminio a 200 ºC durante 1 h 20 min (dependiendo de cómo sea su tamaño). Si queréis asarlas en el microondas: envolverlas en film transparente e introducirlas a la máxima potencia durante 10 min aprox.

Cortar las patatas por la mitad; con una cucharilla, vaciar su interior y reservar para otro menester.

En una sartén con aceite saltear los hongos (guardar unos pocos que emplearemos al final como adorno) o las setas cortadas en trozos pequeños; añadir la nata y dejar reducir, hasta que estén cremosas. Corregir de sal.
Rellenar las patatas con esta mezcla y adornar con los hongos reservados y el perejil picado.

Cómo quitarles el amargor a los pepinos

Es muy sencillo.
Se cortan en la forma que queramos y se espolvorean con un poco de sal.
Se dejan así ½ hora para que suelten el agua.
Se lavan con un poco de agua fría, se secan y se emplean en los platos que queramos (ensalada...).
Esta operación también se puede aplicar con las berenjenas.
Aunque a mí, personalmente, no me molesta nada su sabor amargo.

Pepino a la plancha

Ingredientes

2 pepinos • Sal • Azúcar • Aceite de oliva

Elaboración

Cortar en rodajas de 1 cm los pepinos y espolvorearlos con sal por encima.
Esperar ½ hora, secarlos y pasarlos por la plancha, hasta que se doren.
Cuando ya los hayamos sacado, espolvorearlos con un poco de azúcar.
El sabor será especial; pero aconsejable como acompañante de carnes.

Pimientos del piquillo

Ingredientes
1 lata de pimientos del piquillo • 50 g de aceite de oliva • 70 g de agua • Sal • Azúcar

Elaboración
Poner en una bandeja de horno todos los pimientos bien extendidos y cubrirlos con el aceite, el agua y los jugos de la propia lata, además de la sal y el azúcar. Hornear a 190ºC durante 10 min. Darles la vuelta y asarlos otros 10 min por el otro lado.
Servirlos en una bandeja muy calientes, como aperitivo o como guarnición de carnes.

Pimientos del piquillo fritos o a la plancha

Ingredientes
1 lata de pimientos de piquillo • 100 g de aceite de oliva • Sal • Azúcar

Elaboración
En una sartén con poco aceite, apenas tres o cuatro cucharadas, freír-planchar, es decir, planchar con más aceite de lo normal, los pimientos a fuego medio durante 4-5 min por cada lado, hasta que estén dorados por ambos lados. Dar punto de sal y de azúcar. Éste último, muy importante.
Ideal para acompañar a carnes o solos.
Nota: se dice freír-planchar cuando el producto se dora como a la plancha y, además se fríe.

Pimientos del piquillo rellenos I

Ingredientes
1 lata de pimientos • 1 lata de atún

Elaboración

Hacer los pimientos (ver pág. 210).
Una vez hechos, dejarlos enfriar y rellenarlos con trozos grandes de atún.
Servirlos a temperatura ambiente.
Acompañar de una vinagreta o solos.

Pimientos del piquillo rellenos II

Ingredientes

1 lata de pimientos del piquillo • 400 g de masa de croquetas de bacalao (ver pág. 85) • 500 g de salsa de cebolla (ver pág. 251)

Elaboración

Cocinar los pimientos según la receta de la pág. 210.
Una vez fríos, con la cucharilla o con una manga pastelera, los rellenamos con la masa de croquetas tibia.
Distribuir en una bandeja de horno los pimientos rellenos. Taparlos con papel de aluminio y hornearlos a 180 ºC durante 15 min.
Servirlos acompañados de la salsa de cebolla.

Pimientos del piquillo rellenos III

Ingredientes

1 lata de pimientos del piquillo • 400 g de bacalao desalado • 100 g de aceite de oliva

Para la salsa de piquillos:
½ lata de pimientos del piquillo • 1 l de consomé • 1 cebolla • 1 manzana reineta pequeña • Aceite de oliva • Sal • Azúcar

Elaboración

Hacer los pimientos (ver pág. 210).
Dejar enfriar y reservar.

Dar un toque de calor al aceite para hacer muy suavemente el bacalao. Apenas haya cogido temperatura, retirar y deshojar los lomos de bacalao (con los que rellenaremos los pimientos). Nos sobrará aceite que reciclaremos para otros platos.
Los extendemos en una bandeja del horno y los calentamos a 180 ºC durante apenas 10 min.
Para la salsa de piquillos:
Pochar la cebolla, hasta que esté dorada (con un poco de aceite). Agregar los pimientos, la manzana (en trozos, descorazonada y sin pelar) y, por último, el consomé. Dejar pochar todo a fuego medio durante 15 min. Triturar, colar y añadir sal y azúcar.
Napar los pimientos con esta salsa e introducirlos en el horno aproximadamente 5 min a 160 ºC.

Estupendo como primer plato.

Pimientos del piquillo rellenos IV

Ingredientes
1 lata de pimientos del piquillo • 200 g de Roquefort • 100 g de Philadelfia • 50 g de nata • Vinagre de Módena • Aceite de oliva

Elaboración
Hacer los pimientos (ver pág. 210).
Dejar enfriar y reservar.
Mezclar los dos quesos con la nata, hasta que quede una masa espesa. Rellenar con ella los pimientos.
Servir templados o fríos acompañados de un buen aceite de oliva virgen extra y unas gotas de vinagre de Módena.

Pimientos del piquillo rellenos V

Ingredientes
1 lata de pimientos del piquillo • 1 lata de espárragos grandes

Elaboración

Hacer los pimientos del piquillo (ver pág. 210).
Dejar enfriar y cortar en tiras rectangulares.
Envolver los espárragos con los trozos de pimiento, como se indica en el dibujo que sigue:

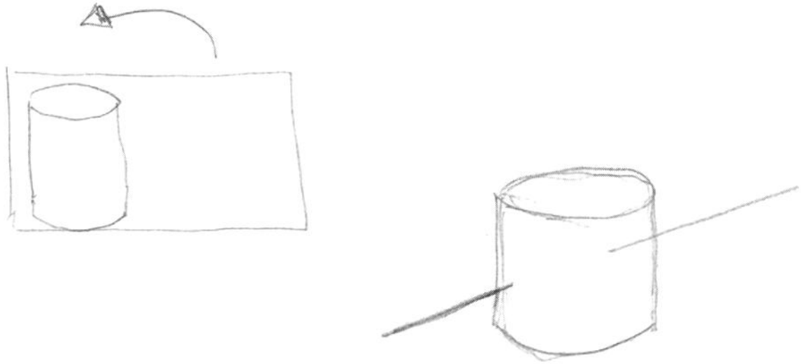

Envolverlo con un palillo y tomar templado.
El sabor piquillo y el del espárrago competirán, pero no se anulan entre ellos.

Pimientos rojos morrones asados

Ingredientes

4 pimientos rojos morrones • Sal • Azúcar • Aceite de oliva

Elaboración

Sobre una placa de horno, disponer las cuatro piezas de pimientos enteros y asarlos en el grill (a tope), dándoles vueltas, según vayan poniéndose negros.
Cuando esto ocurra, retirar las pieles negras, el interior y su base leñosa. Recoger también el jugo que han soltado al asarse: verdadera esencia de textura aceitosa, del pimiento. ¡Una maravilla!
Eso sí, apenas saldrá, de cuatro pimientos, ½ vasito de esa esencia.

verduras

Pasarlos por la sartén con un poco de aceite y freírlos o plancharlos, hasta que estén dorados, con un par de minutos a fuego medio será suficiente. Dar toque de azúcar y sal.

Servirlos muy calientes acompañados del vasito de su propio jugo, que apenas dará para un sorbo por comensal, pero suficiente.

Pimientos morrones con atún

Ingredientes

4 pimientos rojos morrones • 1 lomo de atún fresco o de lata • 100 g de aceite de oliva • 30 g de vinagre de Jerez • 3 g de sésamo (optativo) • 3 g de perejil picado

Elaboración

Elaborar los pimientos como en la receta anterior.

Cortarlos en tiras anchas y extenderlas en un plato cubriendo todo el fondo. Encima, los trozos de atún fresco o de lata, previamente salteado y cortado en daditos.

Rematar el plato templado con la vinagreta en la cual el sésamo hará un contrapunto único.

Pimientos morrones rellenos

Ingredientes

4 pimientos rojos morrones • 8 lonchas de queso Idiazabal ahumado • Aceite de oliva virgen extra • Sal gorda

Elaboración

Preparar los pimientos (ver pág. 213).

Disponer en un plato las tiras anchas de pimiento, recién pasado por la sartén (ver pág. 210).

Encima, las láminas de queso finas o gruesas, como queramos.

Por último, un buen chorro de aceite de oliva y unos granos de sal gorda.

Comer templado.

Pimientos verdes fritos

Ingredientes

8 pimientos verdes frescos • Aceite de oliva • Sal • Azúcar

Elaboración

Poner en una sartén un poco de aceite; cuando no esté muy caliente, sumergir los pimientos y dejar que se vayan haciendo dándoles vueltas con regularidad.

La piel se irá tornando de color grisáceo, a la vez que se irán formando pequeñas bolsas por donde la temperatura ha sido más fuerte.

En apenas 5-10 min, dependiendo del tamaño, los tendremos listos.

Cuando los sacamos de la sartén, se suelen deshinchar un poco. Es entonces cuando comenzamos a quitarles la piel, en caso de que los queramos rellenos, así como su base donde se encuentran las pepitas. Estarían listos para rellenar.

Sino, simplemente, darles toques de sal gorda y algo, muy poco, de azúcar y... ¡a comer bien calientes!

Pimientos verdes rellenos de manitas de cordero

La mejor receta de pimientos verdes, la da mi amigo Karlos Arguiñano. Los rellena de manitas de cordero y están de chuparse los dedos. Ahí va.

Ingredientes

12 pimientos verdes grandes (asados y pelados) • 2 huevos duros • 4 hongos grandes • 2 dientes de ajo • 1 cebolla • Sal • Aceite • 1 paletilla de cordero pequeña • 16 manitas de cordero

Bechamel

Medio litro de leche • 50 g de harina • 40 g de harina

Salsa

1 cebolla • 2 zanahorias • 1 pimiento verde • 1 tomate • 1 cuello de cordero • 250 g de vino tinto • 4 tallos de hongos • Caldo (extraído de la cocción de la paletilla de cordero)

Elaboración

Cocer por separado la paletilla y las manitas, añadiéndoles algunas verduras y un poco de tomillo. Una vez cocidas, desmigarlas y reservar la carne y el caldo de la cocción.

En una cazuela pochar dos ajos y una cebolla, todo picado muy finamente. Cuando esté pochado, añadir los sombreros de los hongos picados, los huevos duros también picados, las carnes desmigadas y la bechamel. Si os queda muy espeso, agregar un poco de caldo de cocción de la paletilla. Hervir el conjunto unos minutos y dejar enfriar.

Para hacer la salsa, picamos la verdura y la pochamos con un poco de aceite y con los tallos de los hongos. Después, añadimos el cuello de cordero troceado, el vino y lo dejamos reducir 5 min, agregando un poco de caldo de la paletilla.

Dejar hervir 30 min a fuego suave y retirar el cuello. Triturar, colar y reservar.

Rellenar los pimientos con la mezcla de la bechamel y el cordero, con ayuda de una cucharilla.

Colocarlos sobre una fuente de horno, agregarles la salsa y hornear 10 min a 180 ºC

Servir muy caliente.

Un plato probado en el restaurante de Karlos Arguiñano que difícilmente olvidaré.

Pimientos de Padrón fritos

Ingredientes

60 pimientos de Padrón • Aceite de oliva • Sal gorda

Elaboración

Ver pág. 215 pero teniendo en cuenta que, al ser más pequeños, se nos harán en menos de la mitad de tiempo.

Justo cuando vemos que su piel se vuelve grisácea, estarán ya hechos.
Un toque de sal y... ¡a zampar!
Tener preparado un vaso de agua o mejor dos, por si acaso nos toca el pimiento picante: suele haber pocos, pero muy potentes. Ése es parte del encanto del Padrón.

Pimientos de Gernika fritos

Ingredientes

40 pimientos de Gernika • Aceite de oliva • Sal gorda

Elaboración

Estos pimientos tienen un tamaño intermedio entre los de Padrón (más pequeños) y los pimientos verdes normales o italianos (más grandes).
Freír en una sartén con aceite, justo hasta que la piel les cambie de color por toda su superficie.
Lo demás, como siempre: sal y... ¡a ponerse las botas!
En este caso es muy difícil encontrar alguno picante, o sea que el vaso de agua sobra.

Pimientos entreverados

Ingredientes

1 lata de pimientos entreverados (rojos y verdes) • Aceite de oliva • Sal • Azúcar

Elaboración

Si tenemos la suerte de conseguir una lata de pimientos entreverados (rojos y verdes), podemos prepararlos a la plancha con un poco de aceite, hasta que estén dorados. Dar un toque de sal y azúcar y acompañarlos, por ejemplo, con higaditos de pollo fritos en trocitos en la sartén.
¡Exquisitos!

Cómo limpiarlos pimientos choriceros secos

Lavar bien bajo el grifo los pimientos, abrirlos y quitarles las pepitas. A continuación, introducirlos en una cazuela con agua caliente; ahora tenéis dos opciones: dejarlos a remojo durante unas 4 h o ponerlos a hervir durante unos 5 min. Una vez hidratados, sacarlos y, con un cuchillito, rasparles la carne separándola de la piel: ya tenemos su carne preparada para poder utilizarla.
La carne de los pimientos choriceros también se puede comprar en bote, preparada para emplearla en cualquier plato.

Los palos del puerro

Verano no es época de puerros, aunque ahora casi está desapareciendo, por desgracia, el asunto de la estacionalidad.
En esta época suele aparecer lo que llamamos el "palo del puerro": un interior a lo largo de la planta que puede llegar a ocupar casi todos los círculos interiores con una consistencia leñosa y que, en principio, habrá que desechar. Digo en principio porque, después, veremos que, si queremos hacer una sopa que va triturada, nos importa un bledo; pero si lo cocemos, el palo interior quedará duro, cuando el exterior ya esté blandito.
O sea que al loro con el palo, *no nos vayan a dar el palo*.

Cómo limpiar puerros

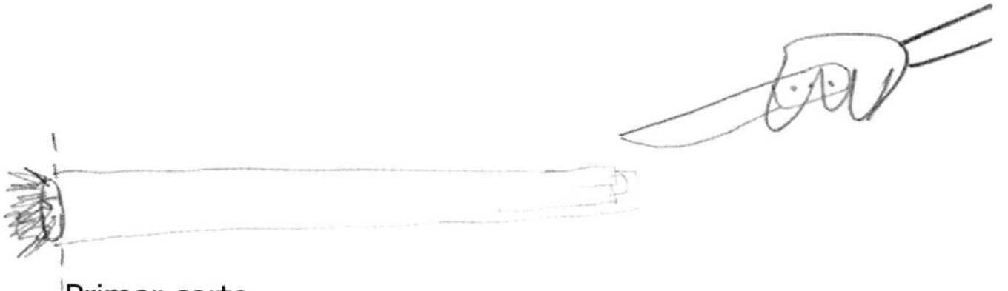

Primer corte

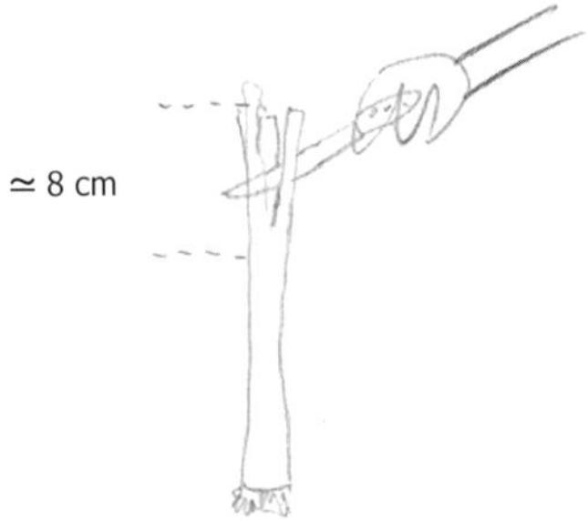

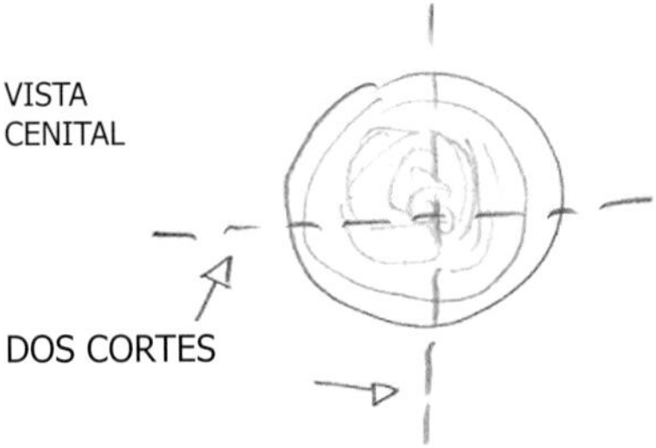

Dos cortes de la zona verde para que se abran y podamos limpiarlos bajo el chorro del agua. Esta parte verde es donde se acumula tierra.

Aperitivo de puerros a la plancha

Ingredientes

4 puerros • 150 g de mayonesa • Aceite de oliva • Sal

Elaboración

Limpiar y cortar los puerros en cilindros de 3 cm de altura.

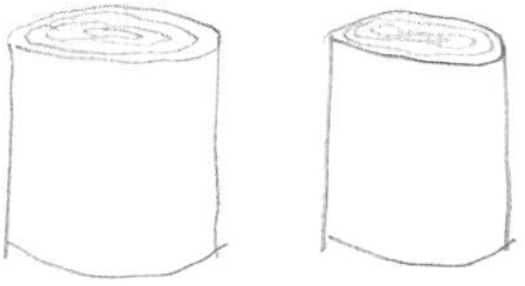

Pasarlos por la plancha, hasta que estén dorados por los dos lados, a fuego suave y con un poco de aceite: 5 min, mínimo por cada lado. Dar punto de sal.

Nos quedarán con una textura muy agradable.

Acompañar con mayonesa o con cualquiera de los mojos que describimos en la sección correspondiente (págs. 263).

Aperitivo de puerros rellenos

Ingredientes

4 puerros • 1 lata de migas de atún en aceite • 50 g de mayonesa

Elaboración

Cortar los puerros y cocinarlos a la plancha (ver pág. 220) Vaciar las capas interiores.

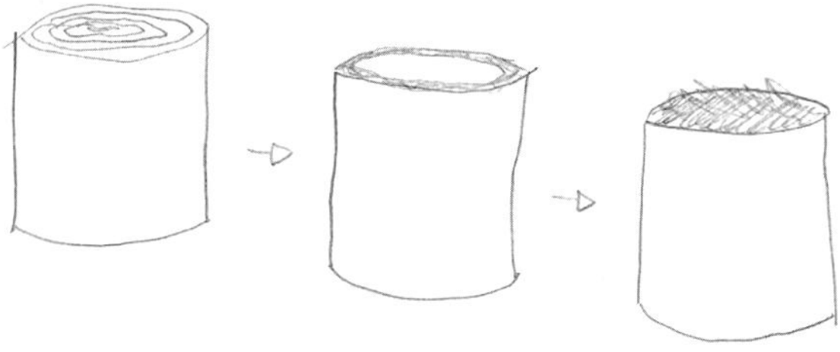

Rellenar con la mezcla del atún (escurrido del aceite) y la mayonesa. Una vez formada una especie de pasta, será más fácil rellenarlos.

Servirlos sobre una cuchara, como aperitivo.
Consejo: el interior de los puerros que desechamos, utilizarlo, picado, para hacer una vinagreta de puerros.

Puerros fritos

Ingredientes
2 puerros • 30 g de harina • Aceite para freír

Elaboración
Cortar los puerros (muy finos) en juliana, del tamaño de una cerilla.
Secarlos levemente con un paño. Enharinarlos y freírlos en aceite caliente, hasta que estén dorados.
Nos quedará una montaña de verdura fina y crujiente que será ideal para servir, simplemente, en una fuente grande de aperitivo.

Puerros en vinagreta (con la parte blanca)

Ingredientes
4 puerros (sólo lo blanco; lo verde para la siguiente receta)
Para la vinagreta:
100 g de aceite de oliva • 50 g de vinagre blanco • 1 huevo duro • Perejil picado • ¼ de cebolla muy picada • Sal

Elaboración
Poner a cocer los puerros enteros en agua con algo de sal, durante 15 min a fuego medio.
Escurrir bien y reservar.
Aparte, preparar la vinagreta, picando el huevo cocido y añadiendo los restantes ingredientes.
Verterla sobre los puerros y dejarlos así 6 horas en el frigorífico.
Degustar en frío, aunque también se puede hacer en caliente.

Tarta de puerros

Ingredientes
350 g de pasta quebrada • 6 puerros • 5 yemas • 80 g de nata • 1 huevo • Aceite de oliva

Elaboración
Se prepara exactamente igual que la tarta de cebolla (ver pág. 171); pero sustituyendo las cebollas por puerros. En este caso, no es necesario hacer el puerro tanto tiempo; con que lo salteemos durante 10 min, será suficiente. Todo lo demás es idéntico; claro, el sabor es distinto, pero igual de sabroso.

Puerros gratinados

Ingredientes
4 puerros (sólo lo blanco) • 250 g de bechamel • 100 g de queso Parmesano • Sal

Elaboración
Cocer los puerros durante 15 min en agua con sal a fuego medio. Después, secarlos a conciencia, colocarlos en una tartera y cubrirlos con la bechamel ligera y caliente (ver pág. 240). Espolvorear con queso rallado y gratinar en el grill del horno o en un horno muy fuerte a 230 ºC, hasta que la superficie esté dorada y el interior muy caliente.

Guarnición de puerros crudos

Ingredientes
1 puerro • Aceite de oliva • Sal

Elaboración

Cortar el puerro en juliana muy fina, con ayuda de un cuchillo afilado.

Espolvorear con sal y aceite de oliva.

Muy apropiado para acompañar en un primer plato de pescado o verdura a la plancha.

La misma receta anterior se puede rematar con unas hebras de puerro crudo. Pero eso sí, el corte tiene que ser muy fino. Al principio saldrán un poco gruesos; pero con el tiempo... muy finos, seguro.

Cómo cocer la remolacha

Es muy sencillo.

Se cuece entera sin pelar en abundante agua hirviendo con sal.

Cuando esté blanda (45 min aprox., según el tamaño. Esto se comprueba con la punta de un cuchillo), retirarla del fuego y dejar que se enfríe.

Pelarla y utilizarla como queramos (aguantará en el frigo unos días).

Remolacha roja con patata

Ingredientes

2 remolachas cocidas • 2 patatas • 2 tomates

Para la vinagreta:

30 g de aceite de oliva • 15 g de vinagre de sidra • Sal • Azúcar

Elaboración

Asar las patatas (ver pág. 198).

Pelar los tomates.

Cortar en rodajas de 1 cm los tres ingredientes principales.

Montar pequeñas "torres" en cada plato: primero la remolacha; encima, las patatas y, por último, el tomate.
Aderezar con la vinagreta.

Remolacha frita

Ingredientes
2 remolachas crudas • Aceite para freír • Sal

Elaboración
Cortar las remolachas ya peladas en rodajas finas con la ayuda de una mandolina
Freírlas en el aceite medio caliente, hasta que estén crujientes, pero sin que pierdan en exceso su color y salarlas.
"Chips" ideales para acompañar a carnes o a pescados.

Setas guisadas

Ingredientes
500 g de setas • 1 cebolla • 1 ajo • 150 g de nata • 50 g de piñones • 3 cs de aceite de oliva • Sal

Elaboración
En una sartén o en una cazuela, poner el aceite junto con la cebolla y el ajo muy picados. Cuando empiecen a dorarse, añadirles las setas limpias; saltearlo todo y, a continuación, añadir la nata líquida. Dejar que cueza, hasta que esté cremoso.
Cuando esté casi hecho, añadir la sal y los piñones.

Cómo pelar un tomate

A. Hacer una incisión pequeña en la base del tomate de 1 cm de largo.

Echarlo en agua hirviendo.
En apenas 1 min, la incisión se habrá agrandando rodeando por completo el tomate. Lo retiramos a un recipiente con agua muy fría o con hielos. Lo dejamos 2 min y lo pelamos: la piel saldrá con suma facilidad.

B. Pelarlo con ayuda de un pelador muy afilado, ya que es un poco más difícil, debido a la consistencia de la piel del tomate.

Cómo vaciar los tomates para rellenarlos

Con la punta de un cuchillo hacer una circunferencia en la parte superior del tomate.
Levantar la corona donde estaba el pedúnculo y, con una cucharilla, vaciarlos.
Echarles dentro un poco de sal y colocarlos boca abajo para que escurran: ya están listos para ser rellenados.

Tomates asados I

Ingredientes
4 tomates grandes • 50 g de aceite de oliva • 30 g de vinagre de Módena • Sal • Azúcar • Orégano picado • Romero picado • Pimienta negra • Pimienta blanca

Elaboración
Pelar los tomates (ver pág. 225).
Cortarlos por la mitad y dejarlos en dos trozos grandes; añadirles los restantes ingredientes. Primero las pimientas y, por último, el vinagre y el aceite.
Los metemos en la bandeja del horno durante 25 min a fuego fuerte (180ºC).
Servir muy calientes.

Tomates asados II

Ingredientes

4 tomates medianos (pelados o sin pelar) • 200 g de Mozarella • Orégano picado • 50 g de aceite de oliva • Sal • Azúcar

Elaboración

Cortar los tomates en rodajas de 1 cm de grosor. Colocarlas sobre una bandeja de horno; encima, echar la sal, el azúcar, el aceite y, por último, el queso.

Hornear a 10 min a fuego muy fuerte 200 ºC.

Degustar inmediatamente.

La mejor pizza del mundo sin masa: el secreto no está en la masa.

Cómo hacer tomates secos

Primero, se dejan secar los tomates al sol durante 4-5 días: se abren por la mitad, se salan y se dejan al sol. Pero, ¿y si no brilla el sol en 4 días? Pues muy sencillo: los metemos en un horno a 60 ºC durante 12 horas y, en caso de que todavía no estén secos, al día siguiente, volvemos a meterlos al horno otras 12 horas más (a esa temperatura, el horno consume muy poca electricidad).

Pasado este tiempo, los introducimos en aceite de oliva con orégano, ajo y tomillo. Los dejamos 24 horas y ya los podemos consumir: sobre una rebanada de pan y unos trozos de atún en conserva ... ¡estupendos!

Consejo: esto podemos hacerlo con el tomate con piel o pelado. En ambos casos, genial;

pero prefiero la segunda opción.

Hay una tercera opción: comprarlos ya secos (ideales también).

Si se quiere, se hidratan en apenas unas horas para una vinagreta, por ejemplo.

Tomates secos con codornices

Ingredientes

4 tomates secos • 4 pechugas de codorniz • Ajos • 4 rebanadas de pan • Aceite de oliva • Perejil picado

Elaboración

Poner a tostar el pan por los dos lados y reservar.

Encima, extender unos trozos de tomate seco.

Por último, la pechuga de codorniz que hemos dorado en una sartén con un poco de aceite y con el ajo picado y tostado. Espolvorear con perejil picado.

Un pincho sencillísimo.

Por supuesto, ni se te ocurra tirar los muslos: al día siguiente, fritos para empezar la comida o la cena.

Tomates secos con queso

Ingredientes

8 tomates secos • 200 g de manchego curado

Elaboración

Cortar en bastones el queso. Hacer un pincho con el tomate seco y sujetarlo con un palillo.

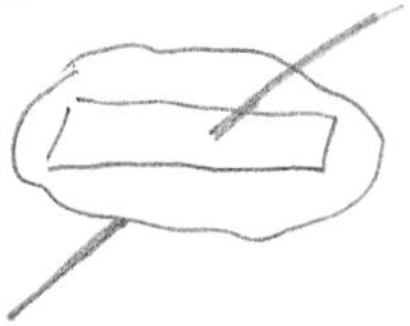

Pasarlo por una sartén antiadherente por espacio de 1 min; pero sin que se derrita el queso.

Servirlo solo sobre una rebanada de pan, acompañado por el aceite de los tomates.

Tomates rellenos (en frío)

Ingredientes

4 tomates grandes • 300 g de atún fresco o de lata • 90 g de mayonesa • 10 g de tomate *Ketchup* • 2 g de Tabasco

Para la vinagreta

30 g de aceite de oliva • 20 g de vinagre blanco • 30 g de perejil muy picado • Sal

Elaboración

Pelar los tomates según el método de la inmersión en agua hirviendo (ver pág. 225).

Cortarlos por la mitad y vaciarlos con una cuchara (podéis reservar el contenido, por ejemplo, para un gazpacho). Reservar.

Limpiar el atún y retirarle la piel y las espinas; después, freírlo, cortado en rodajas y dejarlo enfriar por completo.

Mezclar en un bol aparte el atún desmenuzado con la mayonesa, el Ketchup y el Tabasco. Hacer una masa densa y rellenar los medios tomates.

Servirlos en el plato de esta forma: ocultando el relleno. Por encima, no nos queda más que verter la vinagreta de perejil, que nos hará un bonito contraste con el rojo del tomate (lo que no ocurriría, si el tomate está dado la vuelta).

Tomates rellenos (en caliente)

Ingredientes

4 tomates grandes-medianos • 6 ajos tiernos muy picados • Aceite de oliva • 3 cebolletas muy picadas • 12 langostinos • 150 g de nata • Orégano • Sal • Azúcar

Elaboración

Pelar los tomates (ver pág. 225).

Con ayuda de un cuchillo afilado y una cucharilla haremos una incisión en la parte superior y, con mucho cuidado, iremos vaciándolos. Esta es una operación un poco delicada, pero enseguida le cogeremos el tranquillo. Reservar.

En una sartén con muy poco aceite, pochar las cebolletas picadas y los ajos. Agregar las colas de los langostinos troceadas y las cabezas; cuando estén hechas, apretarlas de una en una (con cuidado de no quemarse) para que suelten todo el jugo a la mezcla y desecharlas.

Agregar la nata y dejar reducir a fuego suave 7 min.

Dejar enfriar y rellenar los tomates por la abertura.

Disponerlos en una fuente y echarles sal, azúcar, un poco de orégano y aceite de oliva. Hornear 10 min a 180 ºC. Servir muy caliente.

Tomates confitados

Ingredientes

4 tomates • 80 g de aceite de oliva • 2 dientes de ajo • 50 g de azúcar • Sal • Orégano

Elaboración

Escaldar los tomates y pelarlos (ver pág. 225).

Trocearlos en cuatro y quitarles las pepitas. Ponerlos en una sartén con dos dientes de ajo y dejar que se hagan a fuego lento durante 30 min. Añadir la sal, el azúcar y el orégano y dejar que se hagan a fuego muy suave durante 1 hora (tapados).

Sacar, escurrir del aceite y consumirlos solos o como acompañamiento de una carne.

Tomates al *pesto*

Ingredientes

4 tomates medianos • Sal • Azúcar • 200 g de pesto

Elaboración

Pelar los tomates (ver pág. 225), cortándolos por la mitad de manera que alcance a dos trozos por comensal —con la superficie plana hacia arriba—. Espolvoreamos con sal y azúcar cada mitad y agregamos una buena cucharada de *pesto* (ver pág. 253) por encima.

Comerlos templados.

Tomates aromáticos asados

Ingredientes

4 tomates medianos • 25 g de aceite de oliva de virgen extra • Perejil • 1 rama de tomillo fresco • Albahaca (abundante) • Romero • Sal • Azúcar

Elaboración

Picar todas las hierbas.

Pelar los tomates enteros (ver pág. 225) y rociarlos generosamente con la mezcla anterior.

Un poco de sal y de azúcar después y, por último, el aceite de oliva.

Envolver los tomates individualmente en papel de aluminio y cerrar bien.

Hornear en una placa 40 min a 180 ºC.

Retirar el papel de aluminio y servir nada más sacar del horno.

Ideal para degustar solos o como acompañamiento de carnes.

Tomates con pan

Ingredientes
4 tomates medianos • Albahaca muy picada • 8 rodajas de pan (de buen tamaño) • 8 lonchas de jamón serrano (optativo) • 1 diente de ajo • 30-40 g de aceite de oliva • Sal

Elaboración
Tostar los panes en el gratinador o en una sartén sin aceite y reservar. Frotarles el ajo crudo a cada una de ellas. Estrujar (contra estas rebanadas) medio tomate por cada rebanada, de manera que quede todo su jugo y tropiezos desechando la piel, al final.
Agregar la sal, el aceite y en medio (si hay suerte y dinero) la loncha de jamón.
Os sonará la receta, seguro.

Tomates "cereza" salteados

Ingredientes
60 tomates pequeños o *cherry* • 1 diente de ajo • 30 g de aceite de oliva • Sal • Azúcar • Perejil picado • 80 g de Mozarella

Elaboración
Pelar los tomatitos (ver pág. 225; será un poco más laborioso, pero quedan mejor).
En una sartén, dorar el ajo picado con el aceite. Agregar los tomates y saltearlos a fuego medio durante 10 min, agregar sal, azúcar y perejil picado. Se formará una salsita maravillosa: mezcla del aceite con el jugo de los tomates.
Agregar la mozarella, justo para que se funda, y servir muy caliente.
Sencillo y espectacularmente bueno.

Consejo: se puede servir también sobre una tosta de pan recién horneado que dará más base al plato, o incluso una rueda de hojaldre ya horneado.

Tomates "cereza" en ensalada

Ingredientes

40 tomates cereza o *cherry* • 12 aceitunas rellenas • 1 plátano • 1 naranja en zumo • 100 g de queso de La Peral • 30 g de aceite de oliva • Sal • Azúcar

Elaboración

Cortar los tomates y las aceitunas por la mitad. Agregar el plátano cortado en trozos pequeños, el queso, el zumo y el aceite.
Servir templado.

Tomate rallado

Ingredientes

4 tomates medianos • ½ diente de ajo muy picado • Perejil picado • 40 g de aceite de oliva virgen extra • 20 g de vinagre de Módena • Sal gorda • Azúcar

Elaboración

Rallar cada tomate en su respectivo plato, hasta que no nos quede nada del tomate (con cuidado de no rallarse los dedos, que no suelen dar buen sabor). Nos quedarán trozos irregulares muy pequeños, como si fuese una sopa espesa.
No queda nada más que añadirle los restantes ingredientes.
Revolver y... ¡a comérselo! Fácil y rápido.

Vainas (judías verdes) con patatas

Ingredientes

1 k de vainas (o de judías verdes) • 2 patatas medianas • 5 cs de aceite de oliva • 2 ajos laminados • Agua • Sal

Elaboración
Limpiar las vainas quitándoles los hilos y partiéndolas en trozos.
Pelar las patatas y trocearlas.
Poner a hervir con abundante una cazuela agua; cuando empiece a hervir, echar las vainas y las patatas. Dejar que cueza todo durante 15 min; después escurrirlas y ponerlas en una fuente.
Mientras que las patatas y las vainas hierven, dorar los ajos.
Verterlos doraditos encima de las vainas y de las patatas.

Vainas (judías verdes) con jamón

Ingredientes
1 k de vainas (judías verdes) • 2 dientes de ajo • 100 g de jamón (cortado en dados) • 4 cs de aceite • Sal

Elaboración
Limpiar las vainas quitándoles los hilos y cortarlas por la mitad.
En una cazuela con agua cocerlas durante 10 min.
En una sartén amplia o en una cazuela, poner el aceite con los ajos, añadir el jamón para que se fría un poco todo y, a continuación, añadir las vainas escurridas. Saltear todo junto durante 5 min.
Consejo: Podéis utilizar el agua de cocción de las vainas (judías verdes) para una sopa.

Vainas o judías verdes salteadas

Ingredientes
1 k de vainas • 4 cs de aceite • 1 diente de ajo • Sal

Elaboración
Limpiar las vainas, quitarles los hilos y partirlas en trozos.
En una cazuela poner agua con sal a hervir; cuando empiece a hervir, echar las vainas y dejar que cuezan 5 min.

En una sartén poner el aceite con el ajo laminado; cuando empiece a dorarse, añadir las vainas que tenemos escurridas y saltear de 10 a 15 min (si alguna queda doradita, mejor).

Vainas (judías verdes) fritas

Ingredientes

1 k de vainas • 2 dientes de ajo • 4 cs de aceite • Sal

Elaboración

Limpiar las vainas (judías verdes) quitándoles los hilos y partirlas por la mitad.

En una sartén amplia poner el aceite con los ajos; cuando empiecen a dorarse, añadirles las vainas e ir dándoles vueltas, hasta que se doren.

Zanahoria rallada

Ingredientes

2 zanahorias grandes • 30 g de aceite de oliva • 15 de vinagre de Jerez • Perejil picado • Sal • Pimienta

Elaboración

Rallar la zanahoria pelada con ayuda de un rallador. Se obtendrán una especie de hilos, como si fuesen espaguetis finos.

Agregar el resto de ingredientes.

Servir muy frío.

Zanahoria con coco

Ingredientes

3 zanahorias • 20 g de coco rallado • 30 g de nata líquida • 30 g de aceite de oliva • Sal • Pimienta

Elaboración

Rallar las zanahorias ya peladas con ayuda de un rallador. Se obtendrán unos hilos finos. Agregarles el coco y la nata.
Revolver el conjunto y dar punto de sal y pimienta.
Degustar en crudo... y... ¡a disfrutar!

Zanahorias con naranjas

Ingredientes

3 zanahorias • 1 naranja • 30 g de aceite de oliva • 25 g de cacahuetes fritos • Sal • Pimienta

Elaboración

Rallar las zanahorias ya peladas con un rallador.
Cortar la naranja, una vez pelada, en trozos no muy pequeños de 2 cm.
Agregar los demás ingredientes. Servir inmediatamente.

Zanahorias con frutas

Ingredientes

2 zanahorias • 1 naranja • 1 manzana • 25 g de nueces • 100 g de fresas (cortadas en dados) • 30 g de aceite • Sal • Pimienta

Elaboración

Rallar las zanahorias ya peladas con rallador.
Pelar y cortar en dados las naranjas y las manzanas. Mezclar con los demás ingredientes. Servir en frío.
La combinación de la fruta con la zanahoria da mucho juego.

Jugo de zanahoria con ajoarriero

Ingredientes

3 zanahorias • Sal • Pimienta • Gotas de tabasco

Para el ajoarriero:
400 g de bacalao desalado • 2 pimientos choriceros • 2 tomates medianos pelados y picados • 4 dientes de ajo • 1 cebolla • Aceite de oliva virgen • Guindilla • Agua o caldo de verduras • Perejil picado

Elaboración

Con ayuda de una licuadora licuar las zanahorias. Añadir al zumo los demás ingredientes. Guardar en el frigorífico. Reservar.
En una cazuela con aceite poner a dorar los ajos machacados con la cebolla. Dejar que se haga. Agregar la guindilla y el tomate pelado y picado. Rectificar de azúcar. Agregar el bacalao troceado y los pimientos choriceros que previamente hemos cocido, rescatando su interior. Agregar un poco de agua, poca, y dar un hervor. Retirar del fuego y menear la cazuela hasta ligar el conjunto. Espolvorear con perejil picado.
Servir muy caliente en plato sopero acompañado de una copita de zumo muy frío de zanahoria para ir intercalando.
Nota: hay quien le echa patata pero yo no. El mejor ajoarriero que conozco lo sirve Pilar Idoate en el Restaurante Europa de Pamplona y no le echa patata ...por algo será.

salsas

acompañamientos, aceites y vinagretas

Salsa bechamel I

(Especial para cremas o sopas)

Ingredientes

60 g de mantequilla • 50 g de harina • 1 l de leche (conviene sacarla del frigorífico 15 min antes, para que esté a temperatura ambiente) • Sal • Nuez moscada (opcional) • Pimienta banca molida (opcional)

Elaboración

Fundir la mantequilla con la harina a fuego bajo en una perola; después de un par de minutos hirviendo a fuego suave, añadimos, poco a poco, la leche y removemos con energía y constancia.
Al principio, se compactará y habrá que remover con fuerza; pero, poco a poco, se va a ir diluyendo, hasta formar una fina crema. No dejaremos de remover en ningún momento (aquí radica la importancia de una buena bechamel), pues, sino, se pega al fondo con facilidad. En caso dc querer dejarla más espesa, la dejaremos hervir algo más de tiempo, sin dejar de remover para que no se nos agarre.
Es la más liquida de todas las que os ofrecemos y se puede utilizar para dar cuerpo a una sopa o para hacer cremas.
Sazonar con lo que se quiera: nuez moscada, pimienta blanca, etc.

Salsa bechamel II

(Ideal para cubrir o napar canelones, lasagna, etc.)

Ingredientes

80 g de mantequilla o aceite • 70 g de harina • 1 l de leche • Sal • Nuez moscada (opcional) • Pimienta banca molida (opcional)

Elaboración

Se elabora de la misma forma que la receta anterior.

Salsa bechamel III

(Ideal para fritos, croquetas ligeras, cubrir un huevo cocido antes de freírlo...)

Ingredientes

100 g de mantequilla • 90 g de harina • 1 l de leche • Sal • Nuez moscada (opcional) • Pimienta banca molida (opcional)

Elaboración

Se elabora de la misma forma que la receta anterior.

Si se deja reposar y hervir un poco más, nos servirá también para croquetas.

Salsa bechamel IV

(Ideal para croquetas)

Ingredientes

120 g de mantequilla • 120 g de harina • 1 l de leche • Sal • Nuez moscada (opcional) • Pimienta banca molida (opcional)

Elaboración

Se elabora de la misma forma que la receta anterior.

Según la textura que se quiera conseguir, se puede aumentar la proporción de harina y de mantequilla:

Si se quiere más densa, hay que hervirla más tiempo, para que se reduzca y espese (cuidando siempre de que no se pegue). Si se quiere más liquida, se añade un poco más de leche.

Si la bechamel tiene grumos, la solución es fácil: la pasamos por la batidora o por la termomix, hasta que esté fina y... ¡asunto resuelto!

Salsa mayonesa I

(Elaborada con la minipimer)

Ingredientes

1 huevo (que no esté frío) • 200 g de aceite de girasol • Zumo de ½ limón • Sal

Elaboración

Mezclarlo todo, menos el limón, en un vaso especial para batir salsas.

Ponemos en marcha la minipimer y la mayonesa se hará en cuestión de segundos.

Amalgamos la mezcla con leves movimientos de brazo hacia arriba; añadimos el zumo de limón y listo.

Si os gusta espesa, añadir más aceite; si la preferís más ligera, añadir agua o echar menos aceite al principio del proceso.

Salsa mayonesa II

(Hecha a mano)

Ingredientes

1 yema (a temperatura ambiente) • 100 g de aceite de girasol • Gotas de vinagre • Sal • Zumo de ½ limón (o vinagre)

Elaboración

Batir la yema a temperatura ambiente con una varilla y añadir, poco a poco, un hilito de aceite, hasta que el conjunto vaya quedando ligado. Al final: la sal y el vinagre (o zumo de limón).

En este caso, se necesita más paciencia, pues la ligazón se produce después de batir durante unos minutos

La textura es un poco más ligera y distinta a la que hemos preparado con la minipimer.

Si la mezcla se cortara, guardarla y con la ayuda de otra yema, se podría solucionar: ponéis la nueva yema en un bol a temperatura ambiente, la batís y le añadís un hilo de la mezcla cortada (en vez de aceite). Por último, unas gotas de agua fría y la mezcla podrá estabilizarse de nuevo.

Salsa mayonesa III

(Con aceite de oliva)

Ingredientes

1 huevo (que no esté frío) • 150 g de aceite de girasol • 50 g de aceite de oliva refinado • Zumo de ½ limón • Sal

Elaboración

Elaborar la salsa mayonesa como en la receta de mayonesa I (ver pág. 241).

Con ésta notaréis un cambio de sabor significativo y curioso, al agregar la potencia del aceite de oliva.

Salsa mayonesa IV

(Con huevo)

Ingredientes

1 huevo (que no esté frío) • 130 g de aceite de oliva 0,4 º (sabor suave) • Vinagre • Sal

Elaboración

Elaborar la salsa mayonesa como en la receta II (ver pág. 242).

Al prepararla con un huevo entero, se obtendrá otra consistencia distinta y el sabor, al emplear aceite de oliva, cambiará radicalmente.

Salsa rosa I

Ingredientes

200 g de mayonesa • 60 g de tomate *ketchup* • 5 g de salsa tabasco • 20 g de salsa Perrys • 15 g de coñac • 15 g de zumo de naranja • Sal • Pimienta blanca

Elaboración

Elaborar la salsa mayonesa como en la receta "Mayonesa I" (ver pág. 241) y mezclar el resto de los ingredientes, hasta que esté homogénea.

Ideal para muchos platos: pescados y mariscos en particular.

Salsa rosa II

(Con nata)

Ingredientes

200 g de mayonesa • 60 g de tomate ketchup • 5 g de salsa Perrys • 30 g de nata líquida • 15 g de coñac • Gotas de tabasco (si se quiere picante)

Elaboración

Elaborar la salsa mayonesa como en la receta I o III de las mayonesas (ver págs. 241-243) y mezclar el resto de los ingredientes, hasta conseguir una salsa homogénea.

La nata le dará una textura y un matiz distinto a la anterior.

Salsa tártara

Ingredientes

200 g de mayonesa I o III • 20 g de cebolla cruda • 10 g de perejil • 10 g de pepinillo • 10 g de alcaparras

Elaboración

Picar todos los ingredientes muy finos.

Elaborar la salsa mayonesa como en la receta I o III (ver págs. 241-243) y mezclar el resto de los ingredientes en frío.

Ideal para acompañar pescados y mariscos.

Salsa amarilla con mostaza

Ingredientes

200 g de mayonesa • 40 g de mostaza • 1 yema cocida

Elaboración

Cocer un huevo, separar la yema del resto y picarla muy fina.
Elaborar la salsa mayonesa como en la receta "Mayonesa II" (ver pág. 242) y mezclar el resto de los ingredientes en frío.
Ideal para combinar con todo tipo de ingredientes, especialmente con verduras salteadas.

Salsa verde con perejil

Ingredientes

200 g de mayonesa • 20 g de perejil • 20 g de espinacas

Elaboración

Cocer las espinacas en agua con sal durante dos minutos. Una vez cocida, escurrirla a conciencia y cortarla muy picadita junto con el perejil.
Elaborar la salsa mayonesa como en la receta I (ver pág. 241) y mezclar el resto de los ingredientes en frío.

Salsa más que rosa

Ingredientes

150 g de mayonesa • 100 g de salsa de tomate • 10 de salsa de pimiento choricero • 30 g de salsa *ketchup* • 4 hebras de azafrán picadas

Elaboración

Elaborar la salsa mayonesa como en la receta I (ver pág. 241).
Debe quedarnos bien espesa, pues al añadir los demás ingredientes, suele aligerarse.
Mezclamos el resto de los ingredientes en frío.

Salsa gris oscura

Ingredientes

130 g de mayonesa • 70 g de salsa de chipirón (las sobras de salsa de chipirón congeladas que hemos tenido la "previsión" de congelarla en vez de tirarlas)

Elaboración

Elaborar la salsa mayonesa como en la receta I (ver pág. 241) y mezclarla con la salsa de chipirón.

Consejo: se trata de una salsa pero que muy recomendable para unos chipirones a la plancha (ver pág. 321).

Salsa anaranjada rojiza

Ingredientes para

130 g de mayonesa • 130 g de puré de piquillos

Elaboración

Dorar los pimientos en una sartén, hasta que estén bien hechos. Triturar a fondo con una termomix o con una batidora, añadiendo un poco de agua, hasta formar un puré espeso y dejar enfriar.

Elaborar la salsa mayonesa como en la receta I (ver pág. 241) y mezclar con el puré de piquillos.

Le va fenomenal a unas verduras a la plancha.

Salsa blanca

Ingredientes

75 g de leche • 200 g de aceite de girasol • Sal • Zumo de limón

Elaboración

Poner a batir la leche en una batidora e ir agregando suavemente un hilo de aceite, hasta que monte. Al final dar punto de sal y de vinagre.

Mejor si se dispone de una termomix, ¡todo hay que decirlo! Resulta una salsa de color muy blanco y de sabor distinto.

Salsa mayonesa (o falso alioli)

Ingredientes

200 g de mayonesa • 1 diente de ajo

Elaboración

Elaborar la salsa mayonesa como en la receta I (ver pág. 241); pero esta vez triturar el ajo crudo.

En caso de no tener ajo fresco, también se podría usar ajo en polvo que se vende deshidratado como especia.

Salsa ali-oli

Ingredientes

2 dientes de ajo • Sal gorda • 200 g de aceite de oliva

Elaboración

Machacar en un mortero a conciencia los ajos con la sal. Esto es fundamental para que el ajo suelte todos sus componentes que ayudarán a la ligazón de la salsa.

Agregar un hilo de aceite muy fino y seguir removiendo con paciencia, hasta que el conjunto ligue.

No os desesperéis, si no os sale a la primera, calma. Hasta que lo consigáis y podáis presentarla como ali-oli, siempre la podréis presentar como salsa "ajo-aceite" (desligado) para acompañar, por ejemplo, a algún pescado.

Al final lograréis el auténtico *ali-oli*, estad seguros. Se necesita paciencia, pero el resultado es fantástico.

Salsa holandesa

Ingredientes para 4 personas

2 yemas • 150 g de mantequilla • Zumo de ½ limón • Sal

Elaboración

Fundir la mantequilla suavemente para que se separe el suero de la grasa. Esto lo hacemos dejándolo en un sitio caliente pero sin remover. Al cabo de un rato se habrá separado dejando la grasa arriba (el 90 %) y el suero abajo (10%) aproximadamente. Por otro lado, poner a calentar levemente las yemas en un baño María suave (por supuesto sin hervir). Batir al calor y añadir la grasa de la mantequilla poco a poco, hasta emulsionar la mezcla, que debe conservarse al calor para que esté estable. Agregar la sal y el zumo de limón.

En caso de cortarse por exceso de calor, preparar aparte un cazo con otra yema, batirla e ir añadiendo suavemente la mezcla cortada hasta ligarla. Ayudarse con gotas de agua fría. Su sabor es ideal para gratinar ostras, acompañar pescados y mariscos,... igual que la siguiente salsa, la bearnesa.

Servir caliente, 65 ºC aprox.

Salsa bearnesa

Ingredientes

2 yemas • 200 g de mantequilla • 40 g de vinagre • 3 g de estragón picado fresco • 1 chalota • Sal

Elaboración

Poner a reducir el vinagre con la chalota muy picada y el estragón. Reservar.

Elaborar de la misma forma que la "Salsa holandesa" (ver receta anterior). Al final, añadirle la reducción anterior.

Mucho cuidado con el calor: si se corta por exceso de calor, volver a levantarla de igual manera que en la receta anterior.

Servir caliente, 65 ºC aprox.

Salsa especiada

Ingredientes

150 g de mayonesa • 20 g de mostaza • Pimienta recién molida • 1 pepinillo en vinagre • 20 g de alcaparras en vinagre • Perejil • 3 g de estragón • 3 g de romero • 1 clavo • 1 chalota

Elaboración

Cortar muy finos los siguientes ingredientes: pepinillo, alcaparras, perejil, estragón, romero, clavo y chalota. Mezclar esto con todos los demás ingredientes en frío.

Salsa de tomate

Ingredientes

1 cebolla grande • 50 g de aceite de oliva • 5 tomates medianos • Sal • Azúcar

Elaboración

Pochar suavemente la cebolla picada, hasta que esté bien dorada, sin prisa: se tiene que caramelizar bien.

Trocear y pelar el tomate de la siguiente manera: hacemos una incisión en la base del tomate y lo sumergimos en agua hirviendo durante 30 seg. Después se ponen con agua y hielo y la piel se resquebraja. Con delicadeza, la piel se separa sin problemas.

Lo mezclamos con la cebolla y dejamos que se poche. Triturar a fondo el conjunto y rectificar de sal y azúcar. Es importante que no quede soso.

Lo volvemos a hervir y lo utilizamos, cuando se necesite, acompañando un pescado, una pasta, etc.

Lo que nos sobra, lo congemos o embotamos; pero, ¡no tirarlo jamás!

Piperrada

Ingredientes

1 cebolla • 1 ajo • 2 pimientos morrones • 2 pimientos del piquillo • 1 pimiento verde • 1 tomate muy maduro • 3 cs de aceite de oliva virgen extra • Sal • Azúcar • 100 g de caldo de verduras (o agua)

Elaboración

En una cazuela con aceite dorar el ajo y agregar la cebolla picada. Dejar que se dore a fuego suave.

Asar los pimientos sin piel ni pepitas y añadírselos a la cazuela anterior (esto se podría hacer en crudo: añadimos los pimientos troceados, sin pepitas, pero en crudo; no es lo mismo, pero puede servir).

Dejar hacer a fuego muy lento y agregar el tomate pelado y muy troceado. Hervir 15 min más; añadir el caldo o el agua y rectificar de sal y azúcar.

Se sirven así, sin pasar.

Una mezcla deliciosa para acompañar a verduras, carnes o pescados

Salsa vizcaína

Ingredientes

2 cebollas • 8 pimientos choriceros • 2 dientes de ajo • 2 galletas María • 50 g de manteca de cerdo • 4 cs de aceite de oliva • ½ l de caldo de verduras (o agua)

Elaboración

Antes de comenzar a cocinar, debemos hidratar los pimientos en agua durante 1 hora; quitándoles, después, las pepitas y las pieles (ya sabéis que, si no hay tiempo para esto, se vende la carne en tarritos pequeños preparada ya).

Dorar el ajo picado con el aceite y la manteca de cerdo en una cazuela y agregar la cebolla muy picada. Dejar hacer a fuego suave, hasta que esté muy oscura. Después, agregar los pimientos choriceros
Agregar el caldo de verduras y las galletas María (pueden ser de otra marca).
Dejar hervir a fuego suave y destapado media hora como mínimo.
Triturar por un pasapurés varias veces o en una trituradora (en esta caso, la salsa perderá color; pero volviéndola a hervir lo recuperará).
Una salsa muy recomendable para acompañar a un bacalao hecho en la propia salsa. También para otro montón de platos, como, por ejemplo: albóndigas, carne a la plancha, verduras asadas y... un sinfín de cosas.
Opción: hay quien le echa un tomate a la mezcla; pero los puristas no lo admiten. Mi opinión es que hagas lo que te dé la gana: a fin de cuentas, lo mejor de las reglas es saltárselas.

Salsa de cebolla

Ingredientes

3 cebollas grandes • 30 g de aceite de oliva • 1 l ½ de caldo de carne o agua • Sal

Elaboración

Poner a pochar la cebolla a conciencia, a fuego suave y sin prisas. Cuando esté muy caramelizada, se agrega el caldo y se deja hervir 20 minutos a fuego suave.
Se tritura todo a fondo y se cuela. Finalmente, se hierve un poco más y en el último momento, se corrige de sal.

Salsa de roquefort I

Ingredientes

150 g de nata líquida • 100 g de Roquefort • 40 g de leche

Elaboración

Machacar el queso en frío con la leche, hasta formar una pasta espesa que iremos aligerando con la nata. Servir frío del tiempo. Ideal para verduras, tomates, etc.

Dependiendo del tipo de queso, probablemente no necesitará sal; en caso contrario, añadirle un poco.

Salsa de roquefort II

Ingredientes

150 g de salsa de bechamel • 65 g de Roquefort

Elaboración

Elaborar una bechamel (ver pág. 240).

Triturar a fondo la bechamel con el queso y servir caliente.

Salsa de pimienta blanca

Ingredientes

200 g de nata líquida • 10 g de pimienta blanca picada • 10 g de pimienta negra partida por la mitad • Sal

Elaboración

Dejar hervir todos los ingredientes, hasta que cojan cuerpo: aprox. 5 minutos a fuego medio. Dar punto de sal y servir sin necesidad de colar.

Principalmente se emplea para acompañar a platos de pescado.

Salsa de champiñones

Ingredientes

1 k de champiñones • 10 g de aceite de oliva • 2 cebollas medianas • 35 g de aceite de oliva • 2 l de caldo de carne o agua

Elaboración

Dorar a conciencia la cebolla con aceite, es decir, caramelizarla a fuego suave, hasta que esté muy dorada (pero no negra) y reservar.

Aparte, dorar en otra cazuela los champiñones troceados con el aceite, hasta que estén bien tostados. Reservar.

Juntar ambas preparaciones y mojar con el caldo o el agua. Dejar hervir algo más de tiempo, si queremos una salsa: triturar y colar. Rectificar de sal.

Mi pesto preferido

Ingredientes

100 g de aceite de oliva 0,4 º (sabor suave) • ½ diente de ajo • 70 g de Parmesano rallado • 50 g de piñones • 20 g de albahaca fresca (hojas) • Sal • Azúcar

Elaboración

En un mortero y con mucha tranquilidad (en una termomix, si tenemos más prisa, aunque ya sabéis que las prisas no son buenas para cocinar...), majar los ingredientes, hasta formar una pasta homogénea pero no ligada.

Ideal, sobre todo, para pasta. Es algo maravilloso; con un sabor intenso... ¡sólo de pensarlo se me hace la boca agua!

Ketchup casero

Ingredientes

6 tomates maduros • 100 g azúcar moreno • 50 ml de vinagre balsámico • 1 cucharada de mostaza de Dijon • Sal

Elaboración

Elaborar un caramelo en una cazuela con el azúcar morena y el vinagre balsámico. Cuando esté dorado, retirarlo fuera del fuego, incorporarle la mostaza y los tomates sin piel y cortados en dados.

Dejar reducir a fuego negro, perdón, a fuego lento, durante, por lo menos, ¾ de hora y triturar; pero sin pasarse, para que se encuentren trozos pequeños de tomate. Dar punto de sal.

Salsa de piquillos

Ingredientes
1 lata de pimientos del piquillo D.O. (300 g aprox.) • ½ ajo fileteado • 25 g de aceite de oliva • 150 g de agua • 20 g de azúcar • Sal

Elaboración
Poner a dorar los ajos y añadir los pimientos —poco a poco, ya que si se echan todos a la vez, se cocerán—, hasta que se doren. Acabada la operación, echar los pimientos en un vaso triturador y, triturarlos con los demás ingredientes, hasta formar una masa espesa.

Corregir de sal y azúcar.

Riquísima mezclada con unas patatas fritas.

Salsa de maíz

Ingredientes
½ cebolla muy picada • 1 bote de maíz (de 350 g aprox.) • 250 g de caldo de verduras o agua • 20 g de aceite de oliva • Sal

Elaboración
Dorar la cebolla con el aceite.

Añadir el maíz con el agua del mismo bote y dejar cocer 5 min. Añadir el caldo de verduras y dejar cocer 10 min más a fuego suave.

Triturar a conciencia y filtrar (esto último muy importante). Dar punto de sal.

Muy recomendable como acompañante de una carne a la plancha o incluso como salsa para algún tipo de marisco.

Salsa de naranjas

Ingredientes

4 naranjas grandes y dulces • 100 g de azúcar

Elaboración

Exprimir las naranjas y mezclar el zumo con el azúcar.

Ponerlo a hervir a fuego muy suave, hasta que adquiera una consistencia ligeramente espesa.

Recomendable para acompañar a cualquier postre: p. ej. alguno elaborado a base de chocolate, una *mousse*, etc.

Incluso, por qué no, a una carne en adobo de cerdo o de pollo.

Salsa de mango y cebolla

Ingredientes

2 cebollas • 3 mangos • 5 cs de aceite de oliva • 400 g de agua • Sal

Elaboración

Dorar en una sartén la cebolla picada a fuego muy suave con un poco de aceite.

Cuando esté bien pochada, añadirle el mango pelado y troceado.

Dejar hacer 15 min. Agregar el agua y dejar cocer otros 15 min.

Triturar el conjunto y filtrar.

Ideal para acompañar una carne.

Chutney de mango

Ingredientes

1 cebolla (cortada en trozos medianos) • 3 mangos grandes • 40 uvas pasas • 1 clavo de olor • ½ palo de canela • 2 cs de vinagre de vino blanco • 1 ó 2 pimientas cayenas • 1 cc de mostaza a la antigua • 1 trozo pequeño de jengibre • 40 g de azúcar • 4 cs de aceite de oliva • Comino en polvo • 2 dientes de ajo • Sal

Elaboración

Dorar suavemente la cebolla y el ajo con el aceite. Agregar los mangos troceados y pelados y dejar que se hagan. Añadir los restantes ingredientes y dejar hacer a fuego muy suave durante, por lo menos 1 h. Remover para "aplastar" un poco el conjunto. Retirar el palo de canela o dejarlo; pero avisando a vuestros invitados que sólo se puede chupar, no masticar.

Nos quedará una especie de guiso muy espeso que lo tomaremos frío para acompañar a carnes, sobre todo, a la brasa.

¡Una preparación riquísima!

Salsa de pimientos verdes I

Ingredientes

1 cebolla • 3 pimientos verdes • 1 l de caldo de verduras (o agua) • Aceite de oliva • Sal • Azúcar

Elaboración

Cortar en juliana la cebolla y los pimientos.

Dejar que se pochen bien con el aceite. Agregar el caldo de verduras y dejar reducir a fuego medio durante 30 min. Triturar, colar y dar punto de sal y azúcar.

Ideal como base para una sopa con tropezones de almendras fritas o como salsa para un pescado al horno.

Salsa de pimientos verdes II

Ingredientes

4 pimientos verdes muy frescos • 30 g de aceite de oliva suave • Sal • Azúcar

Elaboración

Licuar los pimientos con una licuadora; obtendremos un jugo de textura muy líquida y de un color intenso. Mezclarlo con el aceite

crudo y añadirle un poco de sal y de azúcar. Pasarlo por la trituradora.
Servir frío o templado en pequeñas cantidades.
Como sopa irá muy bien con trozos de pan frito untados en ajo y trozos de salmón ahumado o de cecina de León.
Como salsa, calentar y ligarla levemente con algo de harina diluida en un poco de agua.

Salsa de berza

Ingredientes

½ berza • 1 diente de ajo • 1 l de caldo de verduras • 30 g de nata líquida • 20 g de aceite de oliva

Elaboración

Dorar el ajo picado en una cazuela con el aceite. Añadirle la berza picada en juliana, dar un par de vueltas y agregar el agua o el caldo de verduras.
Dejar hervir a fuego suave 30 min. Triturar a conciencia y, por último, añadir la nata.
Dar punto de sal.
Receta sencilla que nos saldrá más verde o más amarilla, dependiendo del tipo de hojas que hayamos utilizado.
Un buen ejemplo para aprovechar esas hojas verdes de la col (que algunos, con muy mal criterio, tiran).
Es una salsa ideal como guarnición de un pescado a la plancha.

Salsa de cordero sin triturar

Ingredientes

½ k de huesos de cordero • 100 g de vino tinto • 1 cebolla • 1 zanahoria • 1 puerro • 1 pimiento verde • 1 ajo • 1 l de agua • 30 g de aceite de oliva • Sal • Azúcar

Para ligar:
15 g de maicena • 60 g de agua fría

Elaboración

Tostar los huesos del cordero en un horno, hasta que estén dorados y reservar.

Aparte, pochar la verdura en una cazuela; cuando esté muy oscura, agregarle el vino tinto y dejar reducir prácticamente hasta que desaparezca. Agregar los huesos de cordero y rehogar bien.

Cuando saquemos los huesos de la bandeja, agregaremos un poco de agua para recuperar todos los jugos que suelte el cordero al asarse; añadimos ese jugo a la mezcla anterior.

Hueso cordero

Asado

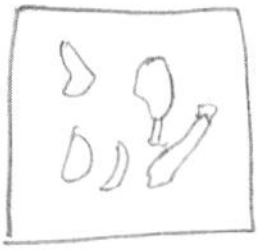

Soltar lo pegado-tostado del fondo de la bandeja

Dejar reducir. Rectificar de sal y azúcar. Colar.

Ligar para dar espesor con un poco de maicena disuelta en agua fría.

Dejar que hierva a fuego suave.

Utilizar para un guiso de carne, para acompañar un asado, una vinagreta...

Nota: esta salsa de cordero se puede hacer también con huesos de buey, ternera y cerdo, obteniendo las respectivas salsas de buey, ternera y cerdo.

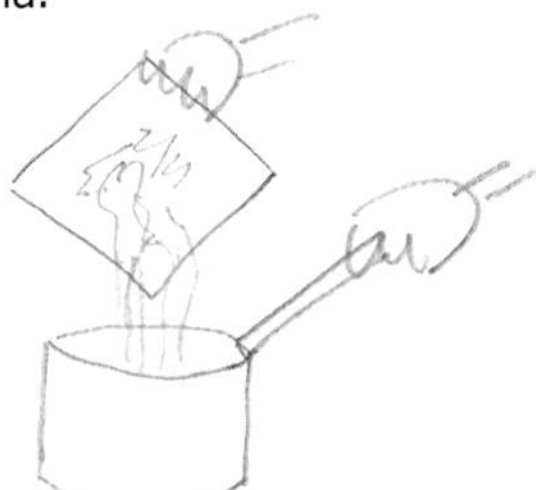

Salsa de pichón sin triturar

Ingredientes

1 k de huesos de pichón • 20 g de aceite de oliva • 2 cebollas • 1 pimiento verde • 2 dientes de ajo • 200 g de vino de tinto • 30 g de Jerez • 1 l ½ de agua • Sal • Azúcar

Para ligar la salsa:
15 g de maicena • 60 g de agua fría

Elaboración

Dorar en una cazuela las carcasas del pichón troceadas con un poco de aceite. Cuando estén totalmente doradas, retirarlas de la cazuela y añadir la verdura troceada. Dejar que se dore todo y que, simultáneamente, se vaya soltando lo que está agarrado al fondo de la cazuela.

Agregamos el vino tinto y el Jerez y dejamos prácticamente que se evaporen. Añadimos el agua y, de nuevo, las carcasas del pichón Dejar que se reduzca a fuego lento, por lo menos, 1 h. Colar el conjunto y ligar con maicena disuelta en agua. Hervir durante 5 min a fuego suave y rectificar de sal y azúcar.

Otra manera de realizar una salsa sin utilizar el horno.

Esta salsa sirve para acompañar a las pechugas de pichón asadas vuelta y vuelta.

Lo que nos sobre, congelar y para otra ocasión.

Nota: esta receta se puede hacer con carcasas de tórtolas, becadas... obteniendo las correspondientes salsas de tórtola, becada...

Salsa de codornices triturada

Ingredientes

1/2 kg de huesos de codornices (si tenemos más huesos o carcasas de codorniz, mejor) • 30 g de aceite de oliva • 2 cebollas • 1 pimiento verde • ½ puerro • 1 chalota • 2 dientes de ajo • 100 g de vino tinto • 1 l ½ de agua

Elaboración

Dorar los huesos en una cazuela, hasta que estén bien dorados; agregar la verdura troceada y dejar que se vaya dorando.

Añadir el vino tinto y dejar reducir, hasta que casi desaparezca. Mojar con el agua y dejar reducir ½ hora más. Sacar sólo los huesos y desecharlos.

Triturar todo el jugo restante muy a fondo y colar.

No necesitará que sea ligada, porque el triturado ya nos dará una buena textura.

Nada más triturar, el color habrá clareado; pero hirviendo a fuego suave 5 minutos, recuperaremos parte de ese color.

El color es muy distinto al de las salsas sin triturar y después ligadas con maicena.

Éstas son de colores más definidos; las trituradas tienen tonos más apagados, más lácteos, pero, a su vez, son más melosas, al llevar triturada la verdura en su interior.

Salsa de oporto

Ingredientes

Los mismos que las tres recetas anteriores.

Con una diferencia: en lugar de vino tinto, emplearemos Oporto.

Elaboración

Se elabora de la misma forma que las otras tres (ver pág. 257).

Salsa o jugo de asados

Ingredientes

1 conejo de 1,5 k • 2 dientes de ajo • Sal • Orégano picado • 300 g de agua • Azúcar • Aceite

Elaboración

Asar el conejo entero en una bandeja de horno con sal, un poco de aceite y un par de ajos, durante 1 hora aprox. a 200 ºC. Dejar que se dore.

Pasados 45 minutos, se echa la mitad del agua por encima del conejo; así se soltarán parte de los jugos adheridos a la bandeja. Se sigue asando un poco más, y se termina agregando la otra mitad del agua para que acabe de soltar esa especie de jugo-salsa que se nos habrá formado al fondo, con muchísimo sabor.

Rectificar de sal y de azúcar.

Servir acompañado al conejo troceado y recién asado.

Salsa de Armagnac

Ingredientes

Los mismos que lleva la "Salsa de pichón" (ver pág. 259). • Más 3 cs de Armagnac

Elaboración

Se elabora de la misma manera que la receta mencionada.

Al final, justo antes de presentarla en la mesa, añadirle 1 cs de armagnac. Revolver rápidamente y servir. Es la única manera de mantener el aroma de este tipo de salsas; pues si añadimos el Armagnac desde el principio, en la cocción desaparece o se atenúa demasiado su aroma.

Salsa de frambuesas

Los mismos que lleva la "Salsa de pichón" (ver pág. 259). • Más 2 frambuesas.

Elaboración

Misma elaboración que la receta mencionada.

En el momento de degustarla, añadirle un par de frambuesas machacadas a la salsa y servir rápidamente.

Salsa de chocolate I

Ingredientes

300 g de agua • 15 g de cacao • 50 g de chocolate (muy picado) • 30 g de azúcar

Elaboración

Hervir el conjunto a fuego medio durante 10 min.
Colar y dejar reposar.
El color brillante oscuro de esta salsa y su sabor es estupendo para acompañar a cualquier postre.

Salsa de chocolate II

Ingredientes

300 g de leche • 50 g de nata • 15 g de cacao en polvo • 30 g de azúcar • 50 g de chocolate (muy picado)

Elaboración

Hervir el conjunto a fuego suave durante por lo menos 5 min. Colar y dejar enfriar.
Obtendremos un color más tenue y menos brillante que el de la salsa anterior, pero muy meloso de sabor.

Salsa de caza con chocolate

Ingredientes

Los mismos que lleva la salsa de codornices (ver pág. 259) • 15 g de chocolate de hacer.

Elaboración

La misma que la receta de la salsa de codornices.
Durante la elaboración añadir 15 g de chocolate. Nos dará una melosidad especial, un toque de dulzura y una dimensión distinta.

Un truco, este del chocolate, que utilizaba con relativa frecuencia mi madre, que de cocinar sabia un rato largo.

Salsa *harissa*

Ingredientes

300 g de pimientos rojos picantes (en su defecto, piquillos) • Cilantro en polvo • 8 cayenas • 100 g de aceite de oliva • 2 cs de Tabasco • Menta picada

Elaboración

Dorar en la sartén los pimientos con un pelín de aceite y añadir los demás ingredientes, menos el aceite. Dejar pochar 15 min.

Dejar enfriar, añadir el aceite y triturar a fondo.

Mucho cuidado: ¡el picante de esta salsa es cosa seria!

Salsa mojo-base I

Ingredientes

100 g de aceite de oliva 0,4 (sabor suave) • 30 g de pan tostado • 50 g de almendra frita • 100 g de tomate • 1 diente de ajo fileteado • Sal • Azúcar • 20 g de vinagre de vino

Elaboración

Asar el tomate al horno durante 45 min.

Freír el diente de ajo. Triturar todos los ingredientes, hasta formar una masa espesa.

Servir la salsa templada para acompañar a carnes a la brasa, verduras asadas, langostinos a la plancha, etc.

Salsa mojo-base II

Ingredientes

100 g de aceite de oliva 0,4 (sabor suave) • 30 g de pan tostado • 50 g de almendra frita • 1 cebolla • 1 puerro • 15 g de vinagre de vino

Elaboración

Dorar con unas gotas de aceite la cebolla abierta por la mitad y el puerro cortado en rodajas durante 2 min; después asarlo en el horno durante 45 min a 180 ºC. Triturar todos los ingredientes, hasta formar una masa espesa.

Servir templada para acompañar a pescados, carnes, verduras…

Salsa mojo-base III

Ingredientes

200 g de leche • 100 g de piñones • 50 g de aceite de oliva 0,4 (sabor suave) • 1 diente de ajo en láminas • 5 g de alcaparras • Sal • Azúcar • Un poco de vinagre

Elaboración

Hervir la leche; tostar los piñones y freír el diente de ajo. Triturar todos los ingredientes mezclados, hasta formar una masa espesa.

Servir templada para acompañar a verduras a la plancha.

Salsa mojo-base IV

Ingredientes

200 g de cebolla • 50 g de anchoas fritas • 100 g de piñones tostados • 50 g de aceite de oliva 0,4 (sabor suave) • 50 g de zumo de naranja • Sal • Azúcar

Elaboración

Pochar la cebolla, hasta que esté bien dorada.

Tostar los piñones.

Triturar todos los ingredientes, hasta formar una masa espesa.

Ideal como acompañante de pescados a la plancha.

Salsa mojo-base V

Ingredientes

100 g de manzana • 1 ajo • 50 g de almendra • 25 g de miel • 15 de mostaza • 60 g de aceite de oliva 0,4 (sabor suave)

Elaboración

Descorazonar la manzana y cocerla durante 5 minutos en el microondas a máxima potencia.

Freír el ajo y tostar la almendra. Triturar todos los ingredientes, hasta formar una masa espesa.

Ideal para acompañar caza o carnes.

Salsa mojo-base VI

Ingredientes

1 cebolleta • 100 g de pistachos • 10 g de perejil en rama • 10 g de hojas de menta • 20 g de pan frito • 1 diente de ajo • 100 g de aceite de oliva 0,4 (sabor suave) • 40 g de agua • 40 g de zumo de limón • 20 g de vinagre de vino • La ralladura de ½ limón • 40 g de azúcar • 100 g de nata • Sal

Elaboración

Pochar la cebolleta, hasta que esté bien dorada.

Hervir la nata, juntarla con la cebolleta dorada y triturarlo con los demás ingredientes, hasta obtener una pasta consistente.

Los langostinos a la plancha quedan fenómeno untados con esta pasta "salsa-mole-mojo".

Salsa mojo-base VII

Ingredientes

1 tomate • 100 g de almendra • 50 g de melocotón • Enebro en polvo • Sal • Azúcar

Elaboración

Asar el tomate (ver pág. 226) y el melocotón.

Freír la almendra.

Triturar lo anterior con el resto de los ingredientes en templado.

Aconsejable para untarla en trozos de chuleta a la plancha o a la brasa.

Salsa mojo-base VIII

Ingredientes

500 g de *foie* fresco • 150 g de queso de Philadelfia • Sal • Pimienta blanca • Pimienta negra • Orégano • Perejil

Elaboración

Dorar el *foie-gras* fresco en trozos; cuando esté levemente dorado, retirar de la sartén. Picar finamente el orégano y el perejil y triturarlos con el queso y los demás ingredientes. Varias opciones:

A) Recién hecho y una vez templado, ideal para untar con verduras hechas a la plancha, acompañar a carnes a la plancha; como si fuera la salsa de una *fondee*.

B) Rellenar con esta mezcla ½ kilo de limones abiertos por la mitad y vaciados a conciencia. Con la pulpa hacer una vinagreta (ver pág. 279). Reservar.

Meter al horno muy fuerte o gratinar con un poco de azúcar en la superficie durante apenas 2 minutos para que se temple el conjunto.

Rematar en la superficie con unas pequeñas hebras o ramilletes de brócoli crudo o salteado previamente un momento.
Acompañar con la vinagreta

C) Hacer bolas y dejar enfriar. Reservar. En el momento de servir como aperitivo, rebozar en almendra granillo tostada. Pinchar en un palillo y ofrecer como aperitivo frío.

Mojos moles blancos

Ingredientes

100 g de almendras crudas • 15 g de aceite de oliva • 50 g de coco rallado seco • 50 g de chocolate blanco • 30 g de guindillas dulces • 200 g de nata • 200 g de leche • 30 g de sésamo blanco • Sal

Elaboración

Hervir la leche con la nata.
Añadírselo al chocolate blanco, fundirlo y añadirle todos los demás ingredientes. Triturar a fondo. Verdaderamente ideal para acompañar a unos espárragos frescos a la plancha.

Mole mojo de maíz

Ingredientes

100 g de maíz de bote • 1 melocotón • 1 pimiento verde • 100 g de almendras fritas • 20 g de aceite de oliva • 20 g de vinagre de Jerez • Sal • Azúcar

Elaboración

Asar el melocotón durante 30 min a 190 ºC.
Freír el pimiento.
Triturar el conjunto incluido el líquido de la lata, hasta conseguir una pasta espesa.
Os lo recomiendo para acompañar carnes, frutas y mariscos a la plancha.

Mojo-mole de aceitunas

Ingredientes

200 g de aceituna verde • 200 g de aceituna negra deshuesada • 100 g de aceite de oliva 0,4 º (sabor suave) • Orégano en polvo • 15 g de azúcar

Elaboración

Triturar todos los ingredientes mezclados, hasta formar una pasta más o menos espesa. Ideal para todo tipo de pescados, en vinagre, crudos o plancha.

Se trata de un mole muy potente: deberéis dosificarlo.

Mojo-mole de champiñones

Ingredientes

1 k de champiñones • 1 cebolla • 1 ajo • 50 g de vino blanco • 30 g de pan tostado • Sal • Pimienta blanca

Elaboración

Pasar por la plancha los champiñones.

Tostar el ajo y la cebolla. Triturar todos los ingredientes, hasta que obtengáis una pasta.

Ideal para carnes.

Mojo mole de anchoas

Ingredientes

150 g de anchoas en sal • 30 g de aceite de oliva 0,4 º (sabor suave) • 30 g de pan tostado • 15 de mantequilla • 50 g de caldo de carne • Sal • Azúcar

Elaboración

Fundir la mantequilla y añadirla al resto de los ingredientes que debemos triturar en frío. Formar una pasta espesa, que puede

acompañar a algún pescado o sino, mejor aún: servirla sobre tostadas calientes.
Untado en pan tostado ya es un aperitivo.

Ralladura de naranja

Ingredientes

1 naranja grande

Elaboración

Rallar la corteza de una naranja con la parte más fina del rallador, sin llegar a la zona blanca de la piel, pues le daría un sabor muy amargo.
Dejar secar sobre un papel al aire libre durante un par de días.
Una vez seca, se puede espolvorear con ella una *mousse* o una carne a la plancha, etc.
Si está bien seca, se puede guardar en un tarro bien cerrado: aguantará mucho tiempo.

Puré de manzana

Ingredientes

4 manzanas reinetas • 125 g de azúcar • 150 g de sidra

Elaboración

Asar las manzanas al horno o al microondas (ver pág. 501). Triturar el conjunto y colarlo.
Al horno, se obtendrá un puré más oscuro, pero con un sabor más tostado.
En el microondas, el puré será más claro y con un sabor más homogéneo.
Ambos casos son muy sabrosos para hacer postres o acompañar a carnes.

Puré de *txistorra* y dátil

Ingredientes

200 g de txistorra fresca • 150 g de dátiles frescos deshuesados

Elaboración

Dorar en una sartén antiadherente y sin aceite los trozos de txistorra. Retirarlos. Desechar la grasa que queda en la sartén.

Escaldar los dátiles durante 5 min en agua con un poco de azúcar.

Triturarlo todo (dátiles y *txistorra*), hasta que os quede un puré espeso. Para conseguirlo y, según la textura de los dátiles, necesitará un poco o bastante agua.

Una vez conseguida la textura, podemos utilizarlo de puré para rellenar un dátil, acompañar un huevo frito, una carne a la plancha...

Guarnición de dátiles

Ingredientes

6 dátiles grandes deshuesados • ½ cebolla troceada • Hojas de albahaca • Aceite de oliva

Elaboración

Trocear la cebolla en trozos medianos y saltearla a fuego fuerte durante 3 min. Agregarle los dátiles abiertos por la mitad y mantenerlo todo 1 min más. Fuera del fuego, agregarle las hojas de albahaca.

Ideal para acompañar a carnes a la plancha. Más atrevido, como acompañante de una bola de helado de vainilla ... esto sí que es distinto. ¡No te cortes, atrévete!

Puré de dátiles

Ingredientes

500 g de dátiles deshuesados • 1 l de agua • 100 g de vino blanco • 50 g de azúcar

Elaboración

Cocer los dátiles en el agua con el azúcar y el vino durante, por lo menos, 30 min a fuego suave.

Rescatarlos del agua y triturarlos, hasta formar un puré espeso. Puede que sea necesario, para triturarlos mejor, añadir algo de caldo de cocción, no mucho, pero sí algo.

Exquisito para mezclarlo con carnes.

También se puede echar 1 cs de este preparado a un yogur natural.

Puré de castañas

Ingredientes

1 k de castañas • 700 g de leche • 300 g de nata líquida • 200 g de azúcar

Elaboración

Asar las castañas (ver pág. 488).

Pelarlas en caliente, con cuidado, y depositarlas en un cazo con los demás ingredientes.

Cocer el conjunto, por lo menos, 45 min a fuego suave y destapado (tener cuidado de que no se agarren al fondo).

Pasado este tiempo, se formará un puré de textura espesa. Si lo queremos más espeso, se aumenta la proporción de castañas; si lo queremos más ligero, se añade algo más de leche.

Igual de recomendable como acompañante de carnes que de postres.

Cebollas en puré

Ingredientes

6 cebollas grandes • Sal • Aceite de oliva • Azúcar

Elaboración

Envolver las cebollas, untadas levemente en aceite y sin pelar, en papel de aluminio. Cerrar bien y hornearlas durante 1 h y 10 min a 170 ºC. Pasado ese tiempo, pelarlas con cuidado e introducirlas en un bol con todos los jugos que hayan soltado al asarse.

Triturar el conjunto, hasta formar un puré exquisito de cebolla. Dar punto de sal y de azúcar (según el tipo de cebolla que hayamos utilizado, esto último no suele ser necesario).

Ideal para acompañar a un pescado o a una carne.

Puré de brócoli

Ingredientes

1 brócoli troceado • 40 g de mantequilla • 750 l de agua • Sal

Elaboración

Poner a hervir el agua con un pelín de sal. Agregar el brócoli troceado y dejarlo hervir 10 min destapado. Triturar el conjunto con la mantequilla.

Si queremos que nos quede más intenso o espeso, retiramos parte del agua de cocción: cuanto más agua se quite, más espeso quedará.

Si se mantiene todo el agua, quedará más claro, como una crema o una salsa. En ambos casos, riquísimo.

Ideal para acompañar a pescados, a verduras asadas o a mariscos.

Consejo: esta receta sirve también para la coliflor, pero el tiempo de cocción será de 15 min.

Coco rallado para rebozar salado

Ideal para dar un toque distinto a una croqueta. Rebozar con huevo, pan rallado y coco rallado. Ver la receta de croquetas (ver pág. 85).

Frambuesas calientes (acompañamiento)

Ingredientes

300 g de frambuesas • 2 cs de aceite de oliva virgen extra

Elaboración

Poner al fuego la sartén y calentar el aceite. Retirar del fuego y añadir las frambuesas. Dar un par de vueltas (máximo 10 seg) y rematar con un toque de pimienta negra. A las carnes le va fenomenal.

Nota: receta dada con el permiso de mi amigo Paco Torreblanca.

Aceite de almendras

Ingredientes

200 g de aceite de oliva 0,4 º (sabor suave) • 100 g de almendras tostadas • Sal

Elaboración

Triturar todos los ingredientes a fondo y pasar por una tela o colador muy fino.

Ideal para un pescado o carne. ¡Más sencillo no puede ser!

Aceite de perejil I

Ingredientes

200 g de aceite de oliva 0,4 º (sabor suave) • 30 g de rama de perejil • Sal • Azúcar

Elaboración

Triturar todos los ingredientes a fondo; pasar por una tela y apretar bastante para exprimirlo todo.
Estupenda para mezclar con cualquier producto o como base para una vinagreta.

Aceite de perejil II

Ingredientes

200 g de aceite de oliva 0,4 º (sabor suave) • 35 g de rama de perejil • Sal • Azúcar

Elaboración

Triturar todos los ingredientes muy a fondo. Ideal como base para una vinagreta.
Al no estar colado, tendrá una apariencia diferente.

Aceite de ajo I

Ingredientes

200 g de aceite de oliva 0,4 º (sabor suave) • 3 dientes de ajo • Sal • Azúcar

Elaboración

Machacar los ajos. Triturar todos los ingredientes a fondo. Pasar por una tela y apretar bastante.
Estupendo para untar con pan tostado, unos langostinos a la plancha y para darle un toque especial a alguna carne.

Aceite de ajo II

Ingredientes

200 g de aceite de oliva 0,4 º (sabor suave) • 3 dientes de ajo • 10 g de aceite • Sal • Azúcar

Elaboración

Freír los ajos, hasta dorarlos levemente en los 10 g de aceite.
Triturar todos los ingredientes a fondo y pasar por una tela, apretando bastante para que no se pierda nada.
El resultado es distinto y más acentuado: sabor a aceite crudo mezclado con ajo frito.

Aceite de remolacha

Ingredientes

200 g de aceite de oliva 0,4 º (sabor suave) • 60 g de remolacha cocida

Elaboración

Triturar ambos ingredientes a fondo Escurrir con ayuda de un colador.
Precioso aceite de color rojizo intenso, ideal para cualquier marisco o preparación de pescado y con un fuerte sabor a remolacha.

Aceite de frambuesas

Ingredientes

50 g de frambuesas • 150 g de aceite de oliva 0,4 º (sabor suave) • 10 g de azúcar

Elaboración

Triturar todos los ingredientes; pero no colarlos.
Ideal para una carne e incluso un postre... bastante "atrevido".

Aceite de especias

Ingredientes

100 g de aceite de oliva • 5 g de orégano fresco • 5 g de perejil • 2 g de pimienta negra • 2 g de pimienta blanca • 1 g de romero fresco • 1 clavo de olor

Elaboración

Triturar todos los ingredientes en crudo; pero no filtrarlos.

Lo recomiendo para cualquier cosa que necesite un toque especiado: desde un arroz a una pasta, pasando por mil pescados o carnes.

Aceite de pimentón

Ingredientes

150 g de aceite de oliva • 30 g de pimentón dulce o picante

Elaboración

Triturar los ingredientes y no filtrarlos.

Ideal para un pulpo, unas navajas, etc.

Aceite de atún

Ingredientes

1 lata de atún

Elaboración

Abrir la lata de atún y guardar su aceite.

Ideal para pescados a la plancha, aperitivos...

Aceite de chorizo

Ingredientes

120 g de chorizo para guisar • 150 g de aceite de oliva

Elaboración

Tostar el chorizo en un horno a 170 ºC cortado en lonchas finas. Cuando esté hecho, mezclarlo con el aceite y triturarlo a fondo. Servir tal cual, sin filtrar, para poder acompañar en forma de gotas a unas lentejas, unas verduras a la brasa, unas carnes a la brasa.

Vinagre balsámico reducido

Ingredientes

150 g de vinagre balsámico • 2 cs de azúcar

Elaboración

Poner a fuego suave un cazo con el vinagre y el azúcar; dejar que reduzca, hasta que espese y tenga consistencia de salsa.

Este vinagre reducido se puede utilizar en ensaladas, en platos de carne (entrecot, solomillo,...) y con pescados.

En el mercado hay distintas marcas que ya lo venden preparado.

Vinagreta base I

Ingredientes

100 g de aceite de oliva • 30 g de vinagre de vino (o de otro tipo) • Sal • Azúcar

Elaboración

Mezclar todos los ingredientes en frío.

En realidad, se puede emplear un vinagre de vino, de manzana, de Módena, balsámico, de Jerez, de frambuesa... o de lo que queramos: esto es indiferente a la hora de preparar una vinagreta. Variará el aroma y el color; es cuestión de gustos: unos serán mas dulces, otros más claros; pero en esencia, el resultado es parecido.

Vinagreta base II

Ingredientes

100 g de aceite de oliva • 25 g de zumo de limón • 10 g de zumo de pomelo • 5 g de azúcar

Elaboración

Mezclar los ingredientes en frío.

Vinagreta base III

Ingredientes
100 g de aceite de oliva • 30 g de vinagre de Módena • 10 g de azúcar • Sal

Elaboración
Mezclar los ingredientes en frío.

Vinagreta de comino

Ingredientes
130 g de vinagreta base (ver pág. 277) • 4-6 g de comino

Elaboración
Aplastar y picar con un cuchillo casi todo el comino; dejar un poco sin aplastar para que se encuentren trozos enteros y mezclar todos los ingredientes.

Vinagreta de perejil

Ingredientes
130 g de vinagreta base (ver pág. 277) • 30 g de perejil en rama • 5 g de azúcar • Sal

Elaboración
Licuar el perejil en una licuadora con rama y todo. En caso de no tener una licuadora, agregar más perejil picado. Mezclar el conjunto que quedará verde y haciendo aguas... ¡precioso!

Vinagreta de soja

Ingredientes
130 g de vinagreta base (ver pág. 277) • 20 g de salsa de soja • 5 g de azúcar

Elaboración
Mezclar todos los ingredientes en frío.

Vinagreta de frutos secos

Ingredientes
130 g de vinagreta base (ver pág. 277) • 40 g de nueces • 10 g de piñones • 10 g de almendra marcona. • 5 pistachos • 1 g de perejil

Elaboración
Pasar por una sartén sin aceite todos los frutos secos, hasta que queden levemente tostados y dejar que se enfríen.
Picar el perejil y los frutos secos tostados y mezclarlo todo.

Vinagreta de cítricos

Ingredientes
130 g de vinagreta base (ver pág. 277) • 10 g de azúcar • 3 hojas de menta fresca • ¼ de naranja • 1/8 de limón

Elaboración
Picar la menta.
Pelar la naranja y el limón y dejarlos sin nada de blanco; los cortamos en trozos pequeños y se los añadimos a la vinagreta base. Al final, añadimos el azúcar y la menta.

Vinagreta de frutas secas

Ingredientes
130 g de vinagreta base (ver pág. 277) • 10 g de orejón de albaricoque • 10 g de uvas pasas • 10 g de dátiles

Elaboración
Cortar la fruta en trozos irregulares y mezclarla con la vinagreta base.

Vinagreta especiada

Ingredientes

130 g de vinagreta base (ver pág. 277) • 5 g de cebollino fresco • 0,5 g de canela en polvo • 0,5 g de pimienta negra • 0,5 g de tomillo • 0,5 g de romero

Elaboración

Picar el cebollino, el tomillo y el romero y mezclarlos con todos los demás ingredientes. Con medidas tan pequeñas como las que se piden en esta receta, os aconsejo que uséis como referencia la punta de una cucharilla de café.

Vinagreta de yema

Ingredientes

140 g de vinagreta base II (ver pág. 277) • 1 yema

Elaboración

Mezclar los dos ingredientes, justo en el momento de servir y utilizarla inmediatamente. No remover mucho para que queden bonitos los tonos naranjas de la yema con el brillo del aceite.

Vinagreta dulce agria

Ingredientes

130 g de vinagreta base III (ver pág. 278) • 10 g de miel • 15 de yogur natural

Elaboración

Mezclar todos los ingredientes en frío.

Vinagreta de remolacha I

Ingredientes

1 remolacha cocida • 150 g de aceite de oliva • 30 g de vinagre de Jerez • Sal • Azúcar

Elaboración

Licuar la remolacha pelada.

Hervir durante 1 min el caldo resultante, dejar enfriar y añadirle los demás ingredientes. Estupenda para acompañar a mariscos y, además, muy vistosa.

Vinagreta de remolacha II

Ingredientes

1 remolacha cocida y pelada • 120 g de aceite • 40 g de vinagre de Jerez • Sal • Azúcar • Perejil picado

Elaboración

Cortar en daditos la remolacha y añadirle los restantes ingredientes en frío.

Para acompañar, sobre todo, a mariscos.

Vinagreta de grosellas

Ingredientes

100 g de aceite de oliva suave • 50 g de grosellas • Sal • Azúcar • Perejil picado

Elaboración

Mezclar los ingredientes y machacar con un tenedor las grosellas. Ideal para carnes. No necesita vinagre, ya que las grosellas ya aportan suficiente acidez.

Vinagreta de puerros

Ingredientes

100 g de aceite de oliva virgen extra • 100 g de recortes de puerros a la plancha (picados) • 30 g de vinagre de Jerez

Elaboración

Mezclar los ingredientes en frío. Ideal para acompañar a pescados.

huevos

pizzas y bocadillos

Huevo frito

Ingredientes para 1 persona

¼ de diente de ajo • 1 huevo • 100 g de aceite de oliva virgen extra

Elaboración

En una sartén, dorar el ajo; cuando se haya dorado levemente, añadir el huevo que hemos abierto con cuidado. Dejar que se vaya haciendo y se forme una puntilla alrededor de la clara exterior; con una espumadera ir echando un poco de aceite de la misma sartén sobre la yema, para que ésta cuaje.

Servir muy caliente.

El aceite no debe estar demasiado caliente; pero tampoco flojo, porque, sino, no se haría la puntilla.

Si el huevo es recién puesto (salvo excepciones), quedaría así: la clara estará más recogida.

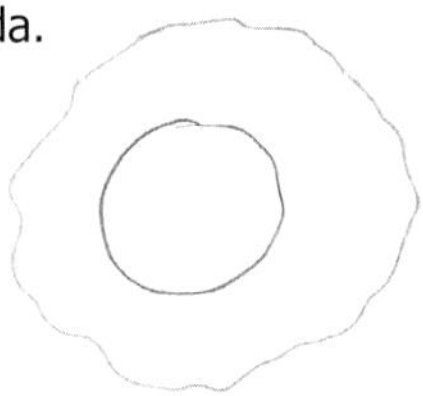

Si, por el contrario, ya lleva varios días puesto, quedará así: la clara se expandirá.

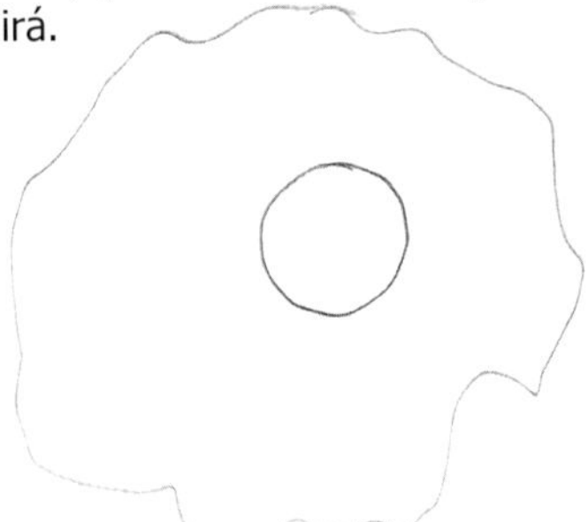

Consejos para acompañarlo: pan tostado y a la vez blandito por dentro; pimientos hechos a la plancha —nunca solo sacados directamente de la lata—; trozos de chorizo hecho a la plancha o, por supuesto, patatas fritas.

Huevos cocidos

Ingredientes

4 huevos • Agua • Sal

Elaboración

Poner a hervir en un cazo el agua con la sal. Introducir los huevos y mantenerlos hirviendo durante 10 minutos. Sacarlos y pelarlos. Abrirlos en cuartos y acompañarlos de una buena mayonesa (ver pág. 241); también se pueden cortar en láminas finas y echar por encima una bechamel ligera (ver pág. 240).

¡Un manjar, uno de mis preferidos!: el huevo cocido con un pelín de mayonesa.

Huevos rotos con patatas

Ingredientes

8 huevos • 4 patatas medianas • 4 dientes de ajo • ½ cebolla • 1/4 de pimiento verde • ½ l de aceite • Sal gorda • Pan tostado

Elaboración

Pelar y cortar las patatas en rodajas de 2-3 cm. Cortar en juliana la cebolla y el pimiento verde. Pochar a fuego medio-suave en una sartén antiadherente todos los ingredientes (salvo los huevos), hasta que las patatas estén hechas. Retirar casi todo el aceite y reciclarlo (siempre se podrá utilizar para otros menesteres).

Volver a poner a fuego fuerte en la sartén las patatas y las verduras. Romper sobre éstas los ocho huevos con tres o cuatro movimientos; de esta manera, estarán jugosos, pero con las partes blancas de clara y amarillas de yema a la vista.

Servir con un poco de sal gorda y unos trozos de pan tostado. ¡Para chuparse los dedos!

Huevos a la plancha

Ingredientes

4 huevos • 40 g de mantequilla • Sal

Elaboración

Disponer en una sartén antiadherente un poco de mantequilla; cuando esté bien derretida, echar los huevos —uno por uno— y dejar que se doren. Darles la vuelta con la ayuda de una espumadera para que se doren por la otra cara.

Servir sobre una buena rodaja de pan tostado.

Huevos escalfados

Ingredientes

4 huevos • 1 l ½ de agua • 50 g de vinagre

Elaboración

Poner a hervir el agua con el vinagre (o, si se prefiere, el jugo de medio limón); cuando hierva, retirar la cazuela del fuego y agregar los 4 huevos, echándolos con suma delicadeza.

Volver a poner la cazuela a fuego bajo, sin dejar que hierva: en apenas 5 ó 6 minutos, los huevos estarán listos, con la clara levemente cuajada y el interior líquido y jugoso.

Nota: el vinagre hace recoger el huevo. La sal, si la echáramos, haría el efecto contrario haciendo imposible su ejecución.

Consejo: fenomenal para acompañar a unos guisantes guisados o a una pasta fresca recién salteada.

Tortilla francesa

Ingredientes para 1 persona

2 huevos • Aceite de oliva • Sal

Elaboración

Dejar calentar el aceite lentamente; cuando esté ya caliente, echar los dos huevos batidos con sal y dejar que se doren, mientras vamos enrollando la tortilla hacia una esquina de la sartén.

Anchoas en tortilla

Ingredientes

300 g de anchoas sin espinas (preferentemente de tamaño mediano) • 6 huevos muy frescos • Perejil picado • Aceite de oliva

Elaboración

Cortar los lomos de anchoa cruda a lo largo, como si fueran espaguetis gruesos; nos saldrán de cada lomo unas tres tiras más o menos (dependiendo del tamaño de la anchoa).
Batir los huevos enérgicamente y juntarlos con los fideos gruesos de anchoa. Espolvorear con perejil. Hacer la tortilla en una sartén caliente con un poco de aceite de oliva (ver la receta anterior).
Dorar un poquito dejándolas jugosas por dentro. ¡Se me está haciendo la boca agua!

Tortilla de alcachofas

Ingredientes

4 alcachofas • 4 huevos • Sal • 30 g de aceite de oliva

Elaboración

Limpiar las alcachofas (ver pág. 149), hasta que nos quede el corazón.
Cortarlas en cuadraditos pequeños.
Saltearlas con el aceite a fuego suave, hasta que estén hechas, aproximadamente 10 min. Dar punto de sal.
Escurrir y mezclar con el huevo.

En una sartén antiadherente con muy poco aceite hacer la tortilla y recogerla (ver pág. 287).
Servir inmediatamente.

Tortilla baja en calorías

Ingredientes para 1 persona
2 claras • Sal • Aceite de oliva

Elaboración
Verter un poco de aceite en la sartén y dejar que se caliente lentamente; cuando esté ya caliente, echar las dos claras batidas y dejar que se doren, mientras vamos recogiéndola suavemente hacia una esquina de la sartén.

Tortilla de camarones o gambas

Ingredientes para 1 persona
60 g de gambas peladas (colas partidas en tres) • ½ diente de ajo • 30 g de nata • Aceite de oliva • Sal

Elaboración
Saltear el ajo muy picado en una sartén antiadherente con un poco de aceite; cuando esté dorado, añadir las gambas y dorarlas apenas ½ min. Añadir el huevo batido mezclado con la nata y la sal; ir recogiendo suavemente hacia una esquina de la sartén.
Servir caliente en plato o en bocadillo.

Tortilla de champiñones

Ingredientes para 1 persona
2 huevos • 50 g de champiñones • 30 g de nata • ½ diente de ajo picado • Aceite de oliva • Perejil picado • Sal

Elaboración

Dorar en la sartén el ajo y añadir los champiñones cortados en láminas finas. Dejar hacer a fuego fuerte y añadir la nata. Dejar reducir 2 min y reservar. Mezclar este preparado con los huevos batidos y dar punto de sal. Verter sobre una sartén antiadherente con un poquito de aceite caliente. Dejar hacer por un lado (se hace rápido) y darle la vuelta en el aire para dorarla por el otro (si esto os parece muy complicado, podéis hacerlo con la ayuda de un plato, como con la tortilla de patata).

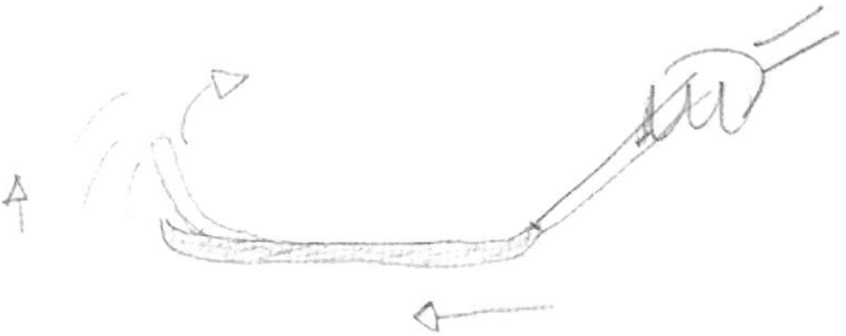

FORMA FINAL

Tortilla de chorizo

Ingredientes para 1 persona

2 huevos • 30 g de chorizo de guisar • Aceite de oliva • Sal

Elaboración

Saltear levemente en una sartén antiadherente con muy poco aceite el chorizo cortado en cuadraditos pequeños; cuando estén levemente dorados, echar los dos huevos batidos y dejar que se doren, mientras vamos enrollando la tortilla hacia una esquina de la sartén. ¡Ojo con el punto de sal!: el mismo chorizo nos lo puede dar; de no ser así, le añadiremos nosotros un poquito.

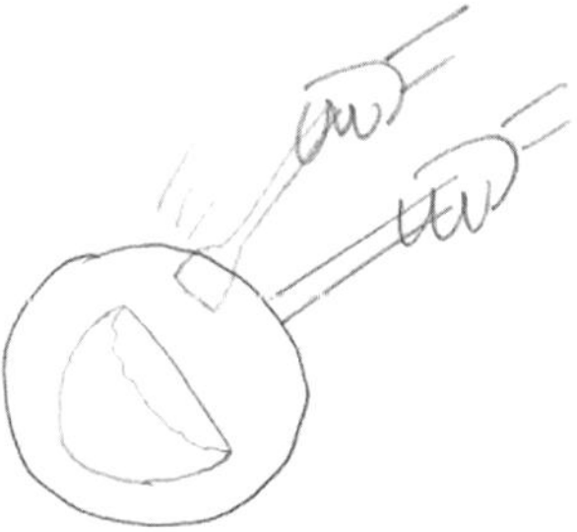

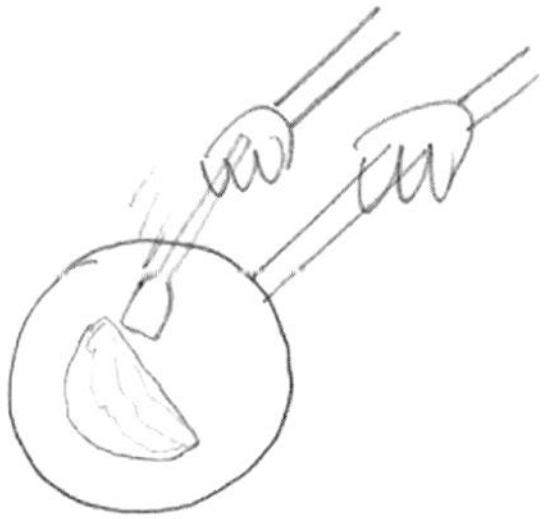

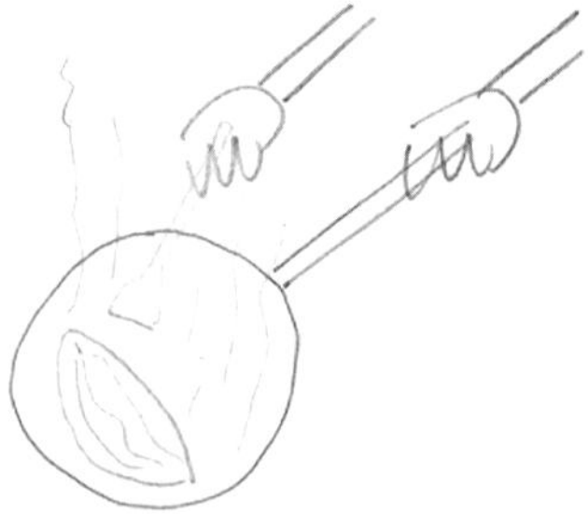

FORMA FINAL

Servir caliente en plato o en bocadillo.

Tortilla enriquecida de jamón

Ingredientes para 1 persona

1 huevo • 1 yema (sin tirar la clara) • 20 g de jamón en daditos • Aceite de oliva virgen • Sal

Elaboración

Dorar el jamón levemente en una sartén con aceite.
Batir el huevo, añadirle el jamón. Echar la mezcla en la sartén y formar la tortilla, recogiéndola suavemente hacia una esquina de la sartén. El jamón ya le aporta sal; pero, si fuera necesario, añadimos un poquito.
Ideal para bocadillos.

Tortilla de espárragos

Ingredientes

8 huevos • 300 g de espárragos blancos o verdes fritos (ver pág. 184) • Aceite de oliva

Elaboración

Mezclar los huevos batidos con los espárragos y verter la mezcla en una sartén antiadherente con aceite muy caliente.
Recoger la tortilla (ver pág. 287)
Se puede hacer también con espárragos de lata, pero, en este caso, habría que escurrirlos a conciencia para que no nos "agüe la fiesta", perdón, la tortilla.

Tortilla de espinacas

Ingredientes para 1 persona

2 huevos • 30 g de espinacas cocidas en agua con sal (3 min de cocción), escurridas y picadas • 30 g de leche • 30 g de nata • 10 g de jamón en cuadraditos • ½ diente de ajo • Aceite de oliva • Sal

Elaboración
Dorar el ajo picado y el jamón en una sartén con un poco de aceite de oliva; añadir las espinacas y saltearlas levemente. Agregar los huevos batidos con la leche y la nata. Dejar cuajar e ir recogiendo suavemente hacia una esquina de la sartén.

Tortilla de morcilla

Ingredientes para 1 persona
2 huevos • 60 g de morcilla de cebolla o de arroz (lo dejo a vuestra elección) • Aceite de oliva • Sal

Elaboración
A Cocer la morcilla de cebolla en agua durante por lo menos 10 min a fuego suave (previamente pinchada para que no se reviente). Separar la cantidad indicada y romperla con un tenedor.
B Freír rodajas de morcilla de arroz hasta que estén doradas. Separar la cantidad indicada y romperla con un tenedor.

Mezclar con los huevos batidos y dorar sobre una sartén antiadherente muy caliente con un poco de aceite, bien en la forma redonda y plana o bien en la forma alargada y un poco más gruesa, recogiéndola suavemente hacia una esquina de la sartén.

¡Mucho cuidado con el punto de sal!: la morcilla nos lo puede haber aportado ya. En caso contrario echar un poquito.

En ambos casos estará deliciosa.

Tortilla de patata

Ingredientes
2 patatas medianas • 4 huevos • ½ cebolla • 130 g de aceite de oliva virgen • Sal

Elaboración

Pelar y cortar las patatas en láminas finas. Cortar la cebolla en juliana fina. Dejar que se pochen en el aceite a fuego suave durante 15 minutos. Escurrir el aceite (dejando un poco en la base de la sartén para más tarde); verter las patatas a un bol y añadir por encima el huevo batido y un poco de sal, removiendo para que se mezcle todo.

Verter la mezcla a la sartén caliente con el aceite que hemos dejado antes y dorarla sin remover para que quede una costra dorada. Darle la vuelta con ayuda de un plato llano; dorar por el otro lado y colocarla en un plato.

El punto de cocción dependerá de que nos guste más o menos jugoso su interior.

Si se deja poco tiempo a fuego medio, se dorará el exterior y el interior quedará más jugoso (en este caso, deberá comerse caliente). Por el contrario, si se deja más tiempo a fuego suave, se dorará el exterior también, pero el interior quedará más sólido al cuajarse el huevo por efecto del calor (en este caso, se puede comer fría o caliente).

Tortilla de queso

Ingredientes para 1 persona

2 huevos • 50 g de Emmental, Mozarella, Parmesano, Roquefort o Idiazabal rallado • 1 cs de aceite de oliva • Sal

Elaboración

En una sartén antiadherente, calentar el aceite. Batir los huevos con los demás ingredientes y extenderlos sobre la base de la sartén. Enrollar todo suavemente hacia una esquina de la sartén hasta formar la tortilla.

¡Cuidado con los quesos que se derriten enseguida!

Revuelto de calabacines

Ingredientes

2 calabacines medianos • 30 g de aceite de oliva • 1 diente de ajo • Sal • Pimienta • 4 huevos • 40 g de nata líquida

Elaboración

Saltear los calabacines, como se indica en la receta anterior. Añadir los huevos batidos y la nata. Recoger como si fuese un revuelto, es decir, sin darle forma.
Cuando empiece a cuajar la mezcla, retirar del fuego y servir.

Revuelto de espárragos trigueros

Ingredientes

1 manojo de espárragos verdes (o un bote de espárragos) • 4 huevos • 1 ajo • Sal • 2 cs de aceite de oliva virgen

Elaboración

Freír en una sartén las partes blandas de los espárragos cortadas en trozos junto con el ajo picadito. Cuando estén fritas, se le añaden los 4 huevos batidos y la sal; remover con una espátula, hasta que cuajen los huevos y os queden cremosos.
Servir inmediatamente.
Nota: si los espárragos son de bote, escurrirlos muy bien y añadírselos a la sartén, cuando el ajo ya esté un poquito dorado; saltearlo todo junto y añadirle el huevo.

Revuelto de espárragos y gambas

Ingredientes

1 manojo de espárragos verdes (o un bote de espárragos) • 100 g de gambas peladas (frescas o congeladas) • 4 huevos • 1 ajo • Sal • Aceite

Elaboración

En una sartén freír los espárragos cortados en trozos junto con el ajo picado; cuando esté fritos, añadirles las gambas peladas (si son congeladas, debéis descongelarlas previamente). Remover el conjunto un poco —las gambas se hacen muy rápido— y añadirle los huevos batidos con la sal. Mover con una espátula, hasta que cuajen pero no demasiado, para que queden jugosos y cremosos.

Masa para las pizzas

Ingredientes

500 g de harina • 250 g de agua • 15 g de levadura fresca (la podemos mantener congelada en pequeñas porciones envueltas en plástico para poder usarla según necesitemos) • 10 g de sal • 15 g de aceite de oliva

Elaboración

Diluir la levadura (directamente sacada del congelador) en el agua: apenas tardará 5 min en disolverse por completo. Mezclar todos los ingredientes juntos y formar una pasta con ellos. Amasarla sobre una superficie de mármol untada con un poco de aceite (u otro tipo de superficie limpia y lisa) con decisión durante 5-10 min. Si se dispone de un robot que haga la operación, mejor.

Dejarla reposar 1 hora en un lugar caliente y tapada con un trapo húmedo.

Si no se dispone de tiempo, se puede pasar por alto el paso anterior. También se puede hacer un día antes y sustituir esa hora al calor por 24 horas en el frigo —viene a ser prácticamente lo mismo—.

Estirar la masa con un rodillo y un poco de harina para que no se pegue a la mesa, dándole forma redonda (o rectangular, si queremos aprovechar la placa del horno).

Poner encima los ingredientes elegidos y meter en el horno precalentado a 230 ºC durante 10-12 min.

Pizza de pimientos

Ingredientes

500 g de masa de pizza • 4 pimientos morrones • 150 g de salsa de tomate • 50 g de queso Roquefort • Aceite de oliva • Orégano • Albahaca

Elaboración

Estirar, como en el caso anterior, la pasta muy fina en forma redonda o rectangular. Reservar.

Asar los pimientos en el grill del horno para quitarles la piel, cuando ésta esté casi negra. Abrirlos, quitarles las pepitas y dejarlos en lomos. Pasarlos 1 min por una sartén con aceite caliente vuelta y vuelta y reservar.

Untar la masa con una capa de salsa de tomate; encima poner los pimientos ya fríos, unos trocitos de queso y las hierbas aromáticas de remate.

Horno a 220 ºC durante 10-15 min.

Al salir "pintar" la pizza con aceite de oliva crudo.

Pizza de quesos

Ingredientes

500 g de masa de pizza • 50 g de Emmental • 50 g de Roquefort • 50 g de Mozarella • 50 g de Idiazabal • 150 g de salsa de tomate • Aceite de oliva

Elaboración

Preparar la masa (ver receta anterior) y estirarla con un rodillo dándole la forma que queramos.

La cubrimos con la salsa de tomate (ver pág. 249) y por encima echamos los cuatro quesos en cuatro montoncitos, sin mezclarlos. Un poco de orégano picado y al horno aprox. 10 min a 230 ºC. Cuando la saquéis, le añadís un buen chorretón de aceite de oliva.

Pizza de sardinas

Ingredientes

500 g de masa de pizza • 12 sardinas frescas • 3 tomates asados • Albahaca muy picada • 2 dientes de ajo • Aceite de oliva virgen extra

Elaboración

Estirar muy muy fina la pasta para que se nos haga muy rápido y no nos estropee las sardinas con una cocción excesiva. Reservar.

Limpiar las sardinas frescas en lomos.

Asar los tomates (ver pág. 226).

Montaje:

Sobre la pasta estirada, colocamos el tomate en trozos; encima, las sardinas, la albahaca y los ajos.

Hornear a 230 ºC durante 10 min.

Al sacarla, darle una pincelada muy generosa de aceite de oliva.

Otra opción nada despreciable —incluso, mejor— es hornear todo menos las sardinas; cuando la masa ya esté hecha, le añadimos por encima las sardinas en lomos y sin espinas. Con el calor de la masa casi se harán y estarán muy jugosas.

Pizza de tomate

Ingredientes

6 tomates grandes • 500 g de masa de pizza • 150 g de Mozarella • Orégano • Azúcar • Aceite de oliva • Sal

Elaboración

Escaldamos y pelamos los tomates (ver pág. 225); luego los asamos en cuartos con un poco de azúcar, sal y aceite de oliva, apenas 15 min a 200 ºC.

Estiramos la pasta muy fina y ponemos encima todos los cuartos de tomate, hasta cubrir casi toda la superficie de la masa. Espolvoreamos con queso y orégano y horneamos a 230 ºC durante, por lo menos, 10 min.

Un chorretón de aceite de oliva remata esta "tarta salada" tan rica y sencilla.

Pizza de verduras

Ingredientes

500 g de pasta para pizza • 2 cebollas • 2 puerros • 1 pimiento verde • 200 g de queso Mozarella • 150 g de tomate asado • 30 g de aceite de oliva. • Orégano fresco o seco

Elaboración

Estirar la pasta en forma rectangular con ayuda de un rodillo y un poco de harina para que no se pegue a la superficie de trabajo. Reservar.

Saltear (apenas 3 min) con un poco de aceite las verduras cortadas en trozos no muy pequeños.

Cubrir la masa con una capa fina de tomate y encima, extender la verdura; por último, se añaden el queso y el orégano. Hornear durante 230 ºC durante aproximadamente 15 min.

Después de sacar la pizza del horno, añadir el aceite de oliva.

Pizza envuelta

Ingredientes

500 g de masa de pizza • 50 g de Emmental • 50 g de Roquefort • 50 g de Mozarella • 50 g de Idiazabal • 150 g de salsa de tomate • Aceite de oliva

Elaboración

Elaborar la masa (ver pág. 295). La estiramos con un rodillo dándole la forma que queramos y dejándola fina. La untamos con la salsa de tomate (ver pág. 249); por encima ponemos los cuatro quesos en montoncitos separados y un poco de orégano picado. Envolvemos la pasta formando una especie de bocadillo que, después de horneado (aprox. 10 min a 230 ºC), nos quedará crujiente por fuera y muy jugoso por dentro.

Ver esquema:

210 ºC - 15 min

Una vez dorada, se servirá muy caliente y sin demora.

Tortillas mexicanas

Ingredientes

500 g de *piperrada* • 200 g de pechuga de pollo • ½ calabacín • 100 g de caldo de verduras (o agua) • 40 g de mojo mexicano (en caso de no encontrarlo, agregar tres pimientas cayenas picadas con pepitas y todo) • Trozos de lechuga • Dos tortillas mexicanas por comensal

Elaboración

Saltear en una cazuela con un poco de aceite el calabacín cortado en daditos pequeños y agregar el pollo cortado de la misma mane-

ra. Dejar hacer un par de minutos y añadir la cayena; por último, la *piperrada*. Dejar hervir 5 min y añadir el caldo y el mojo (o las cayenas). Es posible que no necesite todo el caldo: nos debe quedar espesito, para que no se nos escurra luego por la tortilla.
Calentar las tortillas en el microondas durante un minuto.
Servir a la mesa tres cosas:
La mezcla o relleno del pollo muy caliente, las tortillas calentitas envueltas en un trapo (limpio) y un plato con trozos de lechuga frescos. Cada comensal debe rellenar su tortilla con un par de cucharadas de la mezcla y un trozo de lechuga; la cierra haciendo un paquetito y... ¡a chuparse los dedos!

Pan con tomate

Ingredientes
1 rebanada de pan (de pueblo o de cualquier otro tipo, pero tierno) • 1 tomate • Aceite de oliva virgen

Elaboración
Partir por la mitad los tomates; frotar con ellos la rebanada de pan, hasta que se impregne bien del tomate, después rociarla con el aceite de oliva.
Consejo: encima se pueden colocar unas lonchas finas de jamón serrano u otro embutido que os guste.

Pan con aceite

Ingredientes
1 rebanada de pan • Aceite de oliva virgen • Sal gorda

Elaboración
Sobre una rebanada de pan tostado extender aceite de oliva virgen y un pelín de sal gorda.
Nota: sola o para acompañar con cualquier tipo de embutido.

Pan con aceite y azúcar

Ingredientes
1 rebanada de pan • Aceite de oliva virgen • Azúcar

Elaboración
Sobre una rebanada de pan tostado extender aceite y azúcar.
Para merendar ... ¡una maravilla!
Mi madre me lo daba para merendar,... ¡Qué recuerdos!

Pan con aceite y ajo

Ingredientes
1 rebanada de pan • 1 diente de ajo • Aceite de oliva virgen

Elaboración
Sobre una rebanada de pan tostado, frotar un ajo y regar con aceite.

Migas

Ingredientes
Pan del día anterior • 2 dientes de ajo • 60 g de jamón o tocineta • 60 g de chorizo • 4 cs de aceite de oliva virgen

Elaboración
Desmigar todo el pan y ponerlo en una fuente honda. Poco a poco ir echando o pulverizando agua, hasta que todo el pan quede húmedo. Tapar la fuente con un paño y dejarlo reposar entre 2 ó 3 h.
Cortar en cuadraditos el jamón (o la tocineta) y el chorizo.
En una cazuela o sartén honda poner el aceite, freír los ajos picados y añadir el chorizo y el jamón. Cuando se hayan frito un poco,

añadirles el pan y removerlo todo continuamente para que no se peguen.

Estarán cocinadas, cuando tengan un color dorado y estén sueltas.

Las migas generalmente se acompañan aparte con aceitunas, uvas, ensalada de naranja o de tomate, para darle contraste.

Migas con huevo frito

Elaboración

La misma preparación que la receta anterior de "Migas"; pero ahora a cada comensal se le presenta el plato de migas con un huevo frito encima.

10 bocadillos para el avión
(Con el asesoramiento de Juan Mari Arzak)

Bocadillo de merluza frita

Ingredientes para 1 persona

Un trozo de pan • Tres trozos pequeños de merluza (sin espinas) • 1 huevo • Harina (muy poca) • Aceite para freír • Sal

Preparación

Aplastar suavemente los trozos de merluza con sal, enharinarlos un poco y pasarlos por huevo batido. Freírlos en aceite no muy caliente; cuando estén dorados por un lado, darles la vuelta, con ayuda de un tenedor, y dejar que se terminen de hacer prácticamente con el fuego casi apagado.

Retirarlos sobre un papel absorbente y, después depositarlos sobre el pan.

Cerrar el bocata y envolverlo en papel de aluminio. ¡Una delicia!

Bocadillo de solomillo con *foie*

Ingredientes para 1 persona

Un trozo de pan • Dos rodajas finas de solomillo • 1 diente de ajo en láminas • 1 cs de aceite • 2 láminas de *foie* fresco • Sal

Preparación

Dorar el ajo con el aceite en una sartén. Agregar las rodajas de solomillo: vuelta y vuelta. Depositar en la mitad del pan los trozos de carne.

En la misma sartén en la que hemos frito el solomillo, sin limpiarla, dorar el foie y depositarlo encima de los trozos del solomillo que le esperan dentro del pan.

Cerrar el bocadillo y... envolver en aluminio.

¡Éste es la caraba!

Bocadillo de tortilla con tomate

Ingredientes para 1 persona

2 huevos • Sal • Perejil picado • 1 tomate pequeño (partido por la mitad) • 1 trozo de pan • 1 cc de aceite

Preparación

Batir los huevos, añadirles el perejil y la sal. Dorar la mezcla en un sartén y recogerla en forma alargada para que entre en el pan.

Partir el pan a lo largo y untar frotando el tomate en las superficies interiores. Depositar la tortilla y cerrar el bocadillo.

Envolverlo en aluminio y ...a esperar ansiosamente a que el avión despegue para devorarlo.

Bocadillo de atún con guindillas

Ingredientes para 1 persona

1 trozo de pan • 60 g de atún en aceite (de lata) • 6 guindillas en vinagre (que no piquen) • 4 anchoas en aceite (de lata)

Preparación

Abrir el pan por la mitad y extender en una de las caras primero el atún, después, las guindillas y, por ultimo, las anchoas.

Cerrar y envolver en aluminio.

Ni las turbulencias más violentas evitarán que puedas disfrutar de este bocata. Bueno, si de verdad son fuertes, no sé , no sé...

Bocadillo de lomo con pimientos

Ingredientes para 1 persona

1 trozo de pan • 2 lonchas de lomo adobado • 3 pimientos del piquillo • 3 cs de aceite de oliva

Preparación

Dorar en una sartén los pimientos con el aceite, hasta que estén dorados y reservarlos.
Sobre ese mismo aceite, freír el lomo.
Abrir el pan por la mitad y meter los pimientos dentro; encima, el lomo de cerdo.
Cerrar y a esperar a que en el control de acceso al aeropuerto no nos lo confisquen alegando exceso de peso.

Bocadillo de anchoas y pimientos verdes

Ingredientes para 1 persona

1 trozo de pan • 6 anchoas de lata • 6 pimientos verdes de Gernika • 1 cs de aceite de oliva • Aceite de oliva para freír • Vinagre de Jerez

Preparación

Freír los pimientos, hasta que estén dorados. Abrirlos, quitarles la pepitas y el rabito y extenderlos en una de la mitades del pan; encima, las anchoas, un poco de aceite virgen y un poco de vinagre.
Cerrar el pan y a esperar ese momento mágico: a muchos metros de altura, con la noche negra filtrándose por las ventanillas, el ruido monótono del avión ronroneando en los oídos, las azafatas tomándose un respiro, la mayoría del pasaje durmiendo, pero tú, no. Tú dando cuenta de este bocata y haciéndote volar de placer sin necesidad de avión.

Bocadillo de pechugas de pollo

Ingredientes para 1 persona

1 trozo de pan • 1 pechuga de pollo (cortada en filetes) • 1 cs de mayonesa • 1 cc de mostaza • Gotas de Tabasco (optativo) • Sal • 1 huevo batido • Pan rallado • Aceite para freír

Preparación

Sumergir los filetes de pollo en el huevo batido. Escurrirlos y pasarlos por el pan rallado. Aplastarlos enérgicamente y freírlos, hasta que estén dorados, en una sartén con aceite.

Meterlos en el pan abierto; encima, extender la mayonesa y la mostaza.

Cerrar con el otro trozo de pan y... a esperar a que el vuelo se te haga más corto, disfrutando de la comida en un avión. ¡Increíble, pero cierto!

Bocadillo de bacalao con tomate

Ingredientes para 1 persona

1 trozo de pan • 1 lomo de bacalao (de 100 g aprox.) • 4 cs de salsa de tomate • Aceite de oliva virgen extra

Preparación

Calentar en una sartén la salsa de tomate —si es comprada, que sea de buena calidad; sino casera, como explicamos en la pág 249—. Agregar el bacalao y dejar hacer, hasta que esté hecho.

Desmigar en trozos el lomo de bacalao y depositarlos sobre el pan; por encima, extender bien la salsa de tomate. Cerrar con el otro trozo de pan y... a esperar a que el avión no salga con retraso para poder disfrutar, cuanto antes, de esta maravilla.

Bocadillo de higaditos de pollo

Ingredientes para 1 persona

1 trozo de pan • 2 higaditos de pollo (con su corazón) • 1 cebolla • 2 cs de aceite de oliva • Sal

Preparación

Pochar con suavidad la cebolla cortada en juliana. Cuando esté bien dorada, escurrirla del aceite a conciencia sobre un papel absorbente.

Con un poquito de ese mismo aceite, saltear los higaditos y los corazones cortados en trocitos pequeños, hasta que estén dorados. Depositarlos en uno de los trozos de pan y cubrirlos con la cebolla escurrida.
Cerrar el pan y hacer una excursión desde la clase turista hasta la *bussines* para darles envidia. En caso de tener la suerte (por el butacón espacioso, no por la comida) de viajar en primera, sencillamente, abrir el bocata y empezar a comerlo: serás el centro de las miradas, te lo aseguro.

Bocadillo de verduras asadas

Ingredientes para 1 persona
1 trozo de pan • 1 tomate mediano (pelado) • 70 g de queso de Idiazabal ahumado • Orégano picado • Aceite de oliva virgen extra • ¼ de berenjena pequeña

Preparación
Asar con un poco de aceite —envuelta en papel de aluminio— la berenjena y el tomate con un poco de sal, orégano y aceite. En apenas una hora a 180 ºC, lo tendremos listo. Pelar la berenjena y el tomate y cortarlo todo en trozos medianos.
Depositarlos encima de uno de los trozos de pan; encima, las lonchas de queso.
De colofón, unas gotas de aceite de oliva virgen extra.
Cerrar el bocata con la otra mitad de pan, envolverlo y... a esperar la hora de zamparlo, entre nubes y balanceos melodiosos...
Es un bocadillo ideal para sobornar al capitán de la aeronave para que te deje entrar en la cabina a la hora de aterrizar a cambio de la mitad del bocata.

mariscos

Almejas en salsa verde ΨΨ

Ingredientes
1 k de almejas • Perejil • 1 diente de ajo • 2 cs de aceite • 10 g de harina

Elaboración
Picar el ajo y echarlo en una sartén con el aceite. Sin dejar que se dore, añadimos la harina y dejamos que cueza un instante. Agregamos las almejas, lo tapamos y lo dejamos hirviendo, hasta que justo se abran.
Al final, añadir el perejil picado.
Servir este plato acompañado por la salsa.
Nota: esta receta sirve también para mejillones, berberechos, navajas...

Bogavante con mantequilla de cebollino ΨΨΨ

Ingredientes
2 bogavantes (de 700 g cada uno) • 50 g de mantequilla • 30 g de cebollino • Sal • Pimienta

Elaboración
Abrir por la mitad los dos bogavantes a lo largo con ayuda de un cuchillo grande.
Poner al grill del horno a su máxima potencia con la puerta abierta e introducir en la parte superior los bogavantes y sus pinzas levemente golpeadas —justo para romper el caparazón y luego pelarlas mejor—.
Pasados 5 minutos, agregar la mantequilla y el cebollino y dejar 10 minutos más.
Los sacamos, cuando estén dorados, y los servimos en una bandeja con todos los jugos que haya en la bandeja.

La cola se suele comer con cuchillo y tenedor; después, abalanzarse con las manos sobre la cabeza y chupar con fruición.

Bogavante cocido

Ingredientes

2 bogavantes (de 700 g cada uno) • 3 l de agua • 80 g de sal • Mayonesa (opcional)

Elaboración

Poner el agua en ebullición con la sal; añadir los bogavantes y dejar cocer 15 minutos.
Sacarlos del agua, dejar que se enfríen y abrir por la mitad.
Repartir medio bogavante por persona.
Si se acompañan de una mayonesa casera, mucho mejor.

Bogavante con cebolletas

Ingredientes

2 bogavantes (de 700 g cada uno) • 6 cebolletas frescas • 80 g de mantequilla • Sal • Pimienta • Una pizca de pimentón

Elaboración

Cortar el bogavante de la siguiente manera:

1 pata
½ cabeza
6 anillos con cáscara
Separar la cola y partirla por los anillos

Abrir la cabeza a lo largo.
Golpear levemente la pinza para romperla, pero sin pelarla.
Cada comensal comerá 3 anillos enteros, 1 pata y ½ cabeza cortada a lo largo.
Cocer en agua hirviendo las cebolletas unos 30 seg; después, pasarlas por la plancha o por la sartén abiertas por la mitad, hasta que queden doradas; añadirles sal y reservarlas.
Saltear en la sartén con parte de la mantequilla los anillos junto con las patas y reservar.
Dorar las mitades de la cabeza en una sartén con la mantequilla restante y reservar.
En un plato llano colocar las cebolletas, encima y alrededor los anillos del bogavante junto con las tenazas y la media cabeza.
Mojar con el jugo que haya quedado en la sartén al dorar el bogavante.
Con un poco de pimentón al final, le daremos un toque de color.
Nota: puede que se necesite un poco más de mantequilla. En tal caso, se funde un poco y se echa por encima.

Bogavante a la americana

Ingredientes
2 bogavantes (de 700 g cada uno) • 200 g de cebolla picada • 100 g de tomate muy maduro y pelado • 100 g de mantequilla • 1 chalota picada • 50 g de pimiento verde picado • 50 g de nata líquida • 30 g de coñac • Sal • Pimienta • 1 l ½ de agua

Elaboración

Pochar la verdura con parte de la mantequilla, hasta que esté dorada. Añadir el tomate muy troceado y dejar pochar; por último, añadir el coñac flambeado.

Extraemos el armazón principal del bicho en cuestión que desechamos por su dureza (fijarse en el dibujo) y machacamos el interior de las cabezas en un mortero que añadimos a la sartén.

Dejamos cocer todo 10 minutos, añadimos el agua y otros 90 minutos más a fuego suave.

Triturar concienzudamente y colar.

Rectificar de sal y pimienta. Añadir la nata y dejar hervir 10 minutos a fuego muy suave. Reservar (esta salsa al día siguiente mejora muchísimo).

Saltear los anillos del bogavante y las patas con un poco de mantequilla.

Pelar las patas y dejar la cáscara de los anillos. Verter la salsa, o parte de ella, sobre las patas y dejar hervir 2 minutos.

Servir 3 anillos y una pata por persona, acompañados de esta gloriosa y clásica salsa. ¡Y a disfrutar!

Bogavante templado

Ingredientes

1 bogavante (de 1 k) • 2 yemas • 125 g de mantequilla • Estragón picado • Perejil picado • 30 g de vinagre • 20 g de vino blanco • Sal • Pimienta • 1 Lechuga

Elaboración

Cocer el bogavante (ver pág. 311). Pelarlo y cortarlo en rodajas. Reservar.

Hervir el vinagre y el vino blanco junto con el estragón y el perejil durante un par de minutos. Dejar que se enfríe la mezcla y añadirle las yemas, mezclándolo todo bien. Disponer la mezcla en un baño maría suave.

Aparte, se habrá fundido la mantequilla sin removerla, para que nos quede el suero abajo y la grasa en la superficie.

Iremos removiendo las yemas y la reducción y añadiendo la mantequilla en forma de hilo a la mezcla de las yemas de forma constante, hasta que se forme una especie de salsa espesa parecida a la mayonesa, pero en caliente. Por último, salpimentar.

Servir el bogavante con esta salsa y algo de lechuga cortada en juliana, en caso de que los comensales estén muy hambrientos o sean muy glotones.

Centollo cocido

Ingredientes

2 centollos (de 1 k cada uno) • 50 g mayonesa casera • 80 g de sal • 3 l de agua

Elaboración

Cocer el centollo durante, por lo menos, 10-15 min en el agua salada. Sacarlo del agua boca abajo para que no pierda los jugos.

Pasados 5 minutos, quitarle las patas y las tenazas.

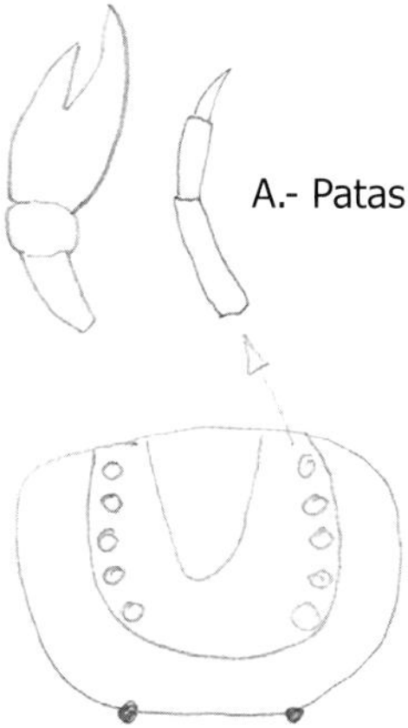

A.- Patas

B.- Caparazón (por debajo)

Golpear suavemente con el martillo las patas y las tenazas, para que las puedan pelar mejor los invitados y reservar.
El cuerpo nos quedará así.
Retirar la parte central.
Retirar las branquias y desecharlas

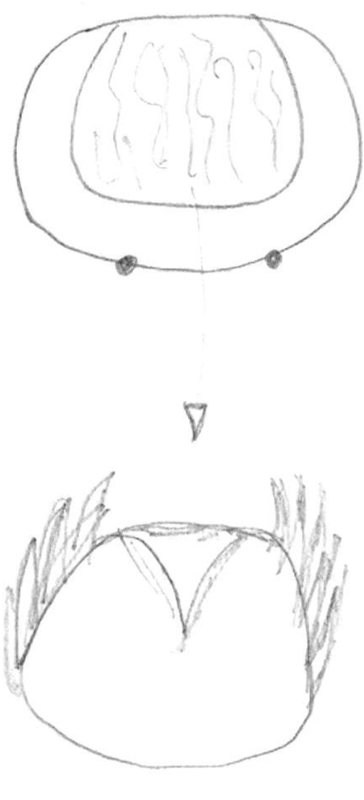

C.- Cuerpo interior

Remover todos los jugos con ayuda de un tenedor. Nos quedará una pasta más o menos ligera —dependiendo del tipo de centollo— entre anaranjada y grisácea.
Añadir la mayonesa y remover, hasta formar una pasta más o menos homogénea. Reservar.

Con el cuerpo lo que hacemos será trocearlo con un cuchillo grande: primero por la mitad y, luego, cada uno a su vez en 4 ó 5 trozos.

Presentar el conjunto A, B y C en una fuente para que los comensales se sirvan.

Para las partes A y C se necesita unas pinzas tipo casca-nueces, por si los martillazos no han sido del todo eficaces y una pinza larga para meter por los recovecos del interior del centollo. Para la B, únicamente una cucharilla de postre.

¡A disfrutar!

Nota: este marisco es también conocido con el nombre de txangurro que es su denominación en euskara y las indicaciones dadas sirven también para el buey marino.

Las nécoras se cuecen de la misma manera, pero el tiempo de cocción es solo de 5 minutos y se necesitan 8 nécoras.

Txangurro a la donostiarra

Ingredientes

1 *txangurro* (de 1 k) • 2 cebollas pequeñas • 40 g de aceite de oliva • 1 puerro • 1 tomate muy maduro • 50 g de pimiento verde • 30 g de coñac • 3 chalotas • Pan rallado • 1 nuez de mantequilla • Agua • Sal

Elaboración

Poner a cocer el *txangurro* siguiendo las explicaciones de la receta anterior.

Sacarlo y dejarlo reposar boca abajo —para retener bien sus jugos— hasta que se enfríe.

Cuando esté más o menos templado, pelarlo con todo el cariño del mundo y toda la paciencia, también. Por un lado, extraemos la carne de las patas y de las tenazas que juntaremos con la del caparazón (con mucho cuidado de que no se caigan dentro trocitos de cáscara que son muy desagradables a la hora de comer). Reservar.

Por otro lado, la parte de los jugos (los cocineros, familiarmente, les solemos llamar *las cacas*) que, en realidad, son los que aportan ese sabor tan profundo a mar del *txangurro*.

Reservar también.

En cuanto a las verduras, picarlas en pequeños cuadrados y pocharlas en una sartén con un poco de aceite. Una vez pochadas, añadir el tomate pelado y picado. Pasados un par de minutos, flambear con el coñac (si os resulta más fácil, esta operación se puede realizar en una pequeña cazuela y, cuando arda el coñac, lo añadís a la mezcla). No queda más que añadir los jugos y, por último, la carne. Dejar cocer todo durante, por lo menos, 20 minutos a fuego suave.

En caso de que el caparazón o "carro" no tuviera mucho jugo, (nunca hay dos *txangurros* iguales), añadiremos unas cucharadas de agua.

Corregir de sal y pimienta. El conjunto será espeso pero muy jugoso.

Ahora tenéis dos opciones:

a) Disponerlo en un plato sopero o cuenco con una nuez de mantequilla y un poco de pan rallado, y gratinarlo en un horno a 200º C durante 10 minutos.
b) Lo más tradicional: echar la mezcla sobre la cáscara vacía del txangurro, gratinándolo de igual manera que en el paso anterior.

No queda más que soplar (deberá estar muy caliente) y darle a la cucharilla.

Esta mezcla espesa nos servirá para varias recetas que se explican a continuación y para otras que aparecen en este libro.

Nota: el *txangurro* a la donostiarra se prepara tanto con el centollo (mejor si es centolla) y el buey de mar.

Las nécoras se pueden preparar de la misma manera, la única diferencia es el tiempo de cocción, 5 minutos, y que necesitaréis, al menos, 8.

Txangurro con coliflor

Ingredientes

600 g de *txangurro* a la donostiarra • 300 g de coliflor • ½ l de leche • 100 g de nata • Sal • Pimienta

Elaboración

Cocer la coliflor troceada en la leche y la nata durante ½ hora a fuego suave.

Triturar el conjunto, hasta formar un puré espeso y salpimentar. Dejarlo reservado en un bol.

Puré de coliflor (tercio superior del bol)

Txangurro a la donostiarra caliente (2 tercios inferiores del bol).

Todo muy caliente; sólo nos queda gratinar levemente la superficie en un grill o en un horno muy caliente.

Ensalada de *txangurro*

Ingredientes

2 *txangurros* (de 700 g cada uno) • 150 g de mayonesa • 20 g de ketchup • 10 g de coñac • 10 g de tabasco • Sal • Pimienta

Elaboración

Limpiar cuidadosamente el interior del centollo, separando la carne de los jugos, como se ha hecho en la receta de "Centollo cocido" (ver pág. 315).

Mezclar en un bol la carne del caparazón y de las pinzas, así como sus jugos. Agregar el resto de los ingredientes. Nos quedará una masa levemente espesa para comer con cucharilla.

Presentar en boles pequeños individuales o en el mismo interior del caparazón del *txangurro*.
La llamamos ensalada, pero es más bien un preparado frío maravilloso, sin ningún tipo de lechugas.

Txangurro con lechugas

Ingredientes
500 g de *txangurro* a la donostiarra • 250 g de lechugas variadas • Para la vinagreta: • 100 g de aceite de oliva virgen extra • 30 g de vinagre de Módena • 25 g de piñones • Perejil picado.

Elaboración
Tostar los piñones en una sartén sin aceite.
En cada plato, serviremos el *txangurro* formando un aro o círculo, y alrededor, los piñones. Rodeándolos, también en círculos, ponemos las lechugas picadas en trozos medianos. De colofón y por encima de todo, la vinagreta.
Para degustar a temperatura ambiente, no frío.

Ceviche (versión libre)

Ingredientes
400 g de pescado (lubina, dorada, chicharro, sargo, etc.) • 2 tomates grandes (pelados) • 5 limas (o 3 limones) • 1 rama de cilantro (o perejil) • 70 g de Fanta de naranja • 2 aguacates (ni verdes ni muy maduros) • 1/2 cc de azúcar • 6 cs de aceite de oliva • Sal • Tabasco (optativo) • Guindilla Cayena (optativo)

Elaboración
Cortar el pescado en trozos medianos o pequeños.
Ponerlos a macerar con el zumo de las limas durante, por lo menos, 1 hora. Escurrir el zumo sin apretar, pues nos debe quedar algo de éste impregnado en el pescado y lo demás desecharlo.

Cortar el tomate pelado y el aguacate del mismo tamaño y reservar.
Picar el cilantro muy finamente.
En un bol grande juntar todos los ingredientes y revolver con cuidado.
Nos quedará una especie de sopa muy espesa.
Servir muy frío acompañado de pan tostado o simplemente con cuchara.

Chipirón a la plancha

Ingredientes
1 k de chipirones o mejor 1 chipirón de 1 kg • 2 dientes de ajo • Perejil picado

Elaboración
Limpiar un chipirón de la siguiente manera:

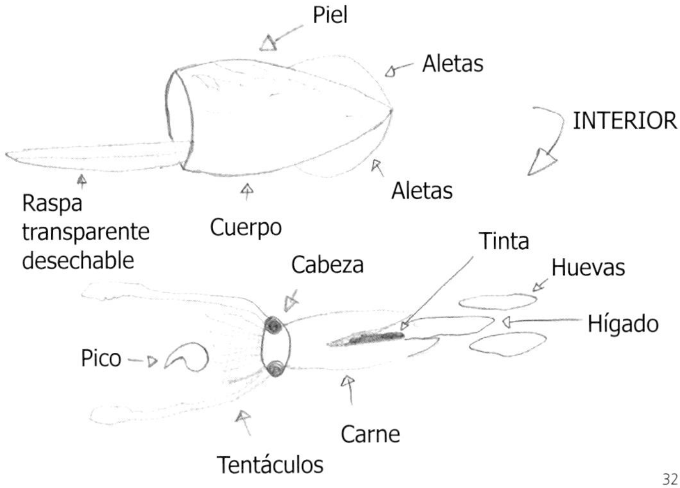

Aprovechar todo menos las aguas interiores, ¡ojo! no confundir con el hígado, ni con las huevas (en caso de que las hubiera, –sólo en los grandes–).
Cortar en cuadrados la parte del cuerpo y hacerle incisiones, sólo por una parte, con un cuchillo muy afilado.

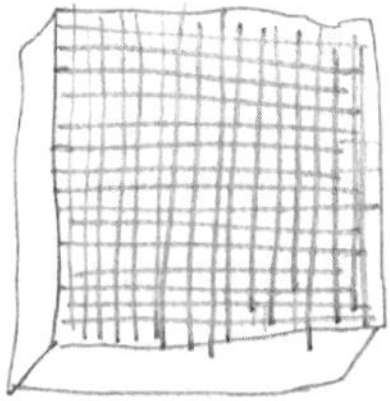

Las demás partes del cuerpo, evidentemente, nos condicionarán por su forma, pero a la del cuerpo podemos darle la forma que queramos.
Dorar los ajos en una sartén y añadir después los trozos de chipirón por el lado cortado, hasta que estén dorados. Cuando les demos la vuelta, ellos mismos se retorcerán quedando en forma de cilindro muy bonitos.

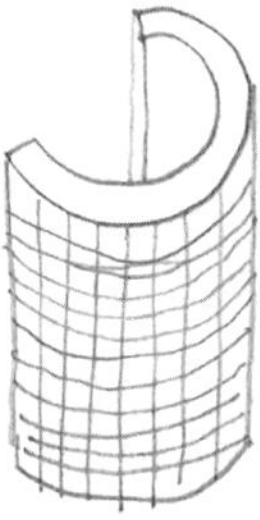

Acompañar de perejil picado.

Chipirones en su tinta rellenos I

Ingredientes
32 chipirones pequeños • 3 pimientos verdes • 2 cebollas • 3 dientes de ajo • 2 tomates • 1 vaso de vino tinto • 1 dl y ½ de aceite de oliva • Sal

Elaboración
Se separa la espadita y la tela que recubre los chipirones y se eliminan los ojos.
Separar las tintas y guardarlas en una taza. Limpiarlas bien con agua.
En una sartén poner ½ dl de aceite, media cebolla, 1 pimiento verde y 1 diente de ajo, todo muy picado. Poner al fuego suave, hasta que la cebolla esté dorada. Agregar las patas de los calamares picadas y rehogar el conjunto a fuego vivo. Cuando esté todo bien ligado y nos parezca que ya tiene buen sabor, retirar del fuego. Una vez estén limpios, rellenar los chipirones con esta farsa y cerrar con un palillo.
En una cazuela, se pone el resto del aceite con la cebolla, los pimientos verdes y el ajo restantes, así como los tomates, todo muy picados. Se rehoga levemente y se añaden los chipirones ya rellenos. Se deja hacer lentamente, hasta que la cebolla blanda esté bien pochada. Añadir el vaso de vino tinto y dejar cocer suavemente durante unos 10 minutos. Sacar los chipirones a una cazuela, retirar los palillos y añadir las tintas desleídas en un poco de agua a la salsa.

Pasar todo por un chino sobre la cazuela donde están los chipirones. Poner la cazuela a fuego y dejar hacer lentamente, hasta que la salsa adquiera un cierto espesor y untuosidad. Rectificar de sal.

Chipirones en su tinta rellenos II

Ingredientes

1 k de chipirones

Para el relleno:

1 cebolla • 2 ajos • 4 cs de aceite • 2 lonchas de jamón • 1 huevo cocido • Sal

Para la salsa:

1 cebolla • 1 ajo • 1 pimiento verde • 3 tomates (o 1 lata de ½ k) • 4 cs de aceite • Sal • Azúcar

Elaboración

Limpiar bien los chipirones y guardar la tinta. Separar y picar los tentáculos y las aletas. Pochar el ajo y la cebolla finamente picada; cuando todo esté bien pochado, añadirle el jamón picadito, las aletas y los tentáculos.

Cocer todo junto durante 15 min y añadirle el huevo cocido muy picado y la sal.

Colocarlo todo en una fuente para que, una vez frío, se rellene con ello los chipirones.

Por otro lado, preparamos la salsa:

Disponer en una sartén el aceite, la cebolla, el pimiento y el ajo cortados (no importa como lo cortéis, ya que, después, se pasará todo por la batidora). Cuando esté todo bien pochado, añadirle el tomate —fresco o de lata—, la sal y el azúcar (para restarle acidez al tomate); incorporar también las tintas desleídas en agua y si veis que no hay suficiente tinta, añadir una bolsita que venden en las pescaderías. Hervir durante 15 min.

Pasarlo todo por la batidora y, después, por un chino: ya tenéis la salsa preparada en la cazuela.

Coger los chipirones limpios y rellenarlos, con ayuda de una cucharilla, del relleno que hemos enfriado antes. Cerrar los chipirones con un palillo, para que no se salga el contenido.

En una sartén con aceite, freír los chipirones y, después, colocarlos en la salsa que hemos preparado. Hervir todo junto unos 10 min y, por último, corregir de sal.

Chipirones en su tinta sin rellenar

Mezcla de las dos recetas anteriores. De muy parecido sabor, pero de elaboración mucho más sencilla, ya que, generalmente, se utiliza el chipirón grande para hacerla. Es decir, chipirón hecho a la plancha como en la receta de "Chipirón a la plancha" (ver pág. 321) y acompañado con la salsa de los chipirones rellenos.

Chipirones encebollados

Ingredientes

1 k de chipirones • 4 cebollas grandes • 1 pimiento verde • 2 dientes de ajo • 80 g de aceite de oliva virgen extra

Elaboración

Limpiar y cortar el chipirón en trozos no muy grandes. Reservar.
Cortar la verdura en juliana y pocharla a fuego muy suave, hasta que esté bien cocida y levemente dorada. Reservar.
Saltear a fuego muy fuerte los chipirones con un poco de aceite y agregarlos a la cazuela con la verdura (incluidos los jugos resultantes de ese salteado) y dejar hervir por espacio de 1 hora para que se ablanden, agregando algo de caldo, en caso de que se os sequen.
Mi versión es dejarlos más "duros": 5 min en la cazuela sería suficiente. Quedan tersos, pero yo, personalmente, los prefiero así.

Chipirones en sopa de cebolla

Ingredientes

500 g de chipirón pequeño y limpio • 1 l de sopa de cebolla • 1 sobre de tinta de calamar • 100 g de caldo de carne • 1 diente de ajo • 2 cs de aceite de oliva • Perejil picado

Elaboración

Elaborar una sopa de cebolla (ver pág. 44). Reservar.
Limpiar y cortar los chipirones en tiras; saltearlos con un poco de ajo y aceite, hasta que estén dorados y tratar de reservar calientes.
Hervir el caldo de carne con la tinta de chipirón y reservar.
En un plato sopero, disponer un fondo de sopa de cebolla muy caliente; encima, siete u ocho trozos del chipirón a la plancha y alrededor, tres o cuatro gotas del consomé en su tinta. Por último y rodeando todo lo anterior, tres o cuatro gotas de aceite de oliva virgen. Rematar con algo de perejil picado.

Chipirones fritos (la infancia hecha gastronomía)

Ingredientes

1 k de chipirones • ½ l de leche entera • 100 g de harina • Sal • Aceite para freír

Elaboración

Cortar el chipirón en bastones alargados. Sumergirlos en leche durante ½ h. Escurrirlos bien, salarlos y enharinarlos.
Pasar por un cedazo o colador meneándolo con fuerza para desechar la harina sobrante.
Freír en abundante aceite a 180 ºC, hasta que estén doraditos.
Acompañar con ½ limón, por si alguien quiere darle un toque ácido que a algunas frituras les va muy bien.

Nota: cuando era niño, el *aita*, por razones de trabajo, viajaba con frecuencia a Dusseldorf. Los días que pasábamos solos mi *ama* y yo, me solía preguntar que quería para comer. Siempre contestaba lo mismo: "chipirones fritos".

Chipirones con pochas

Ingredientes

400 g de pochas con su salsa • ½ k de chipirones cortados en trozos medianos • Aceite de oliva • Unas hebras de romero picado

Elaboración

Elaborar las pochas (ver pág. 72). Reservar.

Dorar en una sartén los trozos de chipirón.

En un plato llano disponer 4 cs de pochas y encima, 3 ó 4 trozos de chipirones bien calientes. Como colofón, un poco de romero picado (muy poco, para que no nos mate el sabor) y unas gotas de aceite de oliva.

Chipirones en crudo I

Ingredientes

½ k de chipirón grande • 40 g de aceite de oliva virgen • Rebanadas fritas de pan tostado • Sal gorda

Elaboración

Congelar el chipirón durante 72 horas a – 25 ºC.

Descongelar muy lentamente en el frigorífico.

Picarlo con un cuchillo, como si fuera carne picada. Depositarlo encima de una rebanada de pan tostado calentito. Dar un toque con el aceite de oliva y de sal gorda.

Chipirones en crudo II

Ingredientes

400 k de chipirón grande • 30 g de soja

Elaboración

Congelar el chipirón durante 72 horas a – 25 ºC.

Descongelar muy lentamente en el frigorífico.

Cortar el chipirón en cuadrados de 2 cm.

Hacer incisiones con un cuchillo muy afilado por las dos partes, como en la receta del "Chipirón a la plancha" (ver pág 321). Hay que tener cuidado para que los cortes no sean muy profundos, sino se partirán los trozos.
Depositar en un plato acompañado de un bol pequeño con la salsa de soja.
Untar en ella y a disfrutar de una textura muy especial.

Chipirones con vinagreta

Ingredientes

½ k de chipirones • 100 g de salsa de chipirones • 100 g de aceite de oliva • 2 cs de vinagre de Módena • Hojas de lechuga o rúcula

Elaboración

Descongelar la salsa de chipirones que sobró de la receta de chipirones o elaborarla (ver pág. 323). Mezclar la salsa con la mitad del aceite y el vinagre y reservar.
Dorar en una sartén con el aceite restante los trozos de chipirón. Reservar.
En el fondo del plato, extender los chipirones; encima, los trozos de lechuga o rúcula. Bañar levemente el conjunto con la vinagreta. Tomar templado.

Chipirones como en Asturias o en Gerona

Ingredientes

12 chipirones enteros de 50 g aprox. • Aceite de oliva virgen extra

Elaboración

Los chipirones deberán ser muy frescos y de anzuelo, no de arrastre: estos suelen tener arena. Deben ser recién pescados, una hora máximo fuera del agua; cuando la piel está todavía cambiando de color, parpadeando (es un espectáculo verlos así).

En una sartén caliente, dorar los chipirones tal y como han llegado, sin quitarles nada de nada.
Servirlos, cuando estén bien dorados por fuera y hechos por dentro.
Una experiencia fuera de lo común: el interior del chipirón es un mar de matices y este interior le transmite a la carne del chipirón sensaciones únicas.
Para *gourmets* muy avanzados.

Chipirones en tiras

Ingredientes
½ k de chipirón grande o calamar • 2 puerros grandes • Aceite de oliva virgen extra • Perejil picado

Elaboración
Cortar los puerros en forma de cilindro y dorarlos en una sartén a fuego medio, para que se nos hagan por dentro.
Reservar.

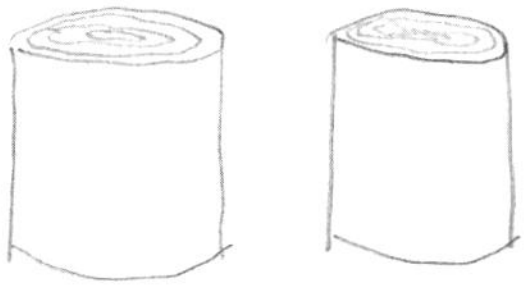

Aparte, cortar con un cuchillo muy afilado los trozos de chipirón en tiras muy finas; saltearlas con aceite a fuego muy fuerte y espolvorear por encima perejil picado.
En el fondo del plato, poner los puerros cortados y encima, los fideos de calamar. Recuperar los jugos de la sartén y regarlo todo por encima.
¡Más sencillo y sabroso... difícil!

Chipirón grande con cebolletas

Ingredientes

½ k de chipirones • 12 cebolletas • Sal • Aceite de oliva • Mayonesa (opcional) • Alioli (opcional) • Perejil (opcional)

Elaboración

Cortar la carne del chipirón en cuadrados.
Cortar las cebolletas de tamaño similar.
Pinchar en una brocheta chipirones y cebolletas intercalados.
Dorar en una sartén las brochetas enteras. Si no contáis con una sartén de este tamaño, podéis asarlas al grill del horno—. En cualquiera de los dos casos, dorar por ambos lados y acompañar con algo de perejil picado, una mayonesa o un alioli.

Cigalas rebozadas o Cigalas Lola

Ingredientes

1 k de cigalas frescas (20 unidades) • 10 g de harina • 2 huevos • Sal • Aceite de oliva para freír • Vino blanco o jerez (para acompañar)

Elaboración

Pelar las colas y reservar las cabezas para una futura sopa.
Salar las colas, enharinarlas y pasarlas por el huevo.
Escurrir bien y freír a fuego medio, hasta que estén levemente doradas. Sacarlas sobre un papel absorbente.
Se pueden servir acompañadas de un vino blanco seco y fresco o Jerez seco.
Nota: esta receta era el antojo de mi Lola, cuando estaba embarazada.

Cigalas en maíz

Ingredientes

1 k de cigalas (8 unidades) • 1 bote de maíz dulce • Aceite de oliva virgen extra • Sal

Elaboración

Abrir las cigalas grandes por la mitad longitudinalmente con ayuda de un cuchillo.

Ponerlas a dorar en el grill del horno (ya sabéis que la puerta del horno puede estar abierta, ya que el grill actúa como brasa y no como horno) en la parte superior por el lado de la carne abierta. Dejar que se doren durante 7 minutos aproximadamente, según el tamaño, y sin cambiarlas de posición.

Mientras, preparamos la salsa de maíz que es así de simple: trituramos el maíz con todo el jugo del bote; lo filtramos por un colador y le añadimos sal.

Cuando las cigalas ya estén doradas, retiramos la bandeja y les echamos por encima la salsa. Finalmente, volvemos a introducir todo 2 min más al grill.

Sacar y servir con los jugos que quedan en la bandeja: mezcla del dorado de las cigalas más la salsa de maíz.

¡Una delicia!

Cigalas y aguacate

Ingredientes

½ k de cigalas • 2 aguacates maduros • ½ cebolla mediana • Aceite de oliva virgen • Vinagre de Jerez (muy poco) • Sal

Elaboración

Pelar el aguacate y cortarlo en láminas finas, que pondremos directamente sobre cada plato. Encima, un poco de cebolla picada en juliana y un poquito de sal.

Saltear levemente las colas de las cigalas en una sartén con un poco de aceite (las cabezas, como otras veces, las habremos congelado para otra ocasión o receta) y las colocamos sobre el conjunto del plato con un poco de aceite y vinagre.

Cigalas a la brasa eléctrica

Ingredientes

8 cigalas • Sal • Aceite de oliva

Elaboración

Colocar las cigalas a 8 cm del grill superior del horno a la máxima potencia. Asar apenas 4 ó 5 minutos por cada lado: se dorarán levemente, pero manteniendo todos sus jugos en el interior.

En el momento de presentar en la mesa, les echamos un poco de sal y unas gotas de aceite.

Se comen con los dedos y se acompañan de un pequeño bol con una rodaja de limón flotando dentro para limpiarse las manos, no para bebérselo como hacen algunos.

Erizos al vapor

Ingredientes

1 k de erizos

Elaboración

Poner en una vaporera el agua. Disponer en la parte superior los erizos y esperar 5 min. Retirar y servir. De igual manera, se podría hacer simplemente en agua hirviendo en apenas 2 min.

Abrir, golpeando con una cuchara, un agujero en la parte superior del erizo.

En su interior, retirando las aguas que queden, estarán pegadas a la parte interior de sus paredes una especie de gajos de color naranja-rojo-grisáceo, llamados también "yemas de erizo". Eso es lo que se come: sus huevas, su sistema reproductivo.
Auténtico sabor a mar, a yodo... ¡pura delicia!

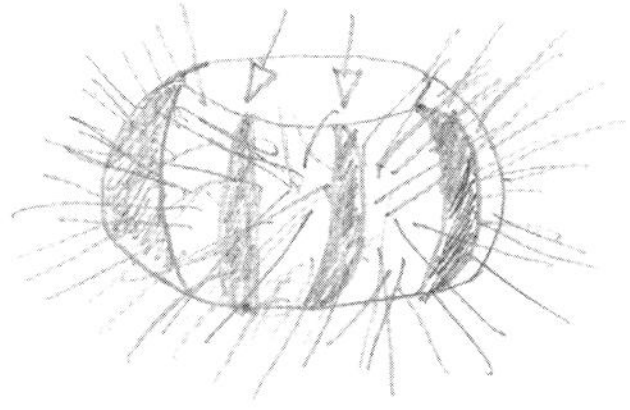

Gajos, yemas de erizo o huevas de erizo.

Erizos en caldo como aperitivo

Ingredientes

100 g de carne de erizo • 400 g de consomé • 4 huevos de codorniz cocidos • 30 g de vino blanco o fino (Jerez)

Elaboración

Preparar un consomé (ver pág. 42) y reservar.
Disponer en un cuenco la carne del erizo y los huevos de codorniz sin cáscara.
Hervir el consomé con el Jerez y cuando esté hirviendo, rellenar los cuencos de cada invitado. Servir inmediatamente.

Aperitivo de erizos gratinados

Ingredientes

4 erizos, su carne y su concha limpia • 200 g de bechamel • 20 g de mantequilla • Pan rallado

Elaboración

Elaborar una bechamel muy ligera (ver pág. 240). Agregar la carne de los erizos picada y dejar hervir levemente.
Rellenar las conchas de los erizos hasta un poco más de la mitad.
Espolvorear un poco de pan rallado y un poco de mantequilla.
Gratinar en horno fuerte (230 ºC), hasta que se doren levemente y se calienten por dentro (en caso de que los tengamos hechos con mucha anterioridad, porque si acabamos de hacer el preparado, necesitará menos tiempo).

Erizos y alcachofas

Ingredientes

100 g de carne de erizos • 4 cs de aceite de oliva • 8 alcachofas • 30 g de aceite • 150 g de mayonesa

Elaboración

Elaborar una mayonesa (ver pág. 241). Agregar la carne del erizo, que previamente ha sido salteada y reservar.
Aparte, pelar las alcachofas y cortarlas en 8 pedazos. Dorar a fuego suave en una sartén con el aceite para que se hagan por dentro.

Disponer en un plato las alcachofas acompañadas con una mayonesa que nos ha quedado con ese sabor tan marino de yodo.

Gambas a la plancha

Ingredientes
½ k de gambas frescas • 2 cs de aceite de oliva virgen • Sal

Elaboración
Extender sobre una sartén o plancha caliente las gambas bien ordenadas. Rociarlas con un poco de aceite y en un par de minutos darles la vuelta; un minuto más por el otro lado será suficiente. Les damos un toque de sal y las servimos con el juguillo que hayan soltado: el resultado de la mezcla de aceite, los jugos de las gambas y la costra que se forma en la sartén o en la plancha.
A la hora de comerlas si son pequeñas, no hace falta pelarlas; pero la piel tiene que estar bien crujiente y dorada (sino habría que pelarlas).
Nota: esta receta y casi todas las demás de gambas sirven también para langostinos, carabineros, cangrejos de río, quisquillones, etc.

Gambas al ajillo I

Ingredientes
700 g de gambas • 2 dientes de ajo grandes • 3 cs de aceite de oliva • Perejil picado

Elaboración
Pelar las gambas y guardar las cáscaras y las cabezas para una crema o sopa (si no tenéis tiempo para prepararla ahora, congelar las cabezas para hacerla otro día; pero no las tiréis, sería un despilfarro).
Picar el ajo finamente.

En una cazuela de barro echar el aceite y el ajo; cuando se haya dorado, echar las gambas y dejar que se hagan levemente. Dar un toque de sal.
Espolvorear perejil picado por encima y sacar a la mesa rápidamente.

Gambas al ajillo II

Ingredientes
700 g de gambas • 2 dientes de ajo grandes • 3 cs de aceite de oliva • Perejil picado

Elaboración
En una cazuela de barro, echar el aceite, el ajo y las cabezas; aplastarlas con un tenedor para que expulsen sus jugos. Después, sacarlas de la cazuela y pasarlas por un pasapurés, para extraerles todo su jugo y sabor. El aceite habrá cogido un color rojizo y un sabor a gambas exquisito. En ese momento, echar las gambas y dejar que se hagan levemente. Dar un toque de sal y perejil picado

Gambas con ajos tiernos

Ingredientes
500 g de gambas peladas • 200 g de ajos tiernos • Perejil picado • Sal • 2 cs d aceite de oliva

Elaboración
Limpiamos y cortamos los ajos tiernos en pequeños bastones; los salteamos en una sartén apenas 3 min a fuego medio; después, añadimos las gambas peladas y les damos un toque de sal y de perejil picado.
Servir al momento.

Gambas cocidas

Ingredientes

600 g de gambas frescas • 2 l de agua • 60 g de sal • 10 g de aceite de oliva

Elaboración

Poner el agua en ebullición con la sal. Cuando hierva, echar las gambas y dejar cocer 3 minutos, si son pequeñas. Es preferible comerlas calientes y, si se acompañan de una mayonesa casera, mucho mejor.

Nota: esta receta sirve también para langostinos (5 min), carabineros grandes (7 minutos), quisquilla pequeña (2 min).

Gambas en vinagreta o salpicón

Ingredientes

600 g de gambas frescas • 50 g de pimiento verde • 50 g de pimiento rojo • Perejil picado • 1 cebolla pequeña • 50 g de aceite de oliva virgen • 20 g de vinagre de Módena o Jerez • Sal

Elaboración

Cocer las gambas como en la receta anterior. Pelarlas y guardar las cabezas para hacer una sopa hoy u otro día.

Cortar en dados el pimiento verde, el pimiento rojo y la cebolla. En un bol juntar todos los ingredientes, excepto las gambas, y revolver. Echar la mezcla sobre las gambas calientes o, al menos, templadas. Si no es para comer al momento, mejor frías.

Gambas fritas

Ingredientes

600 g de gambas • 200 g de aceite de oliva para freír • 3 huevos batidos • 200 g de pan rallado • 2 dientes de ajo picados muy fino

Elaboración

Pelar las gambas de la siguiente manera:

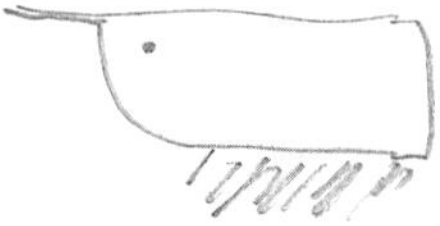

Cabeza para sopa

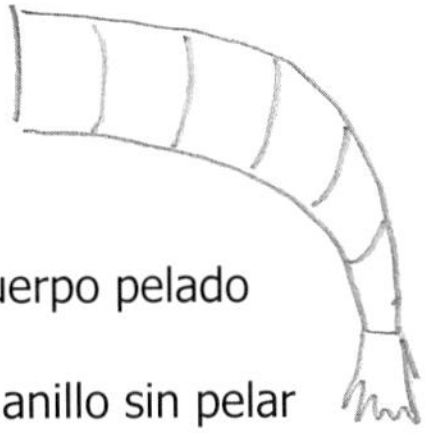

Cuerpo pelado

Último anillo sin pelar

Untar el cuerpo de la gamba en el huevo batido sujetando de la cola sin pelar. Después, rebozar en el pan rallado mezclado con el ajo. Echar inmediatamente al aceite caliente y dejar que se dore. Servir inmediatamente.

Si queremos sentarnos tranquilamente a la mesa con nuestros invitados, encender el horno a 60 ºC y meter las gambas ya fritas. Ir sacándolas, a medida que se vayan necesitando y servirlas todas en fuente con papel absorbente debajo.

Con los langostinos funciona igual de bien, incluso mejor: al ser más grandes, no se hacen tanto por dentro.

Gambas al horno

Ingredientes

600 g de gambas grandes • 1 diente de ajo muy picado • 20 g de aceite de oliva • Zumo de medio limón grande • 40 g de mantequilla • Sal

Elaboración

Abrir por la mitad y a lo largo las gambas con ayuda de un cuchillo.

Extender en una bandeja de horno todas las gambas abiertas (con la piel hacia abajo dejando la carne a la vista) y poner un trozo de mantequilla pequeño encima de cada una.
Dorar el ajo con el aceite y verterlo por encima de las gambas.
Introducir al horno a 200 ºC (como siempre, calentado previamente) hacia la mitad del horno, hasta que se doren levemente. Cuidado con no quemar el ajo que ya lo hemos dorado antes. Con 7 ó 9 minutos, dependiendo del tamaño, nos bastará.
En el momento de servir, añadir el zumo de limón y todos los jugos que hayan soltado al asarse.
Nota: esta receta sirve también para langostinos, carabineros, etc

Gambas a la gamba

Ingredientes

500 g de gambas frescas • 2 l de agua • 60 g de sal • 30 g de aceite de oliva

Elaboración

Cocer las gambas en agua salada, como en la receta de "Gambas cocidas" (ver pág. 337). Pelar las colas y reservarlas en un plato; encima, exprimir con la mano las cabezas para que suelten todos sus jugos. Con unas gotas de aceite de oliva por encima, ya tenemos preparado el plato: ¡más sencillo y rico, imposible!

Gambas a la gabardina

Ingredientes

700 g de gambas crudas peladas (las cabezas para una sopa) • 150 g de harina • 100 g de cerveza • 30 g de agua • Aceite de oliva para freír

Elaboración

Mezclar todos los ingredientes —menos las gambas y el aceite— hasta formar una masa espesa y dejar reposar una hora.

Pelar las gambas como en la receta de "Gambas fritas" (ver pág. 337), es decir, dejar lo último de la cola sin pelar. Agarrando las gambas por la cola, vamos untando el cuerpo en la masa espesa y las echamos directamente sobre el aceite caliente. Las dejamos dorar un min —o algo más, según el tamaño— y las servimos inmediatamente.

Gambas con su propio jugo

Ingredientes

500 g de gambas • 90 g de aceite de oliva • 10 g de azúcar • 1 diente de ajo picado • Sal • Pimienta • Pan tostado

Elaboración

Dorar el ajo con un poco de aceite en la sartén. Añadir las cabezas de la gamba y dorarlas levemente. Introducirlas en una trituradora con los 90g de aceite de oliva y el azúcar y triturarlas, hasta formar una pasta que pasaremos por un colador (este paso es muy importante). Corregir de sal y reservar.

Aparte, cocer las colas en agua con sal como en la receta de "Gambas cocidas" (ver pág. 337). Servir las colas peladas y, a su lado, el mojo de sus cabezas para untar.

Con un poco de pan tostado disfrutaréis del sabor placentero de este plato.

Gambas en cóctel

Ingredientes

500 g de gambas • 200 g de mayonesa • 40 g de ketchup • 5 g de tabasco • 30 g de coñac • 150 de lechuga

Elaboración

Cocer las gambas como en la receta de "Gambas cocidas" (ver pág. 337) Pelar las colas y guardar las cabezas para una futura sopa (si la podéis hacer hoy, bien; sino, congelarlas). Reservar.

Limpiar y picar la lechuga en juliana fina y meterla en una taza o bol pequeño. Añadir un poco de salsa rosa que hemos elaborado simplemente mezclando la mayonesa, el ketchup, el tabasco y el coñac en frío.
Encima, colocamos las gambas en círculo; por último, en el medio, un poco más de salsa rosa. Servir frío, pero no demasiado.
Un clásico, pero no por eso menos rico.

Gambas en brocheta

Ingredientes
500 g de colas de gambas • 150 g de cebolla • 50 g de puerro • 30 g de pimiento verde • 30 g de zanahoria • Perejil picado • 100 g de aceite de oliva • 35 g de vinagre de vino • Sal

Elaboración
Hacer brochetas con 8 colas de gamba (según tamaño) ensartándolas en fila, un poco apretadas y sazonadas.
Pasarlas por la plancha, hasta que estén doradas.
Aparte, triturar la verdura en crudo, hasta que esté muy picada; añadirle el aceite, el vinagre y la sal.
Sobre una rebanada de pan recién tostado, poner la brocheta de gambas recién hecha y, por encima, la vinagreta espesa de verduras.
¡A disfrutar!

Gambas agridulces

Ingredientes
500 g de gambas (sólo las colas) • Sal • 200 g de cebolla • 100 g de zanahoria • 100 g de pimiento verde • 30 g de aceite de oliva • 30 g de azúcar • 25 g de vinagre de Módena

Elaboración
Limpiar y cortar la zanahoria y el pimiento verde en bastones; la cebolla, en trozos medianos y saltear todas las verduras a fuego fuerte. Pasados un par de minutos, añadir las gambas; dos minutos después, el azúcar y el vinagre; en otro par de minutos más, el plato estará terminado.
El gusto del ácido y el dulce se mezclan en una sencilla receta que refuerza el sabor del marisco.

Gambas dos texturas

Ingredientes
500 g de gambas • Aceite para freír • Agua

Elaboración
Separar las colas de las cabezas. Cocer las colas como en la receta de "Gambas cocidas" (ver pág. 337). Freír las cabezas en abundante aceite caliente, hasta que estén crujientes.
Lo presentamos en dos fuentes: una con las colas cocidas y la otra, con las cabezas fritas y muy crujientes. ¡Tan sencillo, que roza el cielo!

Mejillones al vapor

Ingredientes
1 k ½ de mejillones • ½ l de agua • ½ limón (opcional) • Mayonesa (opcional)

Elaboración
Poner en una vaporera el agua (si no tenéis, sirve una cazuela normal, con medio vaso de agua en el fondo, el resultado será parecido) Echar en la parte superior los mejillones hasta que se abran. Retirar y acompañar con un poco de limón recién exprimido o una mayonesa.

Nota: esta receta sirve también para almejas, berberechos ...

Mejillones fritos

Ingredientes

1 k ½ de mejillones • 100 g de aceite de oliva virgen

Elaboración

Echar el aceite en una cazuela. Cuando esté muy caliente, verter los mejillones: en apenas 3-4 minutos se abrirán (remover de vez en cuando).

Servirlos con sus propios jugos. No es necesario echarles sal.

Nota: esta receta sirve también para almejas, berberechos ...

Mejillones con tomate

Ingredientes

1 k ½ de mejillones • 3 tomates muy maduros o una lata grande de tomate • 1 cebolla grande • Sal • Pimienta • Azúcar • 30 g de aceite de oliva virgen

Elaboración

Cocer los mejillones al vapor o freírlos como en la receta anterior. Cuando se hayan enfriado un poco, quitarles la concha superior y reservar.

Pochar la cebolla picada, hasta que esté dorada; añadir el tomate y dejar que se poche también. Añadir sal, pimienta y azúcar y triturarlo todo.

Servir los mejillones en una fuente acompañados por la salsa de tomate, todo caliente.

Mejillones (tigres)

Ingredientes

1 k de mejillones • 500 g de bechamel • 2 cebollas grandes muy picada • 2 tomates grandes muy maduros, pelados y picados • Sal • Azúcar • 40 g de aceite de oliva • Huevo • Pan rallado • Aceite para freír

Elaboración

Cocer los mejillones como en la receta de "Mejillones al vapor" (ver pág. 342). Extraerles la carne (no tiréis las cáscaras que nos servirán para presentar el plato) y cortarla con un cuchillo en pedazos no demasiado pequeños (del tamaño de media alubia). Reservar.

Pochar la verdura con el aceite. Cuando esté dorada, añadir el tomate y dejar pochar; por último, rectificar de sal y azúcar. Añadir la carne del mejillón y cocerlo todo. Reservar.

Preparar la bechamel (ver pág 240). Rellenar en frío las cáscaras de mejillones con la mezcla de verduras y mejillones hasta la mitad mas o menos. Cubrir con la bechamel en caliente hasta cubrir por completo la cáscara y dejar enfriar.

En el momento de freír sumergirlos en huevo, después pasar por pan rallado y sumergirlos en aceite muy caliente hasta que estén dorados.

Nota: dependiendo de zonas o regiones, la denominación "tigres" varía entre los hechos con tomate, como en la receta anterior, y estos últimos.

Mejillones con verduras

Ingredientes

1 k de mejillones • Pimentón dulce • Sal gorda • Vinagre de Jerez • 6 cebolletas frescas • 2 puerros

Elaboración

Abrir los mejillones como en la receta de "Mejillones fritos" (ver pág. 343). Retirar la cáscara y reservar.

Dorar en una sartén la verdura troceada en un tamaño parecido al de los mejillones. Colocar en un plato los moluscos intercalados con la verdura. Espolvorear con un poco de pimentón dulce, un poco de aceite de oliva, algo de vinagre y sal gorda.

Navajas al limón

Ingredientes

1 k de navajas • 30 g de aceite de oliva • 10 g de aceite de oliva • 1 limón verde o normal

Elaboración

Si las navajas no están totalmente limpias (esto es muy importante), hacerlo de la siguiente manera: sumergirlas en agua muy fría para que suelten bien la arenilla. Después secarlas bien por fuera.

Abrir las navajas en una sartén con los 30 g de aceite. Cuando se hayan abierto, depositarlas sobre un plato y verter encima unas gotas de aceite de oliva en crudo y la ralladura de un limón recién hecha.

Navajas y beicon

Ingredientes
1 k de navajas • 20 g de aceite de oliva • 150 g de beicon

Elaboración
Cuando compréis el beicon, pedir que os lo corten en tiras finas.
Pasar las navajas por una sartén, hasta que se abran y reservar.
En una sartén antiadherente sin aceite dorar los trozos de beicon.
Repartirlos por encima de las navajas y servir.

Navajas con gazpacho

Ingredientes
1 k de navajas • 20 g de aceite de oliva • 600 g de gazpacho

Elaboración
Abrir las navajas con un poco de aceite y reservar.
Elaborar un gazpacho (ver pág. 53).
Extender en un plato las navajas templadas sacadas de su concha y partidas por la mitad. Verter un poco de gazpacho —no excesivamente frío— en el fondo del plato.
Rematar con unas gotas de aceite de oliva en crudo.

Nécoras a la plancha

Ingredientes
4 nécoras (de 150 g cada una) • Aceite de oliva

Elaboración
Cocer las nécoras, como en la receta de "centollo cocido" (ver pág. 315), pero menos tiempo, 1 min aprox.
Abrirlas por la mitad y pasarlas por la plancha. Servir muy calientes.

Esta operación se puede hacer también con las nécoras frescas, sin necesidad de cocerlas ni siquiera 1 min.

Ostras al natural

Ingredientes

24 ostras planas o alargadas • 1 limón

Elaboración

Abrir los moluscos con la ayuda de un abridor de ostras, una protección para la mano que sostiene la ostra, tiempo y mucha paciencia. En caso de que las ostras sean alargadas, debéis ser más pacientes aún, pues son más difíciles de abrir que las planas. En cualquier caso, limpiar bien con un poco de agua salada todas las impurezas o trozos de cáscara que caigan en la ostra al intentar abrirlas.

Una vez abiertas, tenemos dos conchas: la plana y la cóncava que es donde nos tendría que haber quedado la ostra.

Vemos tres partes:

A) Ostra plana y redonda:

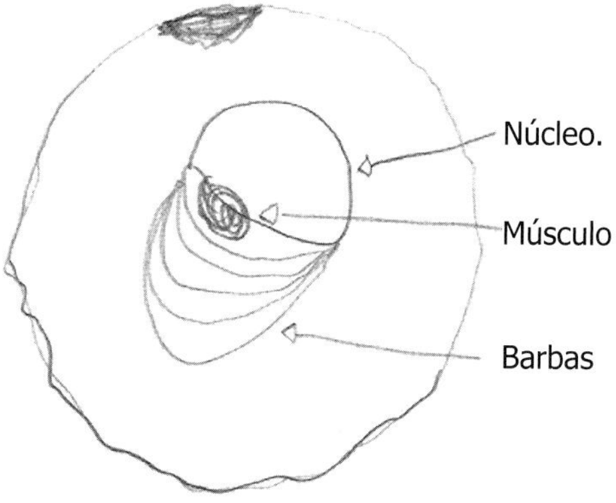

B) Alargada y rugosa (más profunda):

.

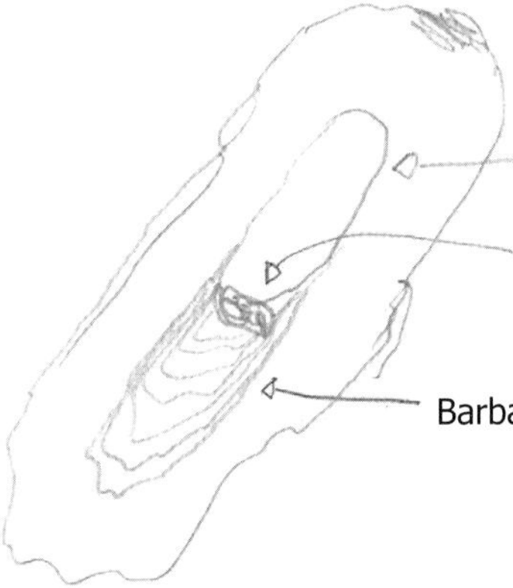

El núcleo (de ambos tipos de ostra) es firme y muy sabroso. La parte alargada es más babosa y de mayor tamaño proporcional.

- Las barbas en ambos casos (la plana y la alargada) tienen texturas similares. Levemente más fibrosas y con sabores más acuosos.
- Músculo: es el encargado de cerrar las dos tapas y lo que hay que cortar para poder abrir las dos conchas. Tiene una textura más dura, pero nada despreciable, aunque haya gente —bastante inculta, por cierto,— que lo haga. ¡Ni se os ocurra desecharlo!

Cortar el limón en cuatro trozos. Servir las ostras acompañadas de ½ limón. Todo en frío.

Nota: una vez abiertas las conchas, la ostra nos queda pegada a la concha cóncava. Pasar un cuchillo por debajo para soltarla por completo; de esta manera, nuestros invitados sólo tienen que exprimir unas gotas de limón y comérsela de un bocado.

Las perlas no se comen, ...¿seguro?

Ostras gratinadas

Ingredientes

16 ostras planas • 1 puerro • 30 g de mantequilla • 50 g de nata líquida

Elaboración

Abrir las ostras, soltarlas de cada concha y, sin sacarlas de dicha concha, espolvorear la parte blanca del puerro cortada en juliana muy fina. Añadir unos daditos de mantequilla y 1 cc de nata líquida.

Meter en el grill del horno a 250 º C durante 2 min, hasta que se gratinen levemente y servir calientes.

Ostras en caldo de patata

Ingredientes

16 ostras • 100 g de patata • 700 cl de consomé • 100 g de nata • 15 g de mantequilla • Unas gotas de aceite de oliva • Sal

Elaboración

Poner a cocer la patata pelada y cascada, el consomé y la nata. Cuando esté cocido, triturarlo todo añadiendo la mantequilla y la sal.

Calentamos las ostras muy levemente (5-10 seg) en el horno o en la sartén.

Servir en un plato sopero el caldo muy caliente y agregarle las ostras calientes.

Rematar con unas gotas de aceite de oliva por encima.

Ostras fritas

Ingredientes

16 ostras • Harina de trigo • Aceite de oliva para freír

Elaboración

Abrir las ostras y pasarlas levemente por un papel absorbente. A continuación, y todavía un poco húmedas, enharinarlas formando una costra.

Freír en abundante aceite caliente hasta que se doren y servir calientes.

Ostras al champán I

Ingredientes

16 ostras planas o alargadas • 30 g de mantequilla • 10 g de harina • 200 g de champán • 1 chalota muy picada

Elaboración

Derretir la mantequilla con la chalota y la harina. Dejar hervir un breve instante y agregar 150 g de champán. Dejar hervir a fuego muy suave apenas 3 min.

Recoger el agua que tengan las ostras al abrirlas y al soltarlas de la concha y añadírsela a la preparación anterior. Dejar hervir, hasta que tenga una consistencia cremosa. Soltar las ostras de la concha cóncava y sin sacarlas de ahí, cubrir con 2 cc de la crema de champán.

Dorar en una gratinadora u horno fuerte y cuando estén listas y vayan a ser servidas, rociar con 1 cc de champán que hemos reservado aparte.

Este toque cambiará mucho el sabor final.

Ostras al champán II

Ingredientes

4 ostras • 150 g de champán muy frío • Perejil picado

Elaboración
En un vaso de chupito (muy pequeño) introducir una ostra limpia. Rellenar el vaso con champán hasta tapar la ostra y por encima un poco de perejil picado.
Tomarse todo mezclado de un movimiento.

Ostras con tocino

Ingredientes
16 ostras • 1 rodaja de tocino de 1 cm de grosor • 2 rodajas de pan • 30 g de mantequilla

Elaboración
Abrir las ostras y soltarlas de cada concha; sin sacarlas de la misma concha, añadir la mantequilla y el tocino cortado en cuadraditos pequeños —que previamente habremos pasado por la sartén—.
Meter al horno a la máxima potencia durante 3 minutos.
Cortar y tostar en una sartén sin aceite el pan cortado en daditos y distribuirlos encima de las ostras, cuando las saquemos del horno.

Ostras y espinacas

Ingredientes
16 ostras • 100 g de espinacas • 30 g de jamón en cuadraditos pequeños • 1 diente de ajo • 30 g de mantequilla • Sal

Elaboración
Abrir las ostras soltarlas de la concha y mantenerlas en ella.
Aparte, cocer las espinacas durante 1 minuto en agua con sal. Escurrir y ponerlas sobre una tela o paño.
Mientras, picar muy fino el ajo y dorarlo junto con los trozos de jamón.

Meter en medio de cada hoja de espinaca una ostra, el jamón y un poco (si se quiere) de ajo picado. Cerrar envolviéndolo todo con la hoja de espinacas. En caso de que el tamaño de la hoja no abarcara el relleno, podéis hacerlo con una segunda hoja.
Depositar en la concha y añadir algo de mantequilla. Calentar en horno fuerte durante 2 min y servir caliente.

Ostras a la plancha

Ingredientes
16 ostras • 30 g de aceite de oliva • Pan tostado • Ali oli (opcional) • Mojo picón (opcional) • Puré de pimiento choricero (opcional) • Mayonesa casera (opcional)

Elaboración
Abrir las ostras y soltarlas. Después, pasarlas por una sartén entre ½ y 1 min con un poco dc aceite de oliva.
Servir sobre pan recién tostado, al que habremos untado una fina capa —¡finísima!— de mayonesa, alioli, mojo, puré choricero o la salsa que más os guste.
Se comen inmediatamente.

Ostras con garbanzos

Ingredientes
16 ostras • 200 g de garbanzos cocidos (que nos sobraron de un cocido y... tuvimos la genial idea de congelarlos) • Pan tostado en cuadraditos • Aceite de oliva virgen extra • Hojas de rúcula

Para la vinagreta:
100 g de aceite de oliva • 40 g de vinagre de Jerez • 10 g de azúcar • Perejil picado

Elaboración

Hacer un puré espeso (añadiendo un poco de agua si fuese necesario) con los garbanzos.
Sacar este puré en cuatro pequeños montoncitos sobre cada plato y, encima, las ostras con unas gotas de aceite de oliva.
Terminamos de adornar el plato con unas hojas de rúcula y los panes tostados alrededor de todo lo anterior; de colofón, bañamos el plato con la vinagreta.
Servir el conjunto (ostra y puré de garbanzos) a temperatura ambiente o caliente; nunca frío.

Percebes cocidos

Ingredientes

1 k de percebes • 2 l de agua • 60 g de sal • 1 hoja de laurel

Elaboración

Cocer los percebes en agua hirviendo durante 1 minuto. Sacarlos, escurrirlos, depositarlos en una bandeja y... ¡a comer! Pero a comer, ¿qué?, os preguntaréis.
Veamos

Sujetamos la parte superior o "uña" del percebe, con la otra mano hacemos una incisión con los dedos justo en donde acaba dicha "uña". Nos saldrá la carne del interior que se queda unida a la "uña" del percebe. Desechamos la cáscara o "funda" y nos comemos lo de dentro jugoso y calentito.

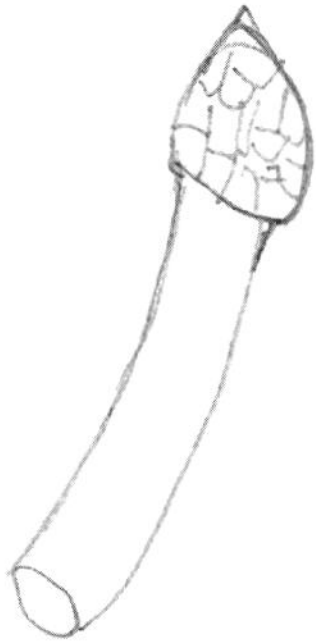

Cuidado en el momento de abrirlos, porque suele salpicar bastante —generalmente al de al lado, o al de enfrente, pero también nos lo podemos hacer a nosotros mismos—.
El interior de la "uña" se desecha, aunque también hay quien se lo come...
Tú decides.
Simplemente se abre por la mitad y se accede a su interior.

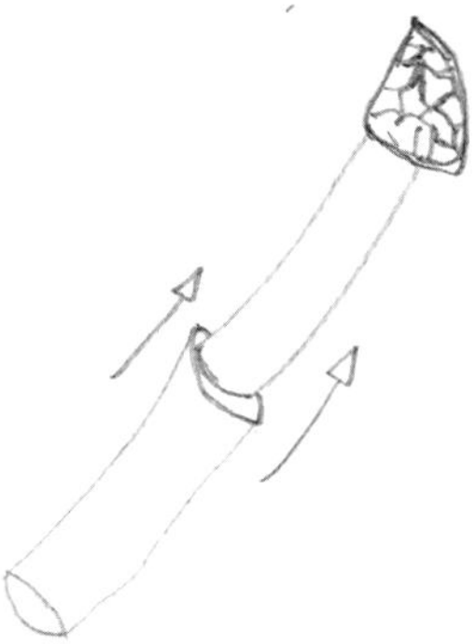

Percebes fritos

Ingredientes
1 k de percebes • 70 g de aceite de oliva • Sal gorda

Elaboración
Verter los percebes en aceite muy caliente; tapar y remover durante 2 minutos.
Sacarlos de la cazuela con el jugo que hayan soltado y degustarlos como en la receta anterior.

Percebes con tocino

Ingredientes
1 k de percebes gordos • 70 g de tocino con veta pequeña • 40 g de aceite de oliva virgen • 20 g de aceite de oliva virgen • 20 g de vinagre de Jerez

Elaboración
Freír los percebes como en la receta anterior.
Hacer láminas finas de tocino o mejor pedirle al carnicero que te las corte con la máquina.

En un plato, poner los percebes pelados y taparlos con un par de láminas de tocino. Saborear con los jugos que hayan soltado y con un poco de aceite y vinagre en crudo.
Calentar en horno fuerte durante 30 segundos.
¡A disfrutar del gusto!

Pulpo a la gallega

Ingredientes
1 pulpo (de 1 k) • Pimentón en polvo dulce (o picante, si se prefiere) • Aceite de oliva virgen extra • Sal fina • Sal gorda

Elaboración
Si el pulpo es fresco, podéis ablandarlo de dos maneras diferentes:
1.- Darle golpes sobre una roca, cogiéndolo de la parte posterior de la cabeza o, bien, con una pequeña maza sobre una tabla gruesa.
2.- Congelarlo 2 días. Descongelarlo con paciencia en el interior del frigorífico.

Para ambos casos la cocción es la misma:
Introducir el pulpo en agua hirviendo con sal fina. Dejarlo 2 seg y sacarlo con ayuda de unas pinzas. Repetir la operación 2 veces más.
Finalmente, dejar cocer durante 30 min o un poco mas a fuego medio (esto puede llegar a variar bastante; pero este tiempo para pulpos de 1 k más o menos es suficiente).
Transcurrido el tiempo de cocción, lo sacáis y lo cortáis con ayuda de unas tijeras en trozos de bocado (no conviene cortarlo con cuchillo: debido a la textura del pulpo, le arrancaríamos la parte oscura).
Disponer en un plato o tabla de madera —como marca la tradición— y echar por encima un poco de pimentón dulce o picante, sal gorda y aceite de oliva.
Degustar templado o caliente.

Pulpo con patatas (o con *cachelos* en gallego)

Ingredientes

1 pulpo (de 600 g) • Pimentón dulce (o picante, a elegir) en polvo • Aceite de oliva virgen extra • 3 patatas medianas

Elaboración

Cocer el pulpo como en la receta anterior; pero, ahora, vais a introducir también en el agua las patatas sin pelar. Más o menos tardan lo mismo en cocerse; aunque si viésemos que las patatas están hechas y el pulpo no o al revés, sacáis lo que ya esté cocido y problema solucionado.

Distribuir en el plato las patatas peladas y troceadas junto con el pulpo en trozos y espolvorear por encima pimentón, aceite de oliva y sal gorda.

Pulpo a la brasa

Ingredientes

1 pulpo (de 600 g) • Pimentón en polvo (dulce o picante, según se prefiera) • Aceite de oliva virgen extra • 3 patatas medianas

Elaboración

Cocer el pulpo como en la receta de "Pulpo a la gallega" (ver pág. 355); pero està vez dejamos las patas enteras. Las pasamos por el grill del horno o por una sartén muy caliente para que se doren un poco. Si tenéis la suerte de contar con una barbacoa, aún mejor; pero cualquiera de las dos primeras opciones es válida.

Acompañar la pata del pulpo entera con las patatas, todo espolvoreado con pimentón en polvo, aceite de oliva y sal gorda.

Pulpo frío

Ingredientes
1 k de pulpo • 1 pimiento verde • 1 pimiento rojo • 2 cebollas • 150 g de aceite de oliva • 45 g de vinagre de vino blanco • Perejil picado • Sal

Elaboración
Cocer el pulpo (ver pág. 355).
Lo cortamos en trozos y lo metemos en un bol al que agregaremos la verdura cruda cortada en cuadraditos. Por último, hacemos la vinagreta (aceite, vinagre, perejil y sal) y la esparcimos sobre el conjunto.
Servir a temperatura ambiente.

Pulpo a la plancha

Ingredientes
1 k de pulpo • 3 dientes de ajo • 3 patatas medianas • Aceite de oliva • Pimentón (dulce o picante) • Sal gorda

Elaboración
Cocer el pulpo y las patatas (ver pág. 355).
Abrir cada pata a lo largo y dorarla a la plancha con un poco de aceite y los ajos muy picados.
Una vez doradas, presentarlas por el lado blanquecino y plano que ha sido dorado, acompañado por las patatas y la mezcla de aceite, pimienta, sal gorda y los jugos que hayan quedado en la sartén.

Vieiras a la plancha

Ingredientes
16 vieiras hermosas • Aceite de oliva virgen

Elaboración

Limpiar las conchas de las vieiras con agua fría.
Retirar la concha plana con ayuda de un cuchillo corto.

Retirar la "tela" que cubre el conjunto y las vísceras negras.

Nos queda el músculo blanco cilíndrico y lo que llamamos el coral rojo-anaranjado (lo que nos vamos a comer).
Pasar bien por agua fría.
La tela que hemos retirado antes bien limpia podemos utilizarla para dar sabor a sopas o incluso para comerla hecha a la plancha, como lo hacen en ciertas zonas de Sudamérica, más habitualmente con las zamburiñas que con las vieiras.
Dorar en una sartén las vieiras acompañadas con su coral o no, depende de gustos.
También se puede hacer a la plancha el coral para luego hacer con él una vinagreta, una sopa, etc.
Disponer sobre el plato (o sobre la concha inferior: luce más) y degustar uno de los sabores marinos más sutiles y complejos que existen.
Nota: esta receta sirve también para zamburiñas.

Vieiras al ajillo

Ingredientes
1 k de vieiras limpias • 2 dientes de ajo • Perejil picado • 40 g de aceite de oliva • Sal

Elaboración
Si las vieiras son frescas mejor; pero algunas congeladas son verdaderamente más que aceptables.

Dorar los ajos picados en la sartén con aceite y agregar las vieiras, hasta que se doren por completo. Rematar con un poco de perejil y sal. Servir muy caliente.

Nota: esta receta sirve también para zamburiñas.

Vieiras al horno

Ingredientes

8 vieiras • 60 g de mantequilla • 1 cebolla • 1 tomate muy maduro • Sal • Azúcar • 60 g de vino blanco • Pan rallado

Elaboración

Quitar el coral a las vieiras y picarlo en trozos.

Pelar el tomate, trocearlo de igual tamaño y añadirle la sal y el azúcar.

Picar la cebolla y pocharla durante mucho tiempo. Mezclar el tomate con el coral de las vieiras, la cebolla pochada y el vino blanco. Echarlo todo en una sartén y darle un par de hervores.

Depositar en el fondo de la concha, la vieira (el músculo) y alrededor, la mezcla anterior.

Repartir la mantequilla en trozos y espolvorear con pan rallado. Meter a horno fuerte (230 ºC), hasta que estén doradas Servir muy calientes.

Nota: esta receta sirve también para zamburiñas.

Vieiras con vainas I

Ingredientes

12 vieiras con su coral • 6 vainas • Aceite de oliva • 100 g de salsa holandesa (ver pág. 247).

Elaboración

Separar el músculo del coral de cada vieira y reservar.

Quitarles los hilos a las vainas y separarlas a lo largo. Rodear con ellas las vieiras a las que habremos separado del coral. Dorar levemente en una sartén con algo de aceite de oliva. En la misma sartén, dorar también los corales durante unos segundos.

Disponer en el medio de un plato los corales de las vieiras. A su alrededor, el músculo rodeado de la tira de vaina.

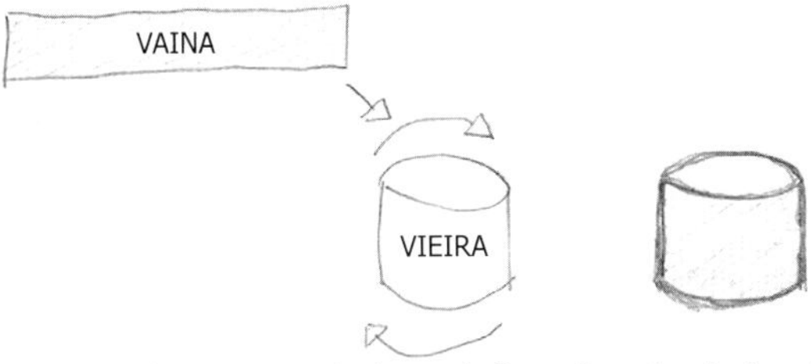

Verter, sin tapar las vieiras ni el coral, 2 cs de salsa holandesa
Gratinar hasta dorar en el horno muy caliente (240 º C) o en el grill.
A degustar muy muy caliente.
Nota: esta receta sirve también para zamburiñas.

Vieiras con vainas II

Ingredientes

12 vieiras con coral • Aceite de oliva • 50 g de patatas • ½ l de agua • 400 g de vainas • 40 g de mantequilla • Sal • Azúcar

Elaboración

Quitar los hilos de las vainas y reservar las vainas para otro plato. ¿Crees que se tiran los hilos de las vainas? ¡Craso error!, ¡aquí no se tira nada! —nada comestible, por supuesto—.
Manos a la obra:
Dorar las vieiras con un poco de aceite y reservar.
Poner a cocer los hilos y la patata durante, por lo menos, 25 minutos a fuego suave.
Triturar el conjunto en caliente con la mantequilla; colar y rectificar de sal y azúcar. Extender 4 cs del caldo de vainas sobre el fondo de un plato sopero; encima, tres vieiras con su coral y alrededor, unas gotas de aceite de oliva y algo de perejil picado.
¡Y tú que pensabas tirar los hilos de las vainas...!
Nota: esta receta sirve también para zamburiñas.

pescados

Anchoas fritas

Ingredientes

500 g de anchoas fritas y sin cabeza • 150 g de harina • Aceite de oliva • Sal

Elaboración

Enharinar las anchoas limpias y pasarlas por un colador para retirar la harina sobrante (muy importante).

Freír en abundante aceite caliente una cuarta parte de las anchoas, ya que si fuesen más, las coceríamos; repetir la operación hasta completar el medio kilo.

Nota: cada vez que hagáis una tanda, servirlas en la mesa en un plato con un papel absorbente por debajo, para que los comensales se las zampen con los dedos. Así hasta terminar con todas.

Si nos gusta el sabor del ajo, se puede laminar un diente y freír junto con las anchoas.

Anchoas fritas rebozadas

Ingredientes

500 g de anchoas limpias, sin cabeza, sin raspa y abiertas en abanico (los dos lomos se sujetarán por la parte final de la cola, la cual mantendremos para poder freírlas más fácilmente) • 100 g de harina • 2 huevos • Sal • Aceite de oliva

Elaboración

Enharinar las anchoas con sal y pasarlas por un colador para eliminar la harina sobrante. Pasarlas por el huevo bien batido y echarlas al aceite no muy caliente. Al estar abiertas en abanico se harán muy rápido; lo mejor es ir haciéndolas en diferentes tandas, para que no se cuezan. Retirarlas en una fuente con papel absorbente; cambiarlas de plato y... ¡al centro de la mesa!

Deben quedar muy jugosas.

Anchoas fritas salteadas

Ingredientes

500 g de anchoas limpias y sin cabeza (mejor pequeñas) • 2 dientes de ajo • 100 g de aceite de oliva • Perejil picado • Sal

Elaboración

Dorar los ajos picados en un cuarto del aceite disponible (25 g). Agregar 100 g de anchoas previamente saladas y dorarlas por las dos partes a fuego vivo. No freír a la vez más de esta cantidad para una sartén de tamaño medio, porque si no se cocerían.

Repetir la operación hasta completar el medio kilo de anchoas.

Si tenemos dos sartenes, mejor, acabaremos antes.

Espolvorear con perejil picado.

Anchoas salteadas con vinagreta

Ingredientes

500 g de anchoas limpias y sin cabeza (mejor las medianas) • 2 dientes de ajo • 100 g de aceite de oliva • 50 g de vinagre de Jerez • Sal • Perejil picado

Elaboración

Seguimos los mismos pasos que en la receta anterior, con una pequeña diferencia: una vez fritas y fuera del fuego, echamos una cucharada de vinagre de Jerez, cuidando que no salte; para eso, será suficiente una tapa que cubra la sartén para evitar ese primer contacto del vinagre con la sartén caliente con aceite. Se puede echar el vinagre, cuando las anchoas están ya servidas en el plato: así, evitamos limpiar con papel absorbente la sartén para la próxima tanda, pero no es lo mismo. El vinagre en la sartén se evapora en parte y queda mucho mejor.

Anchoas con mayonesa

Ingredientes

300 g de anchoas en lomo • Aceite de oliva

Para la mayonesa:
1 huevo • 150 g de aceite de girasol • 40 g de aceite de oliva • ½ limón • Sal

Elaboración

Freír levemente en una sartén los lomos de anchoa. Sacarlos y guardarlos en el frigorífico 24 h.

Hacer una mayonesa con 1 huevo, 150 g en aceite de girasol, 40 g de aceite de oliva, el zumo de ½ limón y un poco de sal. Se mete todo a temperatura ambiente en un vaso mezclado y se trabaja con una *minipimer*. Se hará a la máxima velocidad y apenas tardará 10 segundos en emulsionar.

Degustar las anchoas fritas el día anterior con un poco de mayonesa recién hecha.

Anchoas (raspas)

Ingredientes

300 g de anchoas • Aceite de oliva • Sal

Elaboración

Limpiar las anchoas, quitarles la cabeza (si no son muy grandes, se pueden dejar) y retirar los lomos (que se guardarán para otros menesteres).

Con las raspas haremos lo siguiente: las enharinamos y las freímos en aceite caliente, hasta que estén crujientes.

En un plato, colocamos una pequeña montaña de raspas muy crujientes y recién hechas.

Anchoas crudas

Ingredientes

200 g de anchoas muy frescas • 40 g de aceite de oliva • Sal • Perejil picado • Tostadas de pan (opcional)

Elaboración

Abrir las anchoas en dos lomos retirando cabeza, las espinas y la raspa. Espolvorear con sal y sumergirlas en un poco de aceite durante 5 min. Un poco de perejil y ¡listas!

Para comer sin nada o sobre una tostada calentita recién hecha.

Nota: las anchoas deben ser muy frescas; si se quiere prevenir el problema del anisakis, congelarlas 72 horas a -25 ºC.

Anchoas a la sal

Ingredientes

200 g de anchoas muy frescas • 600 g de sal gorda • 40 g de aceite de oliva • Pan tostado y fino (opcional)

Elaboración

Eliminar las espinas, la raspa y la cabeza. Enterrar los lomos en sal gorda durante 15 min. Transcurrido este tiempo, aclararlos con agua muy fría unos segundos; secarlos con un papel absorbente y bañarlos en aceite un tiempo mínimo de 2 horas.

Degustarlas acompañadas de pan recién tostado y una copita de fino.

Nota: sumergidas en aceite, nos duran varios días en el frigorífico.

Anchoas en sal calientes

Ingredientes

200 g de anchoas muy frescas • 600 g de sal gorda • 40 g de aceite de oliva

Elaboración

Limpiar las anchoas de espinas, raspa y cabeza. Enterrar los lomos en sal gorda durante 5 min. Pasado este tiempo, pasarlas por agua fría, secarlas y mantenerlas en aceite de oliva. En el momento de servir, pasarlas por una sartén antiadherente sólo por el lado de la piel apenas 10 segundos.
Sacar a un plato y servirlas con tostadas recién hechas.

Anchoas saladas

Ingredientes

1 k de anchoas grandes, limpias y en lomos • 2 k de sal gorda • Aceite de oliva • Pan tostado

Elaboración

Limpiar bien un recipiente inalterable (de acero inoxidable, de cristal, etc.).
Ir combinando primero una capa de sal gorda y encima una de lomos de anchoa; así hasta el límite del recipiente; la última capa será de sal. Poner un peso encima y dejarlas en un sitio fresco. Dejar reposar durante 7 días. Cada tres o cuatro, drenaremos los jugos que vayan soltando, bien por agujeros hechos en el recipiente, bien, si es pequeño, volcando levemente para que salgan.
Pasado este tiempo, se sacan y se lavan con agua fría, se secan y se sumergen en aceite. Manteniendo siempre la conservación en frigorífico.
Se sirven acompañadas con un poco de aceite y pan tostado.
Nota: otra variante es enterrar en sal las anchoas en entero, es decir, con tripas, cabeza, etc. En este caso, las dejaremos reposar durante 60 días (también con peso). La diferencia radica en que, en este caso, hay que limpiarlas de espinas, pieles, etc. una vez saladas: implica más trabajo, pero el resultado es mejor o distinto.

Anchoas en salazón

Ingredientes

300 g de anchoas limpias sin espinas, raspas, ni cabeza (Para ello necesitaremos unos 500 g de anchoas frescas que, limpias, se reducen al peso que necesitamos) • ½ l de agua fría • 100 g de sal fina • 50 g de aceite de oliva • Rebanadas de pan

Elaboración

Limpiar las anchoas quitándoles la cabeza, abriéndolas por la mitad y dejándolas sin espinas ni raspas. Reservar.

Diluir el agua con la sal; cuando esté bien diluida, introducir los lomos de anchoa durante 15 min. Transcurrido este tiempo, sacarlas, secarlas y sumergirlas en aceite de oliva.

Tenéis dos opciones: comerlas en frío sobre una rebanada de pan o en pan caliente habiéndolas pasado antes durante unos segundos por la sartén.

En ninguno de los dos casos se necesita más sal; aunque si queremos comerlas en caliente, es mejor que el tiempo transcurrido en la salmuera se limite a 3 ó 4 min.

Anchoas en vinagre I

Ingredientes

300 g de anchoas en lomos, sin espinas ni cabeza (ideal las grandes) • 300 g aprox. de vinagre de sidra (u otro tipo) • Sal • 150 g aprox. de aceite de oliva • Rebanadas de pan caliente

Elaboración

Salar los lomos de anchoa y sumergirlos en el vinagre. Dejarlas así durante un ¼ h. Desechar el vinagre y sumergirlas en aceite de oliva.

Degustarlas sobre rebanadas de pan caliente.

Aguantan en el frigorífico un máximo de 48 h; pasado ese tiempo desecharlas. La textura es muy melosa y el color casi crudo.

Anchoas en vinagre II

Ingredientes

300 g de anchoas en lomos, sin espinas ni cabeza (mejor si son grandes) • 300 g de vinagre de sidra • Sal • 200 g de aceite de oliva • Rebanadas de pan caliente

Elaboración

Salar los lomos de anchoa y sumergirlos en el vinagre. Dejarlas así durante 3 horas. Desechar el vinagre y sumergirlas en aceite de oliva.

Degustarlas sobre rebanadas de pan caliente.

Aguantan en el frigorífico un máximo de 72 h; pasado ese tiempo debéis desecharlas. La textura será agradable y el color levemente blanquecino.

Anchoas en vinagre III

Ingredientes

300 g de anchoas en lomos, sin espinas ni cabeza (mejor siempre las grandes) • 300 g de vinagre de sidra • Sal • 200 g de aceite de oliva • Rebanadas de pan caliente

Elaboración

Salar los lomos de anchoa y sumergirlos en el vinagre. Dejarlas así durante unas 10 h. Desechar el vinagre y sumergirlas en aceite de oliva.

Degustarlas sobre rebanadas de pan caliente.

Aguantan en el frigorífico un máximo de 4 días; pasado ese tiempo, desecharlas. La textura será más recia y el color muy blanquecino.

Anchoas en vinagre IV

Ingredientes

300 g de anchoas en lomos, sin espinas ni cabeza (ideal las grandes) • 300 g de vinagre de sidra • ¼ l de agua • Sal • 200 g de aceite de oliva • Rebanadas de pan caliente

Elaboración

Salar los lomos de anchoa y sumergirlos en la mezcla del agua con el vinagre. Dejarlas así durante 1 h. Desechar el vinagre y sumergirlas en aceite de oliva.

Degustarlas sobre rebanadas de pan caliente.

Aguantan en el frigorífico un máximo de 48 h; transcurrido ese tiempo, desecharlas. La textura será muy jugosa y el vinagre les dará un toque aromático.

Anchoas con cítricos

Ingredientes

300 g de anchoas en lomos sin espinas ni cabeza • 200 g de zumo de naranja • 300 g de zumo de limón • Sal • 200 g de aceite de oliva virgen • Rebanadas de pan tostado

Elaboración

Salar los lomos de anchoa y sumergirlos en la mezcla de zumo de naranja y limón durante una hora. Pasado este tiempo, desechar el zumo y sumergir los lomos en aceite de oliva.

Degustarlas sobre pan tostado.

Nos aguantarán en el frigorífico 48 h; pasado este tiempo debemos desecharlas.

Su textura será muy agradable y el aroma distinto.

Anchoas jardinera

Ingredientes

300 g de anchoas en lomos, sin espinas ni cabeza • 300 g de vinagre de sidra • Sal • 200 g de aceite de oliva • 1 pimiento verde • ½ pimiento rojo • 1 cebolla • Perejil picado • Pan (opcional)

Elaboración

Preparar las anchoas como en la receta de anchoas en vinagre I (ver pág. 369).

Picar los pimientos y la cebolla en cuadraditos pequeños.

Disponer en un plato las anchoas y encima, el picado de verdura cruda. Espolvorear con perejil picado o bien sobre una rebanada de pan.

Anchoas con fresas

Ingredientes

300 g de anchoas en lomos sin espinas ni cabeza • 300 g de vinagre de frambuesas • Sal • 200 g de aceite de oliva • 200 g de fresas

Elaboración

Elaborar las anchoas como en la receta de anchoas en vinagre II (ver pág. 370), con la diferencia de que aquí emplearemos vinagre de frambuesa en lugar del de sidra.

Aparte, picar en cuadraditos las fresas y reservarlas.

Disponer en un plato las anchoas con el picado de fresas encima. Degustar a temperatura ambiente.

Anchoas con cebolletas

Ingredientes

300 g de anchoas • 200 g de cebolletas • Perejil picado • Aceite de oliva

Elaboración

Elaborar las anchoas como en la receta de anchoas a la sal (ver pág. 367).

Dorar en una sartén las cebolletas abiertas por la mitad, hasta que adquieran un color tostado. Las colocamos en un plato y encima los lomos de anchoas. Espolvorear por encima un poco de perejil picado.

Anchoas con tomate

Ingredientes

300 g de anchoas en lomos sin espinas, ni raspa • 2 tomates grandes • Sal • Azúcar • Orégano • Perejil

Elaboración

Preparar las anchoas como en la receta de "Anchoas a la sal" (ver pág. 367).

Pelar el tomate y cortarlo en 2 círculos de 2 cm de grosor; pasarlo por la sartén, hasta que esté dorado y añadir sal, azúcar, orégano y perejil picado. Encima las anchoas a temperatura ambiente.

Anchoas "papillote" I

Ingredientes

300 g de anchoas abiertas en lomos (ideal un tamaño medio) • 4 dientes de ajo • 150 de aceite de oliva • Perejil picado • Sal

Elaboración

En una cazuela de barro, poner a dorar los ajos picados. Cuando estén listos, añadir los lomos de anchoas y tapar el conjunto con papel de aluminio. Retirar del fuego inmediatamente y dejar que confiten durante 5 min.

Destapar delante de los comensales.

Anchoas "papillote" II

Ingredientes

300 g de anchoas (ideal las de tamaño medio) • 1 cebolla • 100 g de aceite de oliva • Perejil picado • Sal

Elaboración

Cortar la cebolla en juliana y saltearla en una sartén con un poco de aceite durante 1 minuto.

En una bandeja de horno, extender papel de aluminio o papel sulfurizado; encima, las tiras de cebolla salteada y después las anchoas enteras. Salarlas y espolvorear con perejil picado. Por último, el aceite.

Cerrar el conjunto formando un "paquete", sellando a conciencia los bordes con varias dobleces.

Meter en horno a 200 ºC durante 7 min. Presentar en bandeja y abrir delante de los invitados.

Anchoas asadas

Ingredientes

300 g de anchoas enteras sin cabezas y con raspa (ideal las más grandes) • 40 g de aceite de oliva • 1 diente de ajo • 5 cs de aceite de oliva. • 1/4 zumo de limón

Elaboración

Disponer en una bandeja de horno las anchoas con sal e introducirlas dentro a 230 ºC durante 3 ó 4 min. Una vez fuera, rociarlas con el aceite y el ajo que habremos dorado justo en el mismo momento de sacarlas del horno. Por último, dar el toque ácido con el zumo de ¼ de limón.

Anchoas guisadas

Ingredientes

300 g de anchoas limpias, en lomos (ideal las grandes) • 60 g de mantequilla • 1 g de romero picado • Sal

Elaboración

En una sartén grande, fundir la mantequilla y el orégano sin que llegue a hervir.

Añadir los lomos de anchoas con la piel hacia abajo. Apenas 15 seg después, darles la vuelta y freírlas con la piel hacia arriba. Esta operación tardará poco y deberá hacerse a fuego lento, sin que apenas hierva.

Anchoas en cazuela

Ingredientes

500 g de anchoas (de tamaño pequeño o mediano) • 1 pimiento verde • ½ cebolla • 1 guindilla cayena (opcional) • Aceite de oliva • Sal

Elaboración

Cortar la cebolla y el pimiento en juliana; pochar en una cazuela de barro con un poco de aceite la verdura y, si os gustan los sabores picantes, añadirle la cayena. Mientras se pochan (unos 20-25 minutos), limpiar las anchoas quitándoles las cabezas y las tripas, pero sin abrirlas. Cuando esté hecha la verdura, añadirle las anchoas y dejar hacer entre 6 u 8 min, dependiendo de su tamaño.

Atún crudo

Ingredientes

1 lomo de atún de 1 k (limpio de espinas, de partes negras, pieles, etc.) • Aceite de oliva • Salsa de soja

Elaboración

Secar bien el lomo con un trapo y congelarlo a -25 ºC durante 72 h. Descongelarlo suavemente en el frigorífico, durante el tiempo que sea necesario.

Secarlo bien y hacer tacos de 1 cm de grosor por 2 cm de ancho y 4 cm de largo.

Disponerlo sobre una bandeja y acompañar con un buen chorro de aceite de oliva y, al lado, un poco de salsa de soja para poder untar en ella.

¡Bocado sencillo y delicioso donde los haya!

Solomillo de atún

Ingredientes

4 lomos de atún de 150 g aprox. cada uno (bien limpio de pieles, espinas y zonas negras) • 2 cebollas • 1 pimiento verde • 1 puerro pequeño • Aceite de oliva • Sal

Elaboración

Pochar a conciencia la verdura en trozos no muy pequeños, hasta que esté muy dorada y reservar.

Aparte, disponer en una sartén con algo de aceite los 4 lomos, hasta que queden dorados por fuera y rojos por dentro.

Colocar en el fondo del plato la verdura y encima, el atún.

Nota: si el pescado va a quedar casi crudo en su interior, se recomienda congelarlo 72 h a -25 ºC.

Ventresca o ijada de atún

Ingredientes

Aceite de oliva • Sal • Cebolla o salsa de tomate (opcional como acompañante) • Ventresca

Pedirle al pescadero que nos la corte según está en el dibujo. Una vez cortada distinguiremos varias zonas.

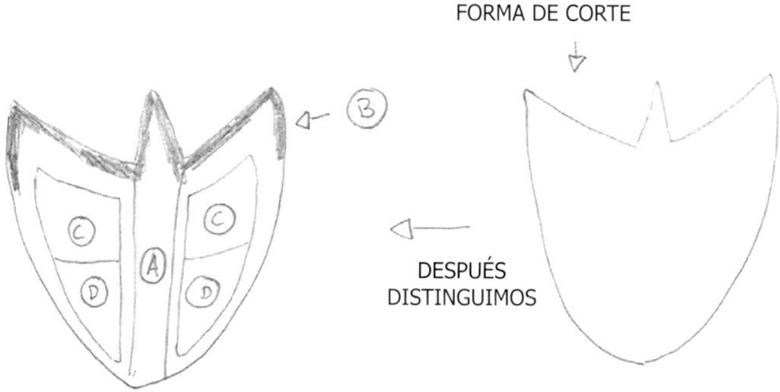

A: la parte central es el cordón. Se puede retirar y servir aparte porque su consistencia es muy gelatinosa y muy especial. Se puede dorar a conciencia porque, dada su consistencia, no se pasará y, en este caso, es mejor que esté bien dorada en una sartén. A veces, posee manchas verdes de hiel que le dan un curioso sabor amargo. Se pueden retirar con la punta de un cuchillo afilado — yo, personalmente, no lo hago —.

B: la parte superior que bordea la ijada es la que está unida a espinas gordas con carne escondida y un poco oscura. Se recorta y se fríe bien para que esté bien hecha. Hay que rebuscar con ayuda de un tenedor para encontrarla, pero no está mal.

C: es la parte central y más noble de la ventresca. Ideal para hacerla a la plancha con o sin piel. Muy grasa, es de carne roja en el atún y blanca en el bonito con sabor y sin espinas. Ideal para dorar en una sartén (al ser tan grasa, tenemos mucho margen para que no se pase).

D: parte más baja de la ijada. Es casi igual de rica que la anterior, pero levemente más "cárnica" y no tan jugosa como la C. Se coci-

na igual que la anterior, pero el margen es levemente menor al ser más magra y tener un poco menos de grasa.
Nota: a veces en estas zonas pueden aparecer manchas verdes de hiel: son amargas y es mejor rasparlas o retirarlas con la punta de un cuchillo, aunque generalmente son superficiales y no molestan apenas (a mí por lo menos).

Elaboración
Dorar en entero o cortada a lo largo, bien en una sartén sin aceite o en el grill superior de un horno puesto a tope de potencia, como si de una brasa se tratara. En ambos casos, primero por el lado de la piel. Dar la vuelta y terminar de hacerlo por el lado de la carne.
Retirar con ayuda de un cuchillo la piel que saldrá con suma facilidad.
Un poco de sal y, a disfrutar de uno de los bocados más alucinantes, jugosos y cargados de sabor que nos ofrece el mar (sino el mejor).
Acompañar, si se desea, con alguna salsa de tomate o cebolla pochada.

Ventresca al horno con verduras

Ingredientes
1 ventresca • 2 pimientos verdes • 2 tomates maduros para guisar • 1 cebolla • 2 dientes de ajo • 2 cs de vino blanco • 1 cc de pan rallado • 2 cc de perejil • Aceite • Sal

Elaboración
Pelar los dientes de ajo y picarlos en trozos pequeños. Poner una sartén con aceite al fuego mínimo e introducir los ajos. Mientras los ajos se doran, picar la cebolla en juliana, el tomate en láminas y el pimiento por la mitad longitudinalmente y luego en trozos.

Poner la verdura en una bandeja y, encima echaremos un poco de sal y el aceite con los ajos que estarán sólo un poco dorados. Meter la bandeja al horno caliente a 180 ºC en el medio y dejar que la verdura se haga durante unos 15 min sin que esté del todo hecha. Sacar la fuente, poner la ventresca bien limpia, echar sal y aceite y volver a introducir en el horno en la parte superior con el grill encendido. Mantener 7 min, sacar, espolvorear con el pan rallado y el perejil y rociar con el vino blanco. Meter la bandeja 3 min más

Atún en *marmitako*

Ingredientes

300 g de atún limpio en dados • 2 patatas • 1 cebolla • ½ pimiento verde • 1 ajo • ½ pimiento choricero • 1 l de agua

Elaboración

Dorar la verdura cortada muy fina con el aceite, hasta que esté totalmente pochada. Añadir las patatas cortadas en trozos medianos (cascadas).

Añadir el agua y dejar que hierva el conjunto a fuego suave por lo menos 20 min. Agregar el atún y dejar que se haga durante unos pocos minutos, hasta que el conjunto esté un poco espeso.

Agregar un poco de perejil picado y servir muy caliente.

Atún con tomate

Ingredientes

4 lomos de atún de 120 g cada uno • 2 cebollas • 3 tomates muy maduros (podría hacerse también con una lata de tomate entero en crudo) • ½ pimiento verde • 1 ajo • 30 g de aceite de oliva • Sal • Azúcar

Elaboración

Pochar con un poco de aceite toda la verdura excepto el tomate. Cuando esté dorada, añadir el tomate troceado y dejar hervir a fuego lento. Pasados 45 min, triturar el conjunto y rectificar de sal y de azúcar.

Aparte, dorar los lomos de atún por ambos lados y agregárselos a la preparación anterior.

Dejar que hierva el conjunto apenas 3 min.

Cómo desalar el bacalao

Por cada kilo de bacalao en lomos, mínimo 6 l de agua

Introducir el bacalao en trozos en agua fría durante 48 h, en caso de que los lomos sean gruesos. Cada 12 h cambiaremos el agua, desechándola por otra nueva.

Si los lomos son menos gruesos —tamaño medio— el tiempo será más corto, 32 h serán suficientes, sin olvidarnos de cambiar el agua cada 12 h. En caso de tener mezclados trozos de distintos grosores, en un mismo cazo tendríamos que ir rescatando los más finos a partir de las 24 h, los medianos hacia las 36 h y los gruesos al cabo de dos días. Siempre en agua fría y cambiando el agua saturada de sal por nueva.

Sin olvidar que en las tiendas ya se comercializa un bacalao desalado de muy buena calidad.

Bacalao al pilpil

Ingredientes

8 lomos de bacalao desalado (de 80 g cada uno) • 350 g de aceite de oliva • 6 dientes de ajo • 1 guindilla (opcional)

Elaboración

En una cazuela de barro, dorar los ajos cortados en láminas. Retirarlos de la cazuela y reservarlos en un plato.

En el caso de que optemos también por la guindilla, la freímos brevemente en el mismo aceite y la retiramos en el mismo plato que los ajos. Añadir los lomos de bacalao con la piel hacia arriba. Dejar que se hagan muy suavemente (prácticamente fuera del fuego). Pasado este tiempo, retirar casi todo el aceite de la cazuela, dejar templar 4 ó 5 min y empezar a moverla en círculos; al mismo tiempo, ir añadiendo, muy poco a poco, el aceite sin dejar de mover la cazuela. Todo esto, claro está, fuera del fuego.
Para ayudar a esta operación, podremos, de vez en cuando, añadir unas gotas de agua fría que ayudarán a que el conjunto ligue. Al terminar con el aceite y, si todo va bien, se obtendrá una salsa blanquecina ligada por la acción del aceite y la gelatina del pescado, un punto espesa —parecida a una mayonesa muy ligera—; esto también dependerá del bacalao y de las partes que utilicemos de él.
Ya no nos queda más que calentarlo con cuidado, ya que, por los puntos de hervor de la salsa, empieza cortarse. Cuando esto suceda, retirar del fuego la cazuela, moverla en círculo con cuidado, y volver a ponerla al fuego hasta que el conjunto esté caliente, repitiendo esta operación unas cuantas veces.
Servir en el plato y decorar con los ajos tostados (y la guindilla, si la habéis utilizado al principio).

Bacalao con pimientos verdes

Ingredientes

8 lomos de bacalao desalado (de aprox. 60 g cada uno) • 4 pimientos verdes • 100 g de aceite de oliva virgen extra

Elaboración

Cortar los pimientos en trozos rectangulares y freírlos en aceite hasta que estén levemente dorados. Reservar. En este mismo aceite, freír los lomos de bacalao a fuego medio durante apenas unos minutos (dependiendo del tamaño), hasta que estén hechos.

Disponer en una bandeja los lomos de bacalao con la piel hacia arriba y, encima, los trozos de pimiento verde.

Bacalao confitado

Ingredientes

4 lomos de bacalao desalado • 300 g de aceite de oliva • 16 dientes de ajo • ½ l de leche

Elaboración

Disponer en una sartén el aceite sobre el bacalao sin que apenas supere los 60 ºC.

Intentar que el aceite no suba de temperatura, apenas 70 grados como mucho (es cuestión de práctica; lo mejor es controlar la temperatura con un termómetro).

En apenas 15 min, el bacalao estará hecho, con una textura muy particular.

Aparte, se habrán cocido en leche los ajos pelados durante 20 min.

Colocar en un plato el bacalao confitado y, por encima, 4 ajos cocidos en leche.

Bacalao en salsa de tomate

Ingredientes para 4 personas

8 lomos (de 100 g cada uno) • 2 tomates grandes • 2 cebollas • 1 pimiento verde • 1 ajo • Aceite de oliva • Sal • Azúcar • Caldo de verduras (opcional)

Elaboración

Pochar levemente en aceite las cebollas, el pimiento y el ajo a fuego muy suave, hasta que tenga un color marrón.

A continuación, echar el tomate troceado y pelado. Dejar que se poche bien hasta formar una salsa espesa.

Pasarlo todo por el pasapuré; en caso de que os salga muy espesa, añadir un poco de agua o de caldo de verduras. Rectificar de sal y azúcar.
Disponer en una cazuela los lomos de bacalao y tapar por completo con la salsa anterior. Hervir a fuego muy lento apenas 8 min y servir.

Bacalao con aceitunas

Ingredientes

8 lomos de bacalao desalado (de 60g cada uno) • 1 lata de aceitunas negras • 60 g de aceite de oliva • 1 tomate pelado • Sal • Azúcar

Elaboración

Triturar las aceitunas con su propio caldo, hasta formar una pasta; añadir el aceite de oliva y volver a triturar. Disponerlo en una bandeja y sumergir los lomos de bacalao en esta mezcla durante 1 h.
Dorar los lomos (sin apenas quitarle la mezcla de las aceitunas) en una sartén.
Disponer en un plato el lomo de bacalao —que habrá quedado ligeramente oscuro debido a la aceituna— acompañado de trozos de tomate aderezado con sal y azúcar.

Bacalao con pimientos

Ingredientes

4 lomos de bacalao desalado de 120 g cada uno • 2 pimientos verdes • 1 pimiento rojo (morrones) • 2 cebollas • 2 tomates

Elaboración

Cortar las cebollas y los pimientos en trozos muy pequeños; pocharlo todo, hasta que esté muy dorado. Añadir los tomates troceados sin pelar y dejar que se poche todo bien. Pasarlo por un pasapuré y, después, por un colador. Dar punto de sal y de azúcar.

Disponerlo en una cazuela y dejar que se hagan los lomos en la salsa a fuego muy suave, sin apenas hervir, durante apenas 10 min, dependiendo del grosor del bacalao.

Bacalao con caldo de guisantes

Ingredientes

4 lomos de bacalao (de 60 g cada uno) • 2 dientes de ajo • 30 g de aceite de oliva • 200 g de guisantes congelados • 1 l de caldo de verduras o de carne (casero o precocinado) • 40 g de mantequilla • 30 g de aceite de oliva • Sal • Azúcar

Elaboración

Freír los ajos cortados en láminas en el aceite y dorar los lomitos, hasta que estén bien hechos. Reservar.

Por otro lado, echar el caldo de verduras y, cuando empiece a hervir, agregar los guisantes sin descongelar. Dejar que vuelva a hervir; cuando rompa a hervir, dejarlo 2 min más. Triturar el conjunto en caliente junto con la mantequilla y el aceite. Dar punto de sal y azúcar y colar. Nos deberá quedar un caldo ligero, levemente espeso.

Disponer en un plato sopero el taco de bacalao y alrededor, el caldo de guisantes que nos habrá quedado verde claro. Rematar la superficie con unas gotas de aceite de oliva.

Bacalao desmigado con vinagreta

Ingredientes

400 g de recortes de bacalao desalado • 120 g de escarola • 2 patatas medianas

Para la vinagreta:

100 g de aceite de oliva virgen extra • 20 g de mostaza de Dijon • 5 g de vinagre de Jerez • 2 g de sésamo blanco • 1 g de perejil picado

Elaboración
Cocer las patatas en agua hirviendo y dejarlas enfriar después de haberlas pelado. Cortarlas en cuadrados medianos y reservarlas.
Limpiar la escarola y cortarla en pedazos medianos. Reservar.
Mezclar todos los ingredientes de la vinagreta en frío y reservar.
Montar sobre un plato sopero la base de la patata con algo de vinagreta. Encima, la escarola con algo de vinagreta también y, por último, el bacalao (que previamente hemos cocido en agua durante apenas 5 min, desespinado y pelado, dejando los trozos limpios). Todo rociado levemente con la vinagreta.

Bacalao fresco

Ingredientes
4 lomos de bacalao fresco (de 120 g cada uno) • 2 dientes de ajo • 50 g de almendra molida • Perejil picado • Sal • Aceite de oliva • ½ lechuga • Aceite • Vinagre de manzana

Elaboración
Picar los ajos y dorarlos en un poco de aceite. Añadir los lomos y dejar que se hagan a fuego suave. Sacarlos y escurrir el aceite. Espolvorear con la almendra en polvo, la sal y el perejil y acompañar con hojas de lechuga aderezadas con aceite y vinagre. El sabor del bacalao es muy distinto del salado, por eso, se usa el fruto seco para reforzar su sabor.

Bacalao ¿fresco o salado?

Ingredientes
4 lomos de bacalao fresco con piel • 1 k de sal gorda • 4 cogollos de Tudela • 200 g de aceite de oliva para confitar. • 30 g de vinagre

de manzana o de sidra • 100 g de aceite de oliva virgen extra para la vinagreta

Elaboración

Limpiar los lomos de espinas y enterrarlos en sal durante 2 h. Pasado este tiempo, quitarles la sal con agua fría, secarlos y ponerlos en una cazuela con aceite.

Calentar levemente el conjunto, hasta que esté hecho. Rescatarlos del aceite y disponerlos en un plato acompañado por un cogollo abierto por la mitad aderezado por la vinagreta.

El sabor del bacalao fresco salado levemente por nosotros dará otra dimensión a la textura y al sabor.

Kokotxas de bacalao al pil-pil

Ingredientes

500 g de *kokotxas* de bacalao desaladas • 300 g de aceite de oliva • Dientes de ajo • Cayena o guindilla (opcional)

Elaboración

En una cazuela de barro, dorar los ajos cortados en láminas. Retirarlos de la cazuela en un plato parte y añadir las kokotxas al mismo aceite. Dejar que se hagan muy suavemente (prácticamente fuera del fuego). Pasado este tiempo, retirar casi todo el aceite de la cazuela, dejar enfriar un poco-bastante y empezar a moverla en círculos a la vez que vamos añadiendo muy poco a poco el aceite sin dejar de mover. Todo esto, claro está, fuera del fuego.

Para ayudar a esta operación, añadir, de vez en cuando, unas gotas de agua fría que ayudarán a que el conjunto ligue. Al terminar con el aceite y, si todo va bien, se obtendrá una salsa blanquecina ligada por la acción del aceite y la gelatina del pescado, un punto espesa y parecida a una mayonesa muy ligera. Esto también dependerá de las *kokotxas*.

Ya no nos queda más que calentarlo con cuidado, ya que los puntos de hervor de la salsa empieza a cortarse. Cuando esto suceda, retirar del fuego la cazuela, mover en círculo y con cuidado la misma, y volver a poner al fuego hasta que el conjunto esté caliente, repitiendo esta operación unas cuantas veces.
Emplatar y decorar con los ajos tostados.
Nota: la misma receta se puede emplear para las *kokotxas* de merluza. Si nos gusta el picante se puede añadir una cayena junto con los ajos.

Kokotxas de bacalao I

Ingredientes

500 g de *kokotxas* de bacalao desaladas • 200 g de agua • 20 g de harina • Perejil picado • 1 diente de ajo • 30 g de aceite de oliva • Sal

Elaboración

Dorar levemente el ajo sin que tome color. Añadir la harina y ligar bien; por último, el agua y el perejil. Dar punto muy leve de sal (con mucho cuidado). Agregar las *kokotxas* y dejar que se hagan 4 min, dependiendo siempre de su tamaño. Retirar del fuego y espolvorear con la mitad del perejil restante. Las *kokotxas* de bacalao al ser desaladas apenas necesitan sal.
Un plato maravilloso de textura y de sabor.
Nota: la misma receta se puede emplear para las *kokotxas* de merluza. En este caso la cocción será más breve (2 min) y habrá que echar sal.

Kokotxas de bacalao II

Ingredientes

600 g de *kokotxas* de bacalao • Aceite de oliva virgen extra • Zumo de limón

Elaboración

En una sartén antiadherente nueva, calentar el aceite e ir dorando las *kokotxas*, hasta que estén hechas.

Presentarlas en un plato con unas gotas de zumo de limón.

Nota: la misma receta se puede emplear para las *kokotxas* de merluza. En este caso, habrá que echar sal.

Kokotxas rebozadas

Ingredientes

400 g de *kokotxas* de bacalao desaladas (o de merluza fresca) • 2 huevos batidos • Harina (para el rebozado) • Aceite de oliva

Elaboración

Pasar por harina las *kokotxas* y formar una capa fina. Pasarlas por huevo y freírlas en el aceite, hasta que estén doradas por ambos lados. Sacarlas sobre un papel absorbente y servirlas al momento.

Recordad que, si están bien desaladas las de bacalao, no necesitarán sal; sin embargo, las de merluza la necesitan siempre.

Besugo al horno I

Ingredientes

1 besugo (de 1.300 k) • 2 dientes de ajos en láminas • Perejil picado • 2 guindillas cayena (opcional)

Elaboración

Poner la parte superior del horno, el grill, a tope, para que haga las veces de brasa (con la puerta abierta). Depositar el pescado a unos 4 cm de distancia sobre una rejilla. Hacerlo unos 15-20 min por cada lado (la piel nos quedará un poco quemada, como si de carbón se tratara).

Abrirlo por la mitad con la ayuda de un cuchillo. Quitarle la espina central, las laterales y todo tipo de espinas.
Hacer un sofrito con el ajo y las guindillas. Cuando el ajo esté dorado, verterlo sobre los lomos abiertos del besugo.
Espolvorear con perejil picado y ...¡a zampar!
Nota: esta receta se puede emplear para diversos pescados como el chicharro o jurel, el verdel o caballa, la lubina, el rodaballo... Sólo varía la cantidad de pescado que se necesita para 4 personas.

Besugo al horno II

Ingredientes
1 besugo (de 1.100 g aprox.) • 1 pimiento verde • 1 cebolla • 4 ajos pelados y machacados • Perejil picado • 150 g de aceite de oliva

Elaboración
Pelar las patatas y cortarlas en rodajas finas. Cortar en juliana el pimiento verde y la cebolla. Disponer, junto con los ajos, en una bandeja. Añadir el aceite y hornear a 180 ºC durante 15 min.
Filetear los lomos de besugo y añadirlos. Hornear otros 15 min. Espolvorear con perejil picado.
Nota: esta receta se puede emplear para otros pescados que ya hemos mencionado en la receta anterior.

Besugo guisado

Ingredientes
1 besugo (de 800 k aprox.) • 3 cebollas • 50 g de aceite de oliva • 2 tomates muy maduros • ½ puerro • 50 g de almendra en polvo

Elaboración
Cortar las cebollas y el puerro en juliana y pocharlo todo suavemente en una sartén. Añadir los tomates pelados y troceados y

dejar pochar suavemente. Finalmente, las almendras y rectificar de sal y de azúcar.
Añadir el lomo de besugo cortado en dados, hasta que se haga: en 6-7 min estará listo. (No dejar cocer más tiempo, ya que el pescado se nos pasaría).
Servir muy caliente y en plato sopero.

Besugo con frutos secos

Ingredientes
1 besugo (de 800 g aprox.) • 100 g de almendras • 50 g de nueces • 20 g de anacardos • 20 g de cebolletas en vinagre • 30 g de aceite de oliva virgen

Elaboración
Hacer 4 lomos con el besugo e introducirlo en el aceite de oliva (tratad que esté a una temperatura baja de 60 ºC).
En una placa de vitrocerámica, poner el termostato al 1 y dejarlo ½ hora. De esta forma, obtendremos la temperatura aprox.
Una vez hecho esto, dejar los trozos de pescado 15 min aprox más.
Aparte, saltear los frutos secos con algo de aceite y añadir sal, cuando estén dorados.
Disponer en el fondo del plato el lomo de besugo y, alrededor, los frutos secos. Por último, las cebolletas partidas por la mitad que darán el toque ácido al conjunto.

Besugo a la sal

Ingredientes
1 besugo (de 1.100 k) • 2 k de sal gorda • 50 g de aceite de oliva virgen extra

Elaboración
Debemos contar con una bandeja grande donde nos entre el besugo y podamos introducirla en el horno.

Extender en la bandeja una cama gruesa de sal gorda; sobre ella, el besugo (entero y con piel) y cubrirlo totalmente con más sal gorda. Añadir una gotas de agua, para compactar bien la sal que envuelve al besugo.
Hornear a 200 ºC durante 35-40 min. Esto último es lo más complicado de esta receta; pero en un par de intentos, se pilla el truco.
Sacar del horno y dar unos golpecitos a la sal que se habrá secado y compactado. En caso de que se haya secado en exceso, habrá que dar golpes más violentos.
Retirar toda la sal y disponer los lomos encima del plato. Añadir un poco de aceite de oliva virgen extra o mayonesa, pero para apreciar de verdad las virtudes del pescado, sin duda alguna, la primera opción.

Pastel de cabracho (*kabrarroka*)

Ingredientes
½ k de cabracho • ¼ l de nata • ¼ de l de salsa de tomate • 8 huevos • Sal • Pimienta • Mantequilla • Pan rallado

Elaboración
Cocer el cabracho entero durante apenas 10 min en agua con sal a fuego suave.
Existe otra manera de hacerlo: en vez de cocerlo, se podría hacer partiendo el pescado en crudo y cortado en dados de tamaño medio o pequeño. Esta segunda forma puede que sea mejor, ya que, cuando se cuece, parte del sabor se queda en el agua. También se podría asar el pescado en el horno: incluso, quedaría mejor que la cocción. En fin..., cualquier cosa menos cocerlo.
Batir los huevos y mezclar la nata, el tomate y los huevos, hasta formar un líquido espeso. Añadir el pescado desmigado (cocido, asado o en crudo, como hayáis decidido). Corregir de sal y dar un toque de pimienta. Preparar un molde rectangular profundo (de

los que se usan para hacer *plum-cake*, aunque valdría cualquier otro) y untar con mantequilla todas sus paredes interiores. Espolvorear con pan rallado, hasta formar una fina capa que evitará que se pegue el pastel.
Cocer en horno precalentado 55 min a 180 ºC al baño María o directamente.
Dejar enfriar y sacar del molde.
Servir en frío o caliente, acompañado de mayonesa o de salsa rosa.
Pleitesía a su autor: mi amigo y jefe, Juan Mari Arzak Arratibel.

Cabracho al horno

Ingredientes
1 cabracho grande (de 1.5 k aprox.) • Sal gorda • Aceite de oliva virgen extra

Elaboración
Quitarle bien las escamas y aletas; salarlo y hornear a una temperatura suave de 160 ºC durante 20 min. Pasado este tiempo, subir el horno a 200 ºC y dejarlo 15 min para que se dore levemente el exterior.
El cabracho es un pez de carne muy prieta y su cocción es lenta. El calor tarda en llegar a la zona más central del pescado; por eso realizamos esta pequeña operación de horneado. Aún y todo, habrá que cerciorarse de que su interior esté hecho, haciéndole una pequeña incisión en la zona central y aumentar el tiempo del horno, si fuese necesario.
Una vez hecho, abrir en dos lomos y repartirlo entre los comensales.
Un chorrito de aceite de oliva y algo de sal gorda rematará la operación.
A disfrutar de su textura, sabor y color, con una personalidad inigualable.

Chicharro

Ingredientes

2 chicharros (de 600 g cada uno) • ½ lechuga • Aceite • Vinagre de Jerez • Sal • Pimienta

Elaboración

Convencer al pescadero que nos haga dos hermosos lomos de cada pez. Una vez en casa y, con ayuda de unas pinzas de depilar, quitarle las espinas, según el esquema.

El verdel no las tiene.

Espinas a retirar con la punta de un cuchillo afilado.

Parte de la carne tanto del chicharro como del verdel.

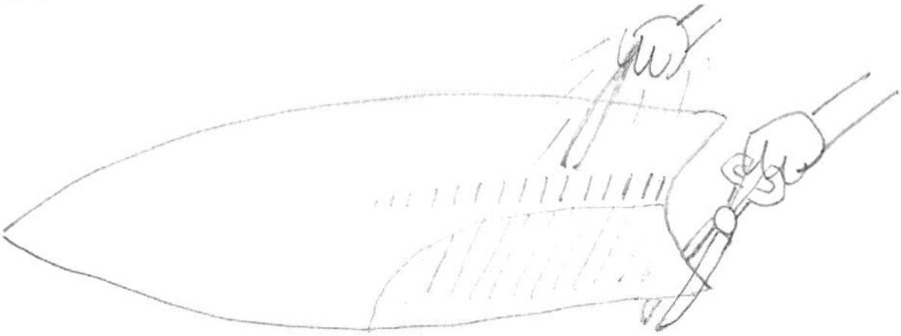

Espinas centrales. Si te han hecho bien el deslomado, no habrá ninguna.

Espinas en medio del lomo de mayor a menor. La última zona ya no tiene. Van desapareciendo.

Una vez quitadas las espinas, dorar en una sartén por ambos lados y, acompañar con unas hojas de lechuga y un aliño de aceite y de vinagre por encima.

La operación de retirar las espinas siempre es muy agradecida por los comensales. Mejora el plato y hasta ¡sabe mejor!
Nota: el chicharro es también conocido con el nombre de jurel. Esta receta sirve también para el verdel o caballa.

Chicharro en escabeche

Ingredientes
2 chicharros frescos • 2 hojas de laurel • 10 dientes de ajo enteros • 20 g de pimienta negra • Pimentón dulce o picante • 300 g de aceite de oliva virgen extra • 150 g de vinagre normal de vino o manzana (según nos guste más fuerte o más suave) • Sal

Elaboración
Dorar los ajos enteros en el aceite. Añadir la pimienta y el laurel y a continuación, los trozos de chicharro en rodajas y con espinas. Dorar durante 5 min. Añadir, a fuego más suave, el pimentón y el vinagre. Dejar cocer o freír durante 10 min. Retirar y dejar enfriar todo junto.
Mejor si se come al día siguiente, bien frío o bien caliente.
Nota: el chicharro es también conocido con el nombre de jurel. Esta receta sirve también para el verdel o caballa.

Lenguado en disección (o degustación de filetes de lenguado)

Ingredientes
1 lenguado (de 900 g) • Sal • Aceite de oliva virgen • Pimienta

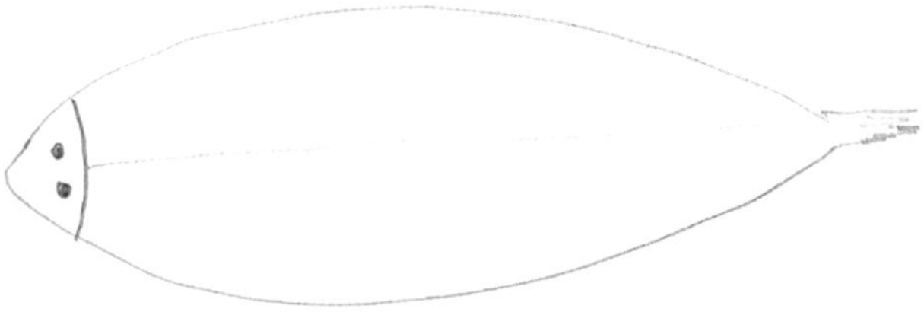

El lenguado tiene cuatro filetes: 2 de la parte de la piel negra (más gruesos y con más carne) y 2 de la parte de la piel blanca (más delgada y con menos carne, por la que se "arrastra" el animal en el fondo del mar).

Parte negra

Parte blanca

Elaboración

Dorar en una sartén o chapa o grill del horno el lenguado, hasta que esté dorado.

Primera cata:

Filetear primero la mitad superior de la parte negra. Partirla en cuatro y ofrecerla a los invitados en un plato con un poco de aceite de oliva.

Segunda: ahora os toca la parte inferior de la piel negra que rodea las tripas. Partirla en cuatro y ofrecérsela a los invitados en un plato con un poco de aceite de oliva.

Después, retirar la espina central.

Tercera: ofrecer la mitad superior de la parte de la piel blanca.

Cuarta y última: la parte inferior de la mitad blanca de la misma forma.

Veréis que juego más divertido: va variando la proporción de carne con respecto a la piel, el gusto levemente amargo de los trozos inferiores en contacto con las tripas, el gusto de la piel blanca más delicado... y más matices que seguro averiguaréis vosotros mismos.

Lenguado con salsa de garbanzos

Ingredientes

1 lenguado de 700 g fileteado con la piel • 50 g de aceite de oliva • 130 g de cocido de garbanzos bien caldoso (que deberemos tener congelado de algún día que sobró) • Perejil picado

Elaboración

Cortar por la mitad cada filete de lenguado de manera que obtengamos 8 trozos para repartir equitativamente los trozos blancos y negros.

Freír primero los trozos negros (más gruesos) primero por el lado de la piel. Añadir después los blancos (más finos) y dejar que se hagan primero por el lado de la piel. Dar la vuelta y cuando estén casi hechos, depositarlos en una cazuela, espolvorear con perejil y reservar.

Hervir el cocido de garbanzos, añadir agua, triturarlo y colarlo. En un plato depositar los filetes de lenguado y, a un lado, la salsa de garbanzos y un hilo de aceite de oliva.

Lenguado con hongos

Ingredientes

1 lenguado de 800 g (o 2 de 400 g) • 200 g de hongos • 1 diente de ajo

Para la vinagreta (opcional):

100 g de los tallos de los hongos • 100 g de aceite de oliva • 30 g de vinagre de Módena • Sal • Azúcar

Elaboración

Filetear el lenguado y pasarlo por la plancha, hasta que esté dorado. Reservar. Ésta sería la opción más rápida y menos engorrosa. Pero os ofrezco una segunda que es mejor:

Hacerlo entero y filetearlo después; así se conserva mejor la forma de los filetes y sus jugos. En este caso, necesitaremos una sartén alargada para que el lenguado entre bien.

Limpiar los hongos y partirlos en trozos grandes. Saltearlos con el ajo, hasta que estén hechos.
Disponer en el plato los filetes de lenguado acompañados por lo hongos. No necesita salsa.
En caso de optar por una, lo más lógico sería una vinagreta que obtenemos mezclando los ingredientes señalados: triturar los tallos de hongos pochados, añadir el de aceite de oliva, el vinagre de Módena, la sal y el azúcar. No sería una mal opción.

Lenguado en ensalada de rúcula

Ingredientes

2 lenguados (de 500 g aprox.) • 30 g de mantequilla • 300 g de rúcula fresca • 30 g de nueces peladas
Para la vinagreta:
20 g de salsa de soja • 30 g de aceite de oliva • 10 g de vinagre de manzana

Elaboración

Poner a hacer los lenguados en una sartén (si tiene forma alargada, mejor) con un poco de mantequilla, hasta que estén dorados. Filetearlos y disponer dos filetes en un plato. Alrededor, la rúcula limpia con la nueces.
Aderezar el conjunto con la vinagreta.

Lenguado al horno

Ingredientes

2 lenguados (de 600 g cada uno con piel) • Sal • Zumo de limón • 30 g de aceite de oliva • 5 g de mantequilla • 20 g de caldo de carne

Elaboración

Salar los dos lenguados y meterlos al grill del horno que habremos precalentado a 250º C. Los mantendremos durante 10 min aprox. por cada lado.

Cuando los saquemos y, en la misma bandeja del horno, echaremos los demás ingredientes.
Servir en la mesa en bandeja y entero. Filetear correspondiendo a cada comensal un filete de la parte blanca (más fina) y otro de la parte negra (más gruesa).
¡Más sencillo y más rico imposible!
Nota: esta receta sirve también para el gallo y la platija.

Lubina con vainas

Ingredientes
4 lomos de lubina (de 125 g aprox. sin espinas) • Los hilos de 1 k de vainas • 1 patata pequeña • 30 g de mantequilla • 1 l de agua • 15 g de azúcar • 2 cs de aceite de oliva

Elaboración
Retirar los hilos exteriores de las vainas y ponerlos en una cazuela con el agua y la patata. Hervir durante 20 min a fuego suave medio (ni que decir tiene que con el resto de las vainas nos haremos unas vainas con patatas: ver pág. 233).
Añadir la mantequilla, triturar el conjunto a fondo y colar. Dar, por último, un toque de sal y azúcar y reservar.
Por otro lado, freír muy levemente el lomo de la lubina con un poco de aceite —lo justo para dorar la superficie—. Terminar de hacerlo en la propia sartén o en el horno 10 min más a 160 º C.
Colocar en el plato el trozo de lubina, acompañado de la salsa de hilos de vainas muy caliente.

Lubina con espárragos de lata

Ingredientes
4 lomos de lubina (de 110 g aprox.) • 1 lata de espárragos (de 600 g aprox.) • 2 yemas • Sal • Pimienta

Elaboración

Abrir la lata y reservar los espárragos. Con el agua de la lata haremos lo siguiente: verterla en una cazo y añadirle 2 yemas; poner al fuego y calentar, hasta que esté muy caliente, pero sin hervir (esto es muy importante: sino se nos corta por la acción de la yema). Reservar.

Pasar los espárragos cortados por la mitad por una sartén, hasta dorarlos levemente y reservar.

Hacer en el horno los lomos de lubina con un poco de aceite unos 10 min aprox. a 180 ºC.

En un plato sopero, disponer el lomo de lubina en el centro, encima algún espárrago y alrededor la salsita muy caliente, pero sin hervir. De remate unas gotas de aceite crudo.

Lubina fría

Ingredientes

1 lomo de lubina (de 200 g) • El zumo de 3 naranjas y de 2 limones • Sal gorda • Aceite de oliva virgen extra • 20 g de guindillas dulces en vinagre

Elaboración

Congelar la lubina 72 h a -25 ºC (ya sabéis que sino, nos ponen una multa por el tema del "anisakis").

Cortarla en láminas y sumergirlas en el zumo durante 10 min. Sacar, secar, filetear y disponerlas sobre un plato con una pincelada de aceite de oliva, un poquito de sal y las guindillas picadas.

Lubina *Iñude*

Ingredientes

4 lomos de lubina (de 100 g cada uno) • 100 g de aceite de oliva • ½ l de agua • 100 g de patata • 1 puerro • 20 g de aceite de oliva • Pimiento verde • Pimiento piquillo frito • Cebollino picado

Elaboración

Echar en una cazuela un poco de aceite, rehogar el puerro picado un poco y luego, la patata. Añadir agua y poner a cocer durante 20 min a fuego suave. Triturar, colar y reservar.

Aparte, freír en una sartén, por el lado de la piel, los lomos de la lubina; darles la vuelta y dejarlos hacer a fuego más suave. Colocar sobre el centro de un plato sopero el lomo de la lubina; alrededor, la salsa de puerro y espolvorear por todo el plato, el pimiento verde y rojo (crudos), cortado previamente en *brunoise* y algo de cebollino picado. Unos "ojos" (o gotas) de aceite de oliva virgen extra rematarán el plato.

Lubina con algas

Ingredientes

4 lomos de lubina (de 120 g aprox. cada uno) • 300 g de salsa verde • 10 g de alga Nori (de venta en herboristerías o en cualquier tienda de productos chinos)

Elaboración

Elaborar una salsa verde como en la receta de "Merluza en salsa verde" (ver pág. 364). En el último hervor, añadir el alga nori picada muy fina: en contacto con la salsa muy caliente se deshidratará y soltará su aroma. Dejar que el pescado se haga por espacio de 10 min, sin que apenas hierva.

Para las personas que no estén familiarizadas con el sabor de las algas es un comienzo suave.

Merluza en salsa verde

Ingredientes

4 lomos de merluza (de 120 g aprox. cada uno) • 150 g de agua • 100 g de vino blanco (optativo) • Perejil picado • 1 cc de harina • 1 diente de ajo • 15 g de aceite de oliva • Sal

Elaboración

Picar el ajo y dorarlo (sin que tome color) en una cazuela de barro con aceite. Añadir la harina y diluirla con ayuda del agua (y el vino, si se opta por él). Agregar el perejil picado. Dejar que hierva un instante y depositar dentro los lomos por el lado de la piel. Retirar la cazuela del fuego para reducir el hervor. Volver a incorporar, apenas unos instantes, con el fuego muy bajo. Dar la vuelta y mantener, sin que hierva, unos minutos, hasta que se haga el pescado. Volver a espolvorear con un poco de perejil y servir con la piel hacia arriba.

Es importante que el pescado no se pase de punto: la merluza no obtendría una textura perfecta.

Merluza en salsa verde con almejas

Ingredientes

4 lomos de merluza de (120 g aprox. cada uno) • 250 g de almejas • 150 g de agua • 50 g de vino blanco (optativo) • Perejil picado • 20 g de harina • 1 diente de ajo • 20 g de aceite de oliva • Sal

Elaboración

Dorar levemente el ajo en la sartén o en la cazuela. Añadir las almejas para que se abran. Retirarlas y reservarlas.

Añadir la harina, el agua y el perejil hasta ligar la salsa como en la anterior receta. Hacer en esa salsa los lomos de merluza, previamente saladas. Repetiremos las mismas fases de hervor, exactamente igual que en la receta anterior, siempre evitando que se nos pase de punto y pierda su textura.

Cuando esté lista, servirla en el plato, acompañando cada trozo de merluza con unas cuantas almejas.

¿Por qué se hace esta operación? Muy sencillo: si la merluza espera a que se hagan las almejas, ésta se pasaría y lo mismo ocurriría a la inversa.

Merluza con vinagreta

Ingredientes

8 lomos de merluza (de 50 g cada uno) • 1 tomate rojo pelado • Sal • Azúcar • 100 g de aceite de oliva • 20 g de vinagre de manzana • Perejil picado

Elaboración

Hacer una merluza en salsa verde (ver pág. 400). Reservar.

Por otro lado, picar en cuadrados el tomate y dar punto de sal y de azúcar. Añadir el aceite, el vinagre y el perejil y reservar también. Calentar la merluza con la salsa verde. Cuando esté lista, servirla en el plato, pero no con la salsa verde (la podéis guardar en el congelador, para repetir este plato en otra ocasión), sino con la vinagreta de tomate que tenemos reservada por encima.

Merluza con verduras fritas

Ingredientes

4 lomos de merluza (de 120 g cada uno) • Sal • 10 g de hojas de espinacas • 25 g de patata cortada muy fina • 10 g de hojas de perejil • 20 g de remolacha cortada muy fina • ½ l de aceite de oliva para freír (nos sobrará para reciclar)

Elaboración

Hacer una merluza en salsa verde (ver pág. 400). Reservar.

Por otro lado, freír en el aceite las verduras, hasta que estén crujientes y doradas; pero manteniendo su color original. En el caso de la espinaca: verde brillante y algo transparente.

Colocar en el plato de la siguiente manera: primero la merluza con un poco de salsa verde y encima las verduras fritas.

Lo más importante es el punto jugoso de la merluza y, por otro lado, las verduras crujientes dando colorido.

Merluza con yema

Ingredientes
4 lomos de merluza con piel y sin espinas (de 100 g cada uno) • Salsa verde (ver pág. 245) • 1 yema de huevo

Elaboración
Disponer los lomos sobre la salsa verde hasta que estén hechos (con la piel por debajo).
En el momento de servir, extender la yema de huevo por la superficie de los lomos dejando un color anaranjado que contrastará con el verde de la salsa y, sobre todo, reforzará, a través de la grasa, el sabor del pescado.

Merluza cebollino

Ingredientes
4 lomos de merluza (de 150 g aprox. cada uno) • Salsa verde (ver pág. 245) • 20 g de cebollino picado

Elaboración
Cocinar la merluza con una salsa verde normal sin perejil. En el último momento, antes de servir, añadir el cebollino que hará las veces de perejil en cuanto al color, pero aportará un ligero sabor de cebolla.

Merluza con *kokotxas*

Ingredientes
200 g de kokotxas de merluza • 4 lomos de merluza (de 100 g aprox. cada uno) • Salsa verde (ver pág. 245)

Elaboración
En una cazuela, hacer la salsa verde y sumergir en ella los lomos de merluza con la piel hacia abajo (sin que apenas hierva). Al dar-

le la vuelta, con la piel a la vista, añadir las kokotxas. En apenas unos minutos y con el calor de la cazuela muy bajo, se terminará de hacer el conjunto.

Merluza con guisantes

Ingredientes
4 lomos de merluza (de 125 g cada uno) • 300 g de guisantes • 1 cebolla • 1 diente de ajo • ½ l de caldo de pollo • 10 g de harina • 2 cs de aceite de oliva

Elaboración
Dorar la cebolla y el ajo con un poco de aceite, en una sartén o cazuela de barro. Cuando esté dorada, añadir la harina y los guisantes. Mezclar bien y añadir el caldo. Dejar hervir 5 min a fuego suave. Cuando los guisantes estén levemente blandos, añadir los cuatro lomos de merluza y dejar que se hagan a fuego muy suave, casi fuera del fuego. Disponer en un plato sopero la merluza en el centro y alrededor varias cucharadas de los guisantes con el caldo: ¡exquisito!

Merluza con refrito de ajo

Ingredientes para 4-6 personas (dependiendo del hambre)
1 merluza-mediana (de 1,5 a 2 k) • 10 g de aceite de oliva • 3 dientes de ajo • 1 guindilla • Perejil picado • 60 g de aceite de oliva • 20 g de vinagre de Jerez • Sal

Elaboración
Abrir a lo largo la merluza hasta dejarla en 2 lomos (se lo puedes pedir a tu pescadera. Salarla y untarla levemente con un poco de aceite. Disponerla en una bandeja de horno, previamente untada con mantequilla. Hornear a 180 ºC durante 10 min aprox. en horno caliente.

Tener preparado el vinagre y el aceite con el ajo bien dorado. Primero, verter el vinagre templado y, después, el aceite muy caliente. Espolvorear con perejil picado. Racionar y servir.

Merluza con patatas

Ingredientes
4 lomos de merluza (de 120 g cada uno) • 4 patatas medianas • 4 dientes de ajo (sin pelar y partidos por la mitad) • 15 g de vinagre de Jerez • Sal • 400 g de aceite de oliva • Perejil picado.

Elaboración
Pelamos y cortamos las patatas en rodajas de 1 cm de grosor. Las disponemos en una sartén junto con los ajos picados y el aceite. Dejamos que hierva muy suave durante por lo menos ½ h. Escurrimos el aceite (que aprovecharemos para otra ocasión) y las ponemos en una bandeja o tartera con un poco de sal y algo de perejil picado. Encima, colocaremos los lomos de merluza. Lo introducimos todo en el horno a 170 ºC aprox. durante 8 min.
Lo sacamos y le echamos un poco de vinagre por encima, que luego va a mezclarse con el fondo de patata y ajo (esta mezcla casi está más sabrosa que el propio pescado).

Merluza con verduras

Ingredientes
1 cola de merluza (de aprox. 1 k) • 60 g de hojas de espinacas • 60 g de zanahorias en rodajas • 80 g de puerro joven en rodajas • Sal

Elaboración
Cocer las espinacas en agua durante 1 min. Escurrir y picar. Reservar.

Saltear por otro lado en un poco de aceite, el puerro y la zanahoria durante 1 min a fuego fuerte. Añadir las espinacas, sazonar y mantener durante otro min. Reservar.
Introducir la cola de merluza hacia la mitad del horno a 180 ºC durante 12 min. Quitarle las espinas a la cola y racionarla en los cuatro platos acompañada de las verduras.

Merluza con espárragos

Ingredientes
4 lomos de merluza (de 100 g cada uno) • 24 puntas de espárragos verdes • 4 cs de aceite de oliva • Perejil picado • Sal

Elaboración
Saltear levemente (1 ó 2 min) las puntas de espárrago verde y reservar.
Envolver en papel de aluminio, un trozo de merluza, una cuarta parte de los espárragos salteados con el perejil y una cucharada de aceite. Cerrar bien hasta formar un paquete, dejando algo de aire para que se forme vapor en su interior. Haremos lo mismo con cada trozo de pescado. Introducir los cuatro paquetes en medio del horno a 200 ºC durante 10 min aprox. (se hincharán levemente).
Cómo servir el plato: Repartir los paquetes en los platos directamente. El comensal abrirá la bolsa, olerá el pescado con las puntas de espárrago y comerá directamente de ella.

Merluza con frutos secos

Ingredientes
1 merluza en rodajas con espina • 30 g de pipas peladas • 30 g de almendra marcona o largeta • 30 g de pistacho • 60 g de aceite de oliva • 15 g de vinagre de Módena • Sal • Pimienta

Elaboración

Asar la merluza sobre una bandeja en un horno precalentado a 180 ºC durante 10 min con sal, pimienta y un poco de aceite. Reservar.

Aparte, saltear con un poco de aceite los frutos secos, hasta que estén dorados. Agregar sal gorda y esparcirlo por la superficie del pescado.

Montar en los platos acompañado con la vinagreta, que se ha elaborado, simplemente, mezclando el aceite y el vinagre.

Merluza al grill

Ingredientes

4 rodajas de merluza (de 4 cm de grosor con piel y espinas) • Sal • Aceite de oliva virgen extra

Elaboración

Utilizar el grill del horno a la máxima potencia y con la puerta de abierta.

Disponer los lomos de merluza sobre una rejilla lo más cerca posible para que el grill actúe como brasa (¡vive Dios que lo hace!, sin necesidad de montar la brasa típica, con el engorro que conlleva, y si es que contamos con los medios para hacerlo).

Para rodajas de este grosor, con 7 min por cada lado será suficiente.

Servirla en un plato con sal y aceite y... ¡a disfrutar!

Nota: el efecto brasa de un grill de horno doméstico nos da infinidad de posibilidades haciendo que el sabor típico de la brasa se confiera a los alimentos. Además, es rápido y bastante limpio. Otra ventaja es que, en la brasa tradicional, los jugos de carnes o pescados caen a la propia brasa provocando fuego, lo cual no es lo más adecuado para el producto. Sin embargo, en el caso del grill, los jugos caen en una bandeja sin provocar llama; los jugos se recogen en una bandeja y se salsean sobre el producto una vez servido en el plato.

Merluza frita

Ingredientes

1 merluza sin piel ni espinas (siempre es ideal que tu pescadero/a te la prepare) • 2 huevos • Harina de trigo • Aceite de oliva extra • Sal

Elaboración

Cortar el lomo de merluza en cuadrados de 2 cm de grosor tanto de la cola como del lomo. Éste último aplanarlo con cuidado para que tenga todo un grosor parecido.
Enharinar con cuidado y golpear suavemente para que se caiga la harina sobrante.
A continuación, pasar por el huevo batido y freír en aceite no muy caliente, hasta que se doren los dos lados y el interior esté jugoso; retirar la sartén del fuego, para que se haga a fuego lento por dentro. Apartar sobre un papel absorbente.
¡Ideal como plato y también en bocadillo!

Merluza encebollada

Ingredientes

1 merluza cortada en lomos • 3 cebollas • 1 pimiento verde • 2 dientes de ajo • 100 g de aceite • 2 cc de vinagre • Sal

Elaboración

Cortar las verduras en juliana y pocharlas con el aceite suavemente durante, por lo menos, 45 min. Cuando estén bien doradas —no negras— escurrirlas y reservarlas.
Freír los lomos de merluza con un poco de aceite en una sartén antiadherente. Darle la vuelta con ayuda de una espátula (según el grosor de la merluza, aprox. 2 min por cada lado). Cuando los lomos estén dorados y hechos por dentro, escurrir en un papel absorbente. Disponer en un plato la verdura pochada y, al lado, el

lomo de merluza. Rematar con unas gotas de vinagre o de limón. El éxito del plato depende del lomo de merluza, claro; pero, más aún, de una correcta cocción de la verdura: muy pochada y muy caramelizada.

Merluza con alcachofas

Ingredientes

8 lomos de merluza (de 50 g) • 50 g de aceite de oliva • 4 alcachofas frescas • Perejil picado • Sal • Pimienta

Elaboración

Limpiar a conciencia las alcachofas eliminando las hojas externas, hasta quedarnos con el corazón que cortaremos en 8 trozos. Las freímos en una sartén con el aceite (sin haberlas cocido antes), hasta que estén doradas y hechas por dentro. Reservar.
Dorar en una sartén los trozos de merluza, previamente salpimentados y espolvorear con perejil picado. Reservar.
Disponer en un plato los dos trozos de merluza con las alcachofas alrededor.
¡Más sencillo y más rico imposible!

Merluza con pimientos

Ingredientes

4 lomos de merluza (de 100 g cada uno) • 2 pimientos rojos morrones • Sal • Azúcar

Elaboración

Asar los pimientos enteros en una rabanera, o fuente pequeña y alargada, a 230 ºC, hasta que la piel esté negra y se puedan pelar, dando la vuelta cada 10 min para que se asen por ambos lados. En caliente (se hace mejor), se retira la piel y las pepitas, y se guardan las tiras de pimiento. Reservar.

Aparte, se recogen los jugos que hayan soltado los pimientos, transparente y de densidad similar al aceite y con un increíble sabor. Reservar.

En el momento de servir, se pasan por la sartén con un poco de aceite las tiras de pimiento que se dejan dorar levemente con un poco de sal y algo de azúcar, esto último muy importante.

Por otro lado, pasar por la plancha los lomos de merluza, hasta que estén hechos.

Sólo nos queda presentarlos: en el fondo del plato, se colocan un par de tiras de pimiento caliente; encima, el lomo de merluza y, por último, un par de cucharadas del jugo que han soltado los pimientos al asar.

Merluza con ensalada

Ingredientes

4 lomos (de 100 g cada uno) • 1 lechuga • ½ cebolla • 75 g de aceite de oliva • 20 g de vinagre de manzana • Perejil picado • Sal

Elaboración

Hacer los lomos de merluza en una sartén antiadherente con un poco de aceite y reservar.

Aparte, limpiar la lechuga y cortarla en trozos medios. Picar la cebolla en juliana y juntarla con la vinagreta (que se ha hecho, sencillamente, mezclando el aceite, el vinagre, el perejil y la sal).

En el plato, servir el lomo de merluza con la ensalada por encima.

Merluza con gambas

Ingredientes

4 lomos de merluza (de 120 g cada uno) • 24 gambas pequeñas • 3 dientes de ajo • 3 cs de aceite de oliva • Sal • Perejil picado

Elaboración

Dorar los ajos pelados y picados con el aceite en una sartén antiadherente. Echar las gambas enteras y dorarlas levemente. Separar las cabezas de las colas, pelar las colas y reservarlas junto las cabezas. En el aceite donde se han frito las gambas, dorar la merluza, hasta que esté hecha.

Disponer en cada plato un trozo de merluza con seis colas de gamba por encima y, por último, exprimir con la mano seis cabezas de gambas sobre el lomo del pescado (esto aportará una esencia de sabor considerable que, acompañado con las gambas, nos dejará el pescado muy sabroso).

Espolvorear con perejil picado.

Merluza con hongos

Ingredientes

4 lomos de merluza (de 100 g cada uno) • 200 g de hongos • 1 diente de ajo • 5 cs de aceite de oliva virgen extra • Sal

Elaboración

Limpiar con suavidad los hongos y trocearlos no muy pequeños. Saltearlos con un poco de aceite y ajo, hasta que estén dorados. Reservar.

Dorar los lomos de merluza en la misma sartén donde hemos hecho los hongos, hasta que estén hechos.

Disponerlos en cada plato donde, previamente, habremos puesto los hongos que hacen de cama al pescado.

Rociar con algo de aceite de oliva virgen.

Merluza con caldo de puerros

Ingredientes

8 lomos de merluza (de 50 g cada uno) • 2 puerros • 1 patata • 750 g de consomé • Sal gorda • Un poco de aceite de oliva virgen extra

Elaboración

Saltear los puerros, previamente limpios y troceados, con un poco de aceite. Añadir la patata pelada y troceada. Añadir el consomé y dejar hervir a fuego muy suave, hasta que la patata esté blanda. Triturar en caliente formando una salsa levemente espesa. Reservar.

Dorar los lomos de merluza en una sartén por ambos lados.

En un plato sopero, disponer tres cucharadas de esa salsa y, encima, el lomo de merluza. Unos granos de sal gorda y unas gotas de aceite de oliva rematarán el plato.

Merluza con jugo de aceitunas

Ingredientes

4 lomos de merluza • 1 lata de aceitunas deshuesadas • 100 g de aceite de oliva • 15 g de azúcar • Perejil picado

Elaboración

Triturar el contenido de la lata de aceitunas con su propio caldo, el aceite y el perejil picado. Pasar por un colador y reservar: nos quedará una especie de salsa sin ligar.

Por otro lado, dorar en una sartén con un poco de aceite los lomos de merluza por ambos lados.

Disponer en el fondo del plato 2 cs del jugo de aceituna, encima, el lomo de merluza y, por último, ½ cs de la misma salsa.

Nota: la salsa está a temperatura ambiente; el pescado y el plato, en cambio, muy calientes.

Merluza con *txangurro*

Ingredientes

4 lomos de merluza (de 150 g cada uno) • 1 txangurro de 700 g • 100 g de aceite de oliva • 20 g de vinagre de Jerez • Perejil picado • 2 yemas de huevo • Sal

Elaboración

Cocer en abundante agua salada el *txangurro* durante 10 min. Sacarlo y limpiarlo, aprovechando todos sus jugos y, por supuesto, la carne interior del cuerpo y de las patas. (Si no queremos o no podemos realizar esta operación, podéis comprar la carne de *txangurro* limpia y cocida). Reservar.

Mezclar el aceite con el vinagre y el perejil y reservar también.

Dorar en una sartén la merluza.

Al final, mezclar las yemas con la carne de txangurro: nos quedará ligada y cremosa.

En un plato sopero disponer 2 cs de esta carne, encima el lomo de merluza y, por último, la vinagreta.

Nota: el *txangurro* deberá ir templado para no cuajar las yemas.

Merluza al vapor

Ingredientes

4 lomos de merluza (de 150 g cada uno) • Aceite de oliva virgen extra • Sal gorda

Elaboración

En una cacerola profunda con rejilla en medio, disponer los lomos de merluza. En dicho fondo tendremos agua hirviendo y en la rejilla es donde pondremos los lomos de pescado. Cerrar la cazuela con la tapa y cocinarlo durante 7 min más o menos.

El agua no debe tener contacto con el pescado, sólo el vapor.

Disponer en un plato los lomos con aceite y sal gorda. ¡Más dietético imposible!

Pez San Pedro (o *Muxumartin*)

Pescado de mucha profundidad, estrecho, de carne prieta, cabeza voluminosa, espinas gruesas, carne recia, con sabor y una mancha lateral negra a cada lado.

Según cuenta la leyenda, San Pedro se dedicó a elegir un pescado con los dedos de la mano y *Muxumartin* fue el agraciado, de ahí su nombre. Lo que no sabemos muy bien es donde había metido las manos San Pedro para hacerle semejante marca que, a pesar de los años, sigue sin quitársele.

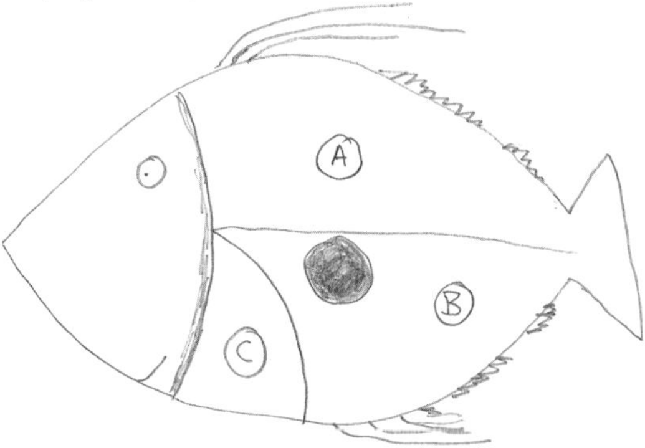

Distinguimos el lomo superior A, voluminoso y lo mejor. El B, de inferior grosor y parte en contacto con la ventresca C, muy delgada y de aprovechamiento exclusivo, cuando el pescado es muy fresco. La cabeza tiene recovecos para chupar con las manos —bien limpias, no vayamos a dejarle más marcas al pobre—.
Este pescado bien frito, al horno o al grill del horno (nuestra brasa doméstica) queda ideal. Es uno de los mejores, más raros y fantásticos pescados, y uno de los sabores y texturas más particulares que encontramos en nuestras costas.

Pez San Pedro (en entero)

Ingredientes
1 San Pedro (de 1.8 k) • 2 dientes de ajo • 50 g de aceite de oliva virgen extra • 30 g de vinagre de Jerez • Sal • Pimienta

Elaboración

Asar el pescado entero y limpio de vísceras en el horno durante 35-40 min a 180 ºC. Cerciorarse de su completa cocción. Con estos tipos de pescados grandes debemos tener mucho cuidado a la hora de hacerlos, pues engañan: parece que están hechos, cuando en realidad no lo están.
Servirlo en la mesa extendido en una hermosa fuente con un refrito de ajos bien dorados con el vinagre y el perejil por encima: ¡puro espectáculo!

Rape al horno

Ingredientes

2 rapes (de 1 k ½ cada uno) • 2 patatas grandes • 1 cebolla • ½ pimiento verde • 1 ajo • Perejil picado • 150 g de aceite de oliva

Elaboración

Pelar las patatas, lavarlas y cortarlas en rodajas finas; disponerlas en una rabanera o fuente para horno. Hacemos lo mismo con la cebolla y el ajo. Lo cubrimos todo con aceite y lo metemos al horno durante 18 min a 200 ºC. Reservar.
Aparte, salamos el pescado entero y lo disponemos sobre una sartén caliente. Dejamos que se dore por los dos lados (apenas un par de min por cada lado). El último toque se lo damos en el horno durante 10-15 min a 200 ºC. Si no hay más remedio, podéis optar por hacerlo directamente solo en el horno: es más fácil; pero no es lo mismo.
En una fuente, disponemos las patatas escurridas casi totalmente del aceite; encima, el pescado y rematando el conjunto, un poco de perejil picado.
No olvidar el jugo de la bandeja donde se ha asado el pescado; para rescatarlo con más facilidad (ya que estará pegado a

la bandeja), añadir un par de cucharadas de agua y rascar un poco: conseguiremos una salsa o jugo al momento y super concentrada.

Rape frito

Ingredientes

1 rape de dos kilos • 100 g de harina • 3 huevos • 10 g de perejil picado • Sal • Pimienta • Aceite de oliva

Para la vinagreta (opcional):

100 g de aceite de oliva • 10 g de zumo de limón • 10 g de vinagre de manzana • Sal • Pimienta

Elaboración

Cortar en dos lomos el rape en láminas de 1 cm de grosor y pasarlas por un papel absorbente: el rape es un pescado con gran cantidad de jugos. Enharinar los trozos. Pasarlos por el huevo batido y freír en abundante aceite muy caliente.

Cuando estén dorados, retirar y añadir un poco de perejil picado. Servir sobre papel absorbente, acompañado, si se quiere con la vinagreta que obtendremos mezclando todos sus ingredientes.

Rape en lomos con aceitunas

Ingredientes

2 rapes (de 1 k cada uno) • 1 lata de aceitunas negras deshuesadas • Sal • 100 g de aceite de oliva • 15 g de vinagre de jerez • 4 hojas de lechuga

Elaboración

Limpiar los rapes y hacer cuatro lomos. Reservar.

Triturar las aceitunas con su caldo incluido, el aceite y el vinagre y reservar.

Cortar las hojas de lechuga en juliana fina y reservar también.
Embadurnar los lomos en la mezcla de las aceitunas y dorarlos levemente en una sartén a fuego no muy fuerte, hasta que estén hechos.
Disponerlos sobre un plato y, a un lado, la juliana de lechuga. Mojar el conjunto con el líquido que nos ha quedado en la sartén al cocinar el pescado.

Rape salteado con brécol

Ingredientes

1 rape de 2 k • 2 dientes de ajo • 1 brécol • 50 g de aceite de oliva • Perejil picado

Elaboración

Blanquear en agua hirviendo durante 3 min los tallos del brécol cortados en pequeños arbolitos.
Sacar, escurrir bien y, saltearlos con el aceite y el ajo picado. Dorarlos levemente y reservarlos.
Aparte, limpiar bien el pescado e introducir al horno con un poco de aceite y sal durante 20 min a 200 ºC.
Quitar la espina central y sacar dos lomos. Disponerlos sobre un plato y acompañar con el brécol.
Consejo para el último toque de salsa: los jugos que se hayan producido en la bandeja del horno al cocer el pescado y que se han quedado pegados, se soltarán con un par de cucharadas de agua y rascando un poco. Obtendremos así una especie de salsa para añadir al pescado.

Rape deshuesado

Ingredientes

1 rape de 2 k • Pimentón dulce • 16 cebolletas muy pequeñas • Aceite de oliva • Sal • Pimienta

Elaboración

Hacer dos lomos con el rape y dorarlos levemente en una sartén. Terminar de hacerlo en el horno durante por lo menos 15 min a 200 ºC (precalentado). Podría hacerse solo en el horno, pero no queda igual.

Sacarlo y espolvorearlo con pimienta abundante por toda la superficie. Dejar reposar 5 min. Recoger los jugos que suelte.

Aparte, asar las cebolletas envueltas en aluminio durante ½ h en horno precalentado a la misma temperatura. Reservar.

Volver a espolvorear el pescado con pimentón y cortar en lonchas. Calentar levemente en el horno.

Disponer sobre los cuatro platos las láminas acompañadas por las cebolletas y el jugo que haya soltado el rape.

Rape guisado

Ingredientes

1 rape (de algo menos de 2 k) • 3 patatas medianas • 1 pimiento verde • 1 ajo • 40 g de aceite de oliva • ¾ l de agua • 3 g de perejil picado

Elaboración

Dorar el ajo en una cazuela con un poco de aceite. Añadir las patatas peladas y "cascadas" en trozos y el pimiento en tiras. Rehogar el conjunto y añadir el agua. Dejar cocer a fuego suave destapado durante 20 min.

Cortar el rape en dados gruesos y dorarlos en una sartén durante unos segundos. Añadirlo a la cazuela de las patatas con un poco de aceite y dejar cocer durante 5 min a fuego muy fuerte. Rectificar de sal y dejar enfriar. Comerlo muy caliente.

Consejo: si se deja enfriar en el frigorífico hasta el día siguiente, estará mejor: ¡no lo dudes!

Lomos de rodaballo

Ingredientes

1 rodaballo (de 1.2 k aprox.) • 2 naranjas

Elaboración

Asar el rodaballo en el grill como en la receta de besugo al grill (ver pág. 416). Junto al rodaballo introducir en las esquinas del horno un par de naranjas. Cuando estén casi negras por fuera, retirarlas y partirlas por la mitad. Repartir el rodaballo y media naranja por cada comensal, negra por fuera, para que se eche parte del zumo sobre la piel del rodaballo ya en el plato.

El sabor de ese zumo mezclado con la piel casi carbonizada del propio cítrico dará un contrapunto fantásticamente ácido a tanto sabor graso y gelatinoso.

El rodaballo tiene 4 partes parecidas a las del lenguado, otro pez plano.

Piel negra: gruesa y con pequeñas espinas en formas de puntos.

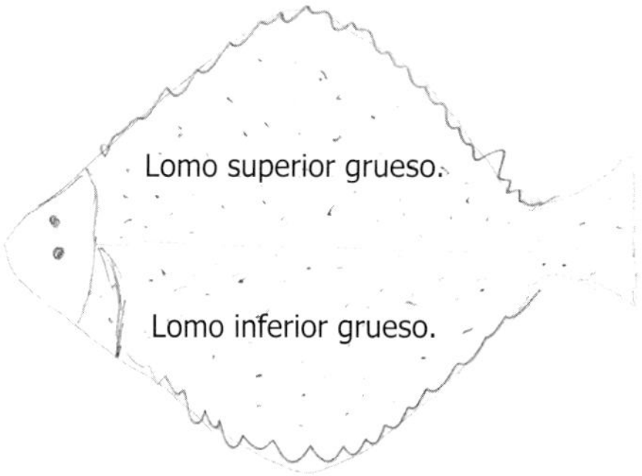

Piel blanca: más fina y menos gelatinosa, pero sin los puntitos a modo de espinitas.

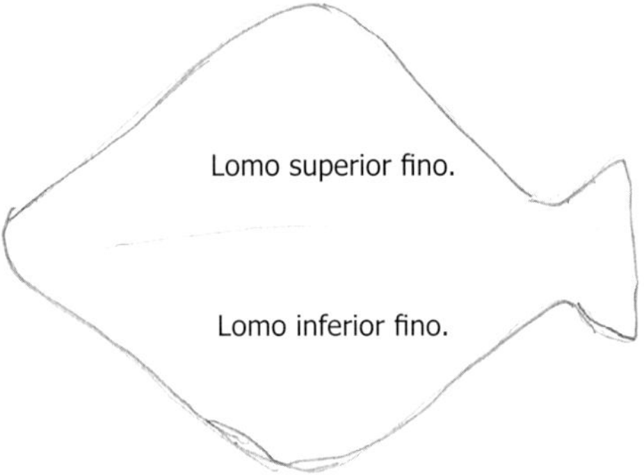

La piel en el rodaballo es tan importante casi como la propia carne del animal. Su gelatinosidad y profundidad de sabor son de pura gula.

Ventresca de salmón

Ingredientes

1 salmón entero • Sal • Zumo de limón

Si tenemos la suerte de disponer de un salmón entero, podemos pedir a nuestro pescadero de confianza que se enrolle y nos haga un despiece:

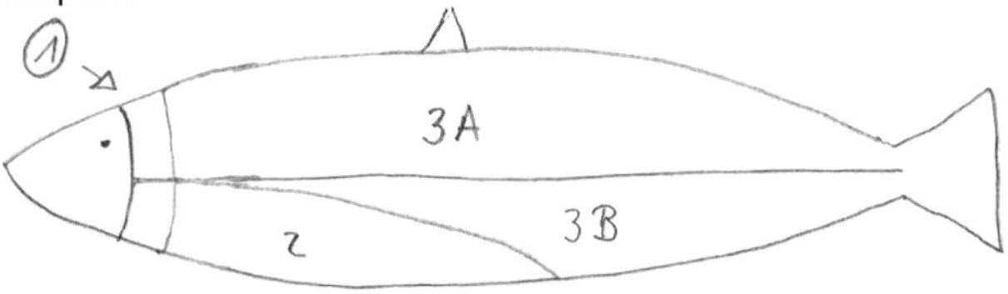

1 Cogote de salmón, cocinarlo igual que si fuese de merluza.
2 Ventresca de salmón, cocinarlo como si fuese de atún o de bonito.

3 Lomos de salmón. A) El superior para hacerlo como en la receta de "Salmón en sal". B) El inferior para hacerlo como en la receta de "Salmón con espárragos verdes" o "Salmón en crudo".

Elaboración

Meter la ventresca al horno en función grill, para que nos haga las veces de brasa con la puerta abierta. Según el tamaño, la tendremos 8 ó 10 min por cada lado. La piel bien crujiente, tostada y medio quemadita. Acompañar con sal y zumo de limón.

Salmón con espárragos verdes

Ingredientes

1 lomo de salmón (de 600 g aprox.) • 1 manojo de espárragos verdes • ½ l de caldo de carne (o consomé) • 30 g de mantequilla • Sal • Azúcar

Elaboración

Cortar por la mitad los espárragos y poner a cocer la parte inferior en el caldo de carne apenas 10 min. Triturar todo junto con la mantequilla. Dar un toque de sal y de azúcar. Reservar.

Cocer en agua la parte superior del espárrago, durante un par de minutos y reservar. Cortar el lomo del salmón en cuatro trozos y dorarlo en la plancha, hasta que esté en su punto (no muy hecho, que sino se nos seca): en 2 minutos los tendremos listos.

Disponer en un plato sopero el caldo de espárragos. En medio, el lomo de salmón y, alrededor y encima, las puntas de espárrago.

Salmón fresco en rodajas

Ingredientes

4 rodajas de salmón (de 130 g aprox.) • 70 g de aceite de oliva • Zumo de medio limón • 10 g de vinagre de manzana • 15 g de azúcar • Perejil picado • 4 patatas pequeñas

Elaboración

Cocer las patatas pequeñas sin pelar envueltas en papel film en el microondas durante 8 min aprox. a la máxima potencia. Retirar el plástico, pelarlas y abrirlas por la mitad. Reservar.

Mezclar todos los ingredientes de la vinagreta en frío disolviendo bien el azúcar en los vinagres. Embadurnar con la vinagreta las patatas. Reservar.
Pasar por la plancha las rodajas de salmón. Servirlas acompañadas por las patatas y la vinagreta. El "hueso" o espina central nos ayudará a mantener jugoso el punto del salmón.

Salmón con champán

Ingredientes
1 lomo de salmón (de 500 g aprox. sin piel ni espinas) • Sal • Pimienta • Orégano • Cilantro • Perejil • Romero • Salvia • 20 g de vinagre de Módena • 4 copas de champán Brut muy muy frío

Elaboración
Pasar por la plancha el lomo dividido en ocho trozos, hasta dorarlo por fuera dejándolo jugoso por dentro. Espolvorear por encima todas las hierbas frescas picadas finamente junto con el vinagre.
Acompañar con la copa de champán muy fría por cada comensal.
La combinación de frío-calor, acidez-grasa y los aromas de las especias es alucinante.
¡Una delicia!

Salmón en dados con cogollos de Tudela

Ingredientes
1 lomo de salmón (de 500 g aprox.) • 4 cogollos de Tudela • 1 diente de ajo • Sal • Pimienta • Azúcar
Para la vinagreta:
50 g de aceite de oliva • 20 g de vinagre de Jerez • 20 g de pasas

Elaboración
Cortar el salmón en cuadrados no muy grandes. Saltear en un poco de aceite el ajo y, cuando comience a dorarse, echar el salmón y saltearlo un par de minutos más. Reservar.

Cortar los cogollos en cuatro, salarlos y darles un toque de azúcar.
Elaborar la vinagreta mezclando todos los ingredientes en frío.
Disponer en un plato los cuatro trozos de cogollo; alrededor, los trozos de salmón y, por último, aderezar con la vinagreta.

Salmón en crudo

Ingredientes

1 lomo de salmón (de 300 g sin piel ni espinas) • 20 g de salsa de soja • 10 g de aceite de oliva • Pan tostado

Elaboración

Congelar el salmón durante 72 h a -25 ºC.
Descongelarlo, cortarlo en finas láminas y colocarlas en un plato.
"Pintar" levemente con el aceite y, aparte, un poco de salsa de soja.
Un poco de pan tostado le irá de maravilla.

Salmón para untar

Ingredientes

1 lomo de salmón (de 700 g aprox. sin piel ni espinas) • 100 g de nata líquida • 100 g de queso de *Philadelfia* • 50 g de salsa de tomate • Sal • Azúcar

Elaboración

Hacer 8 filetes con el lomo de salmón y pasarlos por la plancha, hasta que estén bien dorados y bien hechos (7 min aprox.). Triturarlos a conciencia en un robot junto con la nata, el queso y el tomate. Rectificar de sal y echar un poco de azúcar.
Disponerlo todo en un recipiente y dejarlo reposar 2 h en el frigorífico.
Sólo falta algo de pan tostado, un cuchillo... y ¡untarlo!

Salmón en sal

Ingredientes

1 lomo de salmón con piel de 1 k y ½ aprox. • 2 k de sal gorda • 150 g de azúcar • Aceite de oliva • Hierbas aromáticas: eneldo, tomillo, romero, hinojo • Pimienta (opcional) • 1 Limón • Pan tostado

Elaboración

Congelar el lomo durante 72 h a -25 ºC.
Descongelar y enterrarlo en la mezcla de sal, azúcar y las hierbas. Tenerlo durante 24 h así. Retirar la mezcla y pasarlo por agua fría justo para retirar la sal. Secarlo a conciencia con un paño.
Sumergirlo entero, o cortado en trozos, en aceite. Filetearlo para servirlo en un plato.
Acompañar con pan tostado caliente y algo de limón exprimido.
Nota: esta receta se puede hacer también con trucha asalmonada.

Salmonetes fritos I

Ingredientes

600 g de salmonetes pequeños • Aceite de oliva virgen extra • Harina • Sal

Elaboración

Limpiar y desescamar los salmonetes; salarlos y enharinarlos. Golpearlos levemente para que suelten la harina sobrante. Freírlos en una sartén con aceite caliente, hasta que estén dorados por ambos lados. Degustar inmediatamente.

Salmonetes fritos II

Ingredientes

600 g de salmonetes pequeños muy frescos • Aceite de oliva virgen extra

Elaboración

Limpiar los salmonetes dejándolos sin tripas, pero con las escamas (es muy importante que sean muy frescos).

Freírlos en aceite sobre una sartén antiadherente, hasta que estén dorados y crujientes.

La escama hará una costra crujiente muy agradable.

Salmonetes con ajos tiernos

Ingredientes

4 salmonetes (de 150 g aprox. cada uno) • 180 g de ajos tiernos • Perejil picado • Sal • Aceite de oliva

Elaboración

Hacer lomos con los salmonetes; salar y reservar.

Limpiar los ajos tiernos y cortarlos en pedazos de 3 cm aprox. Saltearlos con un poco de aceite de oliva en una sartén. Cuando se estén empezando a dorar, añadir los lomos de salmonete y dejar que se hagan a fuego suave.

Retirar del fuego y servirlos en un plato, uno encima de otro; en el de arriba, ponemos los trozos de ajo tierno.

Espolvorearlo todo con perejil picado.

Salmonetes con brécol

Ingredientes

4 salmonetes (de 150 g cada uno cortados en lomos) • 1 centro de brécol • 35 g de mantequilla • Aceite de oliva virgen extra

Elaboración

Limpiar el brécol, cortarlo en pequeños arbolitos y cocerlo en agua durante 4 ó 5 min. Escurrir bien. Saltear con un poco de aceite de oliva la verdura; añadir después la mantequilla. Cuando esté levemente dorada, añadir los lomos de pescado y dejar que se haga por los dos lados a fuego suave (apenas 3 min).

Servir los salmonetes con el brécol a un lado y un poco de los jugos (aceite y mantequilla) de la cocción por encima.

Salmonetes con espárragos I

Ingredientes

8 salmonetes (de 100 g cada uno) • 180 g de espárragos verdes • Sal • Aceite de oliva

Elaboración

Hacer lomos con los salmonetes y dorarlos en una sartén antiadherente con unas gotas de aceite. Aparte, cortar los espárragos en rodajas, como si fuesen un chorizo, de 1 cm de grosor y saltearlos en una sartén con una pizca de aceite, hasta que estén un poco blanditos (deben mantenerse levemente crujientes).

En un plato, disponer los salmonetes y, encima, los trozos de espárragos salteados.

Salmonetes con espárragos II

Ingredientes

8 salmonetes (de 100 g cada uno) • 180 g de espárragos blancos • Sal • Aceite de oliva • Perejil picado • Azúcar

Elaboración

Hacer lomos con los salmonetes. Salarlos y dorarlos en una sartén antiadherente, con un pelín de aceite.

Cortar los espárragos en lonchas de ½ cm y, al saltearlas, añadir un poco de perejil picado y un pelín de azúcar. En un plato, disponer los salmonetes y encima los trozos de espárragos salteados.

Salmonetes al horno

Ingredientes

4 salmonetes (de 200 g cada uno) • 2 patatas medianas • ½ cebolla • ½ pimiento verde • Sal • Perejil picado • 100 g de aceite de oliva

Elaboración

En una rabanera o fuente para horno, disponer los 100 g de aceite de oliva, las patatas peladas y cortadas en rodajas de ½ cm de grosor, la cebolla y el pimiento verde (ambos cortados a la juliana). Tapar el conjunto con papel aluminio y hornear durante 20 min a 180 ºC.

Pasado este tiempo, retirar la rabanera del horno. Quitar momentáneamente el papel de aluminio que lo cubre e introducir los lomos de salmonete. Volver a cerrar con el aluminio e introducir en el horno 4 ó 5 min más. Pasado este tiempo, sacar la fuente y escurrir el aceite de las patatas.

Colocamos las verduras en el fondo del plato y, encima, los lomos de salmonete. ¡Para chuparse los dedos!

Salmonetes a la parrilla

Ingredientes

4 salmonetes (de 250 g cada uno) • Sal • 4 cs de aceite de oliva

Elaboración

Utilizando el grill eléctrico del horno a su máxima potencia y con la puerta abierta, colocamos en la rejilla los salmonetes, a 5 cm de distancia de las resistencias del grill. Los mantendremos 8 min por cada lado. La superficie tendrá leves toques de quemado que nos dará el característico sabor a barbacoa (pero sin necesidad de ir al campo).

Pasado este tiempo, se abren por la mitad, se retira la espina —si están bien hechos, se hace con facilidad— y se rocía con un poco de aceite de oliva virgen extra y sal.

¡El sabor del salmonete en su estado más puro!

carnes

Cómo purgar los caracoles

Tres opciones:

– Colgarlos en una red durante 2 semanas: así soltarán todas las babas.

– Lavarlos repetidamente en agua con sal.

– Tenerlos enharinados en una cazuela durante 2 días.

Luego, se les retira la harina, se lavan y...¡ya están listos!

Cómo cocer caracoles

Ingredientes

500 g de caracoles • 1 hoja de menta • 1 clavo • 1 zanahoria • 1 puerro

Elaboración

Cocer los caracoles en agua hirviendo durante 30 min con el resto de los ingredientes.

Caracoles en su salsa

Ingredientes

500 g de caracoles • 2 cebollas • 1 pimiento verde • 2 tomates • 50 g de jamón (cortado en dados) • 20 g de chorizo (cortado en dados) • 1 hoja de laurel • 200 g del caldo de cocción de los caracoles • 100 g de vino blanco • Aceite de oliva • Sal • Azúcar

Elaboración

Picar finamente las cebollas y el pimiento, y dorarlos en una cazuela con un poco de aceite. Cuando estén dorados, añadir el tomate y, por último, el laurel, el azafrán, el jamón y el chorizo. Mojar con el vino y dejar reducir 10 min.

Agregar los caracoles —cocidos o de bote— con su caldo y dejar cocer, por lo menos, 30 min a fuego suave (destapado).

Rectificar de sal y de azúcar.
Un día después estarán espectaculares.

Cochinillo asado

Ingredientes

1 cochinillo de 2-2,5 k • 2 dientes de ajo • 1 hoja de laurel • 50 g de manteca de cerdo • Sal • Agua

Elaboración

Colocar el cochinillo en una bandeja con la piel hacia arriba.
Mezcla en un mortero la manteca, el laurel y el ajo; untar con esa mezcla el cochinillo y sazonarlo.
Meterlo al horno a 180 ºC durante 1 h. Pasado ese tiempo, echarle un poco de agua al fondo de la bandeja para que se vaya formando un poco de caldo y no se nos seque el cerdo.
Mantenerlo en el horno 45 min más, subiendo los últimos 15 min la temperatura para que se dore la piel y quede crujiente.
Servir muy caliente, acompañado de una ensalada de lechuga o de patatas panaderas (ver "Besugo al horno II" pág. 388).
Nota: esta receta se puede hacer aun más sencilla: cochinillo, sal y agua. Hornear de igual manera.

Lomo de cerdo con pimientos

Ingredientes

4 trozos de pan (una barra partida en 4 trozos) • 8 lonchas de lomo adobado • 8 pimientos del piquillo • Aceite de oliva • Sal • Azúcar

Elaboración

En una sartén dorar los filetes de lomo, justo para que se doren por ambos lados.

En ese mismo aceite, dorar los pimientos del piquillo —abiertos y sin pepitas— por ambos lados. Darles un toque de sal y de azúcar (esto ultimo muy importante).
Montar los bocadillos sobre el pan intercalando los filetes de lomo con el pimiento. Todo muy caliente. ¡A disfrutar se ha dicho!

Lomo de cerdo con queso

Ingredientes
4 trozos de pan (1 barra en 4 pedazos) • 8 lonchas de lomo adobado • 8 lonchas de queso Emmental • Aceite de oliva

Elaboración
Dorar en una sartén con un poco de aceite las lonchas de lomo por un lado. Cuando les demos la vuelta, poner encima de la parte dorada una loncha de queso y dejar que se haga por el otro lado. Con el calor de la sartén y el lado caliente del filete, el queso se fundirá enseguida.
Sólo nos falta meterlo entre pan y pan y... ¡a zampar! (todo muy caliente).

Adobo para lomo de cerdo

Para 500 g de lomo de cerdo cortado en trozos medianos (o pollo o conejo):
½ cc de pimentón picante • ½ cc de pimentón dulce • 70 g de salsa de soja • 3 dientes de ajo machacados • ½ cc de orégano en polvo • ½ cc de sal • 3 cs de vinagre de Jerez • ½ cc de perejil picado • ½ cc de romero picado • 7 cs de aceite de oliva

Elaboración
Mezclar todos los ingredientes bien con el lomo; dejar macerar durante, por lo menos 2 horas.
Freír los trozos de lomo a la plancha o a la brasa.
Veréis qué aroma y textura han absorbido.

Filete de lomo con patatas

Ingredientes

12 filetes de lomo adobado • 500 g de patatas (cortadas en bastones) • Aceite de oliva

Elaboración

Dorar en una sartén los filetes de lomo adobado.

Freír las patatas, como se indica en la receta correspondiente (ver pág. 199).

Acompañar los filetes con las patatas.

¿Quién no ha hecho esto alguna vez?

Lomo de cerdo con uvas

Ingredientes

12 filetes de lomo • 100 g de uvas (sin pepitas) • 30 g de uvas pasas • 50 g de coñac

Elaboración

Poner a macerar durante 1 h las uvas pasas con el coñac.

Pasado este tiempo, escurrirlas y juntarlas con las uvas frescas. Reservar.

En una sartén con un poco de aceite, saltear el lomo cortado en cuadrados, hasta que esté dorado y retirarlo. En esa misma sartén, agregar las uvas y saltearlas durante apenas 1 min.

Servir el lomo acompañado de las uvas.

No te dejará indiferente, ya verás.

Lomo de cerdo con puré de manzana

8 filetes de lomo adobado • 200 g de puré de manzana • Aceite de oliva

Elaboración

Dorar en una sartén los filetes, hasta que estén dorados.
Servir en el plato acompañados por el puré de manzana bien calentito (ver pág. 269).

Cómo limpiar las manitas de cerdo

Bajo agua fría y con vinagre durante 10 min. Quitarles bien, con ayuda de una hoja de afeitar (con una maquinilla de afeitar), todos los pelos que puedan quedarse entre las intersecciones de las pezuñas, etc.
Volver a lavar en agua fría con vinagre.
Poner agua a cocer y verter las manitas. Dejar que cuezan durante 5 min, retirarlas y desechar el agua.
Cocer en agua limpia, una cebolla, 1 clavo, 2 ajos y sal con las manitas durante 2 h, dependiendo del tamaño.

Cómo deshuesar las manitas

Bien sean de cerdo, de cordero o de vaca, debe hacerse con cuidado y, sobre todo, en caliente-templado para no quemarse.
Se suelen romper, porque la manita tiene mucho hueso, huesecillo y cartílago. Por esta razón, la operación es delicada. Una vez deshuesadas, ya las tendremos listas para, por ejemplo, rebozar,.
Nos quedará una especie de piel abierta con muchos trozos gelatinosos. En caliente son difíciles de manipular; pero una vez deshuesadas en frío, se queda tiesas y será más fácil enharinarlas y freírlas como explicaremos a continuación.

Manitas de cerdo fritas

Ingredientes

8 manitas de cerdo (cocidas y deshuesadas) • 50 g de harina • 2 huevos batidos • Aceite de oliva (para freír)

Elaboración

Enharinar las manitas (ya hemos dicho en la receta anterior, que es más sencillo manipularlas en frío, pues están rígidas, gracias a su propia gelatina) y pasarlas por huevo batido.

Freírlas en una sartén con abundante aceite, hasta que estén doradas por ambos lados.

Servir muy calientes, acompañadas, por ejemplo, de alguna fruta ácida (cortada en trocitos y en un plato aparte), como, p. ej. unas fresas o unas frambuesas.

La textura de la manita en caliente cambiará volviéndose melosa y agradable: ¡pura gelatina!

Manitas de cerdo en salsa

Ingredientes

8 manitas (cocidas y en entero) • 2 cebollas • ½ pimiento verde • 2 ajos • 1 pimiento choricero (o 1 cc de pulpa de pimiento choricero) • 30 g de chorizo • 30 g de beicon • 20 g de pimienta picante • ½ cayena • 50 g de vino blanco • 300 g de salsa de tomate • Aceite de oliva • 100 g de agua de cocción de las manitas

Elaboración

En una cazuela con un poco de aceite, pochar la cebolla, el ajo, el pimiento verde, la cayena y la pulpa del choricero durante, por lo menos, ½ h a fuego suave.

Añadir el pimentón picante, el chorizo, el beicon y el vino blanco y dejar reducir 5 min; después, verter el tomate y, por último, las manitas. Dejar hervir a fuego suave durante ½ h y agregar un poco de caldo de cocción de las manitas. Mantenerlas al fuego suave durante 5 min más.

Servir todo muy caliente.

Se recomienda comérselas con las manos y disfrutar como "cochinos" de esta sensación tan gelatinosa y melosa de las manitas. Chupar, sorber...

Manitas de cerdo con pimientos del piquillo

Ingredientes

8 manitas de cerdo (cocidas, deshuesadas y cortadas en frío en daditos) • 16 pimientos del piquillo • 2 cebollas • ½ pimiento verde • 1 diente de ajo • 200 g de salsa de tomate • 40 g de aceite de oliva

Para la vinagreta:

30 g de piñones • 100 g de aceite de oliva virgen extra • 40 g de vinagre de Módena • 40 g de manzana reineta (cortada en cuadrados) • Menta picada

Elaboración

Pochar en una cazuela la verdura muy picada (cebolla, ajo, pimiento). Cuando esté pochada —fuego medio 20 min aprox—, agregar las manitas y el tomate, y dejar hervir durante, por lo menos, 20 min a fuego suave.

Nos quedará una masa levemente espesa.

Dorar levemente a fuego medio los pimientos en una sartén antiadherente con un poco de aceite durante 2 min por cada lado. Rellenarlos con la mezcla de las verduras y las manitas con la ayuda de una cucharilla o de una manga pastelera.

Disponer los pimientos en los platos, todo muy caliente (para recalentar es ideal el microondas, apenas ½ min a potencia media).

Acompañarlos con la vinagreta que se ha elaborado, simplemente, mezclando los distintos elementos en frío. Previamente, tostar los piñones en una sartén antiadherente sin nada de aceite, justo dar unas vueltas a fuego medio, hasta que se doren. Retirar y añadir la vinagreta.

Codornices al grill

Ingredientes

4 codornices • 5 cs de aceite de oliva virgen extra • 4 dientes de ajo muy picado • Orégano picado • Sal • Romero picado • Pimienta en polvo

Elaboración

Abrir por la mitad las codornices, como si fueran un libro.

Untarlas a conciencia con todos los demás ingredientes.

Extenderlas en una rejilla y acercarlas lo máximo posible al grill del horno (que estará a tope y con la puerta abierta, como si fuera una brasa).

Dorar las codornices 10-12 min por cada lado, hasta que adquieran un bonito color dorado.

Comer con los dos dedos, sin quemarse y para chupárselos sin miramientos.

Nota: esta receta sirve también para perdices o pichones.

Codornices en salsa

Ingredientes

4 codornices • 2 cebollas • 1 pimiento verde • 1 ajo • 1 tomate • 50 g de vino tinto • Aceite de oliva • 750 g de agua • Sal • Azúcar

Elaboración

Dorar en una cazuela las codornices. Retirarlas y añadirles la verdura, menos el tomate. Dejar pochar y añadir después el tomate pelado y cortado en trozos pequeños. Dejar hacer, por lo menos, durante 15 min. Agregar las codornices y el vino tinto. Dejar evaporar por lo menos 10 min y agregar el agua; mantener ½ hora más al fuego destapado.

Retirar las codornices y pasar el caldo por una maquina trituradora. Rectificar de sal.

Poner a cocer la salsa resultante con las codornices dentro 5 min. Servir acompañado, por ejemplo, de unas patatas panaderas (ver pág. 388).
Al día siguiente: ¡exquisitas!

Codornices con alubias blancas

Ingredientes
4 codornices en salsa • 500 g de alubia blanca

Elaboración
Por un lado, tenemos las alubias ya hechas (ver pág. 72); por otro, las codornices preparadas, como en la receta anterior.
En un plato sopero, echamos un cazo generoso del guiso de alubias; encima, una codorniz con un poco de salsa.
Todo muy caliente. ¡Para chuparse los dedos!

Codornices escabechadas

Ingredientes
4 codornices • 150 g de aceite de oliva • 4 dientes de ajo pelados • 2 cebollas • 1 hoja de laurel • 20 g de pimienta • 150 g de vinagre de vino • Sal

Elaboración
Freír los ajos en el aceite. Agregar las codornices sazonadas en cuartos. Dejar hacer 1 min y agregar la cebolla cortada en trozos medianos, el laurel y la pimienta. Dejar freír 10 min; agregar el vinagre y mantener al fuego 10 min más.
Al día siguiente estarán más sabrosas.
Se pueden comer tanto en frío como en caliente. ¡Para hacerle la ola al cocinero!

Codornices con uvas

Ingredientes

4 codornices en salsa • 40 uvas (peladas o sin pelar) • Aceite de oliva

Elaboración

Saltear las uvas cortadas por la mitad (mejor si les sacáis las pepitas) durante 1 min a fuego fuerte.

Extender en un plato las codornices guisadas (ver pág. 437); alrededor, las uvas salteadas.

¡Un plato inolvidable!

Codornices con cerezas

Ingredientes

4 codornices asadas • 200 g de cerezas • Aceite de oliva

Elaboración

Asar las codornices (ver pág. 437) y colocarlas en un plato. Alrededor, las cerezas que hemos salteado durante 1 min a fuego fuerte.

Si las cerezas están deshuesadas... ¡miel sobre hojuelas!

Conejo guisado

Ingredientes

1 conejo (de 1 k) • 2 cebollas • 1 pimiento verde • 1 zanahoria • 2 tomates pequeños (pelados) • 100 g de vino tinto • 750 g de agua • Sal

Elaboración

Dorar en una cazuela el conejo troceado. Retirarlo y, en ese mismo aceite, agregar la verdura troceada, menos el tomate. Dejar dorar

y después, agregar el conejo y el tomate. Mantener a fuego suave 10 min, verter el vino tinto y dejar otros 10 min; por último, echar el agua y dejar cocer destapado durante 30 min a fuego suave.
Retirar el conejo, triturar la salsa y salar.
Hervir el conjunto durante, por lo menos, 5 min.

Conejo despiezado I

Partiendo de 2 conejos

Ingredientes
8 partes delanteras • Aceite para freír • Mayonesa o ali-oli • Sal

Elaboración
Freír en un poco de aceite las patas delanteras del conejo sazonadas.
Servir calientes acompañadas de una mayonesa o ali-oli (ver págs. 241-247).

Conejo despiezado II

Ingredientes
8 patas traseras

Elaboración
Guisar las patas traseras del conejo a la manera tradicional (ver pág. 439). Acompañarlo con unas patatas panaderas (ver pág. 388).

Conejo despiezado III

Ingredientes
2 partes delanteras con costillas • Aceite de oliva • 3 dientes de ajo (muy picados) • Sal

Elaboración
Hacer pequeñas chuletillas de conejo con la ayuda de un cuchillo muy afilado (claro que si este trabajo nos lo hace el carnicero, mucho mejor, aunque no es fácil conseguirlo).
Dorar en una sartén el ajo picado y saltear las chuletillas, hasta que estén doradas.
¡Un aperitivo que no te dejará indiferente!

Conejo despiezado IV

Ingredientes
2 partes traseras del conejo sin costillas • 300 g de salsa de soja • 50 g de azúcar

Elaboración
Marinar durante 3 horas el conejo en la mezcla de soja y azúcar.
Escurrir y dorar en una sartén durante 3-5 min.
Hornear a 180 ºC durante 40 min.
Servir acompañado de una ensalada de lechuga, sal, aceite y vinagre.
Atención: este plato no necesita sal, la que le aporta la salsa de soja es suficiente.

Conejo despiezado V

Ingredientes
2 hígados de conejo • 4 riñones • 2 corazones • Aceite de oliva • Sal • Zumo de ¼ de limón

Elaboración
Cortar en trocitos el hígado, los riñones por la mitad y el corazón también por la mitad. Freír en aceite, hasta que esté todo doradito.

Un poco de zumo de limón y ... ¡listo!
Muy aconsejable como aperitivo junto con un buen vermú...

Conejo despiezado VI

Elaboración

No se os ocurrirá tirar la cabeza del conejo, ¿verdad?
Abrirla por la mitad, echarle un poco de sal, aceite de oliva y orégano picado; dorarla en el grill del horno durante por lo menos 15 min.
De esa parte aprovechamos el sesito, la lengua y las carrilleras, ¡que no es moco de pavo!
Disfrutad con algo que, en principio, ibais a tirar, ¡insensatos!

Conejo con caracoles

Ingredientes

1 conejo de 1 k (aprox.) • 500 g de caracoles • 1 cebolla • 1 ajo • 2 lonchas de beicon • 100 g de vino blanco • ½ l de jugo de carne o agua • 2 hojas de menta • Sal • Azúcar • Pimienta • 1 hoja de laurel • 30 g de almendra picada • 20 g de harina

Elaboración

Purgar los caracoles lavándolos a fondo con agua y sal (ver pág. 430).
Echarlos en agua fría y dejarlos cocer durante 20 min. Sacarlos y escurrirlos.
Dorar el conejo salpimentado y con un poco de azúcar en una cazuela con aceite.
A continuación, retirar el conejo y añadir la cebolla, el ajo y el beicon en trocitos; dejar pochar a fuego lento y añadir el conejo y la harina.

Flambear con el coñac. Añadir el vino blanco, la menta y el caldo; al final, la almendra. Dejar hervir 20 min y agregar los caracoles dejándolos cocer 15 min más.
Servir muy caliente y con palillos para poder extraer los caracoles.

Cordero asado

Ingredientes
400 g de cordero por persona • Agua • Sal • Azúcar

Elaboración
Salar el cordero y meterlo en un horno a 180 ºC durante 1 h 30 min.
20 min antes de sacarlo del horno, verter un vaso de agua sobre la bandeja por dos razones:
Primera: para que el cordero se mantenga húmedo y no se reseque.
Segunda: para que el agua ayude a "soltar" los jugos tostados del fondo de la bandeja y se forme así una salsa-jugo deliciosa.
A continuación, rectificamos de sal y añadimos un pelín de azúcar.
Cuando la piel esté tostada y crujiente, lo servimos inmediatamente: debe ser presentado muy caliente.
Acompañarlo con unas patatas panaderas (ver pág. 388) o, simplemente, con una ensalada de lechuga.

Cordero chilindrón

Ingredientes
1 k de carne de cordero (troceado) • 2 cebollas • ½ pimiento verde • 2 pimientos del piquillo • 1 pimiento choricero (o 1 cc de pulpa de choricero) • 4 dientes de ajo • 2 tomates maduros • 75 g de vino blanco • 1 l de agua • Aceite de oliva • 30 g de vino blanco • Sal • Azúcar

Elaboración

Sofreír la cebolla muy picada con el pimiento verde y dos ajos muy picados.
Cuando esto se haya pochado, agregar el tomate pelado y troceado, dejar que se haga y agregar el cordero; después, el vino blanco y dejar cocer 10 min a fuego suave.
Añadirle al guiso el pimiento del piquillo en trozos pequeños y la carne del pimiento choricero, que antes habremos preparado de la siguiente manera: primero la cocemos durante 10 min , después le quitamos la piel y las pepitas —ya está lista para que sea agregada a la preparación anterior—. Recordad que si no contáis con pimiento choricero, podéis añadir la pulpa del pimiento choricero de bote.
Añadir el agua y dejar a fuego lento destapado 1 h aprox.
Agregar los 2 dientes de ajo, que no hemos empleado aún, machacados en un mortero con un poco de vinagre y sal.
Mantener al fuego 20 min más y luego dejar reposar.
De un día para otro, muchísimo mejor.

Chuletillas de cordero

Ingredientes

20 chuletillas de cordero (con hueso o sin él de 1 cm de grosor) • Sal

Elaboración

En una sartén con poco aceite (o incluso sin nada), dorar las chuletillas por ambos lados dejando el interior jugoso, pero hecho.
Acompañar con unas patatas fritas (ver pág. 444).

Cordero en cuscús

Ingredientes

300 g de cordero (cortado en trozos) • ½ calabacín (cortado en trozos grandes) • 1 cebolla • 1 pimiento rojo • 1 puerro • 100 g de

calabaza • 1 zanahoria • 1 pimiento verde • 2 l de agua • 40 g de garbanzos • 300 g de sémola de cuscús • Aceite de oliva • Pimienta molida negra • Pimienta molida blanca • Comino (en cantidad abundante) • Canela (un poco) • Orégano picado • 1 clavo de olor • Pizca de pimentón • 2 hebras de azafrán • ½ hoja de laurel • 1 cayena • Granos de enebro

Elaboración

Cortar las verduras en trozos grandes. Poner en una cazuela todos los ingredientes, salvo la sémola de cuscús y dejar que hierva a fuego suave 1 h. Se hará un caldo sabroso.
Pasado este tiempo, dejar reposar y cocer la sémola. Para esta operación se necesita una "cuscusera", es decir, una cazuela agujereada que se colocará encima de la otra en la que se está cociendo el caldo. Deben encajar bien, pues la sémola se nos hará al vapor.

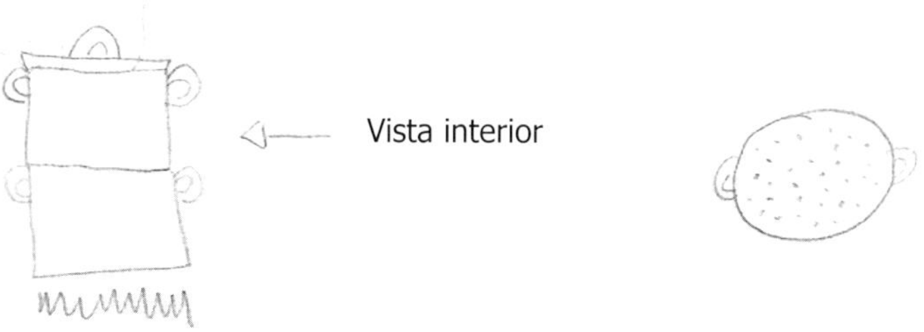

Ahí dentro es donde se coloca la sémola que, previamente, se ha humedecido levemente para que sea más fácil de manipular.
Disponer encima de la cazuela con el caldo hirviendo durante, por lo menos, 15 min o más, en función del tipo de sémola que tengamos: las hay más gruesas (lo que implica más tiempo de cocción) que otras.

Sacar la sémola a un bol y rociarla con un chorro generoso de aceite de oliva.
Cuando vayáis a servirlo, no hay más que colocar en el centro del plato la sémola con la carne y las verduras alrededor (sin olvidaros del caldo).
Nota: existen bolsas ya preparadas de sémola de cous-cous muy prácticas que se echan directamente al caldo durante apenas 2 min: abrimos la bolsa, vertemos el contenido a un bol, lo rociamos con aceite de oliva y... ¡punto! Esto nos ahorra todo el lío de la "cous-cousera" —que no es poco— y el resultado es casi idéntico.
También existen hierbas preparadas para el cous-cous que facilitan la operación, pues ya vienen mezcladas y nos evita usar una especie más que otra.
Consejo: para acompañar este plato lo ideal es la salsa *harissa* (Muy picante, aviso) (ver pág. 263).

Cordero con dátiles

Ingredientes

1 k de cordero (1 paletilla) • 8 higos secos • 8 dátiles • Orégano en polvo • Mejorana en polvo • Aceite de oliva • Ajo • 100 g de vino blanco • 100 g de agua • Sal

Elaboración

Mezclar todos los ingredientes en una cazuela; dar un hervor y meter al horno durante 30 min a 170 ºC. Sacar, dar la vuelta y dejar que se siga asando durante 45 min más.
Le echamos por encima el caldo bañando la superficie de la paletilla que se convertirá en una salsa, dulce y aromática junto con el cordero dorado.

Menestra de cordero

Ingredientes

1 k de cordero (troceado) • 1 cebolla • 100 g de guisantes • 100 g de zanahorias • 4 alcachofas • 8 cebolletas • 100 g de vino blanco • 200 g de patatas pequeñas • Aceite de oliva • 100 g de vainas • 1 l de agua • 3 granos de matalahuga

Elaboración

Poner a pochar en un poco de aceite la cebolla cortada en trozos. Añadirle el cordero y dejar sofreír el conjunto 10 min. Agregar todas las demás verduras, menos las alcachofas y el vino blanco. Dejar hervir 5 min y añadir el agua y el vino.

Dejar cocer todo el conjunto a fuego medio destapado, por lo menos, 40 min.

Agregar por encima las alcachofas cortadas en cuartos y fritas aparte (ver pág. 151).

Dar toque de sal y servir muy caliente.

Paletillas o pierna de cordero

Ingredientes

4 paletillas de cordero lechal • 1 hoja de laurel • 4 dientes de ajo • 100 g de aceite de oliva • Orégano picado • Tomillo picado • 50 g de vino blanco • 30 g de cognac • Zumo de ½ naranja

Elaboración

Triturar todos los ingredientes en un brazo triturador (menos las paletillas, ¡claro!).

Untar con la mezcla obtenida las paletillas y meterlas al horno durante 30 min a 180 ºC.

Sacarlas , darles la vuelta y untarlas generosamente de nuevo con la mezcla; volver a meterlas al horno otros 30 min.

Sacarlas, repetir la operación del untado e introducir nuevamente 20 min más. Dependiendo del tamaño de las paletillas, ya las tendremos doradas. Si no están listas, las dejaremos un poco más de tiempo y asunto solucionado.
Acompañar con lechuga y cebolla dulce.

Cabeza de cordero

Ingredientes
4 cabezas de cordero (abiertas por la mitad) • 100 g de pan rallado • 4 dientes de ajo • Perejil • Orégano • Aceite de oliva • Sal

Elaboración
Picar el ajo y las hierbas y mezclarlas con los demás ingredientes; espolvorear con esta mezcla las cabezas abiertas de cordero.
Hornear a 220 ºC durante, por lo menos, 45 min, según el tamaño de las cabezas.
Sacarlas y saborearlas, sobre todo, los sesos, la lengua, los bordes tostaditos, las carrilleras, los ojos...

Cómo limpiar las manitas de cordero

Lavar bien las manitas con agua fría. Cocerlas en agua durante 5 min. Desechar el agua.
Cocerlas nuevamente en agua limpia otros 5 min y volver a desechar el agua.
Cocerlas en una olla a presión, simplemente, cubiertas de agua, con 2 clavos y 1 rama de laurel, alrededor de 45 min —si no tenemos olla, 2 h de cocción—.
Luego tenemos 2 opciones:
Primera: utilizarlas enteras con huesos.
Segunda: utilizarlas deshuesadas. En este caso, cuando apenas hayan terminado de cocerse (en caliente), quitarles todos lo huesos y huesecillos que contienen las patas, con cuidado de no rom-

perlas demasiado: quedará una especie de rectángulo de pura gelatina que se dejará enfriar para poder manipularlo mejor. Aunque también es verdad que es en caliente, cuando se le puede dar forma.

Manitas de cordero en salsa

Ingredientes

8 manitas de cordero (enteras y cocidas) • 3 tomates (pelados) • 2 cebollas • 1 puerro • 2 dientes de ajos • ½ pimiento verde • Sal • Azúcar • Perejil picado • 1 clavo de olor • Aceite de oliva • 100 g de vino blanco

Elaboración

En una cazuela, poner la verdura muy picada con un poco de aceite y sofreírla, hasta que esté dorada. Agregar el tomate muy picado y dejar hervir 20 min. Añadir, después, el clavo; rectificar de sal y de azúcar y añadirle el vino blanco. Dejar hacer 10 min a fuego suave. Por último, echar las manitas cocidas y un par de cazos del agua de su propia cocción sencillamente agua.

Dejar hacer 20 min a fuego suave y añadir el perejil.

Si las has preparado la víspera, mejor.

Manitas de cordero fritas

Ingredientes

12 manitas de cordero (cocidas y deshuesadas) • Harina • 2 huevos batidos • Aceite de oliva para freír

Elaboración

Rebozar esos "rectángulos" en los que se han convertido las manitas de cordero deshuesadas y cocidas (ver pág. 448), con harina y, después, con huevo batido.

Freír, hasta que estén doradas por ambos lados.

Servir con ½ limón exprimido por encima.

Cómo limpiar los riñones de cordero

En agua fría con un poco de sal y vinagre durante, por lo menos, ½ hora. Cambiar por agua nueva —también muy fría— y con algo de vinagre.
Cortarlos por la mitad y volverlos a lavar.
Previamente se les han quitado toda la grasa de alrededor y los conductos que los hacían "funcionar" con un cuchillo.
Secar bien con un trapo y utilizarlos.

Brocheta de riñones de cordero

Ingredientes

12 riñones de cordero • 12 láminas de beicon • Aceite de oliva

Elaboración

Trocear en láminas el riñón bien limpio de ½ cm cada una. Hacer cuadrados de 2 cm de lado de las láminas de beicon.
Intercalar en un palillo los trozos de riñón con trozos de beicon, hasta llenarlo por completo.
Freír en abundante aceite caliente, hasta que estén crujientes.
Servir al momento.

Mollejas de cordero

Elaboración

Glándula tiroidea del animal que rodea al cuello. En el caso del pollo, pichón... (u otras aves) las mollejas se denominan a una parte del estómago; pero, en el caso del cordero, no. Ambas llevan el mismo nombre, pero mucho cuidado con confundirlas.
Éstas se limpian como los riñones de cordero, quitándoles la grasa y lavándolas con agua fría, después se secan, se cortan en trozos del tamaño de una aceituna (o menos) y se fríen en aceite con ajo y perejil picados.
Como aperitivo, ¡estupendas!

Cordero (*carré*)

Ingredientes

1 carré de cordero • 300 g de puré de patatas • Salsa de cordero • Sal • ½ cc de harina • 6 cs de agua

Elaboración

El "carré" es el costillar del cordero. La parte delantera tiene las costillas y la parte trasera no. Se puede hacer totalmente deshuesado o dejarlo con las costillas en la parte delantera.

Trocearlo en 4 porciones y dorarlo en la sartén con un poco de aceite (apenas 4 min por cada lado). A continuación, meterlo al horno tapado con un papel de aluminio durante 10 min a 200 ºC, dependiendo del tamaño del costillar.

Sacarlo y dejarlo reposar 5 min fuera del horno. Añadirle la harina. Agregar el agua a la sartén y ponerla al fuego durante 5 min a fuego medio, para que se suelten todos los jugos adheridos a la sartén que ha desprendido el cordero. Hervir un par de min más. Y darle punto de sal.

Servir en cada plato, el trozo de carne entero o fileteado acompañado de la salsa o jugo y el puré de patatas (ver pág. 68).

Nota: recuerda que no todas las sartenes se pueden meter al horno. Las de mango de metal sí, pero nunca las que tenga algo de plástico.

Brocheta de cordero especiado

Ingredientes

1 k de trozos de cordero de la pierna (en dados gruesos) • 1 cc de tomillo fresco • ½ cc de romero • ½ cc de orégano • 6 cs de aceite de oliva • ½ cc de menta fresca • 2 pimientos verdes • 12 cebolletas • Aceite

Elaboración

Macerar en la mezcla de especies picadas y el aceite, el cordero durante 2 h.

Montar una brocheta de la siguiente manera:

Cebolleta-cordero-pimiento verde

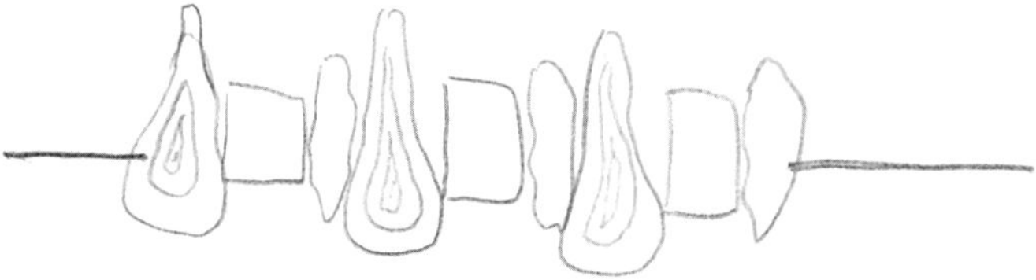

Dorar en una sartén, hasta que esté hecho, aprox. 6 min por cada lado. Servir muy caliente.

Foie-gras a la plancha

Ingredientes

500 g de foie-gras fresco cortado en láminas de 2 cm de grosor • Sal • Pimienta • Jugo de carne • Puré de manzana • Fruta ácida como frambuesa

Elaboración

Dorar en una sartén caliente, sin gota de aceite ni grasa alguna, el foie. Dar la vuelta en cuanto tenga bonito color dorado y dejar hacer por el otro lado. Sacar a un papel absorbente. La operación apenas tardara un par de minutos. Dar punto de sal y pimienta. Servir muy caliente.

Acompañar con un jugo de carne aromatizado con especias o simplemente con un puré de manzana o con alguna fruta ácida.

Nota: el principal problema para hacer este plato radica en la calidad del foie y este suelte poca grasa. Si por el contrario nos inunda la sartén o chapa de grasa será síntoma de mala calidad del mismo. Lo peor del asunto es que es muy difícil saberlo con antelación. A pesar del buen aspecto que tenga en crudo podemos llevarnos la sorpresa.

Pollo asado I

Ingredientes

1 pollo de 1 k ½ • Sal

Elaboración

Limpiar el pollo y retirarle todas las partes internas (que, como siempre, reutilizaremos para otros platos, como por ejemplo el que se explica en la receta «Interiores de pollo frito", de la pág. 458).

Salarlo bien y meterlo al horno a 180 ºC en una bandeja durante, por lo menos, 85 minutos.

Cuando esté bien dorado, trincharlo y repartirlo equitativamente con el propio jugo que el pollo habrá soltado y que, seguramente, será abundante.

Pollo asado II

Ingredientes

1 pollo de 1 k ½ • 2 cebollas • 4 dientes de ajo • 1 manzana reineta • Sal

Elaboración

Limpiar el pollo, salarlo y disponerlo en una bandeja, acompañado de los ajos y de la cebolla cortada en cuartos; la manzana, también cortada en cuartos, la introduciremos en el interior del pollo, en el lugar ocupado por los hígados y demás partes internas del pollo que hemos retirado.

Hornear a 180 ºC durante 90 min.

Nos quedará dorado por fuera; los trozos de la fruta y la verdura le irán de perlas a la grasa del pollo.

Pollo a los 40 ajos del *aita*

Ingredientes

1 pollo de 1 k ½ • 40 dientes de ajo (sin pelar) • 1 rama de tomillo • Perejil picado • 50 g de vino blanco • Pimienta en grano • 1 hoja de laurel • Orégano en rama • Rodajas de pan tostado

Elaboración

Disponer en una cazuela el pollo con los demás ingredientes, excepto el pan.

Cerrar la cazuela con una tapa (que no tenga asas ni nada de plástico, puesto que debemos introducirla en el horno) y hornearla durante 90 min a 170 ºC.

Pasado este tiempo, repartir el pollo entre los comensales.

Los ajos sin pelar se habrán puesto blanditos: sólo nos falta pelarlos y sacarles la pulpa cremosa para extenderla sobre un pan tostado que acompañará al pollo. ¡Delicioso!

Pollo asado con frutas

Ingredientes

1 pollo de 1 k ½ • 100 g de orejones de melocotón • 50 g de ciruelas pasas • 30 g de almendras fritas • 30 g de pistachos pelados • ½ rama de canela • 1 pera fresca troceada • 50 g de brandy • Sal

Elaboración

Disponer en una bandeja de horno el pollo salado y limpio con el resto de los ingredientes que colocaremos en la base de la bandeja para que, cuando el pollo empiece a soltar sus jugos, tomen el sabor del pollo.

Asarlo durante 90 min a fuego medio (180 ºC).

El dulzor de las frutas secas le va que ni pintado al pollo.

Pollo a la cerveza

Ingredientes

1 pollo de 1 k ½ (troceado en octavos) • 350 g de cerveza (rubia o negra) • 1 cebolla (cortada en trozos medios) • 1 pimiento verde (cortado en trozos medios) • 1 diente de ajo • 4 cs de aceite de oliva • 80 g de aceite (para freír) • Sal • 30 g de harina

Elaboración

En una cazuela, colocar la verduras cortadas con el aceite y dejar que se pochen ligeramente.

Aparte, freír los trozos de pollo, levemente enharinados. Cuando estén dorados, añadírselos al refrito de la verdura. Mojar con la cerveza y dejar que se vaya haciendo a fuego suave durante 1 hora.

Al día siguiente, este guiso habrá mejorado notablemente. ¡No lo dudes!

Pollo despiezado

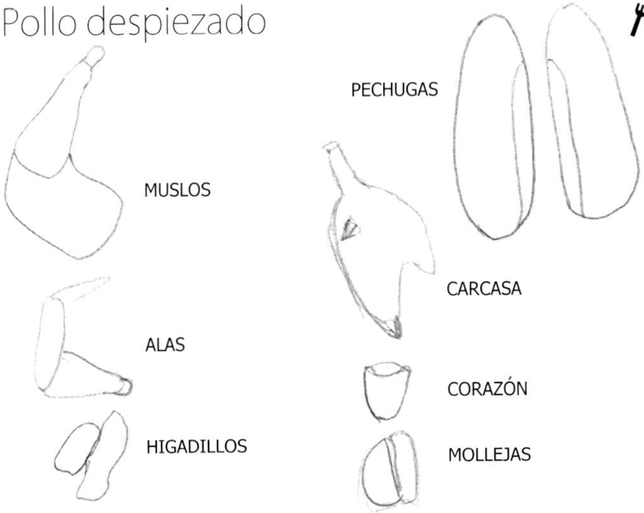

1.- Pechuga para freír.

2.- Muslos para asar-freír.

3.- Alas para asar-freír.

4.- Hígados para freír.

5.- Corazón para freír.

6.- Molleja para freír.

7.- Carcasa para caldos y sopas.

Nota: casi todas las aves, en mayor o menor tamaño, llevan el mismo despiece: pollos, codornices, poulardas, pavos, patos, malvices, pichones, palomas, capones, becadas, faisanes, perdices...

Pechugas fritas de pollo

Ingredientes

2 pechugas de pollo • 1 diente de ajo • Sal • Aceite de oliva (para freír)

Elaboración

Cortar las pechugas en tiras gruesas y disponerlas sobre una sartén a fuego medio con un poco de aceite, donde, antes, habremos dorado el ajo.

Dorarlas por ambos lados y servirlas solo con los trozos de ajo o con alguna salsa (como mayonesa o ali-oli: ver págs. 241-247).

Muslos de pollo asados con piña

Ingredientes

4 muslos de pollo • 300 g de piña fresca • 1 cebolla • Sal • 50 g de vino blanco dulce

Elaboración

Dorar en una cazuela (¡cuidado de que no tenga mangos ni nada de plástico, porque luego irá al horno!) los muslos de pollo. Añadirles la cebolla troceada y dejar que se haga 5 min. Agregar la piña cortada en trozos grandes y el vino blanco.

Hornear a 180 ºC durante 80 min.

El toque ácido de la piña va estupendamente.

Alas de pollo fritas

Ingredientes

8 alas de pollo • Aceite (para freír) • 300 g de salsa de tomate (levemente picante)

Elaboración

Freír en abundante aceite las alas de pollo, hasta que estén doradas por ambos lados. Acompañar con la salsa de tomate. También le va fenomenal una salsa de mostaza.

Alas de pollo maceradas

Ingredientes

8 alas de pollo • 50 g de miel • 50 g de vino blanco • 1 cc de pimentón en polvo • 3 cs de tomate *ketchup* • 1 ajo muy picado • Zumo de ½ naranja

Elaboración

Poner en una cazuela la víspera todos los ingredientes juntos para que maceren.

Escurrir un poco las alas de la salsa de maceración y asarlas en una bandeja a 180 ºC durante 40 min, hasta que estén doradas. Servir muy caliente.

La bandeja debe ser grande para que los jugos se evaporen y obtengamos una salsa levemente espesa.

Interiores de pollo frito

Ingredientes

4 hígados de pollo • 4 corazones • 4 mollejas • 1 diente de ajo en rodajas • 50 g de aceite de oliva virgen

Elaboración

Cortar los higaditos en trozos medianos; los corazones, por la mitad y las mollejas, en trozos pequeños —sin olvidaros de quitarles antes la piel grasa y dura que rodea por el interior la molleja—.
Saltear primero el ajo y, después, todos los otros ingredientes.
Cuando estén crujientes, retirarlos.
Servir de aperitivo frío o caliente.
Las mollejas se pueden freír cortadas en trocitos pequeños. No sería necesario hervirlas durante 1 hora, como con el cocido (cuando hablamos de mollejas aquí, nos estamos refiriendo al estómago del pollo; no confundir con las mollejas del cordero o de la ternera, que es la glándula tiroidea del animal alojada a la altura del cuello. Se denominan igual, pero son diferentes).

Caldo de pollo asado

Ingredientes

1 carcasa de pollo • 1 puerro entero • 1 zanahoria entera • 1 diente de ajo entero • 2 l de agua • Sal

Elaboración

Asar la carcasa del pollo en una bandeja, hasta que esté dorada (1 hora a 180ºC). Escurrir la grasa y sumergirla en agua con el resto de los ingredientes.
Cocer ese caldo a fuego lento durante 70 min; colarlo y utilizarlo para salsas o como sopa (en este caso, podéis añadir fideos y un huevo cocido).
Este caldo-asado tiene un sabor especial.
Se puede hacer con el pollo entero y aún nos saldrá mejor.

Pollo en pepitoria

Ingredientes

1 pollo de 1k ½ • 2 dientes de ajo • 1 cebolla • ½ manzana • 80 g de vino blanco • ¾ l de agua • 150 g de almendras • 2 huevos cocidos • 10 hebras de azafrán • Perejil picado • Pimienta • 1 hoja de laurel • Aceite de oliva • Harina

Elaboración

Cortar el pollo en octavos y enharinarlos levemente.

En la misma cazuela donde vamos a cocinar, echar un poco de aceite y dorar levemente los trozos de pollo. Retirarlos a un plato y reservarlos.

En el mismo recipiente, dorar los ajos en láminas y la cebolla picada. Agregar la media manzana pelada y troceada; a continuación, el pollo y el vino blanco. Dejar reducir y agregar el agua dejando que se haga a fuego suave 30 min.

En un mortero majar las almendras tostadas, las yemas de huevo y el azafrán. Agregar un poco del caldo donde se está cociendo el pollo, para aprovechar bien todo lo del mortero y añadírselo al guiso.

Dejar hervir 20 min más.

Para finalizar, un toque de pimienta, perejil, clara de huevo cocida muy picada y laurel.

Al día siguiente, estará todavía más sabroso.

Pollo al *curry*

Ingredientes

1 pollo de 1k ½ • 2 cebollas • 3 dientes de ajo • ½ pimiento verde • 1 clavo de olor • 1 trozo de jengibre (si tenemos) • 1 cayena • 1 cc de curry • Aceite de oliva • Harina • Sal • ½ l de agua • ½ limón

Elaboración

En una cazuela con un poco de aceite, sofreír los trozos de pollo cortados en octavos, sazonados y enharinados. Retirarlos y reservarlos.

En la misma cazuela anterior, añadir la cebolla picada, el pimiento verde, el jengibre, los ajos, el clavo y la cayena; rehogar sin que tome excesivo color. Agregar el pollo y el curry. Remover el conjunto y agregar el agua. Dejar cocer, por lo menos, 45 min a fuego suave.

Agregar, por último, el zumo de ½ limón.

Pollo *Tandoori*

Elaboración

Lleva la misma elaboración que la receta anterior; pero aquí sustituiremos el curry por el tandoori: un conjunto de especias parecidas al curry, que deben su nombre al horno donde originariamente se asaban los alimentos condimentados con esta mezcla.

El resultado es parecido, pero los matices de la mezcla de especies del curry son bastante diferentes de la del tandoori. El primero es más amarillento y más picante; el tandoori, levemente más suave, más rojizo y más aromático.

Todo esto depende de qué tipo de curry o tandoori hayamos elegido: existen muchas variedades distintas.

Si por un casual lo hemos conseguido en su país de origen, India, las diferencias con el que podemos encontrar por estos lares en pequeños botecitos, es muy notable.

Pollo borracho

Ingredientes

1 pollo de 1k ½ • 1 cebolla • 2 dientes de ajo • 1 tomate pelado • 1 cayena • 5 cs de güisqui • 5 cs de ron • 5 cs de vino blanco • Sal • Aceite de oliva • 250 g de agua

Elaboración

Dorar en una cazuela con un poco de aceite de oliva el pollo en octavos. Retirarlos y agregar la cebolla y el ajo; dejar dorar y agregar el tomate. A continuación, el pollo y dejar 15 min a fuego lento. Agregar la cayena y los alcoholes. Dejar cocer destapado 10 min a fuego suave y, por último, el agua. Continuar con fuego suave durante 40 min más.

Es un plato para todos los públicos: el alcohol se evapora en su totalidad y nos aporta su aroma.

Pollo a la cerveza II

Elaboración

Misma elaboración que la "Pollo a la cerveza I" (ver pág. 455); pero ahora sustituiremos los alcoholes por ½ l de cerveza negra. Podría ser rubia, pero el aroma de la negra es más intenso.

Un pequeño detalle: el amargor de la cerveza negra, como es más fuerte que el de la rubia, puede "amargarnos" el guiso. Con un poco de azúcar, solucionaremos el problema.

Pollo con champiñones

Ingredientes

1 pollo de 1k ½ (troceado) • 25 g de mantequilla • 1 cebolla • 1 diente de ajo • 300 g de champiñones (limpios) • 100 g de nata líquida • 100 g de caldo de pollo • Romero picado

Elaboración

En una cazuela poner a dorar todos los trozos de pollo con la mantequilla. Agregar la cebolla picada y el ajo. Dejar hacer durante 15 min. Añadir los champiñones cortados en cuartos y dejar hacer 10 min; después, la nata y el caldo, y dejar hacer a fuego suave durante 25 min.

Espolvorear con romero picado.

Pollo con langostinos

Ingredientes

1 pollo de 1,2 k (aprox.) • 12 langostinos • 50 g de almendra en polvo • 5 cs de brandy • 2 cebollas • 1 puerro • 2 tomates • Orégano picado • Sal • Azúcar • Perejil picado

Elaboración

Cortar el pollo en octavos y dorarlo en una cazuela. Cuando esté dorado, agregar la verdura cortada en juliana fina —excepto el tomate—. Dejar hacer durante, por lo menos, 20 min. Añadir el tomate pelado y troceado y dejar hervir, como mínimo, 10 min más. Añadir la almendra y el brandy. Rectificar de sal y de azúcar. Dejar hervir 15 min.

Agregar los langostinos enteros y el coñac flambeado, que se elabora de la siguiente manera: calentar levemente en una cazuela pequeña el coñac; lejos de la fuente de calor, acercarle una cerilla (os recomiendo que tengáis un trapo húmedo cerca, por si el asunto se nos "desmadra"). Dejar que arda unos segundos y verterlo a la preparación. Dar unas vueltas y dejar que él mismo se vaya apagando.

Ésta es la mejor manera de hacerlo, porque cuando se flambea directamente sobre la preparación, a veces, se mezcla con los demás ingredientes y no arde, perdiendo gran parte del aroma.

Añadir el perejil y dejar hervir tapado 5 min, que será el tiempo suficiente para que el marisco se haga y quede en su punto.

Un plato ideal para comer con los dedos y chupárselos hasta hartarse.

Pollo frío I

Ingredientes

1 pollo de 1,2 k • 1 l de agua • 500 g de vino blanco • Sal • Azúcar • Pimienta blanca molida • 2 hojas de gelatina

Elaboración

En una cazuela poner a hervir a fuego suave el pollo troceado y el resto de los ingredientes durante 1 h. destapado y con la gelatina previamente remojada.

Pasado este tiempo, se saca de la cazuela, se deshuesa y se tritura en un robot de cocina con un poco del agua de la cocción, hasta que se forme una pasta espesa.

Todo esto se hará en caliente.

Se mete en un molde rectangular bien apretado y se deja enfriar durante 24 h.

Después, se desmolda y se corta lo más finamente posible.

Se sirve frío acompañado de pan tostado.

Pollo frío II

Ingredientes

1 pollo de 1,2 k (troceado) • 300 g de champán • Sal • Azúcar • Pimienta blanca

Elaboración

Asar el pollo con la sal, la pimienta, un poco de azúcar y el champán en una fuente caliente en el horno precalentado a 180 ºC durante 80 min.

Ir rociando el pollo con el champán, al menos, tres veces durante la cocción.

Retirar, dejar enfriar y cortar en lonchas o en trozos de bocado.

Servir frío acompañado de una copa de champán aún más fría.

¡Riquísimo!

Pollo con yogur

Ingredientes

1 pollo de 1,2 k • 300 g de champán • Sal • Azúcar • Pimienta blanca

Salsa:
2 yogures griegos • 1 cs de mostaza • 1 cs de almendra en polvo • 1 cs de pipas de girasol peladas • Orégano en polvo • 1 cs de azúcar • 1 cs de aceite de oliva

Elaboración
Elaborar el pollo como en la receta anterior.
Servir frío acompañado por la salsa de yogur que, sencillamente, se prepara mezclando los restantes ingredientes en frío.

Albóndigas de pollo

Ingredientes
600 g de pechugas de pollo • 30 g de pan • 60 g de leche • Nuez moscada • 1 diente de ajo (pelado y cocido en agua durante 15 min) • 1 huevo

Para rebozar:
Harina • Huevo • Aceite oliva (para freír)

Elaboración
Untar el pan en la leche durante 5 min.
Con ayuda de un robot, triturar todos los ingredientes, hasta formar una pasta espesa. Formar bolas con la ayuda de una cuchara. Rebozarlas ligeramente en harina y, después, en huevo. Freírlas en aceite caliente, hasta que estén doradas.
Comer solas como aperitivo; también con salsa de tomate o de carne (ver pág. 249).
Si elegís la opción de acompañarlas con alguna de esas salsas, hervir las albóndigas en su interior durante, por lo menos, 10 min.

Pollo en terrina

Ingredientes
750 g de pollo (pechuga o muslos deshuesados) • 30 g de pan • 60 g de leche • Nuez moscada • Orégano picado • 1 diente de

ajo (cocido en agua durante 15 min) • 3 huevos • Sal • Azúcar • Pimienta blanca • Mantequilla • Pan rallado

Elaboración

Triturar todos los ingredientes formando una pasta.

Introducir esa pasta en un molde rectangular alto cuyas paredes habremos untado con mantequilla y un poco de pan rallado.

Hornear tapado con papel de alumínio durante 1 h a 180 º C.

Sacar, enfriar, desmoldar y servir acompañado de lechuga cortada en juliana y un pelín de mayonesa —a la que podremos añadir los jugos que suelte la mezcla al asarse.

También puede degustarse en caliente de igual manera.

Pollo en escabeche

Ingredientes

1 pollo de 1,2 k • 6 dientes de ajo (pelados) • 1 clavo de olor • 1 hoja de laurel • 30 g de pimienta blanca • Sal • 200 g de aceite de oliva • 100 g de vinagre de vino blanco

Elaboración

Cortar el pollo en trozos (con hueso ó sin él, como queramos) y sazonarlos.

En una sartén calentar el aceite; dorar los ajos en él y cuando estén listos, agregarles el pollo, la hoja de laurel, el clavo y la pimienta blanca.

Dejar hacer a fuego medio durante 10 min.

Verter el vinagre y dejar hacer durante 15 min más.

Es mucho mejor que lo comáis al día siguiente: se asienta, coge el gusto del vinagre y está de... ¡chuparse los dedos!

La temperatura ambiente es la más adecuada para su degustación.

Pollo agridulce

Ingredientes

1 pollo de 1,2 k • Aceite de oliva • Para la salsa agridulce: • 2 cc de azúcar • 1 cc de harina o maicena • 200 g de caldo de pollo • 3 cs de vinagre de Jerez • 6 cs de zumo de naranja • 1 cc de miel • Zumo de ½ limón • 2 cs de tomate ketchup

Elaboración

Freír el pollo troceado en aceite de oliva, hasta que esté bien dorado.

En una cazuela aparte, diluir la harina con el caldo de pollo frío y añadir el resto de los ingredientes, incluido el pollo. Dejar hervir, por lo menos, 20 min a fuego suave y tapado.

Servir caliente o frío.

Pollo con pimientos

Ingredientes

1 pollo de 1,2 k (troceado) • Aceite para freír • Harina • 2 pimientos morrones (asados) • 200 g de caldo de pollo • Sal

Elaboración

Cortar en trozos el pollo. Enharinarlo y freírlo con un poco de aceite en una cazuela. Agregar los ajos picados. Dejar que se doren levemente, agregar el caldo y dejar que hierva 20 min (por la acción del rebozado de la harina espesará un poco). Agregar los trozos de pimientos morrones ya asados (ver pág. 213) y dejar hervir destapado durante 10 min.

Pechugas de pollo rebozadas

Ingredientes

4 pechugas de pollo • 2 huevos • Pan rallado • Aceite para freír

Elaboración

Cortar las pechugas en tiras o en filetes y sumergirlas en huevo batido.

Escurrirlas levemente y pasarlas por pan rallado. Apretar bien para que se forme una costra y freírlas en aceite de oliva, hasta que se doren por ambos lados.

Sencillo y exquisito al mismo tiempo.

Dados de pollo frito

Ingredientes

4 pechugas de pollo (cortadas en dados de bocado) • 1 cs de pimentón picante • Pimienta blanca • 150 g de mayonesa • 50 de salsa picante

Elaboración

Rebozar a conciencia en pimentón el pollo y freírlo, hasta que esté dorado.

Espolvorearle por encima pimienta blanca.

Acompañar con la mayonesa mezclada con la salsa picante.

Pechuga de pollo (o restos de un asado) con sémola

Ingredientes

2 pechugas de pollo (o restos de un asado: cordero, pollo, pavo...; completamente limpios de huesos, pero aprovechando toda la salsa que quede en la bandeja del asado). • 2 cebollas • 1 pimiento verde • 1 calabacín • 2 cs de tomate frito • 6 cs de aceite • 1 ajo • Perejil • Sal • Hierbas aromáticas y especias (orégano, comino, pimienta...) • 250 g de sémola grano medio

Elaboración
En una olla poner el aceite con la cebolla, el pimiento verde cortado en trozos no muy pequeños y el ajo picado; dejar que se sofría todo. A continuación, añadir el calabacín cortado en dados y sofreír todo junto un poquito; agregar el tomate, las hierbas y especias y dejar que hierva unos 5 min. Echar el pollo —o los restos del asado con su jugo. Mantenerlo todo hirviendo unos 10 min y añadir un poco de agua o caldo para que no quede seco.
Después, preparar la sémola según las indicaciones del fabricante.
Para servir poner la sémola en el fondo del plato y encima, colocar las verduras con la carne.

Filetes de ternera a la plancha (o lomo fresco o adobado)

Ingredientes
4 filetes de ternera (babilla, contra, tapa) • 1 diente de ajo (cortado en láminas) • 2 cs de aceite de oliva virgen extra • Sal

Elaboración
En una sartén dorar los ajos con un poco de aceite.
Freír los filetes, vuelta y vuelta.
Servir acompañados por patatas fritas (ver pág. 199).

Chuleta de vaca al grill

Ingredientes
2 chuletas (de 1 k cada una) • Sal

Elaboración
Comprar 2 buenas chuletas con hueso de vaca o buey con grasa entreverada; carne que haya descansado desde su sacrificio, vamos, que haya pasado, por lo menos, 1 mes en frío. De lomo alto

o bajo, es igual; el caso es que esté buena. De un grosor mínimo de 5 cm.

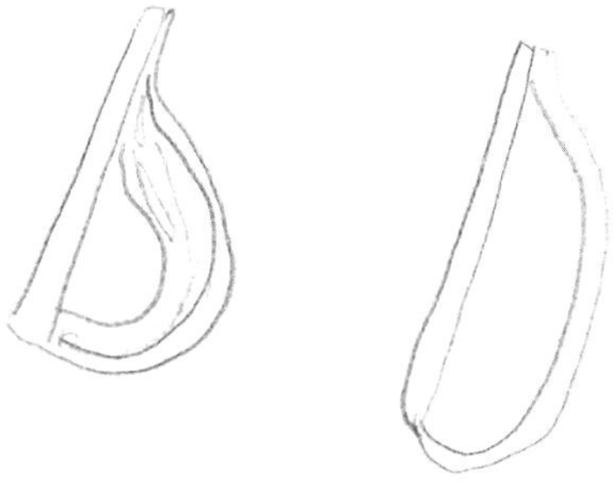

Ponerla a 2 cm del grill del horno a tope, sobre una rejilla y dorarla 10 min por cada lado.
Degustarla muy caliente partida en tacos, dorados por fuera y casi crudos, pero calientes, por dentro. ¡Un manjar digno de dioses!

Solomillo de ternera o vaca

Ingredientes

8 trozos de solomillo (de 80 g cada uno) • 2 dientes de ajo • Aceite de oliva

Elaboración

La ración normal suele ser de 180 g de solomillo; pero yo pienso que queda demasiado grueso: es mejor dos trozos, se consigue un grosor mejor.
Dorar los ajos en láminas en un poco de aceite, apenas 2 min por cada lado.
Freír los trozos de carne: dorados por fuera, medio crudos por dentro, pero calientes.
Consejo: acompañar de unos pimientos asados (ver pág. 210).

Solomillo asado

Ingredientes
1 trozo de solomillo (de 800 g) • Sal • Aceite de oliva • Patatas panaderas

Elaboración
En una sartén muy caliente dorar con un poco de aceite el trozo entero de solomillo apenas 5 min; pero que quede dorado por todas partes, no te olvides.
Meter esa misma sartén con el solomillo al horno durante 15-20 min a 200 ºC. Dejar reposar 5 min tapado con papel de aluminio y cortarlo en filetes gruesos de 1,5-2 cm.
Servirlo muy caliente.
Consejo: lo mejor es presentarlo sobre una tabla de cortar limpia con un cuchillo limpio y bonito; así se corta y reparte delante de los invitados. Acompañar con unas patatas panaderas (ver pág. 388).

Solomillo asado y frío

Elaboración
Lleva la misma operación que la receta anterior, pero esta vez se sirve frío.
Se prepara de la misma manera; pero se corta en filetes más finos.
Se puede acompañar de una salsa tártara, una bearnesa o una mayonesa.

Entrecotte (chuleta deshuesada) a la plancha

Ingredientes
4 trozos de *entrecotte* (de 2 cm de grosor cada uno) • Sal gorda

Elaboración
Dorar en una sartén los trozos durante apenas 2 min por cada lado.
Servirlo en la mesa sobre una tabla con sal gorda por encima.
Lo cortáis en la mesa y se lo vais ofreciendo a los invitados, según se lo vayan comiendo.
Acompañar, p ej., de unas cerezas salteadas (ver pág. 82).

Entrecotte en frío

Elaboración
Repetimos la misma operación que en la receta anterior.
Esta vez lo servimos en frío y acompañado de salsas derivadas de la mayonesa, como la tártara o la de ajo.
Es increíble cuánto puede cambiar un plato solo por servirlo en frío, en vez de caliente.
Pruébalo, no te cortes... ¿cuál es mejor? No lo sé, ¡tú decides!

Entrecotte al Roquefort

Ingredientes
4 trozos de *entrecotte* (de 2 cm de grosor cada uno) • 130 g de salsa Roquefort

Elaboración
Dorar en la sartén los *entrecottes,* hasta que estén calientes por dentro, pero jugosos.
Cortar en filetes y acompañar por una salsa de Roquefort (ver pág. 251).
Es un plato muy habitual; pero, en mi opinión, no aporta nada: el sabor del queso se come al de la carne. Pero, en fin... ahí lo tenéis.

Escalopines de ternera

Ingredientes
40 g de mantequilla • 40 g de cava • 1c.c. de harina • 70 g de nata líquida • 8 escalopines de ternera • Sal • Pimienta • Perejil picado

Elaboración
Dorar en la mantequilla los escalopines, previamente salpimentados y enharinados. Agregar el cava y la nata. Hervir a fuego muy fuerte apenas 3 min y añadir el perejil picado.
Servir muy caliente.

Hamburguesas de ternera (“superalbóndiga plana”)

Ingredientes
1 k de carne picada • 20 g de pan untado en 100 g de leche • Sal • Pimienta • Orégano

Elaboración
Mezclar todos los ingredientes en crudo.
Hacer bolas de 150 g aproximadamente y aplanarlas.
Dorarlas en una plancha o en una sartén con un poco de aceite.
Servirlas en plato o entre dos panes. En ambos casos acompañadas de unas hojas de lechuga, rodajas finas de tomate o salsa de este mismo.

Steak tartare

Ingredientes
800 g de carne (*entrecotte*) • 2 cebolletas muy picadas • Alcaparras • Pimienta molida • 4 yemas de huevo • Sal

Elaboración

Picar la carne con ayuda de un robot o simplemente con un cuchillo.

Sazonarla con sal y pimienta, y servirla fría y cruda con una yema en medio de cada porción, así como espolvoreada por las cebolletas y las alcaparras.

La operación de picar la carne se debe hacer, justo antes de ir a degustar el plato: esto evitará que se deteriore.

Solomillos al vapor

Ingredientes

600 g de solomillo (cortado en 4 trozos) • 8 cebolletas • Salsa tártara • Aceite de oliva virgen extra • Sal

Elaboración

Dorar en una sartén, a fuego muy fuerte y con un poco de aceite, los trozos de solomillo: lo justo para que se doren por todos los lados. Reservarlos.

En esa misma sartén, freír las cebolletas, hasta que estén doradas (a fuego medio) y reservarlas.

Meter los trozos de solomillo en una vaporera y terminar de cocinarlos, durante 10 min aprox.

Presentar en el plato con las cebolletas, un chorro de aceite de oliva, la salsa tártara y, claro: el trozo de solomillo hecho al vapor. Algo no muy habitual, pero que le aporta una textura distinta.

Albóndigas

Ingredientes

600 g de carne picada • 60 g de pan duro rallado • 2 huevos • 1 diente de ajo • Perejil picado • Pimienta molida • Sal • Harina • Aceite para freír • Salsa de carne

Elaboración

En una fuente honda batir los huevos, incorporar el pan rallado, la carne picada, el ajo y el perejil muy picados, salpimentar y mezclar todo muy bien.

En un plato echar harina. Con un tenedor coger porciones de carne picada equivalente a una pelota de pin-pon e ir haciendo bolas sobre la harina, para que después no se os peguen al freírlas.

Preparar una salsa de carne (ver pág. 257-259).

En una sartén poner abundante aceite y cuando esté caliente, freír las albóndigas. Cuando ya estén fritas, colocarlas en la cazuela junto con la salsa para que hierva todo junto durante 15 min.

Lengua de ternera

Cómo se cuece

Tenéis dos opciones:

a) Comprarla ya cocida. Esto sí que es fácil, ¿eh?
b) Comprarla cruda.

En este ultimo caso, hacemos lo siguiente:

Limpiarla en agua fría con un poco de vinagre. Retirar el exceso de grasa.

Cocerla en una cazuela cubierta de agua con 1 cebolla, 1 puerro, 1 clavo, 1 zanahoria, 1 pimiento verde y 4 dientes de ajo. Dejar cocer durante, por lo menos 2 h o 2 h ½, dependiendo del tamaño. Si la cocéis en una olla a presión, menos tiempo (en ½ h se habrá hecho).

Retirar la lengua. Dejar que se enfríe 10 min; con la punta de un cuchillo retirarle la piel que la rodea casi por completo (sobre todo en la punta de la lengua que es muy gruesa) y desecharla.

Dejarla enfriar y cortarla en trozos de 1 cm de grosor.

Pasarla por harina y huevo batido, y freírla en un poco de aceite de oliva.

El caldo de cocción de la lengua lo hemos triturado a conciencia y nos servirá, una vez rectificado de sal y azúcar, como salsa a la lengua recién frita.
Dejar hervir 5 min con la lengua y servir, acompañado de un puré de patatas o de unas patatas panaderas (ver págs. 68-388).

Lengua con gambas

Ingredientes

4 lonchas de lengua (cocidas y fritas) • 200 g de colas de gambas • Aceite de oliva • Vinagreta de sésamo

Elaboración

Dorar en una sartén las gambas y acompañarlas con la lengua ya frita y la vinagreta de comino (ver pág. 278).
Dos texturas y sabores que casan perfectamente.

Lengua con hongos

Ingredientes

4 lonchas de lengua (cocidas y de 2 cm de grosor) • 200 g de hongos (Boletus Edulis) • 1 diente de ajo • Aceite de oliva • Perejil picado • Sal

Elaboración

En una sartén dorar el ajo y añadir los Boletus limpios y troceados. Dejar que se hagan durante 5 min a fuego medio. Añadirles la lengua cortada en dados de parecido tamaño. Dejar otros 3 min más, como mínimo.
Espolvorear con perejil picado.
Servir muy caliente.

Lengua de ternera con alubias blancas 🍴🍴🍴

Ingredientes

400 g de lengua (cocida y cortada en dados) • 1 k de guiso de alubias blancas

Elaboración

Poner a cocer las alubias ya preparadas (ver pág. 72) junto con los trozos de lengua durante, por lo menos, 10 min.

Cuando la lengua se haya calentado y esté blandita, servirla acompañada de un chorro de aceite de oliva virgen extra.

Cómo limpiar y cocer morros de ternera 🍴🍴🍴

Limpiar bien los morros con abundante agua fría y un poco de vinagre.

Con un cuchillo, raspar las zonas donde se hayan acumulado más pelos.

Volver a meterlos en agua fría durante 5 min.

Cocción: meter los morros cortados en 3 ó 4 trozos en una cazuela; cubrirlos de agua y echar también ½ puerro, 2 ajos, 1 cebolla, 1 clavo, 1 zanahoria, 1 tomate, 2 pimientos verdes, 2 cebolletas, 1 rama de apio y sal.

Ahora tenéis dos opciones:

a) Cocerlos durante 2 h 30 min a fuego medio y tapado.

b) Cocerlos durante 35 min en una olla a presión.

Secarlos, dejarlos enfriar y cortarlos a vuestro gusto.

Con el caldo de la cocción podemos hacer lo siguiente: triturarlo y pasarlo por un colador. Dejarlo hervir y utilizarlo, en caso de que queráis los morros en salsa; o bien congelarlo para otra ocasión en la que necesitemos una salsa de carne potente.

Morros fritos

Ingredientes

½ k de morros (cocidos) • Harina • 2 huevos batidos • Aceite para freír

Elaboración

Cortar los morros en láminas de ½ cm de grosor.
Pasarlos por harina y después por huevo.
Freírlos en una sartén a fuego medio, hasta dorarlos por ambas partes.
Servir como plato o como aperitivo, acompañados por la salsa que hemos elaborado en la receta anterior o simplemente solos sobre una rebanada de pan.
La melosidad de este manjar deja huella.

Morros de ternera guisados

Ingredientes

500 g de morros (ya cocidos y en salsa) • 350 g de patatas panaderas

Elaboración

En el fondo de cada plato, extender las patatas panaderas (ver pág. 388) bien escurridas del aceite; encima, los trozos de morros calientes con su salsa también muy caliente.
¡Se me está haciendo la boca agua solo de imaginármelos!

Morros de ternera con bacalao

Ingredientes

600 g de bacalao (desalado) • 350 g de morros de ternera • 1 tomate grande (pelado) • 1 cebolla • 1 ajo • 1 puerro • 100 g

de vino blanco • 30 g de nueces fritas • Perejil picado • 50 g de aceite de oliva • Sal • Azúcar

Elaboración

Primero, cocer los morros (ver pág. 476) y una vez fríos, cortarlos en cuadrados muy pequeños.

Pochar con un poco de aceite la cebolla, el puerro y el ajo cortado muy fino.

Cuando esté todo pochado, añadir el tomate cortado también fino y dejar que se haga durante 5 min. Agregar después el vino blanco y los morros. Dejar cocer a fuego muy suave ½ h. Rectificar de sal y de azúcar.

Reservar.

En una sartén antiadherente con un poco de aceite, dorar los lomos de bacalao, hasta que estén hechos; según su grosor, apenas 3 min por cada lado.

Depositar cada lomo en el centro del plato y napar con la mezcla de morros muy caliente.

Unas nueces en trocitos y un poco de perejil serán el colofón de un plato verdaderamente sabroso.

Cómo limpiar los callos

Con la ayuda de 4 medios limones, sal gorda y pimentón dulce, limpiar los trozos de callos (antes de cortarlos) como si de ropa se tratara. Frotando con los 1/2 limones, la sal gorda y el pimentón. Aclarando y volviendo a frotar por ambas partes. (Mejor hacer esto en la fregadera). Así durante, por lo menos, 15 min. Aclarar con agua abundante y fría. Esto lo contaba Jose Castillo en sus libros de cocina y no he encontrado mejor manera de hacerlo.

Cómo cocer callos

Preparar una olla con agua hirviendo e introducir los callos limpios y cortados en trozos. Dejar que hiervan 2 min y retirarlos con ayuda de una espumadera.
Desechar ese agua y reemplazarla por agua limpia. Cuando hierva de nuevo, reintroducir los callos y dejarlos que hiervan otros 2 min. Volver a sacarlos nuevamente con la espumadera y desechar de nuevo el agua.
Volvemos a repetir la operación de limpieza una vez más; ya sabéis: agua limpia con los callos durante 2 min. Hirviendo, sacarlos y otra vez agua limpia, que será la definitiva.
En esta agua poner los callos con una cebolla, una rama de perejil y sal.
Cocer alrededor de 2-3 h, dependiendo del tipo de callos que sean (en la olla a presión, lógicamente, menos tiempo: entre 30 y 35 min aprox.).
Cercioraros de que estén blandos.
Nota: toda esta historia de las aguas es simplemente para que no huelan...demasiado.

Cocinar callos

Ingredientes

1 k de callos cocidos • 100 g de jamón • 50 g de chorizo • 1 hoja de laurel • 1 clavo • 1 cebolla • Pimentón picante o dulce • 1 puerro • ½ pimiento verde • 300 g de salsa de tomate • 100 g de vino blanco • 1 cayena • 1 ajo • Perejil picado • Aceite de oliva

Elaboración

En una cazuela meter la cebolla, el puerro, el pimiento verde y el ajo muy picado y sofreírlo con un poco de aceite. Cuando las verduras tomen color, echar el jamón y el chorizo en daditos. A conti-

nuación, el vino blanco. Dejar hervir 5 min a fuego suave. Agregar el clavo, la cayena y el laurel, por último, la salsa de tomate.
Dejar cocer el conjunto 10 min y agregar el pimentón y los callos.
Dejar hervir a fuego suave durante 30 min.
Si queda un poco espeso, añadir un poco de agua o de caldo de cocción de los callos (atención con esto último: ese caldo es fuerte de sabor).

Callos y morros

Elaboración
Ambas preparaciones se complementan en textura y es habitual sacarlas juntas en el mismo plato: la preparación es muy similar. Aunque lo mejor es, simplemente, añadir unos cuantos morros ya cocidos a la preparación de los callos anterior.

Callos con uvas

Ingredientes
1 k de callos • 200 g de uvas • 2 ramitas de menta

Elaboración
Juntos pero no revueltos.
Disponer en cuatro cazuelas de barro los callos ya preparados (ver pág. 479) y bien calientes; en el centro, una fuente de uvas partidas por la mitad y despepitadas con alguna ramita de menta por encima.
La combinación es agradable y sobre todo... lógica.

Hígado o corazón encebollado

Ingredientes
4 filetes de hígado de ternera • 2 cebollas • 1 pimiento verde • 2 ajos • 60 g de aceite de oliva • Sal

Elaboración
Poner a pochar la verdura cortada en juliana durante 20 min a fuego medio en una cazuela con un poco de aceite y reservar.
En una sartén antiadherente con un poco de aceite, dorar los filetes salados de hígado o corazón. Servirlos acompañados de la verdura pochada.
Es preferible no freírlos mucho por dentro, aunque hay gente que la textura del hígado le repela.
Conseguir ese punto de cocción —ni crudo por dentro ni tieso o pasado como una alpargata— será la mejor opción.

Hígado encebollado al Jerez

Ingredientes
2 cebollas • 1 pimiento verde • 2 ajos • 40 g de aceite de oliva • 4 filetes de hígado (cortado en dados) • Perejil picado • 80 g de vino de Jerez

Elaboración
Saltear en una cazuela con el aceite los trozos de hígado durante 2 min a fuego muy fuerte. Retirar el hígado y, en ese mismo recipiente con los jugos que haya soltado el hígado, verter la cebolla, el pimiento verde y el ajo. Dejar dorar a fuego suave ½ h. Volver a echar el hígado junto con el jerez y dejar hervir a fuego lento 5 min (destapado). Espolvorear con perejil picado.

Carrilleras en salsa

Ingredientes
2 carrilleras (de 1,2 k entre las dos) • 2 cebollas • 1 zanahoria • 1 pimiento verde • 1 ajo • 1 puerro • 200 g de vino tinto • 1,5 l de agua • Pimienta negra en grano • 1 clavo de olor • Sal

Elaboración

Limpiar bien las carrilleras de excesos de grasas (aunque, la verdad sea dicha, ahora se venden bastante limpias).
Ponerlas a dorar con sal en una cazuela con un poco de aceite a fuego fuerte. En apenas 5 min estarán listas.
Pasarlas de la cazuela a una bandeja y dorar la verdura cortada en trozos grandes en ese aceite a fuego a suave durante, por lo menos, ½ hora. Añadir el vino y dejar reducir las verduras 20 min.
Añadir las carrilleras a la cazuela con los jugos que hayan soltado en su "estancia" fuera de la cazuela". Dejar reducir a fuego medio durante 10 min, hasta que casi desaparezcan. Agregar el agua, la pimienta y el clavo.
Dejar cocer tapado a fuego suave durante 2 h (en una olla a presión 35 min serán suficientes).
Retirar las carrilleras. Triturar el conjunto de la salsa y pasar por un tamiz-colador.
Cortar las carrilleras en filetes de 1-2 cm de grosor (se cortan muchísimo mejor, si se han enfriado por completo).
Dar un hervor al conjunto, filetes y salsa durante 10 min.
Dejarlo reposar todo durante 24 h.
Se pueden comer nada más terminar de guisarlas; pero, si las dejamos 1 día en el frigo, estarán mucho mejor.
Servir muy calientes, acompañadas de un puré de patatas. (ver pág. 68)

Carrilleras con cogollos

Ingredientes

1 k de carrillera (ya preparada) • 4 cogollos de Tudela

Elaboración

Calentar las carrilleras (ver pág. 481) añadiendo un poco de agua a la salsa, por si se nos ha quedado espesa y reservarlas.

Abrir los cogollos por la mitad y dorarlos en una sartén con un poco de aceite: apenas un par de minutos solo por el lado liso serán suficientes.

Servir al momento: 2 rodajas de carrilleras con su salsa muy caliente y, al lado, la mitad del cogollo.

Rabo de buey en salsa

Ingredientes

1 rabo de buey (de 1,5 k aprox.) • Harina • Aceite • 2 cebollas • 1 zanahoria • 1 pimiento verde • 1 pimiento rojo • 1 ajo • 1 pimiento choricero (o 2 cc de pulpa de pimiento choricero) • 400 g de vino tinto • Agua

Elaboración

Pasar los trozos de rabo por harina y ponerlos a dorar en una cazuela con un poco de aceite a fuego fuerte. En apenas 5 min estarán listos.

Rescatarlos de la cazuela a una bandeja y dorar la verdura cortada en trozos grandes en ese aceite a fuego a suave durante 35-40 min. Agregar el vino tinto y dejar que reduzca a fuego suave 20 min.

Añadir el rabo a la cazuela con los jugos que haya soltado en su "estancia" fuera de la cazuela" e ir agregando algo de agua. Dejar cocer tapado a fuego suave 2 h o 2 h y media. En una olla a presión, con 35 min será suficiente.

Retirar el rabo. Triturar el conjunto de la salsa y pasar por un tamiz-colador.

Este guiso, como el de las carrilleras, ganará si la preparación se hace el día anterior.

Se puede servir con una chalota entera hecha en el microondas de la siguiente manera: cubrir la chalota con papel film y ponerla, dependiendo del tamaño, unos 5 min a la máxima potencia.

nostres

Cómo deshuesar las cerezas

Es muy fácil:
Utilizamos el deshuesador de aceitunas y, con mucho cuidado, en vez de una aceituna, metemos una cereza, apretamos y ¡zas!, ¡cereza deshuesada!
Ideal para niños y para gente que le guste comer la fruta con cuchillo y tenedor (que, por cierto, no son pocos, yo conozco a unos cuantos).
Aconsejable también deshuesarlas de esta manera para la siguiente receta.

Cerezas con "hueso comestible"

Ingredientes
300 g de cerezas picotas (deshuesadas) • 50 g de almendra marcota • 20 g de aceite de oliva • Sal

Elaboración
Dorar en una sartén a fuego suave y con un poco de aceite las almendras enteras. Cuando estén doradas, echarles un poco de sal; dejarlas enfriar e ir introduciendo una almendra en cada cereza deshuesada.
Servir en un plato avisando a los invitados de que no se preocupen del hueso: que muerdan sin miedo.

Cerezas en almíbar

Ingredientes
1 k de cerezas (no demasiado maduras) • 300 g de azúcar • 800 g de agua • 50 g de *Kirsch* (licor de cereza)

Elaboración
Poner en un cazo el agua con el azúcar, dejar que hierva e introducir las cerezas.
Dejar cocer por espacio de 4 ó 5 min.
Rescatar del almíbar las cerezas y reservarlas.
Añadir el licor al almíbar y dejar reducir.
Cuando tenga un ligero espesor, volver a echar las cerezas, dar un hervor (1 min) y retirar el conjunto del fuego.
Utilizar para tartas o, simplemente, para bizcochos, ordenadas o acompañadas de un poco de nata montada.

Cerezas con cacao

Ingredientes
300 g de picotas • ½ palo de canela • 30 g de cacao en polvo • 150 g de azúcar • 300 g de agua

Elaboración
Hervir el cacao con el agua, el azúcar y la canela durante un par de min. Agregarle las cerezas enteras o deshuesadas; dar otro hervor de 2 min y dejar que se enfríe.
Servir muy frío.
Una combinación muy resultona, de veras.

Cerezas con plátano

Ingredientes
300 g de picotas • 2 plátanos • El zumo de 2 naranjas • El zumo de 1 limón • 1 cs de azúcar • 100 g de vino dulce (Pedro Ximénez)

Elaboración
Deshuesar las cerezas (ver pág. 486).
Pelar los plátanos y trocearlos.

Introducir las dos frutas en un bol con los demás ingredientes; revolver y comer muy frío.

Castañas asadas

Ingredientes

½ k de castañas

Elaboración

En casa lo más práctico es "asarlas" sobre una sartén, haciéndoles una incisión seria en un costado, porque tienen un problema, si no se hace esto, explotan; sí, explotan. Así que no olvidéis lo de la incisión.

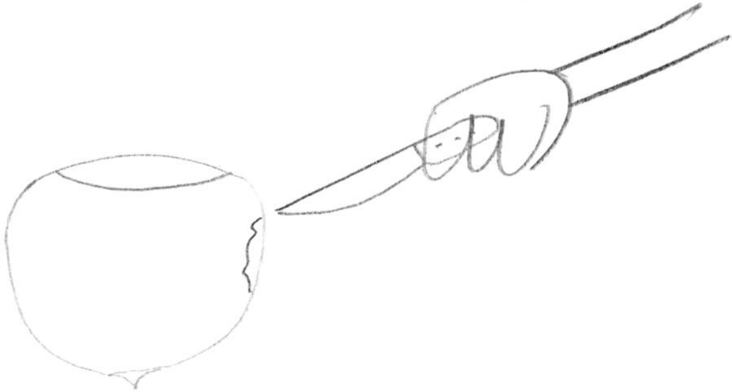

Ir removiendo a fuego medio durante 20-25 min.
Pelarlas y comerlas en caliente.
Sencillo y divertido.

Castañas, naranja y cuajada

Ingredientes

200 g de puré de castañas • 2 naranjas (peladas en trozos medianos) • 2 cuajadas • 20 g de miel • Hojas de albahaca

Elaboración

En el fondo del plato repartir equitativamente el puré de castañas (ver pág. 271).

Alrededor, los trozos de naranja y, en medio, la mitad de cada cuajada.

Por último, las hojitas de albahaca y unos hilos de miel.

Fácil y resultón, ¡os lo digo de buena tinta!

Castañas con Coca-cola

Ingredientes

200 g de puré de castañas (ver pág. 271) • 100 g de coca-cola • 1 naranja (pelada y troceada en trozos medianos) • 1 kiwi (cortado en trozos medianos) • 100 g de piña en trozos medianos

Elaboración

Mezclar el puré de castaña con la Coca-cola en frío. Disponer en el fondo de un plato sopero, este puré o salsa ligera.

Encima, colocar todas las frutas crudas.

El contraste dulce de la castaña y la coca-cola con las frutas ácidas... ¡es una gloria!

Nota: en caso de no disponer de tiempo para hacer el puré de castañas, comprarlo en bote, que lo venden ya hecho y... ¡bien bueno!, por cierto.

Ciruelas rellenas

Ingredientes

12 ciruelas secas deshuesadas. • 100 g de almendras (muy molidas) • 50 g de azúcar • 1 yema de huevo • Comino en polvo • Anís en polvo

Elaboración

Escaldar las ciruelas en agua durante 3 min. Secar y reservar. Abrirlas después a lo largo, de manera que puedan rellenarse.

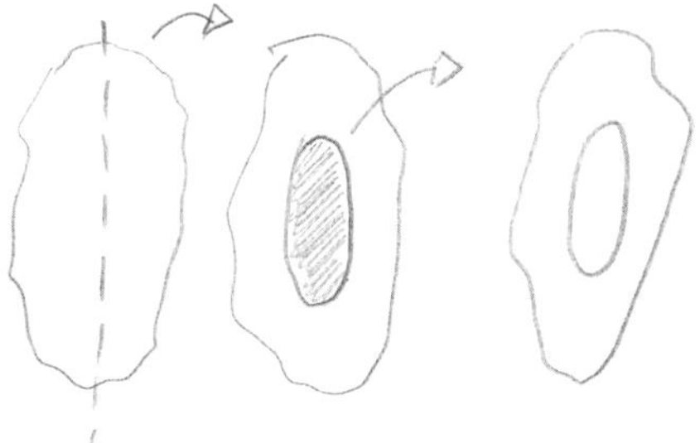

Mezclar las almendras con la yema, el azúcar y los aromas.
Nos debe quedar una pasta espesa a la que daremos forma alargada con la mano y pondremos en el interior de la ciruela.
Dar un toque de calor en el horno a 180 ºC durante 3 min.
Comer en caliente-templado.
Una bomba energética sabrosa como pocas.

Ciruelas con ciruelas

Ingredientes

12 ciruelas pasas • 4 ciruelas frescas • 150 g de nata líquida • 1 naranja

Elaboración

Poner en un bol las ciruelas pasas deshuesadas y cortadas en cuartos, las ciruelas frescas cortadas en trozos y la naranja pelada y cortada asimismo en trozos.
Disponer el conjunto en boles pequeños y rociar con la nata líquida.
Un postre ideal.

Ciruelas asadas

Ingredientes
20 ciruelas frescas (deshuesadas) • 50 g de azúcar • Orégano picado • Zumo de una naranja • 50 g de vino blanco • Nata montada

Elaboración
Disponer las ciruelas en una bandeja de hierro pequeña donde puedan entrar todas, aunque apretadas. Espolvorear con el azúcar, el orégano, el zumo de naranja y el vino blanco. Hornear durante ½ h a 170 ºC.
Sacar, dejar enfriar y servir con nata montada azucarada.

Ciruelas al *Armagnac*

Ingredientes
20 ciruelas frescas • 100 g de queso Roquefort • 100 g de *Armagnac* • 50 g de azúcar

Elaboración
Abrir por la mitad las ciruelas y sacarles el hueso.
Dorar en una sartén ambas mitades durante 2 min a fuego medio y añadirles el azúcar y el Armagnac. Dejar cocer tapado durante 10 min a fuego suave.
Dejar enfriar por completo.
Servir acompañado de los trozos de queso Roquefort y el jugo que haya soltado la mezcla, ¡por supuesto!

Mermelada de ciruelas

Ingredientes
1 k de ciruelas frescas y deshuesadas • 600 g de azúcar

Elaboración
Juntar en una cazuela los dos ingredientes durante, por lo menos, 12 horas en frío.
Hervirlo todo después a fuego suave e ir removiendo, hasta que se vaya formando una pasta levemente espesa, pero con tropiezos.
Dejar enfriar y consumir con pan tostado calentito.
¡Estupenda para desayunar!

Coco rallado para rebozar dulce

Ideal para rebozar una trufa de chocolate blanco o negro o espolvorear la parte superior de una *mousse* de chocolate.
Ver la receta de trufas (pág. 561) o la de *mousse* (pág. 556).

Dátiles rellenos

Ingredientes
12 dátiles • 100 g de almendras • 50 g de azúcar • Canela en polvo • Comino en polvo • 1 yema de huevo

Elaboración
Deshuesar los dátiles y rellenarlos con la mezcla, como en la receta de las ciruelas (ver pág. 489).
El resultado es distinto en cuanto a sabores, pero igualmente resultón, sobre todo, si conseguimos esos maravillosos dátiles grandes, jugosos (que en temporada —invierno— son una verdadera joya gastronómica).

Zumo de frambuesas con naranjas

Ingredientes
½ l de zumo de naranja • 300 g de frambuesas • Pimienta negra

Elaboración
Triturar todos los ingredientes y colarlos (muy importante).
Servir en copas con pajita y un toque de pimienta negra recién molida por encima.

Mermelada rápida de frambuesas

Ingredientes
300 g de frambuesas • 100 g de azúcar

Elaboración
Disponer en un bol de cristal ambos ingredientes. Taparlos con papel film y meterlos al microondas a máxima potencia 3 min.
Cuando lo saquéis, aplastar el conjunto con un tenedor. Nos quedará una especie de "mermelada."
Una mezcla sabrosa para juntar con carnes y postres.

Frambuesas congeladas para un batido

Ingredientes
300 g de frambuesas congeladas • 1 l de leche • 100 g de azúcar

Elaboración
Triturar todos los ingredientes y filtrar (esto es optativo).
Ideal para merendar.

Frambuesas congeladas para granizado

Ingredientes
300 g de frambuesas congeladas • ½ l de leche • 100 g de azúcar • 4 hielos

Elaboración
Triturar el conjunto y servir en copas con pajita.
Una merienda estupenda.

Frambuesas con miel

Ingredientes

300 g de frambuesas • ½ l de nata • 50 g de azúcar • 50 g de miel

Elaboración

Mezclar la nata con el azúcar y la miel. Dejar por lo menos 1 h removiendo muy despacio, de vez en cuando, hasta que se disuelva todo. Sin montar la nata, ¡ojo!
Disponer las frambuesas en boles individuales y verter sobre cada uno, 3 ó 4 cs de la mezcla anterior.
Comer muy frío.

Fresas con nata

Ingredientes

1/2 k de fresas • 250 g de nata montada y azucarada • Menta picada

Elaboración

Limpiar las fresas en agua muy fría. Quitarles el rabito superior y acompañarlas de nata (ver pág. 533) no demasiado azucarada. Espolvorear con menta picada.

Fresas con chocolate

Ingredientes

½ k de fresas • 150 g de chocolate • 50 g de leche

Elaboración

Cortar en trozos muy pequeños el chocolate y ponerlo a fundir con la leche caliente en un microondas a potencia media, haciendo la siguiente operación:

Introducir en el interior el bol con el chocolate muy picado y la leche 15 seg.
Sacarlo y revolverlo con una espátula. Repetir esta operación las veces que sea necesario, hasta que el conjunto esté fluido.
Si lo ponemos a otra potencia y sin revolver, la posibilidad de que el chocolate se queme es bastante alta. La temperatura del chocolate debe ser un poco menor a la nuestra (32-33 ºC).
Ponerlo en un bol acompañado de otro bol con las fresas cortadas por la mitad y clavadas con un palillo.
Untar las fresas en el chocolate fundido y... ¡a disfrutar!

Fresas en vinagre

Ingredientes
1/2 k de fresas • 100 g de azúcar • 70 g de vinagre de Jerez

Elaboración
Dejar reposar toda la noche las fresas limpias y cortadas por la mitad junto con el vinagre y el azúcar.
Una vez que han soltadoi todo su jugo, al día siguiente, las escurrimos.
Degustar muy frías.
¡Un verdadero agridulce que te embelesará!

Zumo de naranja con fresas

Ingredientes
1 l de zumo de naranja • 1 k de fresas • 100 g de azúcar

Elaboración
Limpiar y cortar por la mitad las fresas.
Mezclar todos los ingredientes y dejarlos reposar en un bol durante una noche.
A la mañana siguiente, estará riquísimo, tenlo por seguro.

Zumo de fresas

Ingredientes
1 k de fresas • 130 g de azúcar

Elaboración
Licuar las fresas, añadirles el azúcar y servir muy frío en un vaso. Muy interesante como salsa para carnes a la plancha; también como jugo para acompañar a un yogur ó a un muesly.

"Mermelada" de fresas

Ingredientes
1 k de fresas • 5 cs de aceite de oliva • 1 cs de azúcar

Elaboración
En una sartén antiadherente, saltear las fresas (limpias y cortadas en cuatro) a fuego medio con un poco de aceite. Seguir removiendo durante 10 min. Agregarles el azúcar y dejar a fuego bajo otros 10 min, removiendo con cierta frecuencia.
Ideal para un puré que acompañe a un postre o a una carne.

Fresas, cerezas y almendras

Ingredientes
¼ k de fresas • 100 g de zumo de naranja • ¼ k de cerezas • 100 g de naranja • 80 g de almendras en polvo

Elaboración
Cortar las fresas en cuartos y deshuesar las cerezas.
Como las fresas y las cerezas son de la misma temporada, algunos días se pueden disponer ambas por separado con zumo de naranja y echar por encima la mitad de la almendra en polvo a cada fruta.

Servir a cada comensal dos tazas pequeñas: una con las fresas y, la otra, con las cerezas.
Un juego sencillo para comparar matices de sabor.

Fresas congeladas

Ingredientes

½ k de fresas • ½ l de leche • 150 g de nata • 100 g de azúcar

Elaboración

Limpiar, partir por la mitad y congelar las fresas durante, por lo menos, 24 h.
Pasado este tiempo, meterlas en un vaso triturador con los demás ingredientes y triturarlo todo bien.
Nos saldrá una especie de batido espeso, ideal para muchas, muchas cosas: para acompañar a manzanas asadas, a cerezas crudas, etc.

Higos a la plancha

Ingredientes

12 higos (sin pelar) • 30 g de frambuesas • Hojas de menta • 4 cs de aceite de oliva

Elaboración

Abrir por la mitad los higos y dorarlos levemente con un poco de aceite en una sartén antiadherente apenas 1 min.
Colocarlos en un plato junto con las frambuesas y algunas hojas de menta.
Un postre frío-caliente delicioso.

Higos o brevas

Ingredientes

8 brevas • 100 g de nata líquida • 100 g de almendras tostadas

Elaboración

Abrir por la mitad las brevas y disponerlas en una bandeja pequeña de horno, de manera que estén un poco apretadas (solo un poco ¡eh!).

Agregarles la nata líquida y hornear 15 min a 180 ºC.

Sacarlas del horno y echarles por encima las almendras tostadas.

Servir muy caliente.

Nota: tanto los higos como las brevas son frutos de la higuera. Junio suele ser el mes de las brevas y septiembre, el de los higos.

Las brevas son el primer fruto de la higuera, con un color de piel más morado y la piel más delgada. El higo es la segunda fruta (en realidad sería la primera, pues el esqueje de la breva hiberna durante el invierno y, cuando llega el verano, es cuando crece). Se recoge 2 meses más tarde; tiene un color más verdoso, la piel más gruesa y el interior varía del gris al rojizo. Ambas frutas poseen un dulzor parecido y una textura blanda.

Higos con champán

Ingredientes

12 higos maduros • 500 g de champán • 50 g de azúcar • Orégano en trocitos

Elaboración

Pelar los higos, cortarlos en cuartos y disponerlos en boles individuales.

Rellenar dichos boles con la mezcla muy fría de champán y azúcar.

Servir muy frío, acompañado del orégano en trozos.

La simplicidad es la clave de muchos platos y, como muestra, este botón.

Kiwi con coco I

Ingredientes
1 l de agua • 200 g de coco seco rallado • 125 g de azúcar • 4 kiwis (pelados) • Menta en hojas

Elaboración
Poner en agua el coco y el azúcar durante 1 h juntos para que se disuelva bien el azúcar.
Colar bien el coco y disponerlo en boles pequeños junto con los trozos de kiwi.
Decorar con hojas de menta.
Servir muy frío.

Kiwi con coco II

Ingredientes
4 kiwis (pelados) • 50 g de coco rallado • Una pizca de sal

Elaboración
Triturar el coco rallado, hasta convertirlo en polvo. Pasarlo por un colador para conseguir un polvo más fino y agregarle la sal.
Introducirlo en dos boles: en uno, el coco en polvo y, en el otro, el kiwi en rodajas.
Con un palillo "untar" los trozos de kiwi y... ¡a zampar!

Kiwi a la plancha

Ingredientes
4 kiwis • 50 g de azúcar

Elaboración
Cortar los kiwis en rodajas de 1 cm de grosor y pasarlos por una sartén antiadherente, hasta que estén dorados.

Agregarle azúcar por encima.
Ideal para acompañar a carnes; también recomendable para decorar una tarta o como ingrediente de un postre.

Mango a la plancha

Ingredientes
2 mangos maduros • Sal

Elaboración
Pelar los mangos y abrirlos con cuidado en dos mitades. Recuerda que la carne se queda muy pegada al hueso y es prácticamente imposible sacarlo sin algo de pulpa.
Dorar en una sartén las dos mitades. Cuando tengan un bonito color, retirarlas del fuego y servirlas caliente.
Un sabor que no se olvida fácilmente.
Para acompañar, por ejemplo a un helado, a un trozo de atún a la plancha.
También, para empezar una comida con unas anchoas de lata encima.

Mango licuado

Ingredientes
2 mangos maduros y pelados • 50 g de azúcar • 550 g de nata líquida

Elaboración
Licuar los mangos.
Agregarles el azúcar en frío y revolver, hasta que se disuelva por completo. Agregar la nata liquida muy fría.
Una salsa de postre deliciosa, servida en un vaso alto con canela en polvo espolvoreada por encima.

Mango y arroz con leche

Ingredientes

½ k de arroz con leche • 1 mango (pelado y cortado en trozos medianos)

Elaboración

Dorar en una sartén el mango, hasta que esté bonito.

Disponerlo en un plato acompañado de varias cucharadas de arroz con leche (ver pág. 523).

Si el arroz con leche está un poco "quemado" o gratinado (como lo hacen los asturianos), mejor que mejor.

Manzanas asadas

Ingredientes

4 manzanas reinetas • 100 g de azúcar • 150 g de sidra

Elaboración

Descorazonar las manzanas y depositarlas en una bandeja.

Rellenar el hueco de azúcar. Mojar el azúcar con la sidra y hornear a 180 ºC durante 30-40 min, en función del tamaño de la fruta.

Dejar que se enfríen.

Degustarlas acompañando a alguna carne o ...por supuesto, solas como postre.

Manzanas al microondas

Ingredientes

4 manzanas reinetas • 100 g de azúcar • 150 g de sidra

Elaboración

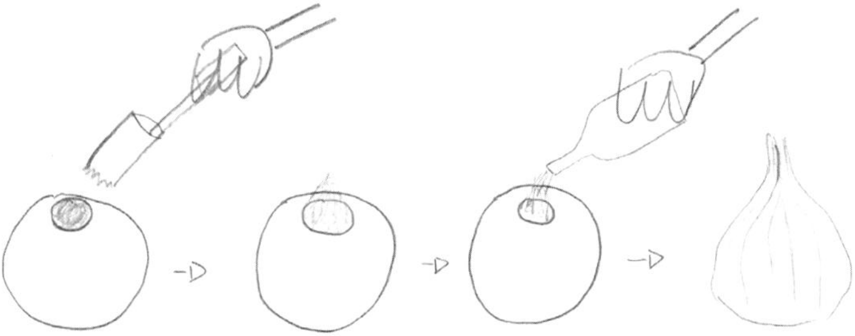

1 2 3 4

1 Manzana vaciada
2 Rellenas de azúcar
3 Mojadas con sidra
4 Envolverlas en plástico film

Microondas 3 min a máxima potencia
Esta receta lleva los mismos ingredientes que los de la receta anterior, pero con resultados distintos: ¿mejores o peores? Eso ya lo comprobaréis vosotros mismos.

Manzanas a la plancha

Ingredientes

4 manzanas • 150 g de *mousse* de *foie* • 20 g de azúcar • 20 g de aceite de oliva • Perejil picado • 20 g de vinagre de sidra

Elaboración

Pelar las manzanas, descorazonarlas y cortarlas en círculos de 1 cm de grosor.

Dorarlas en una plancha o en una sartén con un poco de sal y azúcar.
Colocarlas sobre un plato y encima de cada círculo, colocar un trozo de *mousse* de foie.
Por encima, verter un poco de vinagreta que se elabora de la siguiente manera: picar los recortes (piel incluida) que nos han sobrado al cortar las manzanas y añadirles un poco de perejil, vinagre y aceite.
Servir tibias.

Manzanas crujientes

Ingredientes
2 manzanas • 100 g de azúcar

Elaboración
Existen varia maneras de hacer láminas crujientes de manzana; ésta no es la mejor, pero sí la más simple.
Cortar las manzanas en láminas finas con ayuda de una mandolina.
Depositarlas en una bandeja de horno con un papel sulfurizado debajo. Embadurnarlas por los dos lados de azúcar y hornear a 180 ºC, hasta que estén doradas.
Comerlas, nada más sacarlas del horno.
Ideal para acompañar a postres o a carnes.

Compota de manzana

Ingredientes
4 manzanas reinetas • 12 orejones de melocotón • 10 orejones de albaricoque • 10 ciruelas pasas • 1 vainilla • 1 canela • 300 g de azúcar • 2 l de agua

Elaboración

Poner a cocer todo junto a fuego muy suave durante, por lo menos, 45 min o 1 h sin tapar.
Dejar enfriar bastante tiempo.
En caso de que el caldo nos quede un poco ligero, escurrirlo de la fruta y ponerlo al fuego destapado, hasta que se espese. Luego, volverlo a juntar todo y dejar que se enfríe completamente.
La cocción de la manzana difiere de la de la fruta seca; pero si se cocina despacio, el resultado es muy bueno. Sino, habría que cocer cada cosa por separado.
Postre ideal donde los haya.

Hojaldre de manzanas

Ingredientes

4 manzanas *Granny-Smith* • 350 g de hojaldre • 1 huevo • Azúcar glass

Elaboración

Estirar el hojaldre con ayuda de un rodillo y un poco de harina.
Pelar y cortar la manzana en gajos.

Envolver cada gajo con el hojaldre o todos a la vez. Pintar con huevo batido.
Hornear a 180 ºC durante 25 min.

Espolvorear con azúcar glass. Si se quiere más dulce, embadurnar la manzana en azúcar normal.
Comerlo, recién salido del horno.

Manzanas a la plancha con helado

Ingredientes

4 manzanas • 300 g de helado de vainilla • 50 g de azúcar • 30 g de aceite de oliva

Elaboración

Pelar las manzanas y cortarlas en octavos.
En una sartén con un poco de aceite, dorar las manzanas embadurnadas de azúcar. Cuando tengan un bonito color dorado (tardarán un par de minutos por cada lado), disponerlas sobre el plato acompañadas de una bola de helado de vainilla.
¡Mucho placer para tan poco trabajo!

Manzanas con Coca-Cola

Ingredientes

4 manzanas reinetas • 50 g de azúcar • 1 l de coca-cola • 200 g de nata montada

Elaboración

Pelar y cortar las manzanas en cuatro partes.
Cocerlas en un recipiente destapado con la coca-cola y el azúcar durante ½ h a fuego suave.
Dejar enfriar en su propio caldo.
Servir muy frío y acompañar de cucharadas de nata montada con azúcar (ver pág. 533 o comprarla ya hecha en spray).

Cómo abrir un melocotón

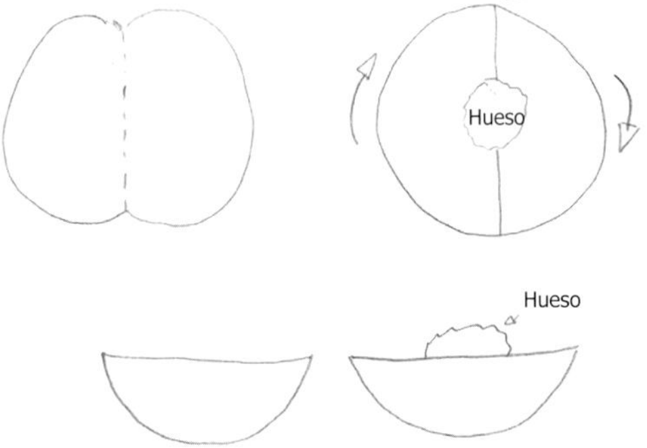

Hacer un único corte (que dé la vuelta a todo el melocotón), hasta llegar al hueso. Lo habremos partido en dos, pero nos lo sujeta el hueso. No tenemos más que girar con las dos manos (cada mano en sentido contrario), y se nos separarán las dos mitades de la fruta: en una quedará el hueso y en la otra, el agujero del hueso. Retirar el hueso de la mitad donde estaba y ya tenemos las dos mitades.

Melocotones asados

Ingredientes

4 melocotones • 100 g de azúcar • 50 g de licor de melocotón • Nata montada (opcional)

Elaboración

Pelar los melocotones y ponerlos enteros en una bandeja de horno un poco apretados. Rociar con el azúcar y el licor. Tapar con papel aluminio y hornear 40 min a 180 ºC.

Servir en frío acompañados de nata montada o simplemente solos: su propio jugo es... ¡fantástico!

Melocotones al vino

Ingredientes

4 melocotones • 1 l de vino tinto • 180 g de azúcar • 1 palo de canela

Elaboración

Pelar los melocotones y ponerlos a cocer (enteros o partidos por la mitad) con el vino, el azúcar y la canela durante 1 hora a fuego suave. Dejar enfriar a conciencia.
Servir muy fríos acompañados de un buen vino blanco seco.
¡Ya tenemos bastante dulzor con los melocotones!

Melocotones al cava

Ingredientes

3 melocotones • 1 l de champán • 100 g de azúcar • 200 g de nata montada azucarada

Elaboración

Pelar los melocotones y triturarlos con el azúcar y el champán. Filtrarlos y depositarlos en copas altas. Encima, 2 cs de nata montada.

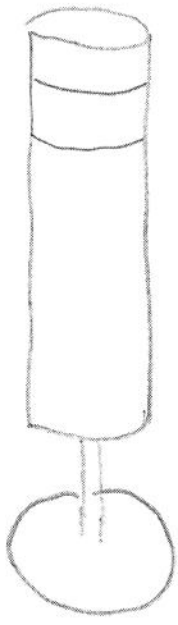

Servir muy frío y... ¡a disfrutar!

Melocotones rellenos

Ingredientes
4 melocotones • 30 g de azúcar • 50 g de agua • 3 orejones de melocotón • ½ l de agua • 50 g de azúcar • 100 g de queso de Philadelfia • 30 g de azúcar

Elaboración
Pelar y abrir por la mitad los melocotones.
Asarlos en el horno con un poco de azúcar durante, por lo menos, 30 min a 180 ºC en una tartera con el agua (50 g). Reservar en frío.
Cocer los orejones durante ½ hora en agua con azúcar. Dejar que se enfríen y picarlos en cuadrados pequeños. En frío mezclarlos con el queso y el azúcar.
Rellenar el hueco central del melocotón con esta mezcla y servirlo acompañado de los jugos de cocción que haya soltado el melocotón al asarse más 2 cs del caldo donde se han cocido los orejones.

Melocotones con arroz con leche

Ingredientes
2 melocotones grandes • 30 g de azúcar • 20 g de aceite • 500 g de arroz con leche

Elaboración
Pelar y cortar los melocotones en trozos irregulares grandes; embadurnarlos con azúcar y dorarlos en una sartén el tiempo justo para que se dore la superficie y para que el interior quede terso (si los dejáis demasiado tiempo, quedarán "babosos").
En un plato sopero, depositar el arroz con leche frío (ver pág. 523) y, encima, los trozos de melocotón, dorados y calentitos.

Melocotones en sangría

Ingredientes

1 l de vino tinto • 100 g de azúcar • 10 cubitos de hielo • 30 g de coñac • 3 melocotones • 700 g de zumo de naranja • 20 g de miel • 1 limón (cáscara y zumo) • 200 g de gaseosa • Canela en polvo

Elaboración

Pelar y cortar los melocotones en trozos pequeños.

Mezclar todos los ingredientes y servir muy fríos en una copa con cuchara. Con ella se pescarán los trozos de fruta y, después, se beberá el caldo directamente.

¡Fantástico brebaje!: tan curioso como bueno y muy refrescante.

Batido de melocotones

Ingredientes

1 lata de melocotones en almíbar • 300 g de helado de vainilla • 10 cubitos de hielo • 100 g de leche condensada • ½ l de leche • 100 g de almendras fritas y saladas

Elaboración

Triturar todos los ingredientes, salvo las almendras.

Servir muy frío en un plato sopero y, por encima, los trozos de almendra frita.

¡Un postre maravilloso!

Melón integral

Ingredientes

1 k de melón • 100 g de azúcar

Elaboración

Lavar bien la piel del melón con agua fría.

Abrirlo, quitarle las pipas y partirlo en trozos.
Licuarlo CON piel.
Agregarle el azúcar y removerlo, hasta su completa disolución: nos quedará un zumo verde espectacular.
Ideal para beber recién licuado o como salsa para acompañar a un flan, como integrante de una vinagreta para una carne a la plancha... ¡Importante!: esto último es un invento.

Melón con melón

Ingredientes
1 melón • 150 g de cava • 50 g de azúcar

Elaboración
Abrir el melón por la mitad. Darle un corte a cada base para que no se nos mueva. Con ayuda de una cucharilla, sacarle las pipas.

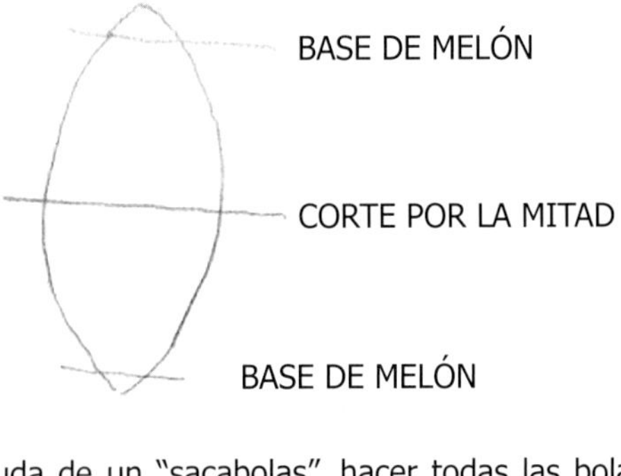

Con ayuda de un "sacabolas", hacer todas las bolas posibles de cada mitad. Reservar fuera del melón. La carne del melón que nos quede, tras haber hecho las bolas, triturarla con el azúcar y el cava.

Rellenar las dos mitades del melón con las bolas y el caldo resultante del triturado, que tendrá una textura espesa.
Presentarlo todo muy frío en dos medios melones.
Llegó el momento de darle a la cuchara y *ponernos morados*.

Melón con helado de limón

Ingredientes

1 melón • 150 g de cava • 50 g de azúcar • 300 g de helado de limón • 150 g de nata montada

Elaboración

Hacer las bolas y el caldo como en la receta anterior; pero ahora, en vez de presentarlo en dos mitades, lo haremos en un plato sopero; encima, le pondremos una bola de helado de limón y alrededor, pequeñas bolitas de nata montada.
Me veo de nuevo con la cuchara en la mano y... ¡a comer se ha dicho!

La segunda piel del melón (o de la sandía)

Ingredientes

1 melón • 1 l ½ de agua • 200 g de azúcar

Elaboración

Pelar la piel verde del melón con un pelador de patatas (únicamente la capa verde externa).
Abrirlo en ocho partes y quitarle la piel dura.

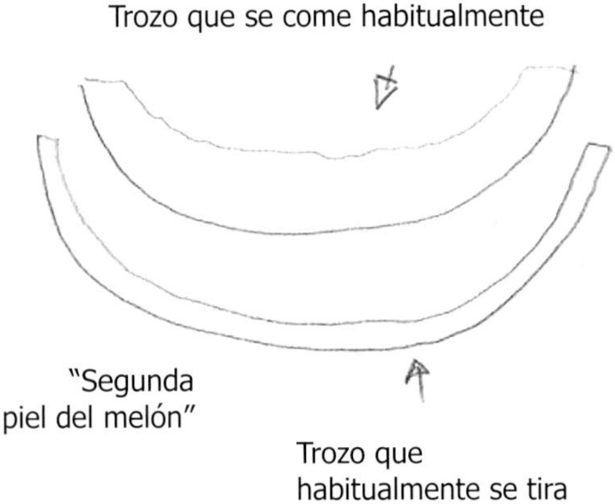

Cocer, troceada, la segunda piel en agua con azúcar durante 1 h 30 min a fuego suave. Escurrir y servir muy frío acompañado de natillas,... ¡hum..., qué delicia!

Nota: como bien decimos en el título, la receta se puede hacer también con la sandía.

Membrillo con queso

Ingredientes

300 g de membrillo • 300 g de queso de Burgos • 50 g de nueces peladas • Aceite de oliva virgen

Elaboración

Cortar el membrillo y el queso en rectángulos de igual tamaño. Pincharlos con un palillo y... ¡a zampar! Encima, unas nueces y... ¡se me olvidaba!: unas gotas de aceite de oliva virgen.

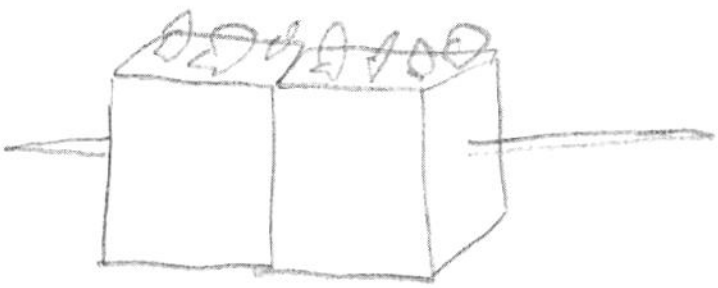

Membrillo con helado de queso

Ingredientes

150 g de membrillo (cortado en dados pequeños) • 500 g de helado de queso • 30 g de almendras fritas

Elaboración

Disponer en un bol una bola de helado de queso. Por encima, simplemente, el membrillo y las almendras.

Naranjas con chocolate

Ingredientes

4 naranjas grandes y dulces • 100 g de chocolate • 10 g de aceite de oliva

Elaboración
Pelar las naranjas y cortarlas en rodajas de 1 cm de grosor.
Pasar por una sartén antiadherente durante apenas unos segundos.
Derretir el chocolate en el microondas.
Colocar las rodajas de naranja sobre un plato y verter un hilo de chocolate derretido por encima.
Unas pocas gotas de aceite de oliva será lo único que se necesita para el toque final.

Naranjas con champán

Ingredientes
4 naranjas • ½ l de champán • Hojas de menta

Elaboración
Exprimir las naranjas y mezclarlas con el champán.
Servir muy frío y acompañado de hojas de menta.
¡Un postre estupendo!

Naranjas con mandarinas

Ingredientes
2 naranjas grandes y dulces • 2 mandarinas grandes y dulces • 20 g de aceite de oliva • Sal gorda

Elaboración
Cortar las naranjas y las mandarinas en gajos.
Extenderlas en un plato con un hilillo de aceite de oliva y un poco de sal gorda.
Degustar a temperatura ambiente.
Veréis qué curiosas similitudes y diferencias existen entre la naranja y la mandarina combinadas.
¡Un juego para el paladar!

Zumo de peras

Ingredientes

6 peras maduras • Zumo de ½ limón • 50 g de chocolate rallado

Elaboración

Licuar las peras ya peladas. Añadirles el zumo de limón e introducirlo en copas altas. Espolvorear la superficie con chocolate rallado.

Os lo aconsejo para empezar una comida o como postre.

Nota: como aperitivo hace las veces de cóctel.

Peras cocidas en cacao

Ingredientes

1 l de agua • 4 peras peladas • 300 g de azúcar • 20 g de cacao en polvo • 1 rama de canela

Elaboración

Poner a cocer el agua con el azúcar, el cacao y la canela.

Cuando hierva, agregar las peras enteras y peladas. Bajar el fuego y dejar hervir destapado durante 45 min.

Dejar enfriar y servir con el caldo muy frío y unas gotas de aceite de oliva virgen extra.

Pepino con cuajada

Ingredientes

1 pepino • 40 g de azúcar • 4 cuajadas • 16 nueces fritas • 4 hojas de menta • Gotas de miel

Elaboración

Licuar el pepino con su piel.

Al zumo resultante se le añade el azúcar y se remueve, hasta que se disuelva.

Disponer en cada plato la cuajada medio rota y por encima, la menta, las nueces y 2 cs del caldo verde del pepino.
Se puede probar como postre con la miel o como entrante.

Cómo pelar piña fresca

Pues muy fácil: primero pelarla sin meterse mucho en la carne de la fruta: nos quedará la piña pelada, amarilla, pero con multitud de "ojos" (restos de la piel) que siguen una línea en sentido circular ascendente. No tenemos más que tallar la piña con ayuda de un cuchillo para quitarle las tiras con los "ojos" molestos y tenerla lista para comer.

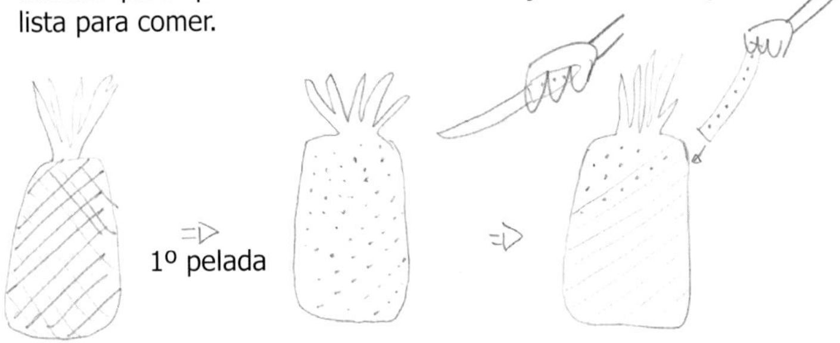

Con un poco de práctica dejaréis la piña libre de "ojos" y, sobre todo, preciosa.
La piña fresca tiene dos partes

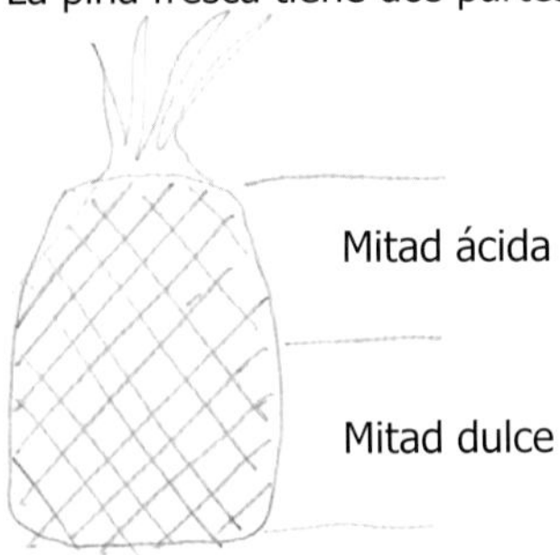

La parte inferior es mucho más dulce que la superior.
Cuando cortéis la piña, tenerlo en cuenta.

Piña rellena

Ingredientes para 1 persona

½ piña • 200 g de pollo • 2 dientes de ajo • ½ pimiento verde • ½ cebolla • Curry en polvo • 5 cs de aceite • 10 g de harina • 100 g de caldo de pollo

Elaboración

Cortar la piña por la mitad y vaciarla.

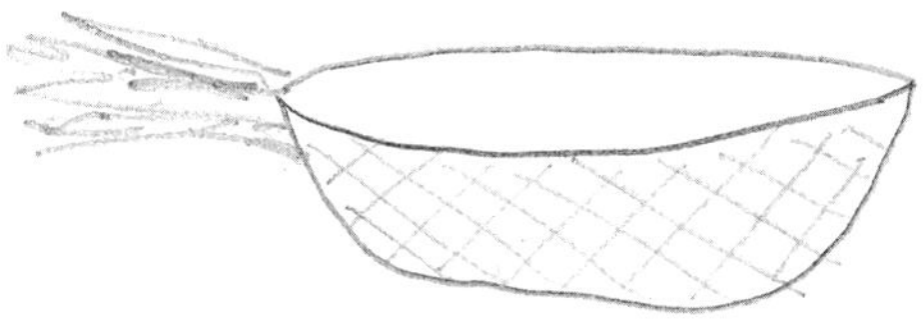

Saltear el ajo, la cebolla y el pimiento verde, todo bien picado, en una sartén.
Agregar el pollo cortado en dados y pasado por la harina; dejar que se haga y agregarle el interior de la piña. Por último, el caldo y el curry. Dejar hacer 5 min y rellenar las mitades de la piña.
Servir caliente.

Piña al horno

Ingredientes

1 piña • 100 g de azúcar • Tomillo en polvo • Pimienta en polvo • Orégano en polvo • Pimienta blanca en polvo

Elaboración

Pelar la piña y cortarla en cuatro partes longitudinales.

Mezclar el azúcar con las especias y embadurnar a conciencia cada trozo de piña.
Asar en una bandeja a 180 ºC durante 1 hora.
Servir en frío o en caliente, acompañado por unas natillas (ver pág. 523)

Sopa de piña

Ingredientes
1 piña • 100 g de azúcar • Menta picada • 300 g de helado de chocolate

Elaboración
Licuar la piña bien pelada. Mezclarla con el azúcar y colocarla en un plato sopero. Encima, un par de bolas de helado de chocolate y alrededor, unas gotas de aceite de oliva y un poco de menta picada.

Plátano flambeado

Ingredientes
2 plátanos • 50 g de coñac • 30 g de mantequilla • 1 cs de azúcar • Menta picada

Elaboración
Cortar los plátanos pelados a lo largo en dos mitades. Dorarlos en la sartén con un poco de mantequilla.
Calentar en un bol aparte el coñac y prenderle fuego con cuidado: al estar caliente, prenderá con más facilidad. Echárselo al plátano y, de nuevo con cuidado, dejar que se apague. Añadir el azúcar y servir caliente, acompañado de helado o de yogur.

Batido de plátano

Ingredientes

2 plátanos (pelados al momento) • 1 l de leche • 50 g de azúcar • Zumo de ½ naranja

Elaboración

Triturar el conjunto, hasta formar un batido espeso.
Ideal como merienda, para terminar una comida, para untar con galletas o como fondo de un plato sopero y acompañado de una bola de algún helado ácido, como, por ejemplo de limón, de frutas del bosque, de mango, de naranja...

Plátano con chocolate

Ingredientes

2 plátanos • 200 g de chocolate • 200 g de cereales crujientes (tipo *Kellogs*)

Elaboración

Cortar el plátano en rodajas de 2 cm de grosor y, a su vez, cortar éstas por la mitad. Pincharlas con un palillo y reservarlas.
Fundir en el microondas el chocolate picado, con cuidado de no quemarlo: cada 15 seg parar, sacarlo, removerlo y volver a meterlo para que se vaya fundiendo ligeramente (máxima potencia 800 w). A veces es mejor bajar la potencia del microondas y hacerlo con más suavidad, aunque tarde más tiempo.
A continuación hacer lo siguiente:

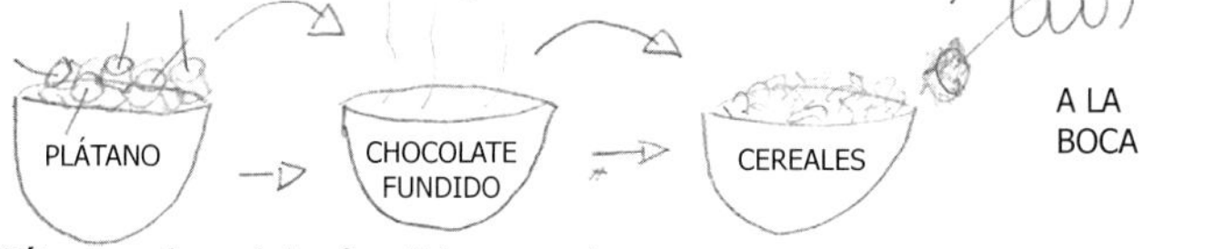

Plátano, chocolate fundido cereales

Sandía al champán

Ingredientes
1 k de sandía (pelada y sin semillas) • ½ l de champán • 10 cubitos de hielo • 2 cs de coñac • Hojas de menta

Elaboración
Triturar todos los ingredientes (excepto la menta).
Verter la mezcla en copas alargadas. En la superficie, un par de hojas de menta rotas para que suelten el aroma.
¡Peligroso en verano!: puedes empezar a beber y no saber cómo ni cuándo vas a acabar.

Sandía levemente amarga

Ingredientes
1 k de sandía (pelada y sin semillas) • 1 cs de azúcar • 200 g de *bitter cinzano* • 1cs de licor de cacao • 5 cubitos de hielo • Hebras de romero picadas

Elaboración
Triturar muy bien los ingredientes indicados y repartirlos en copas altas (salvo el romero).
Por encima, unas hebras picadas de romero.
¡A disfrutar!

Sandía de noche

Ingredientes
1 k de sandía • 500 g de zumo de naranja • 300 g de helado de yogur

Elaboración

Dorar en una sartén antiadherente la sandía cortada en dados. Dejar enfriar y cubrirla con el zumo de naranja.

Depositar en cada plato sopero 4 ó 5 cs de esta mezcla; en medio, una bola de helado de yogur.

Ideal para tomar por las noches veraniegas, en la terraza de algún lugar romántico, con cierto bochorno y poca ropa...

Uvas con queso (y con cariño)

Ingredientes

300 g de uvas • 150 g de queso manchego curado • 5 cs de aceite de oliva suave • 2 cs de vinagre de Jerez • Menta picada

Elaboración

Con paciencia, cariño y un poco de habilidad —además de un cuchillo afilado—, pelar las uvas y despepitarlas. Mezclarlas con los demás ingredientes y servirlas en los platos a temperatura ambiente.

Esto podría ser un entrante o bien un postre.

La combinación ya sabe a...

Uvas con queso (y con prisa)

Ingredientes

300 g de uvas • 150 g de queso manchego curado (en dados) • 4 cs de aceite de oliva • 2 cs de vinagre de Jerez • Menta picada

Elaboración

Mezclar los ingredientes en frío.

Una combinación resultona, pero sin llegar a la calidad de la receta anterior.

Uvas maceradas

Ingredientes

750 g de vino tinto • 150 g de azúcar • 400 g de uvas • 300 g de yogur griego • 1 cs de miel

Elaboración

Mezclar bien en un bol y en frío el azúcar con el vino. Verter las uvas –peladas o sin pelar, pero abiertas por la mitad– y dejar que se maceren en la mezcla durante 24 h. Pasado este tiempo, sacarlas, escurrirlas un poco y depositarlas en un plato sopero; en medio, 1 cs de yogur y un pequeño hilo de miel.

Uvas con helado

Ingredientes

½ l de zumo de naranja • 100 g de brandy • 50 g de azúcar • 400 g de uvas (peladas o sin pelar) • 500 g de helado de vainilla

Elaboración

Partir por la mitad las uvas y sumergirlas en el zumo de naranja durante 12 horas junto con el brandy y el azúcar.

Pasado este tiempo, depositar la mezcla en platos soperos y rematar la operación con una bola de helado en medio.

Leche de coco

Ingredientes

1 l de agua • 200 g de azúcar • 150 g de coco rallado seco

Elaboración
Dejar infusionar 6 h el conjunto y filtrarlo por un colador (o por una tela).
En vez del agua, se puede hacer con 1 de leche: la leche de coco tiene un sabor más profundo y para algunas cosas nos puede venir mejor.
Ideal para beber muy fría o como jugo para acompañar a frutas crudas ácidas.

Arroz con leche

Ingredientes
2 l de leche • 160 g de arroz • 230 g de azúcar • 200 cl de nata líquida • 1 palo de canela • Sal

Elaboración
Poner a remojo el arroz con 1 l de leche y el palo de canela. Pasadas 4 h, acercarlo al fuego y hervirlo durante ¼ de hora.
Agregar después el segundo litro de leche muy caliente (para que no se interrumpa la cocción).
Dejar que el conjunto siga cociendo durante ½ h y, seguidamente, agregar la nata, el azúcar y un poco de sal. Mantenerlo en el fuego 15 min más.
El tiempo total de cocción será de 1 h.

Natillas

Ingredientes
250 g de azúcar • 10 yemas de huevo • 1 l de leche • 1 corteza de limón • 1 vainilla

Elaboración

Cocer la leche con la mitad de azúcar, la corteza de limón y la vainilla.

Por otro lado, mezclar el azúcar restante con las yemas y batir el conjunto para amalgamarlo.

Colocar este preparado al baño María y mezclarlo con la leche —que debe estar muy caliente, pero no hirviendo—, tras haber retirado el limón y la vainilla.

Remover el conjunto, hasta que espese un poquito; pero teniendo mucho cuidado de que no llegue a hervir: esto nos estropearía por completo el postre.

En cuanto se haya obtenido el punto exacto de espesor que se le quiere dar a las natillas, colarlas por un chino y disponerlas en un recipiente frío. De esta manera se evita que sigan engordando.

Crema catalana

Ingredientes

1 l de leche • 100 g de nata • 4 yemas de huevo • 35 g de maicena • 200 g de azúcar • ½ palo de canela • ½ corteza de limón • Azúcar (para espolvorear)

Elaboración

Hervir la leche con la nata, la canela y el limón. Retirar la corteza de limón y la canela de la leche —no la tiréis; si la dejáis secar, os servirá para otra ocasión, habrá perdido algo de intensidad, pero valdrá... ¡No debiste tirar la última!, ¡maldición!—.

Mezclar a fondo en una cazuela las yemas con la maicena y el azúcar. Verter sobre esta mezcla la leche y la nata recién hervida.

Poner al fuego esta segunda cazuela, hasta que espese, removiendo constantemente.

Verter la mezcla en terrinas o tazas pequeñas y dejar enfriar.

En el momento de ser servida, espolvorear con azúcar la superficie y quemar con ayuda de una pala de quemar o un soplete pequeño. Lo mejor es una pala de hierro muy caliente para fundir el azúcar de la superficie que nos quedará crujiente.

Flan de huevo

Ingredientes

½ l de leche • 125 g de azúcar • 2 huevos enteros • 3 yemas • 1 cc de sal • 1 palo de canela

Elaboración

El flan se puede hacer en un molde grande o en varios pequeños; en ambos casos, se actuará de igual manera, con la salvedad de que, si elegimos la segunda opción, necesitaremos menos tiempo para la cocción.

Utilizamos un molde grande circular de 26 cm de diámetro.

Preparar un poco de azúcar quemado: poner azúcar en un cazo con una cucharada de agua y dejarlo en el fuego, hasta que tome un bonito color dorado oscuro. (¡ojo!, que quemará mucho). Verterlo, después, sobre el molde. Dejar que se solidifique y reservarlo.

Por otro lado, mezclar en un bol los huevos y las tres yemas con el azúcar y la sal.

Para entonces, habremos puesto a hervir la leche con la canela. Una vez templada, añadírsela a los huevos y remover para que se mezcle bien, pero sin batir.

Llenar el molde con la mezcla e introducirlo en una cazuela que contenga agua hirviendo (o sea, al baño María). Meterlo todo al horno y dejar que se haga alrededor de 20 min, a una temperatura de unos 160 ºC. En caso de que la parte superior se dore demasiado, protegerla con un trozo de papel aluminio.

Esta cocción también se puede hacer al fuego, pero es mejor al horno.

Sabremos su punto exacto, cuando ofrezca cierta resistencia al tacto, o cuando, introduciendo una aguja en su interior, ésta salga seca.
Es mejor sacarlo del molde en frío (pasadas 2 ó 3 h), ya que habrá adquirido mayor consistencia.
Se puede adornar con nata montada o líquida.

Flan de naranja

Ingredientes
4 naranjas • Un chorrito de licor de naranja • 6 huevos • 100 g de azúcar • Una pizca de sal • Azúcar (para caramelizar el fondo)

Elaboración
Por un lado, exprimir el zumo de las naranjas y añadirle un chorrito generoso de licor de naranja.
Por otro lado, cascar los huevos y juntarlos con el azúcar y la sal.
A continuación, verter todo el conjunto en el bol del zumo, repitiendo esta operación 100 veces: así se logra que todo se junte perfectamente, sin necesidad de batirlo.
Aparte, caramelizar el azúcar: lo ponemos en un cazo con una cucharada de agua y lo dejamos al fuego, hasta que adquiera un bonito color dorado oscuro.
Echamos este azúcar caramelizado en el fondo de un molde y vertemos la mezcla anterior de los huevos con el zumo dentro; lo introducimos al horno al baño María durante, por lo menos, 25 min a 160 ºC, teniendo cuidado de que no se tueste demasiado la superficie.
Se sabrá su punto exacto cuando ofrezca cierta resistencia al tacto, o cuando, introduciendo una aguja en su interior, ésta salga seca.
Lo dejamos enfriar 2 ó 3 horas y lo retiramos del molde: en frío habrá adquirido mayor consistencia y será mucho más fácil sacarlo.

Tulipas

Ingredientes

100 g de azúcar glass • 100 g de mantequilla • 100 g de harina • 100 g de claras de huevo

Elaboración

Mezclar la mantequilla y el azúcar glass en un recipiente. Mezclar con la mano, hasta que los dos componentes estén bien ligados. Verter las claras de huevos y juntarlo todo bien. Por último, añadir la harina y revolver todos los ingredientes, hasta obtener una pasta ligada y pringosa.

Encender el horno a 225 ºC y esperar a que coja temperatura.

En una bandeja, previamente untada de mantequilla, colocar pequeñas porciones de masa, que se extenderán con la ayuda de una espátula. Se les puede dar la forma y el tamaño que queramos. Introducir la pasta en el horno durante muy poco tiempo: al ser delgada, se cuece muy rápidamente.

Sacar del horno la bandeja y separar las "galletas", con la ayuda de una espátula. En este momento, como todavía son flexibles, las podemos poner encima de un vaso colocado boca abajo, para que adopten la forma del recipiente. En 30 seg se habrán enfriado y estarán rígidas y crujientes. Les damos la vuelta y las tulipas estarán terminadas.

En su interior poner unas bolas de helado y... ¡a la mesa!

Yogur

Ingredientes

1 l de leche de vaca • 1 yogur natural • 70 g de azúcar (opcional)

Elaboración

Mezclar el yogur con la leche, hasta su completa disolución (incluido el azúcar en caso de que lo queramos más dulce).

Rellenar pequeños vasitos individuales y meterlos en una yogurtera durante 6 horas.
Sacar y enfriar.
Servirlo acompañado por... un sinfín de cosas.
frutas en trozos confitadas con miel (levemente calentadas en una sartén con la miel), frutas crudas rebozadas con azúcar, frutas con verduras azucaradas, bolas de helados de cualquier sabor, mezclas de frutos secos (almendras, pipas peladas, anacardos, etc), mezclas de frutas secas (orejones, ciruelas, pasas, etc), trozos de chocolate negro, blanco o con leche, mermeladas de todos los sabores, bizcochos secos en trozos, chocolate fundido en forma de hilos, bizcochos emborrachados, miel en forma de hilos, trozos de hojaldre recién horneados... y más y más... una lista interminable.

Cuajada

Ingredientes

1 litro de leche de oveja • Cuajo natural

Elaboración

Hervir la leche de oveja durante 1 min. Dejarla enfriar, hasta que llegue a la temperatura corporal (37ºC). Agregar el cuajo y revolver durante un instante. Dejar cuajar en un bol grande o en pequeños individuales sin mover y en frío: en apenas una hora, tendremos ya lista la cuajada. Si hace mucho frío, antes.
El cuajo lo podemos comprar en farmacias en forma líquida. En el mismo frasco vendrá indicada la proporción de gotas que hay que echar para cuajar la leche.
Antiguamente (y todavía ahora) se cuajaba la leche con un trozo del estómago de la oveja o del cordero. En vez de echar la gotas de cuajo, se introducía un trozo de ese estómago y se revolvía durante unos instantes. Se sacaba y se dejaba cuajar.

Servirla fría acompañada de azúcar, de miel, de una mermelada interesante, de fruta confitada... o de natillas muy dulces.

Tarta de manzana I

Ingredientes

5 manzanas • 5 bollos suizos • 1 l de leche • 150 g de nata líquida • 200 g de azúcar • 1 palo de canela • Azúcar (para forrar el molde)

Elaboración

Para empezar, enfundar un molde de 2 cm de diámetro y de paredes altas, con caramelo; es decir, con azúcar que hemos fundido en un cazo aparte, hasta conseguir un tono dorado. Dejar que se enfríe por completo.

Mientras se enfría, pelar las manzanas y retirarles los centros, con la ayuda de un descorazonador; a continuación, filetearlas muy finamente y reservarlas.

Con los bollos suizos, haremos exactamente lo mismo: los fileteamos en finísimas láminas. Si son bollos de hace 3 ó 4 días, no solamente no importará, sino que se pueden hacer los cortes con mayor precisión.

Disponer en el fondo del molde una capa de bollo suizo y encima una de manzana e ir intercalando ambas capas hasta terminar el molde. Prensar todo el conjunto, con ayuda de las manos, para que quede bien compacto.

Rellenar el molde con la leche que, previamente, habremos hervido con el azúcar, la nata y la canela; apretar bien para que entre todo el líquido y empape el contenido de bollos y manzanas.

Hornear a 180 ºC durante 1 h, protegiendo con papel de aluminio la superficie durante los últimos 40 min.

Es muy importante que el desmoldeado se haga en frío, pues es una tarta que se pega con relativa facilidad; por esta razón, os aconsejo moldes de fondo antiadherente.

Pudín de manzana

Ingredientes

6 manzanas • 4 huevos • 250 g de azúcar • Azúcar dorado (para el molde) • 1 copa de licor de manzana • ¼ l de leche • ¼ l de nata • 1 palo de canela

Elaboración

Pelar las manzanas y quitarles el corazón. Cortar en 4 trozos y de cada uno hacer pequeños cuadrados del tamaño de una avellana.
En un cazo, echar la manzana cortada y el azúcar; ponerlo al fuego, dándole vueltas para que no se pegue. Mantenerlo cerca de ¼ h, hasta que la manzana esté blanda. Retirar y dejar templar.
Por otro lado, hervir la leche con la canela y, una vez cocida, agregarle la nata; dejar reposar y añadir los huevos, luego, el licor de manzana.
Juntar la mezcla con las manzanas y depositarlo todo en el molde que, previamente, ha sido enfundado con el caramelo (ya sabes, como en las recetas anteriores: derretir el azúcar en un cazo con una cucharada de agua, hasta que adopte un bonito color dorado y verterlo sobre el molde, dejarlo enfriar hasta que se solidifique, entonces verter la mezcla).
Poner el molde en una cazuela al baño María e introducirlo en el horno precalentado a 180 ºC durante, aproximadamente, 40 min. En caso de que se dorara la superficie, protegerla con papel de aluminio.
Conviene recordar que el desmoldeado final tendrá menor dificultad en frío.

Mermelada de albaricoque

Ingredientes

1 k de albaricoques limpios • 800 g de azúcar • ½ limón • 1/4 cc de sal

Elaboración

Existen varias maneras para preparar esta mermelada.

Por un lado, dejar el azúcar y la fruta en maceración, por lo menos, 6 h.

Hay quien se salta este paso agregando un poco de agua al conjunto; pero yo, personalmente, prefiero, la primera forma.

Pasado este tiempo, agregar al conjunto la sal y el zumo de limón.

Mezclar bien y arrimar al fuego, removiendo constantemente, hasta que la fruta se vaya rompiendo y se forme una pasta espesa que podrá esparcirse. Retirar del fuego.

Si luego se va a envasar, es conveniente que quede un poco líquida: así quedará más espesa.

Dejar enfriar, rellenar los botes y tapar rápidamente.

A continuación, esterilizar los botes, sumergiéndolos en agua tibia y llevando ésta a la temperatura de ebullición durante, por lo menos, 20 min.

Dejar enfriar en el mismo líquido y, pasadas 3 h, sacarlos.

Mermelada de fresas

Ingredientes

1 k de fresas maduras • 700 g de azúcar • ½ limón

Elaboración

Limpiar las fresas. Si no están demasiado maduras, deberemos aumentar la proporción de azúcar: unos 100 g, por lo menos.

Cortar cada una por la mitad y dejarla en maceración con el azúcar alrededor de 3 h.

Transcurrido este tiempo, acercar el conjunto al fuego y dejar cocer, removiéndolo constantemente, con ayuda de una espátula.

Sabremos que están en su punto, cuando esté espeso, cuando la fruta se haya coaligado. Dejar enfriar y rellenar los tarros que tendremos ya preparados —tras haberlos esterilizado, como en el caso anterior—.

Mermelada de ruibarbo

Ingredientes

1 k de tallos de ruibarbo • 700 g de azúcar • 10 cl de coñac • 1 cc de sal • ½ limón

Elaboración

Trocear los tallos del ruibarbo en pequeñas porciones y ponerlos a macerar con el azúcar y el coñac durante, por lo menos, 6 h.
A continuación, colocar el conjunto al fuego, e ir removiendo constantemente con una cuchara de madera, para evitar que se pegue al fondo.
Cuando se haya formado una pasta, añadirle el zumo del limón y la sal.
La mermelada estará en su punto, cuando se haya formado una pasta homogénea y espesa.
A continuación, introducir el conjunto en sus correspondientes frascos, cerrar herméticamente y esterilizar en agua hirviendo durante 20 min aproximadamente.

Crema pastelera

Ingredientes

150 g de azúcar • 75 g de harina (o maicena) • 2 huevos enteros • 1 yema • ½ l de leche • 1 palo de canela

Elaboración

Por un lado, hervir la leche con la canela; por otro, disponer en una cazuela los huevos, la yema y el azúcar. Ir removiendo, hasta que se haya mezclado todo bien y, a continuación, verter la harina —que previamente ha sido tamizada—. Mezclarla bien y añadir la leche hirviendo.

Sin dejar de remover, acercar al fuego y, batiendo con fuerza, esperar a que dé unos hervores, no muchos: sino el huevo cuaja y el conjunto se corta.

Crema pastelera a la piña

Ingredientes

150 g de azúcar • 75 g de harina (o maicena) • 2 huevos enteros • 1 yema • ½ l de leche • 1 palo de canela • Piña de lata o natural

Elaboración

Confeccionar de igual manera que la anterior, y se puede hacer de dos formas:

Se prepara de igual manera que la anterior y se puede hacer de dos formas

a) Aprovechando el almíbar de la lata de piña, que sustituiría a la cantidad de leche; pero como el almíbar es muy dulce, rebajamos de 150 g a 50 g la cantidad de azúcar de la otra receta.
b) Con piña natural.

Con la ayuda de una máquina licuadora, obtenemos el zumo de la fruta, que sustituirá a la cantidad de leche de la receta original. En este caso el zumo es más ácido y sería conveniente que la cantidad de azúcar fuera de 100 g.

Nata montada

Ingredientes

250 g de nata líquida • 100 g de azúcar

Elaboración

Para montar la nata se necesita un cuenco de cristal o de acero inoxidable y una varilla. Es conveniente que ambas cosas estén frías.

La temperatura de la nata ha de ser también muy fría, pues el calor impedirá que se monte adecuadamente.

Batir el conjunto a una velocidad de 100 y 200 revoluciones por min y, con la ayuda de la otra mano, ir echando poco a poco el azúcar. Esta operación también se puede hacer con una batidora, siempre que la velocidad de marcha de las varillas sea más bien baja. A una velocidad rápida no se montaría.
La nata montada debe tener un punto muy concreto: cremosa y suave al tacto; consistente, pero a la vez suave.
(Si batierais demasiado la nata, se cortaría y nos saldría la grasa, es decir, la mantequilla por un lado y el suero por otro. Dejamos escurrir la mantequilla del suero con ayuda de un trapo y... ¡ya tenemos mantequilla! Os digo esto por sacar provecho de la situación, en el caso de que se os haya cortado).

Crema frita

Ingredientes
1 l de leche • 200 g de azúcar • 150 g de harina (o maicena) • 2 huevos • 2 yemas más • 1 palo de canela • Azúcar glass • Canela en polvo

Elaboración
Cocer la leche con la canela.
Por otra parte, mezclar en un bol los huevos con el azúcar y después, agregar la harina. Cuando estén bien batidos, añadirle la leche hirviendo. Dejar que hierva un momento sin dejar de remover y verter la mezcla sobre una placa grande y ancha que, previamente, se habrá humedecido con agua para evitar que se pegue. Dejar enfriar por completo. Quedará una placa de crema de unos 2 cm de espesor.
Con la ayuda de un cuchillo, cortarla en cuadrados del tamaño que más nos guste. Pasar cada uno por harina y después por huevo batido.

Freír con abundante aceite caliente y, nada más sacarlos, rebozar en azúcar glass —si se quiere, también en canela en polvo—. Servir muy calientes.

Crema frita con salsa de chocolate

Ingredientes

Para la crema frita:
2 l de leche • 190 g de maicena • 400 g de azúcar • 12 yemas • 1 rama de canela

Para la salsa de chocolate:
250 g de nata líquida • 100 g de leche • 10 g de menta picada • 180 g de chocolate de cobertura negra • 30 g de licor de menta

Elaboración

Primero se prepara la crema frita:
Llevar a ebullición la leche con la canela y cuando hierva, verterla sobre una mezcla hecha con el azúcar, las yemas y la fécula (mezcladas por este orden).
Remover bien y acercar el conjunto al fuego para que dé unos hervores. Retirar y extender sobre una placa. Dejar enfriar y cortar en porciones; pasarlas por harina y, después, por huevo y freírlas en aceite hirviendo.
Servirla caliente con la salsa de chocolate, que a continuación se detalla.
Hervir la nata con la leche; cuando haya hervido, añadirle la menta picada y retirarla del fuego. Esperar 1 min y agregar la mezcla muy suavemente al chocolate muy picado para que se funda. Una vez fundido, sumar el último ingrediente: el licor de menta.
Acompañar a la crema recién frita.
Tanto la crema como la salsa deben estar calientes.
Un toque aromático (chocolate y menta) para un clásico.

Nota: cuanto menos fécula utilicemos para hacer la crema, más rica estará de sabor y de textura y más difícil de manipular.

Torrijas

Ingredientes

½ l de leche • 110 g de azúcar • 6 rebanadas de pan • 1 palo de canela • Azúcar glass • Canela en polvo

Elaboración

Hervir la leche, el azúcar y la canela en un cazo.

Pro otro lado, cortar seis rebanadas de pan de 3 cm de anchura y depositarlas en un bol donde quepan justas.

Verter la leche cocida sobre las rebanadas y dejar que reposen 8 h, dándoles la vuelta cada 2 horas.

Una vez frías, escurrirlas un poco y pasarlas por harina, primero, y por huevo batido, después.

A continuación (y con mucho cuidado, ya que las porciones son muy frágiles), freírlas en abundante aceite caliente.

Una vez retiradas del aceite, espolvorear con azúcar glass y canela.

Servir muy calientes.

Otra versión diferente es prepararlas sin freír. Es decir, en vez de freírlas, embadurnarlas de azúcar y pasarlas por una sartén antiadherente sin aceite, hasta dorar los lados de forma que os queden crujientes.

Torrijas de chocolate

Ingredientes

1 l de leche • 200 g de azúcar • 1 rama de vainilla • 50 g de chocolate cobertura • 100 g de nata líquida • 6 rebanadas de pan integral (de hace 4 días)

Elaboración

Para este postre se reutiliza pan que se haya quedado viejo.
Hervir la leche, el azúcar, la vainilla y la nata líquida. Retirar del fuego y añadir el chocolate en pequeños trozos. Dejar que se funda y verter el preparado sobre una bandeja en la cual estarán extendidas las seis rebanadas de pan —muy justas para que el líquido las cubra casi en su totalidad—.
Esperar a que se hayan enfriado completamente (6 h mínimo). Con muchísimo cuidado y con ayuda de una espátula, enharinarlas y pasarlas por el huevo. Freír en abundante aceite.

Rosquillas

Ingredientes

1 huevo • 75 cl de aceite • 75 cl de leche • 100 g azúcar • 20 cl de anís • 1 limón • 10 g de canela • 5 g de bicarbonato • 10 g de anises machacados • Harina (la que admita) • Aceite (para freír) • Azúcar glass • Canela en polvo

Elaboración

Freír el aceite con la cáscara del limón. Dejar enfriar y mezclar con la leche, el azúcar, el anís, la canela, el huevo, el zumo de medio limón y los anises machacados.
A continuación, añadir la harina, hasta formar una masa que pueda moldearse con las manos.
Las rosquillas se fmoldean con la mano y se fríen en abundante aceite no muy caliente.
Al sacarlas de la sartén, embadurnarlas de una mezcla de azúcar y canela y, después, dejarlas enfriar.

Canutillos

Ingredientes

200 cc de aceite • 200 cc de leche • 300 g de harina (aprox.) • 20 g de azúcar • 1 corteza de naranja • 300 g de crema pastelera

Elaboración

Freír en una sartén con el aceite la corteza de naranja, hasta que se dore.

Desechar la corteza y el aceite –una vez templado– mezclarlo con la leche y el azúcar. Remover el conjunto e ir añadiendo harina, hasta formar una bola de pasta más bien blanda y un poco aceitosa.

Dejar reposar la crema y, con la ayuda de un cuchillo, estirar pequeñas porciones de masa, hasta conseguir que el espesor sea finísimo. Esta pasta se puede estirar tan finamente como si se tratara de papel de fumar.

Disponer de unos cilindros de 12 cm de largo por 3 cm de diámetro, que servirán para enrollar la masa. Cubrir por completo los moldes y recortar con la mano lo que sobre.

En abundante aceite muy caliente, ir friendo los moldes evitando que se peguen entre sí.

Según se vayan enfriando, quitar con cuidado el cilindro del interior del canutillo y aprovecharlo para freír el resto.

El número de canutillos que podemos obtener con estas cantidades será de alrededor de 80.

Por último, rellenar con ayuda de una manga pastelera y embadurnar por fuera con una mezcla de azúcar y canela.

Preferentemente servir calientes.

Nota: sin rellenar y guardados en una caja hermética, pueden aguantar mucho.

Plum-cake

Ingredientes

300 g de harina • 300 g de mantequilla • 250 g de azúcar glass • 5 huevos • 100 g de pasas de Corinto (bañadas en coñac) • 150 g de fruta, confitada y guindas • 10 g de levadura en polvo

Elaboración

Primero preparar el molde. Para ello, embadurnar sus paredes interiores con mantequilla y depositar en los cuatro sendos recortes de papel blanco sulfurizado, que se habrá trazado a medida. El suelo del molde quedará también cubierto con los trozos de papel. No es necesario que se cubra herméticamente, ya que será normal que las esquinas queden al descubierto.

Aparte, tener listas las pasas (bien escurridas del coñac) y las frutas confitadas, que se habrán embadurnado de harina y pasado por un cedazo. La razón de pasarlas por harina es que, si no se hiciera, estarían todas en el fondo del pastel; mientras que, de esta forma, se mantendrán uniformemente por todo el interior.

Por otro lado, en un recipiente, preparar la mantequilla —que debe estar muy blanda— y juntarla con el azúcar glass. Trabajar a fondo la mezcla e ir añadiendo las yemas una a una (las claras se habrán reservado).

Terminada esta operación, batir las claras a punto de nieve y mezclar la mitad de éstas con el preparado de yemas.

Añadir la mitad de la harina mezclada con la levadura a esta mezcla y, finalmente, verter las claras restantes del conjunto, así como la harina que quede.

La mezcla de todos los ingredientes debe hacerse con sumo cuidado para no bajar el punto de nieve de las claras.

Para terminar, añadir a la mezcla las frutas enharinadas previamente.

Verter la pasta en los moldes, llenarlos sólo hasta la mitad. La pasta habrá quedado bastante consistente y dichos moldes se podrán rellenar con la mano.

Se cuecen en horno precalentado a 220 ºC durante los 10 primeros minutos. Pasado este tiempo, se habrá formado en la parte superior una costra que se romperá haciendo un corte longitudinal con un cuchillo.

Pasados 10 min, bajar el horno a 175 ºC y seguir cociendo, por lo menos, durante 40 min más
Transcurrido este tiempo, sacar y dejar enfriar en una rejilla.
Para degustarlo es necesario que haya reposado un mínimo de 6 h. Es un pastel que aguanta el paso del tiempo sin resecarse ni estropearse.

Pasta quebrada I

Ingredientes
300 g de harina • 150 g de mantequilla • 1 huevo • 15 g de azúcar • Sal

Elaboración
El método de elaboración es muy sencillo. Formar un volcán con la harina e introducir la mantequilla cortada en dados pequeños, el huevo y el azúcar.
Trabajar el conjunto, hasta que nos quede la pasta arenosa (como si fuera pan rallado), totalmente suelta.
Una vez conseguido esto, añadir un poco de agua al conjunto para que tome cuerpo. Con un poco más de agua se logra hacer una bola, que será amasada durante un corto espacio de tiempo.
La textura de la masa será más bien blanda, y la dejaremos reposar durante 1 h, tapada con un trapo y en un lugar fresco.
Nota: esta pasta también llamada "flora" o "brise" es de tipo arenoso por su consistencia. Es un tipo de masa que sirve de base a infinidad de tartaletas, tartas y pasteles.
Su consistencia final es más bien tirando a dura y su confección, de lo más sencilla. No es una pasta que suba: su misión es hacer de base o de sustento a rellenos.
Nos saldrá aproximadamente para una tarta de tamaño medio-grande

Pasta quebrada II

Ingredientes

350 g de harina • 200 g de mantequilla • 2 huevos • 10 cl de agua • 10 g de azúcar

Elaboración

Depositar en medio de la harina todos los ingredientes menos el agua. Mezclar la mantequilla con los huevos y, posteriormente, ir añadiendo la harina: quedará una consistencia granulosa, que se irá transformando poco a poco en arenosa, es decir, más fina.

Después, agregar un poco de agua al conjunto para que esta "arena" obtenga una cohesión formando poco a poco una bola. Su consistencia será más bien blanda. No todas las harinas necesitan la misma cantidad de agua; por ello debemos tener cuidado a la hora de añadírsela, dado que puede sobrarnos o faltarnos líquido.

A continuación, amasar la bola, como si se tratara de la masa del pan. Este amasado debe ser rápido y nunca superior a 5 min.

Terminado esto, cubrir la masa con un paño húmedo y dejarla reposar durante 1 h.

Nos saldrá masa para un par de tartas medianas.

Tarta de limón

Ingredientes

250 g de pasta quebrada tipo I • 2 huevos • 4 yemas • 4 claras + 50 g de azúcar • 300 g de azúcar • 7 limones

Elaboración

Con la ayuda de un cuchillo, extender la pasta quebrada (ver pág. 540 o comprarla hecha), hasta lograr un espesor fino. Enfundar con ella un molde de suelo desmontable, previamente engrasado con mantequilla. Con la punta de un cuchillo, cortar toda la masa que sobre. En el fondo poner un trozo de papel de aluminio que cubra toda la superficie menos los bordes. Llenar con alubias o garbanzos y hornear unos 15 min a 180 ºC.

Sacar y dejar enfriar; retirar las alubias —que se guardarán para posteriores tartas—.

Las claras se reservarán en el frigorífico.

Aparte, mezclar los huevos con las yemas, el zumo de los limones y el azúcar. Batir bien y depositar la mezcla sobre el molde que acabamos de hornear. Volver a meter al horno a 180 ºC durante, por lo menos, 15 min, hasta que la superficie cuaje.

Sacar y enfriar.

Durante este tiempo, batir las claras con el azúcar a punto de nieve muy consistente y, a continuación, introducirlas en una manga pastelera para decorar artísticamente la superficie del pastel.

Por último, y con ayuda de un gratinador, dorar la superficie de la tarta, es decir, el merengue. Nos quedará un bonito contraste entre el blanco y el ligero tostado.

Se puede asar en el horno en la función de gratinar.

Tarta de manzana II

Ingredientes

200 g de pasta quebrada II • 200 g de crema pastelera • 5 manzanas • 20 g de azúcar • Mermelada de albaricoque • 50 g de coco rallado

Elaboración

Disponer de un molde de fondo desmontable de baja altura (alrededor de 3ó 4 cm) y de unos 30 cm de diámetro.

Con ayuda de un rodillo de amasar, extender la pasta (ver pág. 541 o comprarla hecha) sobre la mesa de trabajo, que habrá sido previamente enharinada. Esta masa es fácil de extender y tiene

la peculiaridad de que, si se nos rompe, podemos parchearla sin mucha dificultad.
Le daremos un espesor lo más fino posible, sin que llegue a romperse y, para ello, debemos enharinar el rodillo y la mesa tantas veces como sea necesario.
Una vez extendida, depositarla sobre el molde y adecuarla a él, recortando todo lo que sobre con un cuchillo.
Rellenar su interior de crema pastelera, bien extendida; encima, depositar gajos de manzana perfectamente pelados, que se irán montando entre sí, de manera que formen círculos concéntricos hasta tapar la tarta en su totalidad.
Espolvorear la tarta con azúcar normal y hornear a 150 ºC en horno precalentado durante 30-40 min.
La sacaremos del horno, cuando la superficie de la manzana esté dorada.
Sacarla del horno y dejarla enfriar únicamente sobre la base del molde.
A continuación, pintar toda la superficie y los bordes exteriores laterales con mermelada caliente; éstos últimos rematarlos con el coco rallado.

Tarta Tatín

Ingredientes

200 g de pasta quebrada II • 6 manzanas • 80 g de azúcar • 80 g de mantequilla

Elaboración

Pelar las manzanas y retirarles el corazón. Dividir cada una en seis partes y depositarlas en la sartén, en la que previamente habremos echado el azúcar.
Poner la sartén a fuego suave y añadir la mantequilla. Una vez derretida, retirar la sartén del fuego y cubrir las manzanas con la

pasta quebrada (ver pág. 541 o comprarla hecha), que se habrá extendido al diámetro exacto de la sartén.

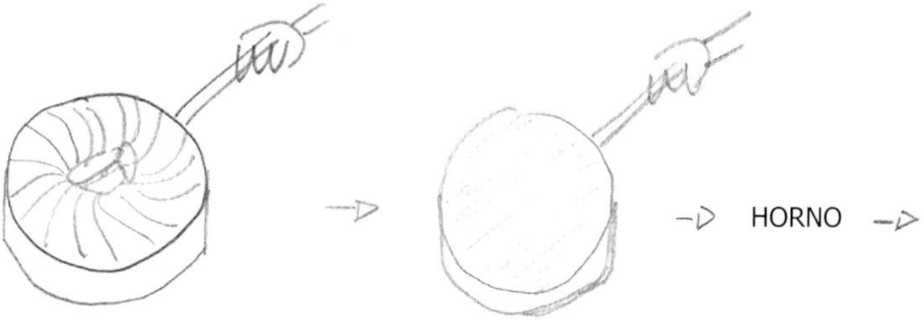

Hornear a 210 ºC durante, al menos, 30 min.
Sacar la sartén del horno y darle vuelta a la tarta con mucho cuidado, de forma que las manzanas queden en la parte superior.

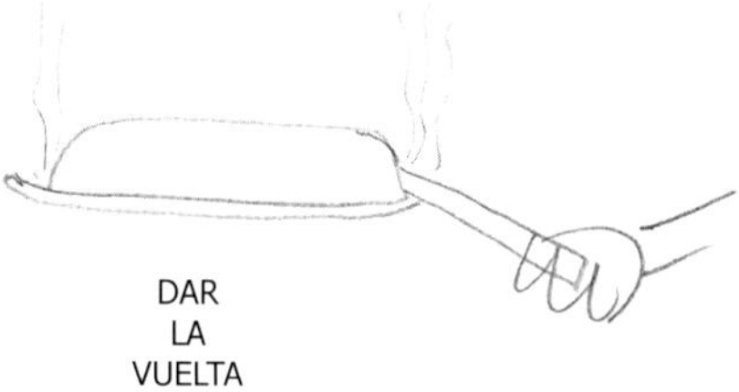

Es preferible degustarla caliente.

Pastel vasco

Ingredientes
400 g de pasta quebrada II • 200 g de crema pastelera aromatizada al Pernaud • 100 g de mermelada de fresas • 1 huevo batido

Elaboración

Una vez trabajada la pasta quebrada (ver pág. 541 o comprarla hecha), se divide en dos partes iguales. Extendemos una de las partes, que nos va a servir de base, y la colocamos sobre un molde de borde estirado —no muy alto y de fondo desmontable que, previamente, hemos untado con mantequilla—. La pasta debe tener un espesor medio.

A continuación, rellenamos la pasta con la crema pastelera (ver pág. 532), esparciéndola uniformemente por la superficie. Encima, extendemos uniformemente la mermelada de fresas.

Estiramos la segunda parte de la pasta quebrada, que nos servirá de tapa.

La colocamos sobre el pastel; con la ayuda de un tenedor, aplastamos bien su borde para que se pegue con la que le sirve de base, quedando así selladas las dos partes.

Para terminar, pintamos la superficie con huevo batido y horneamos a 180 ºC durante 45 min. En caso de que la superficie se dore demasiado, se protegerá con papel de aluminio.

Transcurrido este tiempo, desmoldear y dejar enfriar.

Tarta de queso

Ingredientes

250 g de pasta quebrada • 200 g de queso Philadelphia • 100 g de nata • 1 huevo • 2 yemas • 120 g de azúcar • 120 g de mermelada de frambuesas

Elaboración

Extender la pasta quebrada (comprada o elaborada por vosotros: ver pág. 541) con ayuda de un poco de harina, para que no se pegue a la mesa, y un rodillo de amasar. Cuando se haya conseguido un espesor de ½ cm, recubrir a conciencia un molde con fondo desmontable (para este tipo de postres son los mejores, aunque

también se puede cocinar en uno normal) que, previamente, se ha untado con mantequilla. Pinchar con un tenedor y cubrirla con papel de aluminio. Echar en su interior tres buenos puñados de garbanzos: evitarán que la masa se hinche.
Meterlo al horno a 180 ºC durante, apenas, 10 min, (ya que, después, volveremos a introducirlo al horno). Pasado este tiempo, retirar los garbanzos (y guardarlos para otra ocasión) y el papel de aluminio.
Se habrá obtenido un fondo medio hecho de pasta quebrada. A continuación, rellenar el interior con la mezcla del queso, la nata, el azúcar, el huevo y las yemas, todo bien amalgamado.
Con cuidado, volver a introducirlo en el horno a 160 ºC durante, por lo menos, 20 min. Se dorará ligeramente la superficie, cuajándose el interior, de manera muy cremosa.
Sacar, dejar enfriar a fondo y desmoldar.
Esparcir la mermelada con cuidado (pues la superficie, a pesar de estar fría, es muy delicada), — en este caso es de frambuesa, pero bien podría ser de higos, de albaricoque, de moras...—.

Pasta *choux* (conocido popularmente como "profiteroles")

Ingredientes

150 g de harina • 100 g de mantequilla • 15 de azúcar • ¼ l de agua • 4 huevos

Elaboración

Poner en un cazo el agua con la mantequilla y hervirla. Añadir el azúcar a la harina tamizada y verter el conjunto en el agua hirviendo. Nada más echarlo, apagar el fuego y remover con una espátula de madera. Enseguida se formará una bola que seguiremos trabajando para amalgamarla bien. De vez en cuando, acercar un poco el cazo al calor del fuego, para que la pasta se vaya secando.

Después, dejar descansar la masa unos 15 min.
A continuación, añadir los huevos, uno a uno, hasta conseguir la mezcla deseada. Este paso hay que hacerlo con cuidado: hasta que no se haya juntado bien un huevo a la masa, no echar el siguiente.
Es posible que no se necesiten tantos huevos como indicábamos en la lista de ingredientes o que, por el contrario, hagan falta más. El punto exacto lo sabremos, cuando la masa se desprenda con cierta dificultad; incluso, se puede batir el último huevo y agregar sólo la mitad o una cuarta parte, para no pasarnos y, tal vez, dejar la masa muy blanda.
Cuando ya la tengamos lista, hornearla, ayudándonos de una manga pastelera, de boca ancha, lisa o rizada.
Utilizar como se detalla a continuación.

Petit-choux

Ingredientes

¼ l de masa de *choux* • Granillo de almendra crudo • 250 g de crema pastelera • Azúcar normal (para espolvorear) • 2 huevos batidos

Elaboración

Una vez elaborada la pasta *choux* (ver pág. 546), meterla al horno precalentado a 180 ºC. Para ello son necesario unas placas de horno, que se pintan con mantequilla para que no se pegue la masa.
Por otro lado, tener la pasta en su punto e introducirla, con ayuda de una cuchara, en el interior de la manga pastelera. La boquilla, en este caso, debe ser ancha y rizada o lisa.
Sobre la placa pequeña ir depositando montoncitos de masa, separándolos entre sí, ya que en el horno duplicarán su volumen.
Una vez completada la placa (saldrán alrededor de 40 pastelitos), rematar la punta de los *petit-choux* con un poquito de almendra picada.

Introducirlos en el horno: no hay un tiempo exacto; no abrir el horno durante los primeros 15 min, para que no se bajen los pasteles y, a partir de ese momento, habrá que vigilarlos con frecuencia.
Deben tener un aspecto brillante, de color tostado y se notará un claro aumento del volumen. La pasta será seca, pero blanda a la vez.
Una vez sacados del horno, dejarlos enfriar y, con una manga pastelera de boca fina, ir rellenándolos, sin que se note por donde se han rellenado.
Parecerá que están vacíos; pero, en realidad, están repletos de exquisita crema.
Salen cerca de 50 *petit-choux*

Tarta Saint-Honoré

Ingredientes

¼ l de pasta *choux* • 300 g de pasta de hojaldre • 300 g de nata montada • 250 g de crema pastelera • Almíbar a punto de caramelo

Elaboración

Hornear, por un lado, toda la pasta *choux*, convertida en *petit-choux*; rellenarlos de crema pastelera.
Por otro lado, estirar una placa de hojaldre redonda de 30 cm de diámetro. De la misma manera, cortar una tira de 3 cm de anchura, en forma de arco, que hará de asa de la cesta.
Preparar un azúcar fundido (azúcar en un cazo hasta que se obtenga un color dorado) y reservarlo para el montaje de la tarta. Se tiene que elaborar en el momento justo de su utilización, de lo contrario, se pierde.
El montaje debe hacerse con cierta rapidez, ya que el caramelo se nos puede endurecer.
Disponer de base el círculo de hojaldre e ir situando en los bordes una fila de *petit-choux* que, previamente, se habrán untado, sólo en su base, en el caramelo.

Dejar un sitio para colocar el asa de la cesta y proceder a montar el segundo piso, justamente encima de la fila de *petit-choux* que se acaba de poner.
Terminados los dos pisos, bañar un poco más el conjunto con el caramelo e ir haciendo hilos con ayuda de un tenedor entre los *petit-choux* y el asa, tejiendo una especie de tela de araña. Es decir, cuando el caramelo esté empezando a enfriarse sumergir la punta del tenedor y al sacarlo hará una especie de hilo con el que podrás "tejer" la tarta.
Rellenar el centro del pastel con nata montada. Los hilos de caramelo se harán minutos antes de servir a la mesa, ya que no tienen mucha duración y al cabo de ½ h se juntan unos con otros y desaparecen.

Buñuelos de viento

Ingredientes
Los mismos que lleva la "Pasta *choux*" (ver pág. 546)

Elaboración
Coger pequeñas porciones de pasta *choux* con la punta de una cuchara y, con el dedo, ir depositándolas en el aceite, que ha de estar muy caliente.
Una vez dorada una parte, ella misma se dará la vuelta y se terminará de freír.
Escurrir estas porciones del aceite y, una vez enfriadas, rellenarlas de nata montada, de crema pastelera o de lo que se quiera.

Bizcocho I

Ingredientes
6 huevos • 130 g de azúcar • 120 g de harina • 50 g de mantequilla (opcional)

Elaboración

Mezclar en un bol los huevos y el azúcar, e ir batiendo con energía y sin miedo a cansarnos durante, mínimo, 20 min. Si batimos con una batidora eléctrica —muy aconsejable, por cierto—, el batido no será superior a 15 min, dependiendo de la fuerza de la máquina.

Al batir, se intenta que se introduzca la mayor cantidad posible de aire, condición indispensable para este tipo de bizcochos.

Para realizar mejor el batido (tanto a máquina como a mano), sumergirlo en un cazo con agua caliente durante unos instantes, para que proporcione calor y puedan montarse mejor los huevos con el azúcar. Repetir esta operación unas cuantas veces, hasta conseguir una buena temperatura, aunque nunca superior a los 45 ºC.

Una vez bien batido, añadir la harina, previamente tamizada. La adición de la harina a los huevos debe realizarse con mucho cuidado —es conveniente hacerlo con la mano— moviendo la mezcla suavemente para no deshinchar el batido.

Terminado este paso, verter la mezcla sobre el molde, previamente embadurnado de mantequilla, en primer lugar y, después, con abundante harina. Una vez adherida la harina a la grasa, desechar toda la que sobre y así habremos conseguido una fina capa de harina pegada al molde.

Verter la mezcla en el molde y hornear a 180 ºC durante 20 min. En caso de dorarse demasiado la superficie del bizcocho, protegerla con papel de aluminio y dejar que siga cociendo.

Una vez horneado, sacar el bizcocho y desmoldear rápidamente sobre una rejilla, dejándolo enfriar para que no se reblandezca.

Habrá que recordar que la operación de batido y mezcla deberá realizarse con cierta rapidez, porque una vez batidos los huevos con el azúcar, estos se irán deshinchando lentamente y perdiendo esponjosidad.

Es muy importante no abrir la puerta del horno durante los primeros 15 min, ya que una bajada de temperatura en ese momento haría que el bizcocho se desinflara.

Bizcocho II

Ingredientes

6 claras de huevo • 6 yemas de huevo • 150 g de azúcar • 140 g de harina • 50 g de mantequilla (opcional)

Elaboración

Depositar las 6 yemas de huevo en un bol y agregar 100 g de azúcar. Batir esta mezcla, con batidora o a mano, durante, por lo menos, 20 min. Como indicábamos en la receta anterior, para que el batido se realice mejor, sumergirlo en un cazo con agua caliente durante unos instantes, para que nos proporcione calor y puedan montarse mejor las yemas con el azúcar.

Por otro lado, batir las claras a punto de nieve con el resto del azúcar; para que se monten bien, deberán estar completamente frías. Agregar la mitad de la harina tamizada al batido de las yemas y mezclar con las manos. Añadir la mantequilla y el resto de la harina, también la mitad de las claras a punto de nieve, bien amalgamada y las claras restantes.

Esta operación se debe realizar con cierta rapidez, pero con suavidad.

Una vez terminada la mezcla, se introduce en una manga pastelera de boca lisa y ancha y se esparce uniformemente, formando rayas paralelas sobre un rectángulo de papel sulfurizado que se habrá depositado encima de una bandeja de horno.

Cocer en el horno precalentado a 200 ºC, durante 10 min, más o menos.

Nota: este clase de bizcocho es adecuado para la confección de brazo gitano en todas sus variantes.

Bizcocho de yogur

Ingredientes

1 yogur (utilizar el vasito de referencia para medir la harina, el azúcar y el aceite)
3 huevos • 1 vaso de yogur de aceite • 2 vasos de yogur de azúcar • 3 vasos de yogur de harina • 1 sobre de levadura en polvo.

Elaboración

Batir bien los huevos. Agregarles el azúcar, el yogur, el aceite y, por último, la harina bien mezclada con el sobre de levadura.
Echar esta mezcla sobre un molde —previamente untado con un poco de aceite y después algo de harina—.
Hornear a 180 ºC durante 35 min, más o menos.
Desmoldar y dejar enfriar.

Tarta Selva Negra

Ingredientes

Bizcocho tipo I • 200 g de mermelada de fresa • 250 g de chocolate • 200 g de nata montada • 1 copa de *kirsch* • Almíbar (para untar el bizcocho)

Elaboración

Preparar un bizcocho tipo I, como se ha explicado en la receta correspondiente (ver pág. 549). Una vez frío, con un cuchillo de sierra, cortarlo longitudinalmente, abriéndolo por la mitad. De esta manera, nos quedarán dos capas, que se rellenarán de la siguiente manera:
En primer lugar elaborar un almíbar. A continuación, bañar los dos discos de bizcocho con un poco de ese almíbar y proceder de igual manera con el *kirsch*.
Una vez realizada esta operación, disponer un disco como base y depositar encima la mermelada de fresa, que se extenderá unifor-

memente por toda la superficie; luego, extender la nata montada sobre la mermelada. Guardar un poco de nata para la decoración final.
Posteriormente, colocar el segundo disco de bizcocho como tapa. Dejar el conjunto sobre una rejilla y bañarlo con el chocolate (derretido al baño María con un chorrito de leche). La rejilla tiene como objeto poder recoger todo el chocolate que se caiga al embadurnar el bizcocho: el chocolate debe cubrir toda la superficie superior y los bordes.
Dejar enfriar en un sitio fresco y, cuando esté duro, decorar la tarta con la nata sobrante y la ayuda de una manga pastelera.

Brazo gitano de nata

Ingredientes
Bizcocho tipo II • 500 g de nata montada • 10 cl de almíbar • Azúcar glass (para espolvorear)

Elaboración
Una vez horneado el bizcocho II (ver pág. 551), dejar que se enfríe un poco y proceder a su elaboración.
Mojar ligeramente la superficie del bizcocho con el almíbar y depositarlo sobre la mesa de trabajo con el papel hacia arriba. Con mucho cuidado para que no se rompa, estirar de una punta del papel y despegarlos.
Dar a continuación la vuelta al bizcocho, con objeto de que la parte que estaba pegada al papel sea la que se apoye sobre la mesa. Os explico por qué: al enrollarlo, la cara que se va a ver es la que ha estado en contacto con el mismo.
Rellenar el bizcocho con toda la nata esparciéndola uniformemente con una espátula.
A continuación, comenzar a enrollarlo, sin apretarlo demasiado; para esto nos ayudaremos del papel que está debajo. Con las dos

manos y tirando del papel hacia nosotros lograremos un enrollado perfecto.
Espolvorear el conjunto con azúcar glass.
Nota: un almíbar sencillo se elabora hirviendo 200 g de agua con 200 g de azúcar y media cáscara de limón, durante cinco minutos. Una vez frío, ya podremos usarlo. Nos debe quedar levemente espeso.

Milhojas

Ingredientes para 6 personas
500 g de hojaldre • 300 g de crema pastelera • 300 g de nata montada • Azúcar glass • Guindas

Elaboración
Dividir la masa en tres partes y estirar cada parte del tamaño exacto de las bandejas donde se horneará la masa —y muy finamente—. Si os sobra algo, se recorta con la punta de un cuchillo.
A continuación, pinchar con un tenedor todas las masas puestas sobre las bandejas, para evitar que suban demasiado. Introducirlas en el interior del horno precalentado a 200 ºC y un tiempo aproximado de cocción de 20 a 25 min.
Una vez horneadas, dejarlas enfriar y proceder al montaje del pastel.
Poner como base una capa de hojaldre, encima, una de crema pastelera (que se esparcirá uniformemente por toda la superficie); luego, la segunda capa de hojaldre apretando suavemente sobre la anterior, encima de ésta, colocar la nata montada (que se repartirá de igual manera que la crema). La tercera capa se dispondrá sobre la nata y se volverá a apretar con suavidad.
Recortar con un cuchillo de sierra todos los bordes del pastel, para dejar todos los lados iguales y uniformes, y así poder apreciar el corte en sección de todas las capas de hojaldre y cremas.

Ahora bien, como no vamos a desaprovechar todo lo que sobra de estos recortes, con un cuchillo triturar groseramente los trozos depositarlos sobre la última capa, que ha sido previamente untada con una fina capa de nata para que los recortes se peguen a ella. Finalmente, espolvorear el conjunto con azúcar glass, decorar las esquinas con unos floretes de nata, hechos con manga pastelera, y rematar con guindas de diversos colores.

Panchineta

Ingredientes

300 g de hojaldre • 200 g de crema pastelera • Almendras tostadas en granillo • Almendras crudas en granillo y fileteadas • Canela • 1 huevo batido

Elaboración

Dividir el hojaldre en dos partes iguales. En la mesa de trabajo disponer una de las partes, estirarla con el rodillo con un tamaño de 28 cm de diámetro y cortarla con la punta de un cuchillo.

Depositar sobre una placa de horno el círculo de hojaldre y llenarlo con la crema pastelera, dejando un margen de 3 cm por cada lado. Espolvorear la crema con almendra tostada y canela.

Actuar de igual manera con la otra porción de hojaldre; solo que esta porción debe tener 30 cm de diámetro. Una vez estirada, dejarla reposar 10 min y colocarla sobre el otro círculo que lleva en medio la crema pastelera. Los 3 cm de margen se habrán pintado con huevo batido, para que se peguen las dos capas de hojaldre. Una vez apretados los bordes, proceder a pintar la parte superior con huevo batido y, a continuación, echar encima la almendra cruda.

Hornear alrededor de ½ h, en horno precalentado a 200 ºC.

Este postre se podrá tomar frío o caliente, pero mejor caliente.

Cómo fundir chocolate

Al baño María:

Poner un cazo con agua caliente (no hirviendo) y, dentro, otro mas pequeño con el chocolate troceado en su interior.

Dejar que funda lentamente removiendo con suavidad.

En el microondas:

Poner el chocolate en un bol de cristal o de plástico e introducirlo dentro a la potencia media. Dar pequeños toques de apenas 20 seg de duración, sacarlo y volver a remover con suavidad. Repetir la operación, hasta que esté fundido.

En realidad, cualquier fuente de calor suave nos sirve para fundir chocolate. Eso sí, controlando que dicha fuente no sea agresiva.

La fluidez del chocolate nos la da la manteca de cacao y ésta es cara.

Consecuencia: el porcentaje de cacao de la mayoría de los chocolates que encontramos en las tiendas no especializadas es escaso y eso hace que la textura al fundir sea casi una pasta, difícil de manejar y de extender.

Solución: buscar en las tiendas especializadas manteca de cacao y fundirla en un recipiente aparte (igual que el chocolate incluso un poco más de temperatura) y agregársela al chocolate. Para medio kilo de chocolate 50 g de manteca serán suficientes; pero según la calidad del chocolate, igual necesitamos más.

Mousse de chocolate I

Ingredientes

300 g de chocolate • 6 claras • 4 yemas • 90 g de nata montada • 50 g de mantequilla • 50 g de zumo de naranja

Elaboración

Derretir al baño María el chocolate con la mantequilla. Fuera del baño María añadir las yemas y el zumo de naranja.

A continuación, la nata que se habrá montado (no demasiado) al momento.
Por último, agregar las claras a punto de nieve fuerte. Este paso se debe dar con suavidad para no bajar demasiado las claras.
Dejar reposar en copas individuales, por lo menos, 2 h.
Servir frío adornado con nata montada, azúcar glass o como más os guste.
Su sabor es delicadamente fuerte, con un color claro y una consistencia bastante espesa.

Mousse de chocolate II

Ingredientes
300 g de chocolate cobertura • 4 claras • 40 g de azúcar • 4 yemas • 50 g de mantequilla • 100 g de zumo de naranja templado • 30 g de coñac • 2 claras templadas

Elaboración
Derretir el chocolate junto con la mantequilla al baño María. Fuera del fuego, agregar las dos claras templadas con las yemas, el zumo de naranja (también templado) y, por último, el coñac.
Poner a punto de nieve las claras con el azúcar. Mezclar con el preparado anterior y dejar reposar. Su sabor es ligero y muy fino, de color claro, textura uniforme y muy cremosa.
Aguanta varios días.

Mousse de chocolate III

Ingredientes
6 yemas • 40 g de coñac • 200 g de chocolate cobertura negra • 50 g de cava • 6 claras • 600 g de nata • 250 g de jarabe a 121 ºC (200 g de azúcar + 100 de agua)

Elaboración

(Receta fuera de concurso, por si te atreves).

Esta *mousse* es un poco más compleja que las dos anteriores. Derretir el chocolate al baño María y añadir, fuera del fuego, las yemas; después, el cava. Reservar el conjunto en un lugar más bien caliente.

Aparte, batir las claras en una batidora. En un cazo al fuego, poner al azúcar con el agua. Esperar a que alcance 121 ºC (esto se puede comprobar con un termómetro de azúcar). Cuando esté preparado y todavía hirviendo, verter en forma de hilo este jarabe sobre las claras que estarán montadas y, sin dejar de batir, dejar que se enfríe, por lo menos 15 min.

Montar la nata no muy fuerte.

Llegado a este punto, mezclar de la siguiente manera:

La nata con el chocolate batiendo con moderada energía.

Esta mezcla juntarla suavemente con el preparado de las claras con el jarabe.

Dejar reposar 3 h y la *mousse* está preparada.

El resultado es una *mousse* muy esponjosa, muy clara de color, bastante dulce y con un acentuado sabor a coñac: Mantiene el sabor y la textura durante 24 h. El color va oscureciendo con el tiempo.

Mousse de chocolate IV

Ingredientes

8 claras • 8 yemas • 300 g de chocolate • 80 de mantequilla

Elaboración

Derretir el chocolate con la mantequilla bien al baño María o bien en un microondas. Este último sistema va muy bien, si se realiza con precaución: exige que sea controlado constantemente, abriendo el horno y removiendo el preparado.

Un vez formada la masa, y fuera de cualquier fuente de calor, agregar las yemas y reservar en un lugar templado.
Aparte, batir a punto de nieve las claras y cuando estén listas, añadir nuevamente al preparado anterior.
Dejar reposar y servir.
Esta es una receta sencilla y su éxito está asegurado. Su sabor es pronunciado y su textura melosa. Es mejor consumirla en 12 h, para poder apreciar su textura.

Mousse de chocolate V

Ingredientes
5 claras • 5 yemas • 50 g de licor menta • 50 g de uvas pasas (remojadas en licor de avellana durante 2 h) • 250 g de chocolate cobertura negra • 50 g de mantequilla

Elaboración
Derretir el chocolate con la mantequilla. Fuera del fuego, añadir las yemas, el licor y las pasas escurridas.
Montar las claras a punto de nieve.
Mezclar suavemente el conjunto, hasta que esté homogéneo.
Dejarlo reposar en moldes individuales durante, por lo menos, 2 h.
Es curioso el contraste de la menta con las pasas remojadas.

Mousse de chocolate VI

Ingredientes
250 g de chocolate con leche • 250 g de chocolate negro cobertura • 12 huevos • 100 g de agua • 150 g de azúcar

Elaboración
Primero, separar las claras de las yemas; añadirles el azúcar y batir durante 20 min al calor (no al fuego, en un baño María muy suave bastará).

Cortar el chocolate en trozos pequeños y fundirlo suavemente al baño María con el agua. Montar las claras a punto de nieve y, luego, añadir el chocolate y las yemas; meter la mezcla en el frigorífico durante 3 h, antes de servir.
Esta *mousse* es dulce y suave.

Mousse de chocolate blanco

Ingredientes
500 g de nata espumosa • 215 g de chocolate blanco • 180 g de leche • 1 vainilla • 4 g de gelatina

Elaboración
Hervir la leche y la gelatina (previamente remojada en agua fría durante 20 min) con la vainilla abierta longitudinalmente. Raspar el interior de ésta (en pequeñísimos puntitos) y echarlos al líquido. Verter el contenido en forma de hilo caliente en un bol con el chocolate troceado en su interior. Remover constantemente, para conseguir una masa homogénea.
En un bol aparte, montar a medias la nata, hasta que esté espumosa (el paso anterior a estar montada) y agregarla a la elaboración anterior, con mucha suavidad, hasta su total incorporación.
Dejar reposar en moldes individuales, por lo menos, 2 horas en frío.
Nota: se podría bajar la proporción de gelatina o, incluso, hacerla desaparecer por completo, dependiendo el uso que vayamos a darle. Si es para una capa de una tarta, mejor con gelatina, será más estable; pero si va a moldes individuales, no es necesario y, además, ganaremos en textura.

Triavellanas

Ingredientes
1 k de avellana cruda • 400 g de chocolate cobertura negra • 5 g de canela en polvo • 100 g de chocolate blanco cobertura (opcional)

Elaboración

Esta receta es muy fácil y el resultado, fantástico. El truco se encuentra en el tostado de la avellana. Primero, tostar las avellanas en un horno a 170 ºC durante 15 min aproximadamente; sacarlas y extenderlas, hasta que estén frías (20 min).
Mientras tanto, fundir el chocolate con la canela a 40 ºC (no es necesario templarlo). Mezclar con las avellanas y, con la ayuda de un pequeño tenedor, ir depositando montoncitos de tres avellanas. Dejar reposar al fresco 1 h.
Si se quiere, se puede decorar con un pequeño hilo de chocolate blanco derretido por encima. En ambos casos quedan riquísimas y muy sencillas. El aroma de la avellana recién tostada se mantiene encerrado en el chocolate.

Trufas de chocolate

Ingredientes

50 g de coñac • 1,400 k de chocolate • 40 g de nata líquida • 250 g de leche condensada • ½ k de cacao en polvo

Elaboración

Derretir el conjunto, salvo el cacao en polvo. Cuando el baño María tenga una temperatura de unos 50 ºC, apagar el fuego y dejar que se forme una masa compacta. Una vez conseguido esto, sacarlo y dejarlo reposar en un sitio fresco durante, por lo menos, 6 h.
Pasado este tiempo, con la ayuda de una cucharilla y las dos manos, ir formando bolitas pequeñas (de 16 g aprox.) e ir depositándolas sobre el cacao en polvo. Sacarlas y guardarlas tapadas en la cámara frigorífica.
Sencillo y buenísimo.

Trufas de chocolate al brandy

Ingredientes

200 g de chocolate • 100 g de mantequilla • 3 yemas de huevo • 10 cl de nata líquida • 1 copita de coñac (o brandy) • 50 g de azúcar glass • 100 g de chocolate amargo en polvo

Elaboración

Derretir el chocolate al baño María y, una vez fundido, agregar la mantequilla en pomada; es decir, que ceda a la presión, la nata líquida, el coñac y el azúcar.

Remover todo, hasta dejarlo fino. Apartar del fuego el conjunto y dejarlo reposar 10 min.

Transcurrido este tiempo, añadir las yemas del huevo y mezclar todo, hasta que quede una pasta uniforme. Dejar reposar alrededor de 1 h.

Al cabo de ese tiempo, la mezcla habrá adquirido una consistencia lo suficientemente espesa como para poder trabajarla.

Con la ayuda de una cuchara, ir cogiendo pequeñas porciones para moldearlas con las manos dándoles forma de bolita (un poco más pequeñas que el tamaño de una nuez).

Embadurnarlas con un poco de chocolate amargo.

Después, dejar reposar las trufas en un lugar fresco, por espacio de 3 h, como mínimo.

Trufa sencilla

Ingredientes

750 g de chocolate negro • 100 g de leche • 200 g de nata liquida • 30 g de coñac • 1 vainilla

Elaboración

Hervir la leche con la nata y la vaina de vainilla —abierta por la mitad longitudinalmente—. Retirar del fuego y sacar la vainilla que se dejará secar y podremos reutilizar en otra ocasión

Verter el conjunto recién hervido muy lentamente sobre un bol, en el que se ha depositado el chocolate muy troceado, sin parar de remover; cuanto más troceado esté el chocolate, más fácilmente se derretirá. Una vez conseguida una masa homogénea, agregar el coñac a temperatura ambiente.

Remover y dejar cuajar en frío, por lo menos, 6 h.

Hacer bolas y embadurnarlas en cacao en polvo, en galleta hecha polvo o en fideo de chocolate.

Nota: puede que el chocolate no se derrita del todo, cuando le estemos echando la mezcla de la leche y la nata: casi con toda seguridad, se debe a que no ha sido troceado correctamente. Esto tiene fácil solución: unos pocos segundos de microondas harán que el conjunto termine de fundirse.

Frutas en chocolate amargo

Ingredientes

1 k de cerezas con el rabo • 1 k de fresas pequeñas • 1 k ½ de chocolate cobertura negro • 1 k de *physalis* • 1 k de *kumquat* (o naranja enana de la china)

Elaboración

Derretir suavemente el chocolate sin que pase de 35 ºC.

Secar con un trapo toda la fruta y bañar una por una las frutas, dejándolas secar, después, sobre una bandeja durante 2 h. No sumergir del todo la fruta, que se vea el rojo de la fresa y de la cereza y el naranja del *kumquat* y del *physalys*: el resultado será más llamativo. Si se quiere, se puede hacer con cobertura blanca (puede resultar más vistoso).

En mi opinión, estas cuatro frutas son las que mejor quedan. Si queréis hacerlo con otras diferentes, adelante.
Nota: este bombón dura 1 día.

Sopa de chocolate con melón

Ingredientes
100 g de azúcar • 1 l de agua • 10 g de cacao en polvo • 1 palo de canela • 200 g de chocolate • 1 k de pulpa de melón • 200 g de bolitas de melón • 50 g de licor de melón

Elaboración
Cocer el agua con el cacao, el azúcar, la canela y el chocolate. Cuando haya dado un hervor, retirar del fuego y añadirle la pulpa de melón; dejar cocer 5 min. Triturar y colar, hasta que nos resulte una consistencia fluida y ligeramente espesa. Dejar enfriar 3 horas en la nevera.
Durante este tiempo, y con ayuda de un sacabolas, hacer pequeñas bolas de melón que se dejará en maceración con el licor de melón.
Presentar en un plato sopero, todo muy frío, y espolvorear con un poco de canela en polvo.

Merengue para rellenar

Ingredientes
4 claras frías • 130 g de azúcar • ½ cc de sal

Elaboración
En un bol montar enérgicamente las claras con la sal, con ayuda de una batidora. Cuando estén casi montadas, ir agregando, poco a poco, el azúcar hasta su completa absorción. Evidentemente, en una máquina se hace más rápido: se pueden juntar todos los ingredientes a la vez y nos ahorraremos mucha energía.

Podéis hacer la prueba de darle la vuelta al bol, una vez bien montado todo, y las claras no se caerán; haz esta prueba con cuidado, porque, si no están bien montadas, entonces se pueden caer.
Ideal para acompañar a unas natillas o rellenar canutillos.

Leche merengada

Ingredientes

600 g de leche • 1 vainilla • 4 claras • 130 g de azúcar • Canela en polvo

Elaboración

Hervir la leche con la vainilla (para disolverla, se rompe el interior con un cuchillo) y dejarla enfriar por completo. Mezclarla con cuidado con las claras montadas a punto de nieve, y el azúcar, es decir, el merengue (ver pág. 564).
Distribuirla en vasos y espolvorear con canela.

Crepes de fresas y naranjas

Ingredientes

Para los crepes:
125 g de harina • 2 huevos • 200 g de leche • 100 g de nata • 30 g de mantequilla • 40 g de Karpy (o coñac)

Para el relleno:
100 g de mermelada de fresas

Para la salsa:
200 g de zumo de naranja • 100 g de azúcar • 50 g de coñac

Elaboración

Para los crepes:
Mezclar todos los ingredientes con una varilla y pasarlos por un colador.

En una sartén antiadherente y con un poco de mantequilla, ir depositando ½ cacillo de la mezcla muy caliente y extenderla por toda la superficie de la sartén, devolviendo al bol lo que nos sobre. Esta operación hay que realizarla rápidamente: con un poco de práctica, salen muy rápido.
Darles la vuelta, agarrándolos con las dos manos por un extremo y dejando que se hagan por el otro: más o menos, viene a ser un minuto por cada lado, según la destreza que tengáis.
Apilar las obleas una encima de otra y reservarlas.
Para el relleno:
En medio de cada oblea poner una cucharada de mermelada de fresas.
En el momento de servir a la mesa, poner el coñac en una sartén y darle fuego, flambear con mucho cuidado, pues si está caliente, os puede pegar un buen susto. No hacerlo nunca encima de la campana extractora: podría coger fuego.
Agregar la naranja mezclada con el azúcar y dar un hervor. A continuación, ir agregando los crepes rellenos para que se empapen de esta salsa. Apenas 2 min y estarán listos.

Churros

Ingredientes
1 taza de harina • 1 taza de agua • Sal • 30 g de aceite de oliva • 200 g de azúcar • Aceite de oliva virgen (para freír)

Elaboración
Calentar el agua con el aceite y la sal. Agregar la harina y remover con fuerza, hasta que quede espesa, la masa se desprenda de las paredes y se forme una bola espesa. Debe quedar dura, pero no demasiado —en este caso se añadiría un pelín de agua—.
Meterla en una churrera o, en su defecto, en una manga pastelera. Hacer tiras sobre el aceite de oliva caliente. Espolvorear, una vez dorado y fuera del fuego, con azúcar en grano.

Zumo de fresas con tropiezos

Ingredientes

100 g de queso manchego curado • 100 g de nueces peladas • 500 g de fresas • 70 g de azúcar • Pimienta molida • 50 g de Martini *rosso* • Aceite de oliva • Hojas de menta

Elaboración

Triturar a fondo las fresas bien lavadas con el azúcar y el Martini. Pasar por un colador y reservar en frío.

Hacer trozos pequeños con el queso. Reservar.

Saltear con un poco de aceite las nueces hasta que estén levemente doradas

Disponer en un plato sopero el caldo de fresas y encima las nueces templadas con los trozos de queso y las hojas de menta. Unos "ojos" de aceite de oliva virgen extra remataran el plato.

diccionario de términos

Aliñar: condimentar o sazonar los alimentos con sal, especias, vinagretas, salsas, etc.

***Brunoise*:** picar la verdura en trocitos muy pequeños.

Espumar: retirar la espumilla que sobresale en la superficie de algunos cocidos (como lentejas o garbanzos), resultado de los primeros minutos de cocción de los mismos.

Flambear: rociar una preparación o plato con un licor y prenderle fuego. La diferencia de sabor que suele haber, cuando se añade un licor a una preparación, y que éste haya sido quemado o no, cambia notablemente.

Juliana (cortar a la): cortar, por lo general la verdura (pero no exclusivamente) en forma de cerilla o bastoncillos.

Marinar: introducir pescado o carne, en un líquido (vinos, salmueras, etc.) durante un tiempo determinado, para darle más sabor, ablandarlo, etc.

Napar: cubrir con una salsa o un líquido espeso una preparación o un producto.

Pochar: sinónimo de rehogar, es decir, freír o cocinar los alimentos a fuego suave para que se vayan haciendo. También puede decirse guisar o sofreír.

Reducir: disminuir el volumen de un preparado líquido por evaporación; por lo general hirviéndolo en el fuego y haciendo que se concentre.

Saltear: cocinar a fuego fuerte durante un corto espacio de tiempo (por lo general, en una sartén) con el fin de dorar por fuera el producto y mantener los jugos de su interior.

Tamizar: pasar por un colador o cedazo ciertos productos, como la harina, para hacerla más fina y quitarle impurezas.